W0054385

Hat der Kapitalismus eine Zukunft? Oder steht er kurz davor, an seiner eigenen Effizienz zu scheitern, wie der Nationalökonom Josef Schumpeter 1942 prophezeite? Und wenn, wie sieht sie aus, diese Zukunft? Wird es jemals eine Rückkehr zum sozialstaatlich »gezähmten« Kapitalismus der Nachkriegszeit geben? Oder werden zügelloser Wettbewerb und radikale Marktorientierung die globale Polarisierung weiter verschärfen und das Potential für Krisen und Terrorismus verstärken?

Kapitalismus ist für Gero Jenner das häßliche Gesicht einer Marktwirtschaft, die das Interesse einzelner über das der Gesellschaft stellt. Er ist ein Krieg der Starken gegen die Schwachen, des Geldes gegen die Leistung und der gesamten Ökonomie gegen die natürlichen Grundlagen des Lebens. Eine Zukunft kann der Kapitalismus nur haben, wenn er domestiziert wird. Ohne eine sozial nützliche Marktwirtschaft, so Jenner, hat die industrielle Zivilisation keine Zukunft, mit einem asozialen und naturzerstörerischen Kapitalismus aber ist diese Zukunft im höchsten Grade gefährdet.

Jenner bietet keine fundamentalistische Kapitalismuskritik mit Schaum vor dem Mund, sondern eine Verteidigung der sozialen Marktwirtschaft gegen die moralvergessenen Apologeten von Markt und Wettbewerb.

»Das Intelligenteste zum Komplex der Globalisierung seit Robert B. Reichs ›Die neue Weltwirtschaft‹.« *Bert Rürup* über ›Die arbeitslose Gesellschaft‹

Gero Jenner, Asienwissenschaftler und Soziologe, lebt nach einem längeren Arbeits- und Forschungsaufenthalt in Japan heute als freier Autor in der Steiermark. 1997 erschien seine Studie über die Wirtschaft Japans ›Nippon – eine untergehende Sonne?‹. Im selben Jahr veröffentlichte er im Fischer Taschenbuch Verlag sein Buch ›Die arbeitslose Gesellschaft‹ (Bd. 13896, 3. Auflage 1998). Für Anregungen und Kritik ist der Autor dankbar (E-Mail-Adresse: jenner@ppl.at).

Gero Jenner

Das Ende des Kapitalismus

Triumph oder Kollaps
eines Wirtschaftssystems?

Fischer
Taschenbuch
Verlag

Meiner Frau

Fachliche Beratung: Prof. Dr. Dr. h. c. Bert Rürup

Lektorat: Martin Rethmeier

Originalausgabe
Veröffentlicht im Fischer Taschenbuch Verlag GmbH,
Frankfurt am Main, Mai 1999

© Fischer Taschenbuch Verlag GmbH, Frankfurt am Main 1999
Gesamtherstellung: Clausen & Bosse, Leck
Printed in Germany
ISBN 3–596–14448–5

Inhalt

Vorwort
Der Kapitalismus erschlägt die Marktwirtschaft 7

Teil I. Vom Wettbewerb zum Wirtschaftskrieg 19
Japanische und US-amerikanische Wirtschaft 21
Das Versagen des neoliberalen Wirtschaftsmodells 38
Die Japanisierung der US-Ökonomie –
ein spektakulärer Erfolg 46
Der Schein einer internationalen Teilung der Arbeit 71
Das Gesetz vom Konflikt zwischen Wettbewerb und
internationaler Teilung der Arbeit 83
Der freie Handel zwischen rivalisierenden Mächten 92
Das Gesetz der indirekt verteuerten Produktion 101
Der Druck des Geldes –
warum handeln Staaten gegen das eigene Interesse? 103

Teil II. Kapital – die Aushöhlung des
Leistungsprinzips 111
Verlust des Gleichgewichtes –
Belohnung für unsoziales Verhalten 115
Der historische Triumph des Leistungsprinzips 119
Enteignung vernichtet die Leistung 121
Die Konzentration der Vermögen im
Inneren der Staaten 123
Vermögen bringen Zinsen bringen Vermögen … 127
Inflationen und Deflationen 132
Geld – ein privates oder öffentliches Gut? 136
Die unheilige Allianz zwischen Schulden und Zins 147
Kapital frißt Leistung auf 166

Die internationale Konzentration der Vermögen 173
Zweifelhafter Nutzen für westliche Länder 174
Der Aktienboom und die Asienkrise 176
Das Gesetz der Zinsdifferenz zum Schaden der Leistung . . 178
Das Gesetz vom progressiv ausgehöhlten Konsum 183
Ohnmächtige Lösungsversuche 184

**Teil III. Die Verantwortung dankt ab –
Krieg gegen die Natur** 203
Naturzerstörung und die Privatisierung der
sozialen Verantwortung 210
Der Pferdefuß der globalen Expansion 218
*Das Gesetz der Naturzerstörung
im ungebändigten Kapitalismus* 220
Dämmt der Wettbewerb die Verschwendung ein? 224

**Teil IV. Die Zukunft des Kapitalismus:
Triumph oder Ende?** 231
Wachstum und Wohlstandsschwund 233
Das Gesetz der Überschußkapazitäten 238
Der Vormarsch der Technokraten 257
Die äußere Front: Krieg oder Frieden
zwischen den Staaten? 276
Keine Zukunft für den Kapitalismus 294

Anhang: Das kapitalistische Geldsystem 297

Anmerkungen 311

Literaturverzeichnis 340

Sach- und Personenverzeichnis 343

Vorwort

Der Kapitalismus erschlägt die Marktwirtschaft

> Die öffentliche Meinung ist allgemach so gründlich
> über ihn verstimmt, daß die Verurteilung des Kapita-
> lismus und aller seiner Werke eine ausgemachte Sache
> ist, beinahe ein Erfordernis der Etikette der Diskus-
> sion. *J. A. Schumpeter*

In einem höheren Grad, als dies auf vorausgehende Epochen zutraf, beherrscht die Wirtschaft das Leben der Menschen am Ende des zweiten Jahrtausends. Die industrielle Zivilisation hat ungeahnte Perspektiven eröffnet. Wir sind mächtiger und reicher geworden, und dieser Prozeß scheint noch lange nicht abgeschlossen. Zum ersten Mal in der Geschichte des Menschen hat eine Revolution in den Grundlagen der Ökonomie den Lebensstandard für eine Bevölkerungsmehrheit erhöht – statt wie zuvor nur für eine Minderheit von Privilegierten. In seinem Frühjahrsgutachten von 1997 sagte der Internationale Währungsfonds IWF für das Jahr 1997 ein globales Wirtschaftswachstum von 4,4 Prozent voraus, das höchste innerhalb der letzten zehn Jahre, und beschrieb die zurückliegende Entwicklung der Wirtschaft auf überschwengliche Weise. Von 1950 bis 1997 hatte die Produktion von Waren und Dienstleistungen von fünf auf ganze 29 Billionen Dollar zugenommen. In der knappen Zeit von neun Jahren zwischen 1990 und heute war die Wirtschaft so stark gewachsen wie seit Beginn der menschlichen Zivilisation bis zum Anfang dieses Jahrzehnts! Zwischen 1950 und 1995 war aber auch die durchschnittliche Lebenserwartung global von 47 auf 64 Jahre gestiegen und die Rate an Analphabeten zurückgegangen. Die Qualität der Ernährung hatte sich im großen und ganzen verbessert.[1]

Dennoch zeichnet diese Darstellung ein einseitiges Bild. Seit ihrem Beginn hat die industrielle Revolution keineswegs nur Hoffnung und Reichtum gebracht. Es läßt sich nicht übersehen, daß sie schon vor zweihundert Jahren mit großen Gefahren verbunden war. Denn die damals eingeleitete Entwicklung war und ist unlösbar mit der Ausbeutung eines großen Teils der nicht-europäischen Welt verknüpft. Dieser hatte die Rolle eines Absatzgebietes für die Produkte der englischen Weltmacht und später der anderen sich industriell entwickelnden europäischen Staaten zu spielen. Kriege zum Nutzen der Wirtschaft beherrschten von da an die Tagesordnung, in Europa entgingen sie nur deshalb der öffentlichen Aufmerksamkeit, weil die anderen darunter litten – die wirtschaftlich unentwickelten Staaten irgendwo in der Ferne. Dies änderte sich erst am Ende des vergangenen Jahrhunderts, als nahezu der gesamte Planet in Kolonialgebiete unter den europäischen Mächten aufgeteilt war. Nun begannen diese selbst in verschärfte Konkurrenz miteinander zu treten. Je mehr das machtvoll aufstrebende Deutschland ökonomisch erstarkte, um so geringer mußte der relative Anteil der damaligen Großmacht England am Welthandel werden. In dieser neuartigen Situation tat Großbritannien, was vorher undenkbar war: Es verbündete sich mit seinen traditionellen Feinden, Frankreich und Rußland, gegen den neuen Herausforderer.[2] Dies war eine entscheidende Wende. Zum ersten Mal wurde nun auch in Europa das System einer Wirtschaft, in der ein Aufschwung der einen zum Nachteil der anderen wirkt, zum Auslöser für einen militärischen Flächenbrand. Noch unmittelbarer lieferten ökonomische Ursachen den Grund für den dann folgenden Krieg, der in seinen verheerenden Wirkungen den vorausgehenden noch übertraf. Der Ausbruch des Zweiten Weltkriegs beruhte nicht allein auf den äußeren Ursachen der ökonomischen Konkurrenz zwischen Nationen, diesmal traten zusätzlich noch innere soziale Risse hinzu. Die Arbeitslosigkeit der zwanziger Jahre und der wirtschaftliche Zusammenbruch von 1929 bildeten das Ferment eines Aufruhrs, der den politischen Wahnsinn begünstigte.

Die industrielle Ökonomie hat der Menschheit die größten Chancen eröffnet, aber sie war ebenso der mittel- wie unmittelbare Anlaß für ihre schrecklichsten Heimsuchungen. Mit dieser Zweischneidigkeit unterscheidet sich die moderne Wirtschaft nicht grundsätzlich von anderen Errungenschaften der Neuzeit wie etwa der modernen Technologie. Dynamit läßt sich in Steinbrüchen verwenden und zur Herstellung von Bomben, Atomkraft zur Erzeugung von Energie und für die großflächige Vernichtung von Leben. Die Technik selbst ist daher immer wieder zum Gegenstand der heftigsten Attacken geworden. Inzwischen gibt es internationale Bewegungen, die den Kampf der Ludditen zu Anfang des vergangenen Jahrhunderts fortsetzen, einen Kampf, der sich gegen den Fortschritt der Technik richtet.[3]

Dieser Kampf ist notwendig und legitim, sofern er gegen den Mißbrauch der Technik gerichtet bleibt. Der weltweite Protest gegen das von Landminen bewirkte Sterben, gegen die Strahlenverseuchung durch schnelle Brüter, gegen die Folgen der Klimaveränderung usw. betrifft die Anwendungen der Technik zum Schaden des Menschen. Nur der Kampf gegen diese Auswüchse verhindert, daß sie weiterhin Unheil anrichten. Aber man sollte sich darüber im klaren sein, daß es schlechterdings keine Methode gibt oder geben kann, die den Mißbrauch grundsätzlich ausschließt. Nicht einmal eine zur Unbeweglichkeit erstarrte Gesellschaft, die alle Neuerungen durch Verbot untersagt, könnte auf diese Weise verhindern, daß der einzelne Mensch aus dem Messer eine Mordwaffe macht. Wer den Mißbrauch der Technik beenden will, müßte nicht nur die Technik abschaffen, sondern die menschliche Natur gleich dazu.

Daher sind Technik als größte Errungenschaft zum Nutzen des Menschen und Technik als eine Bedrohung nicht voneinander zu trennen. Wer die Gefahren eines leichtfertigen Umgangs mit ihr beschwört, kann sehr wohl einen offenen Blick für die Chancen bewahren, den ein bedachtsamer Umgang für die Zukunft bereithält. Wir wissen, daß die Menschheit heute an einem Scheideweg steht. Die industrielle Zivilisation hat die technischen Mittel, sich selbst zu vernichten, aber andererseits kann gar keine Frage bestehen, daß sie nur mit den Mitteln einer sinnvoll verwendeten Technik ihre Probleme zu lösen vermag. Wer das Kind mit dem Bade ausschüttet, indem er die Technik schlechthin zum Ziel seiner Attacken macht, kämpft gegen den Menschen.

Denn die Technik an sich ist neutral – ebenso wie die Natur, deren

Gesetze sie sich zunutze macht. »Gut« oder »böse« wird sie erst in der Anwendung durch den Menschen – und genau dies trifft auf die ökonomische Grundlage der industriellen Gesellschaft zu. Im Rückblick auf zweihundert Jahre Geschichte der industriellen Entwicklung sehen wir Epochen furchtbarer Ausbeutung neben solchen, die ein hohes Maß an sozialem Frieden und Gerechtigkeit aufweisen. Beiden liegt ein und dasselbe System zu Grunde, nämlich die Marktwirtschaft. Offenbar gleichen sich Marktwirtschaft und Technik in ihrer Ambivalenz – beide eröffnen einen Horizont der Verheißungen, aber sie können ebenso schweren Schaden bewirken.

Es ist daher kein Wunder, daß sich diese Zweischneidigkeit schon bald in Begriffen ausdrückte. Die Quintessenz aller negativen und sozial schädlichen Formen der neuen Ökonomie wurde in dem Schlagwort *Kapitalismus* zusammengefaßt. Seit die moderne Ökonomie das Leben der Staaten revolutionierte, ballen sich in diesem Wort sämtliche Emotionen, welche die Ungerechtigkeit und der Mißbrauch in zweihundert Jahren zu erregen vermochten. So ist es, wie Schumpeter in den eingangs zitierten Sätzen bemerkt, schon fast zum Denkzwang geworden, alle Übel der modernen Gesellschaft im Kapitalismus zu suchen. Kein Wunder, daß die Kapitalismuskritik so oft oberflächlich und modisch bleibt – ein bloßes Abreagieren von Emotionen ohne den geistigen Aufwand, einen Unterschied zwischen dem sozial sinnvollen Einsatz der Ökonomie und ihren sozial schädlichen Formen zu machen. Gewiß sind Marktwirtschaft und Kapitalismus voneinander in der Praxis nie mit scharfen Strichen zu trennen – hier gibt es fließende Übergänge, genau wie zwischen der nützlichen Anwendung der Kernenergie zu medizinischen Zwecken und ihrem Einsatz in schnellen Brütern und gar in Raketenköpfen. Aber die fließenden Übergänge gelten für das technische Instrumentarium und gewiß nicht für dessen Wirkungen auf die Gesellschaft. Niemand ist darüber im Zweifel, daß Atombomben ein Verhängnis sind.

Marktwirtschaft und Kapitalismus setzen die gleichen ökonomischen Mechanismen voraus, und auch sie besitzen fließende Grenzen, weil der Kapitalismus eine asoziale Verfallsform der Marktwirtschaft ist. Aber auch hier ist der Gegensatz der Wirkungen mit größter Deutlichkeit zu erkennen. Dem historisch einzigartigen Nutzen, den die Gesellschaften sozialen Marktwirtschaften verdankten, stehen Ausbeutung, Revolutionen und Kriege entgegen – Wirkungen, die ein asozialer Kapitalismus erzeugt.

So besteht eine der wichtigsten Aufgaben heute darin, Kapitalismus und Marktwirtschaft in ihrem Gegensatz zu begreifen und die Chancen der einen mit den Gefahren der anderen zu konfrontieren. Wie die Technik eine Stufe in der Naturerkenntnis, so ist die demokratische Marktwirtschaft eine Stufe in der Entwicklung der Ökonomie. Weder die eine noch die andere läßt sich rückgängig machen, ohne daß dabei die industrielle Zivilisation selbst in Gefahr gerät. Dieser entscheidende Punkt wird von der üblichen Kapitalismuskritik nur zu oft übersehen. Sie krankt an Fundamentalismus und Ideologie. Während sie zu Recht den Finger auf die Wunden der Marktwirtschaft legt, pflegt sie blind für deren historisch einzigartige Verdienste zu sein. Geflissentlich blendet sie die unleugbare Tatsache aus, daß die demokratische Mitwirkung durch die Marktwirtschaft in einem Maße mobilisiert werden konnte, wie dies vor ihr keinem anderen Wirtschaftssystem gelang. Wir belächeln die Feinde der Technik, wenn sie – statt deren Auswüchse und unsoziale Anwendungen zu kritisieren – die Vorzüge der Steinzeit ausmalen. Aber die naiv fundamentalistischen Kritiker des Kapitalismus tun ganz dasselbe. Sie haben eine Art ökonomischer Steinzeit vor Augen, wenn sie zusammen mit dem Kapitalismus auch gleich die individuelle Freiheit, persönliche Leistung und Verantwortung abschaffen wollen, wie sie erst die soziale Marktwirtschaft[4] hervorgebracht hat. Die Übel und Fehlentwicklungen der industriellen Ökonomie lassen sich mit Entschiedenheit nur bekämpfen, wenn wir mit gleicher Hartnäckigkeit an ihren positiven und daher unverzichtbaren Errungenschaften festhalten.[5]

Andererseits ist die Bedrohung durch einen asozialen Kapitalismus durchaus real. Sie ist wenigstens ebenso gefährlich für die Zukunft des Menschen wie die Auswirkungen einer ungebändigten Technik. Unsere Aufgabe zerfällt daher in zwei Teile. Einerseits gilt es die Marktwirtschaft, als das bisher mächtigste ökonomische Instrument für die Erzeugung von Reichtum und Wohlfahrt, vor ihren allzu leichtfertigen Kritikern zu bewahren. Andererseits aber gilt es das wenigstens gleich große Übel jenes neoliberalen Hauruckoptimismus zu bekämpfen, der die Mißstände einfach dadurch zu beseitigen glaubt, daß er sie schlicht übersieht oder durch Denkverbote verdrängt.

Die Gleichsetzung von Marktwirtschaft und Kapitalismus ist ein Anachronismus – daran ändert auch die Tatsache nichts, daß Marx, als einer der scharfsinnigsten Diagnostiker der Industriegesellschaft, dafür verantwortlich ist. In aller Schärfe erkannte Marx die beiden Entwicklungstendenzen der industriellen Zivilisation: Sie war imstande, den materiellen Wohlstand des Menschen auf ein bis dahin nie gekanntes Niveau anzuheben oder umgekehrt soziale Verheerungen zu bewirken. Marx sagte die Befreiung des Menschen aus seiner ökonomischen Abhängigkeit voraus – allerdings nur für den Fall, daß Technologie und Maschinen unter den *richtigen* ökonomischen Bedingungen zum Einsatz gelangen. Andernfalls würde die Maschine im Gegenteil eine weit größere Versklavung des Menschen ermöglichen als jemals zuvor.

Heute kann kein Zweifel bestehen, daß die sozial orientierten Phasen der Marktwirtschaft die richtigen Bedingungen in höherem Maße realisierten als die Regime der kommunistischen Planwirtschaft. Angesichts einer zeitweise explosiven Vermehrung des Wohlstands für breite Bevölkerungsschichten, die einigen Ländern des Westens einen unerhörten Reichtum bescherte, muß man dies schlicht als historische Wahrheit akzeptieren. Die Marxsche Kritik am Kapitalismus vermag daher nur noch als Diagnose einer ökonomischen Fehlentwicklung zu überzeugen, die von ihm geforderte Therapie, welche mit dem Kapitalismus auch gleich die Marktwirtschaft über Bord wirft, muß hingegen als ein verhängnisvoller Irrtum erscheinen. Marx als Therapeut hat die Bühne der Geschichte verlassen, seine Medizin – wie immer mißverstanden – hat furchtbare Opfer gekostet. Als Diagnostiker aber ist Marx heute noch immer oder sogar von neuem ganz aktuell. Am Ende dieses Jahrhunderts mehren sich, für alle unübersehbar, Signale, die auf eine Verschärfung der Spannungen zwischen den Staaten hindeuten, aber auch Signale für beginnende Unruhen in ihrem Inneren. Während sich der Graben zwischen armen und reichen Ländern vertieft, schwillt das Heer der Arbeitslosen auch in den reichen Ländern immer mehr an.

Wie kommt es zu diesem Übergang? Wie ist es möglich, daß ein Instrument zum Wohl der Gesellschaft in ein asozial verwendetes Werkzeug zu ihrem Schaden umschlägt? Welche Mechanismen korrumpieren die Marktwirtschaft? Diese Fragen bilden das Thema dieses Buches, das in vier Teilen die Hauptursachen des Wandels analysiert.

Teil I. Vom Wettbewerb zum Wirtschaftskrieg
behandelt die reale Wirtschaft, d. h. der Fluß von Gütern und Leistungen. Er zeigt, daß ein ungebändigter Wettbewerb zwischen den Staaten die internationale Teilung der Arbeit zerstört und dadurch zu einem Prinzip wird, das ihren Reichtum vermindert und die Spannungen wachsen läßt.

Teil II. Kapital – die Aushöhlung des Leistungsprinzips
analysiert das Gegenstück zur realen Wirtschaft, d. h. die Sphäre des Geldes, die den realen Fluß erst ermöglicht. Er zeigt, daß im Inneren der Staaten gerade jene Kraft ausgehöhlt wird, die dem historischen Erfolg der Marktwirtschaften zugrunde liegt: das Leistungsprinzip. Einkommen aufgrund von persönlicher Leistung tritt zugunsten von Einkommen zurück, die man ohne Leistung erwirbt.

Teil III. Die Verantwortung dankt ab – Krieg gegen die Natur
untersucht die Wirkung der Real- und Geldwirtschaft des Kapitalismus auf die Natur als Lebensgrundlage des Menschen. Die Privatisierung der Verantwortung läßt private ökonomische Kräfte in steigendem Maße gegeneinander und gegen das öffentliche Interesse arbeiten.

Teil IV. Die Zukunft des Kapitalismus: Triumph oder Ende?
beschreibt die Auswirkungen, welche von der kapitalistischen Real- und Geldwirtschaft auf die Gesellschaft ausgehen.

Zweifellos stellt der sozial nützliche Wettbewerb einen der mächtigsten Antriebe dar, um Talente und Einsatzbereitschaft zu mobilisieren. Eine Gesellschaft, die den Wettbewerb ausschließt, ist in Gefahr, in Traditionen und Privilegien zu erstarren. Wettbewerb ist ein Stimulans für die Freisetzung von Ideen und Energien, eine treibende Kraft der Erneuerung. Diese ökonomische Grundwahrheit wird in Teil I unmißverständlich hervorgehoben. Aber damit ist nur die halbe Wahrheit gesagt, denn seine positive Wirkung ist an bestimmte Voraussetzungen gebunden. Wird der Wettbewerb ohne Bezug auf sozial nützliche Ziele vollzogen, entfaltet er einen Impetus der Zerstörung – wie dies augenblicklich aufgrund einer gedankenlosen Liberalisierung der Fall ist. Die internationale Teilung der Arbeit, d. h. ökonomische Solidarität zwischen den Staaten, ist das Band, das sie zusammenhält, ein entfesselter Wettbewerb eine Kraft, die sie zersprengt und Konflikte erzeugt. Wenn der Wettbewerb sich auf Kosten der Arbeitsteilung verschärft, werden die Spannungen wachsen. Auch in diesem Stadium übt der Wettbewerb weiterhin nützliche Wirkungen aus, aber sie werden von einem wachsenden Maß an Zerstörung begleitet. Wie bekannt, erleben die deutschen Exporte neuerlich einen Aufschwung, die privaten Vermögen schwellen immer mehr an, in England und den USA sorgt die Flexibilisierung für eine besonders niedrige Zahl von Arbeitslosen, aber zur gleichen Zeit vertieft sich die Kluft von Arm und Reich innerhalb und zwischen den Staaten.

Gegen diese Übel glauben einige Ökonomen das selbstregulierende Gleichgewicht der privaten Wirtschaft ins Feld rufen zu können. Hände weg von der Wirtschaft!, so lautet ihre Botschaft an Staat und Gesellschaft. Anders gesagt, sie wollen mit Hilfe von Deregulierung im Inneren und Liberalisierung zwischen den Staaten der Allgemeinheit ihr Vorrecht gegenüber privaten Interessen entziehen. Aber das selbstregulierende Gleichgewicht der industriellen Ökonomie ist eine Fata Morgana – es verflüchtigt sich im gleichen Moment, da man es dingfest zu machen versucht. Den Beweis dafür liefert das Schicksal der persönlichen Leistung in einer zum Kapitalismus mutierten Marktwirtschaft (*Teil II. Kapital – die Aushöhlung des Leistungsprinzips*). Wie folgenschwer sich eine Entwertung der persönlichen Leistung auswirkt, lehrt schon ein oberflächlicher Blick in die Geschichte. Das Prinzip der persönlichen Leistung ist ja nicht weniger als das Fundament für die Dynamik der industriellen Zivilisation. Man kann seine Bedeutung daher gar nicht nachdrücklich genug unterstreichen. In den meisten vorindustriellen Gesellschaften Europas war eine adlige Geburt die Voraussetzung für den Zugang zu den höchsten und am besten dotierten Stellungen, die persönliche Leistung galt allenfalls als willkommene Zutat. Erst mit dem Aufkommen der industriellen Marktwirtschaft rücken der persönliche Einsatz und das Talent in den Vordergrund: Erfinder, Fabrikdirektor, Arbeiter wurde man nicht aufgrund seiner Vorfahren, sondern allein durch die Fähigkeiten, die man für diese Tätigkeiten einzubringen vermochte. Diese grundlegende Neuorientierung lag dem verblüffenden Tempo zugrunde, mit dem die Industrialisierung innerhalb von nur zweihundert Jahren von England aus ganz Europa erfaßte, um schließlich auf den Rest der Welt überzuspringen. Die Befreiung von Geburt und Privilegien bedeutete einen Bruch mit der gesamten Vergangenheit – eine soziale Revolution. Losgelöst von den Zwängen der Tradition, die ihm durch Geburt seine Stellung vorschrieb, nahm der einzelne von nun an sein Schicksal in die eigene Hand. Wenn die Leistung genügte, um sich Achtung und Reichtum zu verschaffen, so war von nun an niemand vom sozialen Aufstieg grundsätzlich ausgeschlossen. Der neue Maßstab des Wettbewerbs unter Einsatz der persönlichen Leistung war ein zutiefst demokratisches Prinzip, das allen Menschen die Möglichkeit der Mitarbeit und des Aufstiegs verschaffte. Leistung und Marktwirtschaft sind so seit Beginn unlösbar miteinander verbunden.

Aber diese Verbindung reißt ab, sobald die Marktwirtschaft einem sozialfeindlichen Kapitalismus weicht. Den meisten Beobachtern scheint auch jetzt noch verborgen zu sein, daß der neue Kapitalismus eine Rückkehr zu Privilegien und zum rücksichtslosen Kampf um deren Erhaltung bewirkt. Wie sehr die Leistung bereits abgedankt hat, läßt sich an der Konzentration der Vermögen ermessen. Diese hat am Ende unseres Jahrhunderts einen höheren Stand erreicht als je zuvor in der Geschichte des Menschen. 358 Milliardäre verfügen über gleich viel Vermögen wie die Hälfte der Menschheit durch ihre Arbeit verdient.[6] Sicher werden nur wenige ernsthaft der Meinung sein, daß einige hundert Privilegierte genau die gleiche Leistung erbringen wie circa 2,6 Milliarden ihrer Zeitgenossen. Auch die Tatsache, daß die bessergestellten 50 % deutscher Haushalte 96 % der Geldvermögen besitzen, während die andere Hälfte nur über 4 % verfügt,[7] steht zu dem üblichen Gerede von der Bedeutung persönlicher Leistung in stärkstem Widerspruch. Tatsächlich ist die Leistung in einer zum

Kapitalismus gewandelten Marktwirtschaft längst nicht mehr das fundamentale Prinzip. Was wir gegenwärtig erleben, ist ein Rückfall ins Privileg, und zwar in einem unglaublichen Ausmaß. Die angeblich selbstregulierenden Kräfte der Ökonomie haben nicht zu verhindern vermocht, daß die kapitalistische Geldwirtschaft das soziale Gleichgewicht in immer stärkerem Maße zerstört.

Für den Laien am leichtesten zu erkennen ist wohl der Übergang von einer sozial nützlichen zu einer sozial schädlichen Wirtschaftsform im Umgang mit der Natur. *Teil III. Die Verantwortung dankt ab – Krieg gegen die Natur* untersucht die Bedingungen eines Wirtschaftssystems, das den Geldwert der Natur gegen Null absinken läßt, obwohl der Vorrat an Rohstoffen gleichzeitig zunehmend knapper wird. Eine unter Politikern und Ökonomen vorherrschende Meinung besagt, daß sich auch hier ein natürliches Gleichgewicht einstellen wird. Der Preis für knappe Güter werde notwendig steigen, und zwar um so mehr, je knapper sie sind. Leider haben in diesem für die Zukunft so entscheidenden Punkt Theorie und Praxis kaum etwas miteinander gemein. Die Untersuchungen des Club of Rome ebenso wie die von den führenden Wissenschaftlern amerikanischer Universitäten erstellte Expertise *Global 2000* sagen für wichtige Rohstoffe spätestens nach einem halben Jahrhundert eine Erschöpfung der Vorräte voraus.[8] Sind deswegen die Preise in die Höhe geschnellt, so daß die Vorräte gestreckt und für künftige Generationen länger erhalten werden? Offenbar kann davon keine Rede sein, einige Rohstoffe wie etwa Öl wurden im Gegenteil billiger.[9] Tatsächlich ist es zu einer Umkehrung des Knappheitsgesetzes gekommen. Je knapper Urwälder, Süßwasser, Artenvielfalt, reine Luft und die letzten unverbauten Landstriche geworden sind, um so schneller schreitet der Prozeß ihrer Vernichtung voran. Jeder Staat scheint heute bemüht zu sein, vom schrumpfenden Kuchen noch ein möglichst großes Stück zum eigenen Bedarf herunterzubeißen.

Marktwirtschaft ist an sich weder »böse« noch »gut«, weder sozial nützlich noch schädlich. Sie ist wie andere Techniken auch ein ökonomisches Instrument von Arbeitsteilung und Wettbewerb, das sich zum Nutzen einer Gesellschaft wie zu ihrem Schaden einsetzen läßt. Auf dieses Instrument wird die Menschheit in Zukunft genauso angewiesen sein wie auf die Errungenschaften der Technik, denn sie hat längst das Stadium überschritten, in dem ihr noch die Wahl offensteht, sich für oder gegen deren Gebrauch zu entscheiden. Aber um dieses Instrument in Zukunft zu ihrem Nutzen verwenden zu können, muß sie sich endlich von einer Illusion befreien. Die Marktwirtschaft hat ihre positiven Wirkungen niemals *von selbst* oder *automatisch* bewiesen. Keine Idee hat so große Verwirrung und soviel Schaden erzeugt wie der Glaubenssatz vom marktwirtschaftlichen Gleichgewicht, das sich angeblich selbst reguliere, oder in bildhafter Sprache, von einer unsichtbar ordnenden Hand. Ohne den erklärten Willen einer Gesellschaft, die privaten Kräfte der Wirtschaft in den Dienst der Allgemeinheit zu stellen, wird die Marktwirtschaft zu einem Instrument der Zerstörung – zum Kapitalismus. Denn *von selbst* oder *automatisch* stellt sich nur das Ungleichgewicht ein, bei dem die privaten Kräfte entschlossen *gegen* die Interessen der Allgemeinheit agieren.

Kapitalismus ist das häßliche Gesicht einer Marktwirtschaft, die das Interesse einzelner über das der Gesellschaft stellt. Er ist ein Krieg der Starken gegen die Schwachen, des Geldes gegen die Leistung und der gesamten Ökonomie gegen die natürlichen Grundlagen des Lebens. Die Frage, die in Teil IV dieses Buches gestellt wird – ob die Zukunft des Kapitalismus in seinem Triumph oder in seinem Ende liegt –, läßt daher nur eine einzige Antwort zu. Ohne eine sozial nützliche Marktwirtschaft hat die industrielle Zivilisation keine Zukunft, mit einem asozialen und naturzerstörerischen Kapitalismus aber ist diese Zukunft im höchsten Grade gefährdet.

Und dies gilt für den Kapitalismus im allgemeinen, ganz gleich, in welchen Teilen der Welt er sich manifestiert. Denn der westliche Kapitalismus ist nur eine seiner speziellen Erscheinungsformen, im übrigen trägt er so viele Gesichter wie die Völker, die ihn bisher praktizieren. Eine besondere Ausprägung hat er im Fernen Osten, speziell in Japan, erhalten. Es ist wichtig, die Unterschiede zwischen westlichem und fernöstlichem Kapitalismus zu betonen, denn im globalen Machtgefüge erhalten sie eine besondere Bedeutung. Während die relative Stellung des Westens durch den neuen Kapitalismus seit den frühen achtziger Jahren geschwächt worden ist, haben die ostasiatischen Staaten umgekehrt an Stärke gewonnen. Daran werden auch die jüngsten Turbulenzen langfristig kaum etwas ändern. Denn schon heute sind zwei Drittel der globalen industriellen Kapazität nach Asien abgewandert. Japan, ein in Hinsicht auf seine geographische Ausdehnung unbedeutendes Land, hat mit seinen Überkapazitäten die produzierenden Industrien der USA überflügelt und ist in diesem Bereich zum wirtschaftlich stärksten Staat der Erde geworden. Wer über die Zukunft des Kapitalismus spricht, darf den Hintergrund seiner ostasiatischen Variante nicht übersehen.

Die jüngsten Erschütterungen in Asien wecken aber auch dort den Zweifel an der Gerechtigkeit des gegenwärtigen Wirtschaftssystems. Die Krise der bis dahin so erfolgreichen Tigerstaaten hat nicht zuletzt diesen selbst eindringlich gezeigt, daß der industrielle Aufbau von heute auf morgen demontiert werden kann. Daraus entsteht eine fundamentale Unsicherheit, die zu grundsätzlichen Fragen nach der Zukunft der industriellen Gesellschaften führt. Auf einmal wird die Kritik am Kapitalismus zu einer weltweiten Erscheinung, weil auch die von ihm ausgehende Bedrohung und Unsicherheit die ganze Welt in Mitleidenschaft ziehen.

Teil I. Vom Wettbewerb zum Wirtschaftskrieg

> The world of the second half of the twentieth century
> is incomprehensible without understanding the impact
> of the economic collapse ... But for it, there would cer-
> tainly have been no Hitler.   *Eric Hobsbawm*

Am Ende des 20. Jahrhunderts hat die industrielle Ökonomie ihre Aufgabe in den Staaten des Westens weitgehend erfüllt. Die elementaren Bedürfnisse des Lebens sind für die meisten Menschen gedeckt, nicht wenige haben darüber hinaus einen Lebensstandard erworben, wie er in der bisherigen Geschichte der Menschheit für eine große Zahl von Menschen niemals erreicht worden ist.

Unter diesen Umständen scheint die einzig verbliebene Aufgabe dieses Wirtschaftssystems darin zu bestehen, die industrielle Zivilisation über den ganzen Globus zu verbreiten, um auch den bisher benachteiligten Völkern zu Wohlstand und politischer Stabilität zu verhelfen. Tatsächlich haben gerade die Nachkriegsjahrzehnte eine solche Entwicklung in Gang gebracht. Japan ist als erster asiatischer Staat zum gleichberechtigten Partner der alten Industriestaaten geworden – nicht nur dies: Er hat die meisten von ihnen durch seine wirtschaftliche Stärke in den Schatten gestellt. Inzwischen haben die Nachbarn des fernöstlichen Inselstaates – Taiwan, Südkorea, Hongkong, Singapur und Malaysia – die wesentlichen Züge des japanischen Modells übernommen und dabei ähnlich große Erfolg errungen. Dennoch können wir mit einiger Gewißheit behaupten, daß sich die industrielle Zivilisation in ihrer gegenwärtigen Form nur noch mäßig ausdehnen wird. Sie wird von gefährlichen Rückschlägen bedroht – und zwar nicht nur aufgrund der schweren Erschütterungen, die Asien gegenwärtig erlebt.

Auf den ersten Blick scheint schwer einzusehen, warum nicht auf der ganzen Welt der gleiche Entwicklungsprozeß stattfinden könnte, wie er vor zwei Jahrhunderten in Europa begann. Überall wo die Landwirtschaft modernisiert wird und dadurch ein Teil der Bevölkerung für die industrielle Arbeit eingesetzt werden kann, sind die Bedingungen für eine industrielle Entwicklung grundsätzlich vorhanden. Warum sollte diese Entwicklung vorzeitig abbrechen?

Hierfür geben zwei sehr unterschiedliche Gründe den Ausschlag. Der eine ist ökonomischer, der andere ökologischer Art. Die Ökologie betrifft das Verhältnis von Mensch zu Natur. In ihrer gegenwärtigen Form erzeugt die industrielle Zivilisation im Verhältnis zur Natur, die ihre unaufhebbare Grundlage bildet, eine schroffe und stetig wachsende Spannung. Nach Berechnungen des Wuppertaler Instituts für Klima, Umwelt, Energie müßte allein Deutschland seinen Verbrauch fossiler Brennstoffe und nicht-erneuerbarer Rohstoffe bis 2050 um 80–90 % senken, um die Nachhaltigkeit der Wirtschaft zu garantieren. Zugleich müßten die Schadstoffemissionen auf 20 % ihres bisherigen Wertes zurückgehen.[10] Anders gesagt, die industrielle Zivilisation in ihrer bisherigen Form ist nicht überlebens- und schon gar nicht verallgemeinerungsfähig. Wenn China pro Kopf der Bevölkerung denselben Verbrauch an Rohstoffen erreicht und die gleichen Mengen an Laststoffen und Giften in die Natur entläßt wie heute die Vereinigten Staaten, ist das Überleben der Menschheit mindestens ebenso in Gefahr wie durch einen Krieg. Natürlich besagt diese Feststellung nicht, daß eine Industrialisierung Chinas deshalb unmöglich sei, sondern nur, daß sie nicht in der gewohnten Form stattfinden kann. Unter Experten sind diese Tatsachen inzwischen kaum noch umstritten, aber in Wirtschaft und Politik zieht man es weiterhin vor, unbequeme Wahrheiten geflissentlich zu überhören. Investitionen, Wachstum, ökonomische Planungen finden weitgehend ohne Rücksicht auf ihre späteren Auswirkungen statt. Diese Sorge überläßt man den nachfolgenden Generationen.

Davon wird später die Rede sein. Zunächst gilt es, die rein wirtschaftlichen Ursachen zu beleuchten, die eine weitere Globalisierung der industriellen Zivilisation hemmen, wenn nicht unmöglich machen. Diese Ursachen sind aufs engste mit den beiden ökonomischen Modellen verknüpft, die heute die Globalisierung bestimmen: das japanische und das US-amerikanische. Beide stoßen an ihre Grenzen, beide führen in eine Sackgasse – sie scheitern an inneren Widersprüchen.

Japanische und US-amerikanische Wirtschaft

Zwei Wege der industriellen Expansion

> Japanese trade policy even protects the interests of the despised ETA minorities ... It would never occur to the US government to protect the interests of American blacks or Native American craftsmen in its trade negotiations, but nothing is more natural for the Japanese. They, after all, never forget that the economy exists to serve society, and not the other way around.
>
> *Edward Luttwak*

Das japanische Modell setzt die Solidarität nach innen voraus. Einkommensunterschiede zwischen den Klassen sind minimal, Opfer werden von allen gefordert, von den Managern oft noch stärker als von den unteren Rängen. Entscheidungen werden nicht von oben dekretiert, sondern durch Absprache und Kompromisse erreicht.[11] In mancher Hinsicht ist das japanische Modell nach innen gerechter als das US-amerikanische, seine Stärke beruhte vor allem auf der Solidarität der Bevölkerung. Mit einem Minimum an sozialen Spannungen war diese für den industriellen Aufbau zu mobilisieren, obwohl das Land von seinen Bürgern außerordentliche Opfer verlangte. Man arbeitete für die Zukunft, auch wenn dies in der Gegenwart den Verzicht auf Freizeit, Urlaub und viele persönliche Freiheiten bedingte.

Die weniger erfreulichen Merkmale des japanischen Modells werden erst sichtbar, wenn man seine Wirkung nach außen betrachtet. Während es nach innen auf Solidarität beruht, ist es nach außen eindeutig parasitär. Eine aggressive Exportstrategie erwirtschaftete den Reichtum für das eigene Land auf Kosten anderer Länder, indem es deren Produkte ersetzte oder verdrängte. Anders gesagt, der japanische Erfolg – und der aller übrigen Länder, die dieses Modell imitieren – setzt die Bereitschaft anderer Staaten voraus, ihre Grenzen für den Export zu öffnen und die Verdrängung der eigenen Industrien dabei in Kauf zu nehmen. Die USA als der weltweit größte und aufnahmefähigste Markt waren im großen und ganzen bereit, diese Politik der offenen Tür zu betreiben, weil sie lange Zeit industriell stark genug waren, sie zu verkraften. Es ist aber leicht zu begreifen, daß die japanische Strategie an ihre Grenzen gelangt, sobald ausländische Staaten zum Schutz der eigenen Industrien ihre Importe begrenzen. Bereits unter Reagan haben die USA ihre Politik der offenen Tür wesentlich eingeschränkt.

Die Japaner haben für ihr Modell keine Mission betrieben – angesichts seiner aggressiven Tendenzen gegen andere Staaten wäre dies auch kaum möglich. Anders die US-Amerikaner. Aufgrund ihrer Bereitschaft, die eigenen Märkte zu öffnen, glauben sie das Recht für sich beanspruchen zu können, in der ganzen übrigen Welt die Prinzipien ihrer Wirtschaft zu propagieren. Von diesem Recht machen sie ausdrücklich Gebrauch, indem sie diese Prinzipien auch mit ökonomischem und politischem Druck anderen Staaten aufzwingen. Die Instrumente dafür sind die Welthandelsorganisation WHO, die Weltbank und der Internationale Währungsfonds IWF, der mit seinen Maßnahmen zur Strukturanpassung (structural adjustment) eine globale Vereinheitlichung der Ökonomien im Sinne der Vereinigten Staaten betreibt.

Das US-amerikanische Wirtschaftsmodell beruht auf den klassischen angelsächsischen Theorien, wonach der Handel immer dann die besten Ergebnisse im Hinblick auf das Allgemeinwohl erzielt, wenn er allen Eingriffen des Staates möglichst entzogen bleibt. Der Egoismus der Individuen wie der Unternehmen darf und soll sich in voller Freiheit entfalten, weil eine unsichtbar ordnende Hand ohnehin dafür sorge, daß er letztlich dem Nutzen aller auf die bestmögliche Weise dient. Eine Ausnahme von der heilsamen Wirkung der Egoismen macht allein der Egoismus des Staates. Dieser soll im Gegenteil mit allen Mitteln eingedämmt werden. Er gilt als störender Faktor, weil er die Freiheit der Unternehmen und Individuen auf vielfache Weise begrenzt und daher ihre ökonomische Entfaltung behindert. Folgerichtig besteht das US-amerikanische Modell auf einer Liberalisierung der Handelsvorschriften zwischen den Staaten – damit sich deren Kompetenzen verringern – und ebenso im Innern der Staaten auf Deregulierung, um die Kompetenzen der Unternehmen immer mehr zu erweitern.

Stärkung des Staates in Japan

> Die japanische Wirtschaft ist zu groß geworden, um weiter mit Hilfe von Exportüberschüssen ... wachsen zu können. Auch kann die Weltwirtschaft die chronischen Leistungsbilanz-Überschüsse Japans nicht mehr ertragen. *Konrad Seitz* [12]

Die Japaner haben eine entgegengesetzte Strategie betrieben. Mit aller Entschiedenheit unterwarfen sie die Entscheidungen der Unternehmen den Zwecken des Staates. Das Ziel ihrer ökonomischen Politik bestand in der nationalen Verpflichtung der Unternehmen zum Wohl der eigenen Bevölkerung. Im Gegensatz zum angelsächsischen Wirtschaftsmodell wurde nicht der Egoismus der Individuen oder der Unternehmen als leitendes Prinzip anerkannt, sondern in erster Linie der Egoismus des Staates. Wenn der Staat das Richtige will und seine Ziele entsprechend durchzusetzen vermag, dann erhoffte man sich davon die günstigsten Voraussetzungen für den langfristigen Wohlstand der eigenen Bevölkerung.

Offenbar kann der Gegensatz zwischen den beiden Modellen kaum größer sein. Die Japaner sind nach innen um soziale Gerechtigkeit und Ausgleich bemüht, aber sie gehen stillschweigend und oft ziemlich skrupellos davon aus, daß der eigene Reichtum auf Kosten der anderen erwirtschaftet werden darf. Ihre Auffassung der Wirtschaft ist so naiv national oder egoistisch wie eine Religion, die nur dem eigenen auserwählten Volk die Erlösung verspricht. Vom Nutzen der anderen Nationen oder gar vom Nutzen der Menschheit ist dabei wenig oder gar nicht die Rede.

Andererseits besteht der überragende Vorzug der angelsächsischen politischen Ökonomie zweifellos darin, daß sie den allgemeinen Nut-

zen so deutlich in den Vordergrund stellt. Die Verfolgung des individuellen Nutzens oder der Egoismus der Unternehmen ist dabei kein
Selbstzweck, sondern auf den Nutzen der Allgemeinheit – auch den
der Weltgemeinschaft als Ganzes – bezogen. In dieser Lehre kommen
christlicher Eifer und Missionsbedürfnis in säkularisierter Gestalt
zum Zuge. Denn als entferntes, aber doch deutlich sichtbares Ziel
verspricht dieses Modell allen Menschen, unabhängig von ihrem nationalen, religiösen oder kulturellen Bekenntnis, die Erlösung durch
die Ökonomie. Sind erst die letzten Hemmnisse aus dem Wege geräumt, mit denen die Staaten den freien Wettbewerb im Augenblick
noch behindern, dann soll die Vision einer sich sprunghaft entwik-
kelnden Welt endgültig in Erfüllung gehen. Es ist dieser quasi-reli-
giöse Impuls, der es den US-Amerikanern so leicht macht, das eigene
Wirtschaftsmodell der ganzen übrigen Welt zu empfehlen und not-
falls auch aufzuzwingen. Nach Art einer Religion erhebt das neoliberale Wirtschaftsmodell den Anspruch auf universale Geltung. Es tritt
als Heilsbotschaft für den Globus auf.

Theorien und Tatsachen

Das japanische Modell verdient größte Beachtung im Hinblick auf
seine soziale Wirkung nach innen: den Schutz der Bevölkerung und
deren Mobilisierung durch die Bereitschaft zur Solidarität und zum
Teilen. Andere Modelle wie das deutsche der Sozialpartnerschaft[13]
stellen ebenfalls Alternativen zur angelsächsischen Wirtschaft dar,
aber der Einfluß des deutschen Modells ist gering verglichen mit der
Ausstrahlung der japanischen Ökonomie. Immerhin zählen nicht nur
Staaten wie Südkorea, Taiwan und Singapur zu den erfolgreichen
Nachfolgern der Japaner, sondern auch das gewaltige China orientiert
sich am Modell der so erfolgreichen Nachbarn. Dennoch besitzt die
ökonomische Strategie der Japaner einen entscheidenden Fehler – sie
verliert ihre Wirkung, sobald alle anderen sie befolgen. Wenn jeder
den eigenen Vorteil auf Kosten der anderen sucht, muß das internationale Wirtschaftsgefüge zusammenbrechen.

Diese leicht erkennbare Einseitigkeit läßt es von vornherein unmöglich erscheinen, daß das japanische Modell einen universellen Anspruch erhebt. Die Schwächen des US-amerikanischen Modells sind dagegen viel schwerer durchschaubar, weil es nach außen hin für eine globale Gerechtigkeit eintritt. Es lockt durch seine Verheißungen und einen proklamierten Universalismus.

Eine Beurteilung muß daher die Theorie mit den praktischen Wirkungen konfrontieren. Bestätigt die ökonomische Realität die Vorhersagen der Theorie? Welche Auskunft erteilen die Tatsachen, die man aus der Wirtschaftsgeschichte der Nachkriegsjahrzehnte ablesen kann?

Die Entwicklungsstrategie der erfolgreichen Aufholer

Die polyzentrische Industrialisierung des Globus in der zweiten Hälfte dieses Jahrhunderts ist nicht der staatlichen Entwicklungshilfe zu danken, sondern in hohem Maße der US-amerikanischen Wirtschaft, weil diese die Tore des eigenen Marktes für industriell aufholende Staaten weit offen hielt. So konnte Japan durch seine Exporte auf den amerikanischen Markt seine Industrien weit über den eigenen Bedarf hinaus ausbauen und gewaltige Handelsüberschüsse erringen. Auf gleiche Art haben später die »Tigerstaaten«, Taiwan, Südkorea, Singapur und Hongkong, danach auch Malaysia, Thailand und Indonesien von der Offenmarktpolitik der Vereinigten Staaten profitiert – in geringerem Maße auch vom Zugang zum europäischen Wirtschaftsraum. Zweifellos haben die USA damit die Rolle eines ökonomischen Motors für einen großen Teil der übrigen Welt gespielt.

Der offene US-Markt hat also eine entscheidende Wirkung für die weltweite Industrialisierung nach Ende des Zweiten Weltkrieges gehabt, aber muß man deshalb jenen Ökonomen und Politikern beipflichten, die diesen Erfolg mit der Überlegenheit des US-amerikanischen Wirtschaftsmodells begründen?

Auf diese Frage erteilen die Fakten eine ganz klare Antwort. *Man kann nicht deutlich genug betonen, daß sämtliche Bedingungen des US-amerikanischen Modells von jenen Staaten mißachtet wurden, die sich erfolgreich industrialisierten, während der Mißerfolg der üb-*

rigen Staaten umgekehrt darauf beruht, daß sie sich diesen Bedingungen ganz oder teilweise unterwarfen. Wenn die Verteidiger des US-amerikanischen Modells dessen Erfolg mit dem Hinweis auf seine Wirkung bei Entwicklungs- und Schwellenländern begründen, so werden sie durch die Fakten in allen Punkten ins Unrecht gesetzt.

Beginnen wir mit einer zentralen Aussage der US-amerikanischen Wirtschaftsideologie. Sie besteht in der Behauptung, daß die Wirtschaft durch Eingriffe des Staates gehemmt und umgekehrt durch deren Abbau gefördert wird. Dieser theoretischen Basis entsprechend dringt das US-amerikanische Modell bei allen Staaten auf die Öffnung der Märkte, den freien Kapitalverkehr und die Souveränität der Konsumenten. Im einzelnen wird ein uneingeschränkter Wettbewerb zwischen in- und ausländischen Unternehmen verlangt, ein freier Zugang für ausländische Investoren und eine ungehinderte Einfuhr ausländischer Güter. Hat dieses Modell wirklich den ökonomischen Aufstieg anderer Staaten bewirkt? Gibt es für diese Annahme stichhaltige Beweise? Haben sich diejenigen Staaten am schnellsten entwickelt, welche die staatliche Intervention ausdrücklich praktizierten, oder umgekehrt jene, die sie ebenso ausdrücklich auf ein Minimum reduzierten?

Die Antwort auf diese Frage ist längst kein Geheimnis mehr. Japan und die ostasiatischen Tiger haben ihren Erfolg in erster Linie der Tatsache zu danken, *daß der Staat eine bewußte Lenkung der Wirtschaft betrieb* – Exporte wurden mit allen Mitteln gefördert, Einfuhren aus industriell überlegenen Ländern planmäßig behindert. In Japan dirigieren bis heute staatliche Organisationen wie das MITI (Ministry of International Trade and Industry) und das Ministry of Finance (MoF) die systematische Erschließung ausländischer Märkte, während der Staat gleichzeitig alle ausländischen Güter an den Grenzen zurückhält, die der eigenen Industrie gefährlich zu werden vermögen. Der Erfolg dieser staatlichen Lenkung ist unbestreitbar und beschränkt sich nicht auf Ostasien. Auch das durch seine politische Vergangenheit so anrüchige Chile hat einige Elemente des japanischen Modells übernommen. Er ist einer der wenigen lateinamerikanischen Staaten mit bedeutendem ökonomischen Fortschritt.[14]

Japan, Taiwan, Südkorea

Taiwan und Südkorea haben ihre Märkte nach außen hin abgeschottet – damit technologisch überlegene Waren des Auslands für ihre jungen Industrien nicht zur Gefahr werden konnten. Sie haben selbstverständlich keinen freien Kapitalverkehr zugelassen, andernfalls hätten die heimischen Sparer ihr Geld auf ausländische Banken mit höheren Zinsen gebracht und es dadurch dem eigenen Aufbau entzogen. Beide Staaten haben keine Konsums, sondern eine Produktionswirtschaft errichtet, d. h., sie verlangten Opfer von den Konsumenten, damit die Industrie um so schneller aufgebaut werden konnte. Zum Beispiel bürdeten sie den Konsumenten im eigenen Land oft höhere Preis auf als den Käufern ihrer Produkte im Ausland. Alles in allem verlangten sie von ihren Bürgern kurzfristige Opfer, um auf lange Sicht mit den Exportgewinnen erstarkender Industrien ein um so festeres wirtschaftliches Fundament zu errichten. Autoritäre Regime haben diese Opfer von ihren Bürgern erzwungen, ohne dabei nachhaltigen Widerstand zu erregen, solange der entstehende Reichtum im großen und ganzen gleichmäßig an alle Schichten der Bevölkerung verteilt worden ist. Die Tigerstaaten haben sich bei ihrem Vorgehen an ihrem Vorbild Japan orientiert. Je treuer sie diesem folgten, um so erfolgreicher waren sie, wichen sie von ihm ab, so taten sie es im allgemeinen zu ihrem Schaden. Dies zeigt sich etwa im Hinblick auf das Einkommensgefälle. Im Verhältnis zu westlichen Ländern weist Japan bekanntlich bemerkenswert geringe Unterschiede des Einkommens auf[15] – eine wichtige Voraussetzung, wie es scheint, um die Politik des Verzichts mit weitgehendem Einverständnis der Bevölkerung durchzusetzen. Dagegen kommt in Staaten wie Indonesien oder Thailand der Reichtum des Landes in erster Linie einer kleinen Zahl von hochgestellten Parasiten zugute – kein Wunder, daß die Entwicklung explosive soziale Zustände beschwört.

Ein weiterer wichtiger Punkt: Japan hat ausländisches Wissen und Know-how mit unglaublicher Schnelligkeit aufgesogen, aber sich wohl gehütet, in der Zeit seines Aufbaus ausländische Investoren ins Land zu lassen. Zu Recht fürchteten die Japaner die daraus resultierenden Abhängigkeiten. Diese Entschlossenheit, sich nur auf die eigene Kraft zu verlassen, drückt sich auch darin aus, daß es den Aufbau des eigenen Landes aus eigenen Ersparnissen finanzierte. Im Gegensatz dazu hat Südkorea in den vergangenen Jahre große Kredite im Ausland aufgenommen[16] und ist nun gezwungen, seine Entwicklung den Forderungen des IWF zu unterwerfen. Es ist damit zu rechnen, daß sich das Land, wenn auch unter den größten Anstrengungen und Opfern für seine Bevölkerung, nach einiger Zeit von seinen Schulden befreien wird, da es inzwischen eine entwickelte und ausgewogene industrielle Struktur besitzt. Aber andere Tigerstaaten wie Thailand, Malaysia oder gar Indonesien haben sich bei ihrem Aufbau nahezu ausschließlich auf ausländische Anleger verlassen und dabei den Weg einer überaus einseitigen Industrialisierung beschritten. So bestehen etwa die Exporte Taiwans, Hongkongs oder Thailands zu einem Viertel, die Singapurs zur Hälfte aus Produkten der Elektronik, während das BSP von Malaysia zu 6 % allein vom japanischen Großkonzern Matsushita bestritten wird.[17] In dem Maße, wie sich diese Länder am japanischen Modell einer Entwicklung aus eigener Kraft und Planung orientierten, sind sie erfolgreich gewesen, in dem Maße, wie sie sich davon entfernten, haben sie zusätzliche Gefahren in Kauf genommen. Sieht man von Taiwan und Südkorea ab, so ruht die industrielle Struktur der meisten von ihnen auf einer so schmalen Basis, daß ein plötzlicher Abzug ausländischer Investitionen genügt, um ihre Entwicklung abrupt zu beenden. Diese Gefahr ist heute bereits gegeben, weil die internationalen Konzerne ihre Zelte abbrechen, um sich an billigeren Standorten in Lateinamerika, China oder Afrika niederzulassen.

Um es in aller Schärfe zu wiederholen: Die industriell am stärksten aufholenden Staaten verdankten ihren großen Erfolg der entschiedenen Abkehr vom US-amerikanischen Modell. Je mehr sie die privaten Kräfte einer nationalen Wachstumsstrategie unterstellten, je stärker sie sich auf ihre eigene Kraft verließen, statt sich bei ausländischen Investoren zu verschulden, je konsequenter sie die Bedrohung der wachsenden Industrien durch ausländische Importe abwehrten und je entschlossener sie die Augenblickswünsche der Konsumenten den langfristigen Zielen der industriellen Entwicklung unterwarfen, um so beeindruckender sind ihre Leistungen. Sie haben den Wettbewerb durchaus nicht unterdrückt, sondern ihn ausdrücklich gefördert, aber seine negativen Wirkungen dadurch gemildert, daß sie den Eigennutz der Sparer, Unternehmer und Konsumenten, d. h. der privaten Kräfte, immer dem nationalen Ziel einer Stärkung der Wirtschaft unterwarfen. Die Erfolge, die vor allem Japan auf diese Weise erreichte, sind atemberaubend. Im Hinblick auf seine industrielle Produktion hat Japan die amerikanische Wirtschaft bereits überflügelt, 1993 machte die Ökonomie des Landes insgesamt 68 % der US-Wirtschaft aus – 1950 waren es erst 3 %. Nach Angaben des britischen Wirtschaftshistorikers Nicholas Craft brauchten die USA ein ganzes Jahrhundert um gegenüber dem damaligen Großbritannien den gleichen Zuwachs an Pro-Kopf-Einkommen zu erzielen, den Japan gegenüber den USA in den Nachkriegsjahrzehnten erreichte. Diese Leistung wird auch durch die gegenwärtigen Schwierigkeiten nicht in Frage gestellt.

Das Versagen der erfolglosen Vasallen

> The case of Mexico illustrates ... that developing nations make a kind of deal with the devil when they open themselves to the animal spirits of global capital.
> *William Greider*

> Schulden, die sie nicht bezahlen können, zwingen die afrikanischen Nationen, deren Einkommen aus Rohstoffexporten besteht, zur Übernutzung ihrer empfindlichen Böden und verwandeln so das Land in eine Wüste ... Als Folge der ›Lateinamerikanischen Schuldenkrise‹ werden die Naturschätze dieser Region nicht für deren Entwicklung eingesetzt, sondern um die finanziellen Verbindlichkeiten gegenüber ausländischen Kreditgebern zu begleichen.
> *UN World Commission on Environment and Development: Our Common Future* [18]

Die Verlierer im weltweiten Marathon um die industrielle Entwicklung sind genau diejenigen Staaten, die das US-amerikanische Wirtschaftsmodell getreu den Vorschriften der Theorie übernahmen.

Hierzu gehören vor allem die Staaten Lateinamerikas, denen aufgrund des politisch-militärischen Drucks ihres übermächtigen Nachbarn meist keine andere Wahl blieb. Sie wurden gezwungen, ihren Markt für die weit überlegenen industriellen Güter des Auslands zu öffnen – mit allen Folgen, die sich voraussehen ließen. Der Aufbau eigener Industrien wurde von Anfang an abgewürgt – kein industriell aufholender Staat (die USA zwischen 1820 und 1930 eingeschlossen) hat bisher die Entwicklung eigener industrieller Produkte ohne den systematischen Schutz vor überlegener Konkurrenz durchzusetzen vermocht. Wird ein Land am Beginn seiner Entwicklung dazu gezwungen, seine Grenzen für den freien Handel zu öffnen, so ist die unausbleibliche Wirkung, daß man diese Entwicklung schon im Keime erstickt.

Der gleiche Effekt geht aber auch von der Forderung aus, die Entscheidung über die eigene Entwicklung in die Hand der Konsumenten zu legen. Man erinnere sich, daß die einstige Weltmacht Großbritannien den Opiumhandel mit China ausdrücklich damit gerechtfertigt hat, daß der chinesische Konsument durch den Kauf dieser Gifte seine freie Entscheidung bekunde. Stets spielt die industriell führende Macht den Willen der Konsumenten gegen die nationale Politik der Regierungen aus und bezeichnet diese als Diktaturen, falls sie die Einfuhr ihrer Produkte behindern. Aber eine Regierung – gleichgültig ob demokratisch gewählt oder nicht – kann sehr wohl die Mehrheit der Bevölkerung hinter sich haben, wenn sie dem Ziel eigener Entwicklung kurzfristige Konsumwünsche opfert und daher den freien Zugang ausländischer Waren beschränkt. Die autoritären Regime Japans, Taiwans oder Südkoreas waren erfolgreich, weil sie bei diesem Verzicht auf das Einverständnis ihrer Bürger zu zählen vermochten.

In Lateinamerika war ein solches Einverständnis nicht möglich. Dies hängt vor allem damit zusammen, daß die dortigen »Eliten« ihren Vorteil darin erblickten, mit den Interessen des Auslands gegen die Interessen der eigenen Bevölkerung zu paktieren. Das US-amerikanische Modell hat am deutlichsten in jenen Ländern versagt, in denen sich die herrschende Schicht seinen Forderungen unterwarf, weil ihr dies einen bedeutenden finanziellen Nutzen verschaffte.[19] Für entsprechende Zuwendungen exekutiert diese Schicht sämtliche Forderungen der internationalen Investoren. Sie hält das eigene Land für die Produkte des Auslands offen – und vereitelt damit eine eigene industrielle Entwicklung. Sie läßt den freien Kapitalverkehr zu – und ermöglicht daher dem heimischen Kapital. seine Reichtümer im Ausland in Sicherheit zu bringen. Außerdem läßt sie sich gern dazu überreden, gewaltige Prestigeobjekte mit ausländischem Geld zu finanzieren. Für sie selbst fallen dabei bedeutende Kommissionen ab, während das ausländische Kapital hohe Renditen bezieht. Es sind diese vom Ausland gekauften Kreise, welche in erster Linie für die Schuldenberge ihrer Länder verantwortlich sind. Allerdings sind sie für diese nicht haftbar, denn mit der Rückzahlung der Schulden haben sie kaum etwas zu tun. Dafür müssen die Steuerzahler, d. h. die arbeitende Bevölkerung, aufkommen. Diese wird für die vermehrte Erzeugung von Rohstoffen eingesetzt oder – neuerdings – an den ausgelagerten Werkbänken der großen Konzerne. Da Rohstoffe und Arbeit nur minimale Preise erzielen, weil man die einen in vielen unterentwickelten Staaten noch immer sehr billig und die andere inzwischen überall sehr günstig bekommt, stellt sich schon nach geringer Schuldenaufnahme der Punkt ein, daß sich die Schuld überhaupt nicht mehr abzahlen läßt. Schnell tritt dann der Internationale Währungsfonds mit seinen Forderungen in Erscheinung, d. h. mit den Auflagen der ausländischen Investoren. Dem verschuldeten Land werden die strengsten Sparmaßnahmen aufgebürdet, die aber in den seltensten Fällen die für die Verschuldung Verantwortlichen treffen. Diese, d. h. die Mitglieder der herrschenden »Elite« des Landes, haben ihre Kommissionen auf ausländischen Banken längst sicher verwahrt. Statt Einbußen zu erleiden, nimmt ihr Reichtum in der Regel noch weiterhin zu. Denn als politische Stellvertreter für ausländische Importeure und Investoren erfüllen sie eine für diese unverzichtbare Marionettenfunktion. In der Regel drückt sich der Gegensatz ihrer Interessen zur eigenen Bevölkerung schon darin aus, daß sie dieser mit Verachtung begegnen und sich nach außen hin als besonders kosmopolitisch gebärden.[20] Es ist die an der Verschuldung unbeteiligte Bevölkerungsmehrheit, die zum Opfer der erzwungenen Sparmaßnahmen wird. Ausgaben für die Bildung, für Infrastruktur usw. werden gestrichen, die Preise für Grundnahrungsmittel erhöht. Damit der Staat unter diesen Umständen noch ein Minimum sozialer Verpflichtungen gegenüber der Bevölkerung wahrnehmen kann, sieht er sich dann genötigt, dem Ausland die eigenen Rohstoffe und die eigene Arbeit in größerem Umfang und zu noch geringeren Preisen anzubieten – ein Teufelskreis, der die Preise für Arbeit und Rohstoffe weltweit herabsetzt. Kein Wunder, daß der Staat insgesamt immer ärmer und seine Aussichten auf eine dauerhafte Entwicklung immer geringer werden, selbst wenn sich in seinen Grenzen eine ganze Reihe internationaler Konzerne ansiedeln und sein BSP aufgrund dieser Tatsache in die Höhe schnellt.

Denn ein steigendes BSP ist an sich noch kein Beweis für den ökonomischen Aufstieg. In einem Entwicklungsland mit überwiegend agrarischer Wirtschaft bringen schon wenige Großinvestitionen eine gewaltige Wachstumsrate hervor. Wenn diese statistisch als Anstieg des Pro-Kopf-Einkommens errechnet wird (BSP / Bevölkerungszahl), dann ist die Irreführung noch größer, denn an der Armut der Mehrheit brauchen derartige Investitionen überhaupt nichts zu ändern. Aber selbst wenn ein Teil des Reichtums nach unten »durchsickert«, ist damit noch nichts über den Grad einer strukturell wirksamen Industrialisierung gesagt. Selbst in asiatischen Ländern wie Malaysia oder Indonesien, wo sich hochtechnologisch ausgestattete Niederlassungen von Konzernen wie Motorola, Siemens etc. befinden, besteht die Arbeiterschaft zu 80 % aus jungen Mädchen.[21] Von einer Weitergabe wissenschaftlich-technischen Wissens und Know-hows kann nur in sehr begrenztem Umfang die Rede sein. Sobald die ausländischen Konzerne ihre Zelte abbrechen, weil an anderen Standorten die Arbeiter noch billiger sind, fällt das Kartenhaus der Entwicklung zusammen. Die industrielle Struktur ist auf einer zu schmalen Basis gebaut.

Mexiko ist der Prototyp eines Verlierers. Zwei Jahre nach seinem 1993 erfolgten Beitritt zur Freihandelszone mit Kanada und den Vereinigten Staaten (NAFTA) waren 8000 seiner mittelständischen Unternehmen in Konkurs gegangen, eine Million – anderen Schätzungen zufolge bis zu zwei Millionen – Menschen hatten ihre Arbeit verloren. Die Industrien des Landes gewannen durch die Konkurrenz der weit überlegenen US-amerikanischen Güter nicht etwa an Wettbewerbsfähigkeit, wie die Befürworter des Zusammenschlusses dies vorausgesagt hatten, sondern wurden einfach zerschlagen. Aber auch die Agrarwirtschaft wurde aufs schwerste getroffen, da Devisen zur Bezahlung der aufgenommenen Schulden sich nur durch die Ausfuhr von Rohstoffen und Nahrungsmitteln erwirtschaften lassen. Die Landwirtschaft mußte daher auf extensiven Betrieb für den Export umgestellt werden – Tausende von Bauern, die bis dahin die lokale Versorgung betrieben, wurden dadurch verdrängt. Dies alles genügte aber noch nicht, um das Mißtrauen der Investoren zu beschwichtigen. 1995 geriet der Peso erst ins Wanken, dann in den freien Fall. Es gelang durch das Eingreifen des IWF, die Zahlungsunfähigkeit des Landes mit einer Spritze von 50 Milliarden Dollar zu verhindern, aber dafür war ein hoher Preis zu entrichten. Einerseits war es der nordamerikanische Steuerzahler, der für diese Finanzspritze aufkommen mußte. Die Einsätze der reichen US-Anleger wurden also aus den Mitteln der sehr viel weniger reichen Bevölkerungsmehrheit gestützt. Aber für Mexiko waren die Folgen noch sehr viel drastischer. Die Auflagen des Fonds haben dem Land die freie Verfügung über seine Ölvorkommen genommen, die jetzt ein Pfand der Gläubiger sind.[22]

Natürlich ist es nicht das erklärte Ziel des neoliberalen Wirtschaftsmodells, kollaborierende Eliten von Entwicklungs- und Schwellenländern zur Verschuldung ihrer Länder zu überreden, um sie dann, wenn sie erwartungsgemäß die Schulden nicht mehr zurückzahlen können, zur Verpfändung des nationalen Besitzes zu zwingen. Aber es läßt sich trotzdem nicht leugnen, daß dieses Modell überall dort geradezu zwangsläufig derartige Folgen gehabt hat, wo es nicht wie in Japan, Taiwan oder China auf einen geschlossenen nationalen Widerstand traf, der die Abspaltung profitsüchtiger »Eliten« zu verhindern vermochte.

Die sogenannte Importsubstitution

Die US-amerikanische Strategie und das japanische Modell einer Entwicklung, die zwar den eigenen Markt nach außen verschließt, aber zugleich die Offenheit ausländischer Märkte für die eigenen Exportüberschüsse zur Voraussetzung hat, sind nicht die einzigen Wirtschaftsmodelle. Daneben gab es das Modell der sogennanten Importsubstitution, das eine Zeitlang von Indien und den lateinamerikanischen Staaten befolgt worden ist, darüber hinaus aber auch von den Ländern des ehemaligen Ostblocks, die ihre Wirtschaft gegen Konkurrenz von außen abriegelten. Importsubstitution besteht in der Ersetzung ausländischer Produkte durch eigene Erzeugnisse. Sie soll die Einfuhren aus den führenden Industrieländern verhindern, um den heimischen Industrien die Chance des Aufstiegs zu geben. Im Hinblick auf die Abwehr fremder Produkte entsprach diese Politik exakt dem so erfolgreichen Vorgehen Japans und seiner Schüler, dennoch war ihre Wirkung weitgehend negativ. Zwar haben Indien und die lateinamerikanischen Staaten in der Zeit der Importsubstitution ein bescheidenes Wachstum erzielt. »Die ... Strategie war ohne Zweifel erfolgreich, auch wenn im heute dominanten Diskurs kein gutes Haar an ihr gelassen wird.«[23] Aber die Politik der Importsubstitution hat den Abstand zu den entwickelten Staaten nicht vermindert, wie im Fall der ostasiatischen Tiger, sondern dieser wurde im Gegenteil zunehmend größer. Deshalb gilt Importsubstitution als das beste Rezept für wirtschaftliches Versagen und Niedergang. Kein Staat empfängt Hilfe vom IWF, dem Sprachrohr der Investoren und internationalen Konzerne, wenn er dieser Politik nicht zuerst eine eindeutige Absage erteilt. Vom Standpunkt des IWF ist diese Ächtung begreiflich, denn sie steht im entschiedenen Gegensatz zu den von ihm vertretenen Interessen, aber als objektives Urteil über den Nutzen einer derartigen ökonomischen Strategie darf man sie kaum auffassen, denn exakt die gleiche Politik der Ersetzung von Importen durch eigene Produktion ist in Asien die entscheidende Voraussetzung für den Aufstieg gewesen.

Aus welchem Grund hatte das gleiche Vorgehen im Fernen Osten so ganz andere Folgen als in Indien oder den lateinamerikanischen Staaten?

Scheitern der Importsubstitution in Indien und den lateinamerikanischen Staaten

Die Antwort auf diese Frage verweist auf einen zentralen Punkt dieses Buches. Wirtschaft und soziale Verfassung hängen so eng zusammen, daß es unmöglich ist, beide voneinander zu trennen. Die gleichen ökonomischen Maßnahmen können im einen Land zum Erfolg und im anderen zum Mißerfolg führen, je nachdem unter welchen sozialpolitischen Bedingungen sie ausgeführt werden. Der äußere politische Rahmen spielt dabei offenbar eine vergleichsweise unbedeutende Rolle. Indien ist eine Demokratie, Japan war in der Zeit seines Aufstiegs ein autoritäres Regime mit demokratischen Formen. Singapur und China sind bis heute mehr oder weniger gemäßigte Diktaturen. Wie wenig diese Unterschiede für den ökonomischen Erfolg bedeuten, läßt sich daran erkennen, daß die Importsubstitution in Indien ein relativer Mißerfolg war – trotz der demokratischen Verfassung des Landes. Andererseits sind aber auch Argentinien und Brasilien mit ihrer Strategie des Protektionismus gescheitert, obwohl sie damals zu den Militärdiktaturen gehörten. Die Ursachen für die unterschiedliche Wirkung der gleichen ökonomischen Strategie sind an anderer Stelle zu suchen.

Das Beispiel Japans ist am besten geeignet, diese Ursachen sichtbar zu machen. Kurz nach Beginn der Öffnung zum Westen hat sich Japans führende Klasse auf eine historisch einmalige Weise freiwillig entmachtet. Die Samurai gaben ihre Privilegien auf, weil sie sehr früh begriffen, daß das Land sich gegenüber dem übermächtigen ausländischen Druck nur durch Einheit und Einigkeit aller Kräfte behaupten würde. Diese Einheit wurde durch den Ausgleich der sozialen Gegensätze erreicht. Indem die Herrschenden ihre Vorrechte freiwillig aufgaben, riefen sie in sämtlichen Schichten die Bereitschaft zu Opfern wach, wie sie eine umfassende und schnelle Industrialisierung des Landes erforderte. Diese Politik verlief keineswegs ungestört. Vorübergehend drohte sie in den zwanziger Jahren an einer neuerlichen Verschärfung der Klassengegensätze zu scheitern. Die Lehre, die das Land daraus und aus den Irrwegen des Militarismus zog, wurde in den Nachkriegsjahrzehnten mit aller Konsequenz realisiert. Sie bestand in einer entschiedenen Betonung der sozialen Gerechtigkeit. In diesem Sinne wurden die Betriebsgemeinschaft, die lebenslängliche Anstellung, die Mitbestimmung in den Betrieben etc. zur Norm.[24] Auch Taiwan, Korea und Singapur, welche die politische Freiheit zum Teil auch heute noch unterdrücken, haben von Anfang an den sozialen Ausgleich gefördert – im Gegensatz etwa zu Indonesien oder Thailand, deren Abstand zum japanischen Modell in dieser Hinsicht am größten ist.

Die Verhältnisse im demokratischen Indien ebenso wie in den früheren Militärdiktaturen des südamerikanischen Kontinents standen und stehen dazu in krassem Gegensatz. Soziale Gerechtigkeit, geschweige denn soziales Einvernehmen, hat sich in diesen Staaten nicht zu entwickeln vermocht. Die indische Bürokratie spielt die Rolle einer Elite, die von der Bevölkerung etwa so weit entfernt ist wie die höheren von den niederen Kasten. Die Abwehr ausländischer Produkte durch hohe Zölle förderte daher kaum den Erfindungs- und Wettbewerbsgeist, ihre Hauptwirkung bestand vielmehr darin, der Bürokratie und den von ihr begünstigten Unternehmen nach außen geschützte Nischen für einen bequemen Verdienst zu verschaffen. Dies kam unter anderem auch darin zum Ausdruck, daß der innere Wettbewerb durch die Bildung von Monopolen unterdrückt worden ist – ganz im Gegensatz zu Japan und anderen ostasiatischen Ländern, wo der Wettbewerb zwischen den Firmen mindestens ebenso hart wie im Westen war und daher seine positiven Wirkungen für die Entwicklung voll zu entfalten vermochte. Alles in allem hatte der Egoismus der in Indien und den Staaten Südamerikas herrschenden Klassen zur Folge, daß protektionistische Maßnahmen die ökonomischen Kräfte nicht stimulierten, sondern die ohnehin begünstigten Schichten noch zusätzlich stärkten, indem sie ihnen einen gesicherten Verdienst ohne störenden Wettbewerb von außen verschafften. Es kam noch hinzu, daß man für die Produktion von Konsumgütern im eigenen Land erst einmal die nötigen Maschinen zu deren Erzeugung erwerben mußte (Investitionsgüter). Diese aber wurden weitgehend im Ausland gekauft – meist mit Kredit, d. h. unter Verschuldung des Landes. Wenn die Ausgaben des Staates für den Import von Investitionsgütern die Einsparungen bei den im Lande produzierten Konsumgütern übertrafen, so war der Sinn dieser Politik überhaupt in Frage gestellt.[25]

Die Ökonomie wuchs hier auf einem historisch sehr andersartigen Boden. Die Länder Lateinamerikas und auch Indien besitzen eine lange Tradition der Ausbeutung von Mehrheiten durch übermächtige Minoritäten. Aufgrund mangelnden sozialen Zusammenhalts stößt daher eine Politik zum langfristigen Nutzen des Landes auf gewaltige Widerstände, weil sie die Übermacht der »Eliten« notwendig schwächt. Diesen fehlt durchaus die Bereitschaft, Maßnahmen zum Schutz der eigenen Industrien an eine entschlossene Politik der Beteiligung sämtlicher Schichten zu koppeln – ein freiwilliger Verzicht auf eigene Vorrechte, wie sie der japanische Adel vollzog, hat niemals stattgefunden.

Das Fazit über die unterschiedlichen Wirkungen des ostasiatischen Protektionismus auf der einen und der Importsubstitution in Indien und in den lateinamerikanischen Staaten auf der anderen Seite läßt sich nicht einfach im Begriff eines engstirnigen Nationalismus zusammenfassen, obwohl dieser zweifellos eine instrumentale Rolle gespielt hat und gegenwärtig in China immer noch spielt. Dieses Fazit liegt vielmehr im sozialen Zusammenhalt der Bevölkerung: der Verpflichtung auf gemeinsame Ziele auch gegen starken äußeren Druck. Ob man es will oder nicht, der Erfolg der Staaten auf dem Weg zur industriellen Entwicklung ist in erster Linie daran gebunden, ob sie ein Fundament *sozialer Solidarität* herstellen konnten, um die Mitarbeit der ganzen Bevölkerung zu mobilisieren.

Das Versagen des neoliberalen Wirtschaftsmodells

> Those of us who lived through the years of the Great
> Slump [dreißiger Jahre] still find it almost impossible
> to understand how the orthodoxies of the pure free
> market, then so obviously discredited, once again came
> to preside over a global period of depression in the late
> 1980s and 1990s ... Still, this strange phenomenon
> should remind us of the major characteristic of history
> which it exemplifies: the incredible shortness of me-
> mory of both the theorists and practitioners of econo-
> mics.
>   *Eric Hobsbawm* [26]

In den Staaten des Westens ist der Aufschwung der ersten drei Nachkriegsjahrzehnte zweifellos als Triumph der Marktwirtschaft zu verstehen. Heute wird aber zu leicht vergessen, daß auch hier die soziale
Komponente den Ausschlag gab. In den USA und in den Staaten
Europas kam das Wachstum der Wirtschaft allen Schichten zugute,
denn vom einfachen Arbeiter bis zum Unternehmer und den Besitzern von Geldvermögen profitierte jeder vom wachsenden Wohlstand. Auch in den USA waren in dieser Zeit die Gewerkschaften
stark, die Löhne hoch, der Reichtum breit gestreut. Besonders in den
sechziger Jahren wurden in der Massenfertigung sehr viele Arbeiter
benötigt. Aber die größten Erfolge des von den Vereinigten Staaten
ausgehenden Wirtschaftsmodells wurden zweifellos in jenen Staaten
errungen, die den Wettbewerb durch einen entschiedenen Willen zur
Kooperation zu zähmen vermochten. Deutschland entwickelte ein
eigenes Modell der sozialen Verpflichtung. Das Kapital wurde von
langfristig planenden Aufsichtsräten (die überwiegend aus Bankern
bestanden) an die Leine genommen. Die Politik der Unternehmen
blieb durch entsprechende Rahmenbedingungen an das Wohl der Bevölkerungsmehrheit gebunden – sprich an die Erzeugung und Vermehrung von Einkommen. Die Erhaltung der primären Kaufkraft
durch eine möglichst breite und gerechte Streuung der Einkommen
verstand sich von selbst. Sie war wichtiger als die Erhöhung der se-
kundären Kaufkraft durch die Verbilligung der Produkte.

Auch die Beziehungen zwischen den Staaten des westlichen Lagers waren damals wenig gespannt. In dieser Zeit waren die USA reich und wurden als Vorbild bewundert. Sie traten als paternalistisch wohlmeinende Führungsmacht auf. Staaten, die ihre Seite einnahmen, indem sie sich den Verlockungen des Kommunismus mit Entschiedenheit widersetzten, wurden durch einen entsprechenden Anteil am gemeinsamen Aufschwung belohnt, d. h. durch den freien Zugang zum Markt der Vereinigten Staaten, dem größten und reichsten der Welt. Zumindest unter den Staaten des Westens überwog in den ersten Nachkriegsjahrzehnten die solidarische Zusammenarbeit gegen eine handelskriegsartige Konkurrenz.

Das US-amerikanische Wirtschaftsmodell war zu dieser Zeit nicht das einzig mögliche Vorbild. Auch die kommunistischen Staaten hatten zum Teil beeindruckende industrielle Leistungen zu verzeichnen, die Sowjetunion allerdings vor allem auf den Gebieten der Waffen- und Weltraumtechnik. Aber in der Geschichte der Staaten zählen weniger die absoluten Zahlen als die relativen Stärken und Schwächen. Verglichen mit den außerordentlichen Leistungen der westlichen Marktwirtschaft nahmen sich die Errungenschaften der kommunistischen Staaten ziemlich bescheiden aus. Zudem lähmte in den kommunistischen Staaten die Unterdrückung des Wettbewerbs die persönliche Initiative und die demokratische Mitarbeit. Als das kommunistische Lager 1989 zusammenbrach, war damit auch das Schicksal dieses alternativen Wirtschaftsmodells besiegelt. Das US-amerikanische Wirtschaftsmodell übernahm fürs erste die Herrschaft über den Globus.

Die ökonomische Erosion der westlichen Staaten: England

Aber das neoliberale Modell der Eindämmung des Staates zugunsten einer möglichst unkontrollierten Entfaltung privater Kräfte hat keineswegs den erhofften Erfolg gebracht. Dies beweist gerade die Entwicklung derjenigen Staaten, die dieses Modell mit größter Konsequenz praktizierten. Unter Margaret Thatcher hat als erster westlicher Staat England damit begonnen, den Einfluß des Staates auf die Wirtschaft des Landes durch Privatisierungen und Deregulierung zu beschränken. Auch wenn diese Maßnahmen im Hinblick auf einen auswuchernden Bürokratismus teilweise gerechtfertigt sein mochten, eine Stärkung der Wirtschaft haben sie dem Land keineswegs eingebracht. England muß bis heute einen stetigen Niedergang seiner industriellen Stärke hinnehmen. Es gibt zu denken, daß Großbritannien 1983 erstmals seit der industriellen Revolution Nettoimporteur von Industriegütern wurde. England besitzt heute keine eigenen Autoindustrien mehr, sondern dient als Plattform mit billiger Arbeit für ausländische Investoren. Zwar hat die drastische Reduzierung der Löhne und Sozialstandards immerhin die günstige Folge, die Arbeitslosigkeit stark zu vermindern, aber die Verteidiger des englischen Wegs übersehen, daß diese Politik insgesamt weder zu einem Rückgang des Elends noch zu einer Entlastung des Staates geführt hat. »Die Regierung [hat] die Sozialkosten nicht im Griff. Die Hälfte der Bevölkerung lebt in Haushalten, die in irgendeiner Form staatliche Unterstützung bekommen. Der Anteil der Sozialausgaben am Volkseinkommen ist heute mit einem Viertel doppelt so hoch wie zur Hochzeit des sozialistischen Wohlfahrtsstaates in den sechziger Jahren.«[27]

Tatsachen wie diese sprechen nicht gerade dafür, daß die Politik Englands, den Staat aus der privaten Ökonomie zu verdrängen, erfolgreicher war als das entgegensetzte Vorgehen Japans und der ostasiatischen Tiger. Ist diese Politik wenigstens in den USA erfolgreicher gewesen, dem heutigen Zentrum des US-amerikanischen Modells?

Die ökonomische Erosion der westlichen Staaten: die USA

> In those parts of the world which gradually became part
> of the developed world, protectionism was the domi-
> nant commercial policy. This was especially the case in
> the United States, which, far from being a liberal coun-
> try as many think, can be characterized as ›the mother
> country and bastion of modern protectionism‹.
>
> *Paul Bairoch* [28]

Bis gegen Ende des Zweiten Weltkriegs haben die Vereinigten Staaten ihre Wirtschaft unter die Aufsicht des Staates gestellt, unter anderem erhoben sie seit 1820 Zölle, die zeitweise bis zu 50 % des Warenwertes betrugen. Dieser Politik haben sie in den Nachkriegsjahrzehnten, als sie zur industriell führenden Supermacht aufgerückt waren, eine radikale Absage erteilt und von dieser Werde zunächst sehr stark profitiert. Zu Anfang brachte ihnen die neue Strategie außerordentliche Vorteile. Die Industriestaaten Europas lagen in Schutt und Asche. Amerika war der führende Exporteur technologisch hochwertiger Güter, die Einfuhr anderer Staaten brauchte dieser Wirtschaftsgigant nicht zu fürchten.

Der Erfolg war allerdings zeitlich begrenzt, weil andere Staaten nach einiger Zeit nicht nur technologisch aufholten, sondern vor allem auch billiger produzierten. Seit dem Beginn der siebziger Jahre legten die USA mit ihrer Politik der offenen Tür den Grundstein für den eigenen ökonomischen Niedergang. Denn die USA beharrten auch dann noch auf dem freien Wettbewerb der Nationen, als dieser ihnen zunehmend Nachteile, aber immer weniger Vorteile brachte, weil ihre Handelsbilanz sich stetig verschlechterte. Lag das große Problem des Handels mit Japan in dem chronischen Defizit der Amerikaner, so droht die gleiche Entwicklung in größerem Ausmaß jetzt im Handel mit China. Insgesamt hat sich die Bilanz in sechs von acht zentralen Sektoren der Industrie zwischen 1972 und 1987 stetig verschlechtert:

Handelsbilanzen für acht US-Industrien [29]

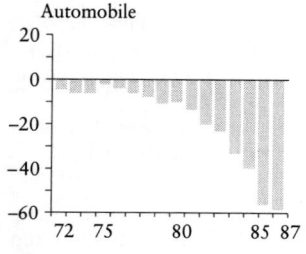

Automobile

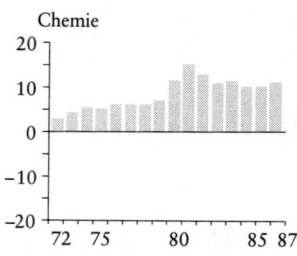

Chemie

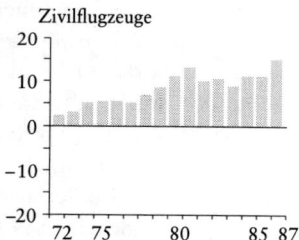

Zivilflugzeuge

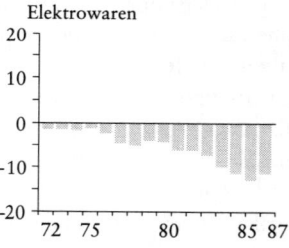

Elektrowaren

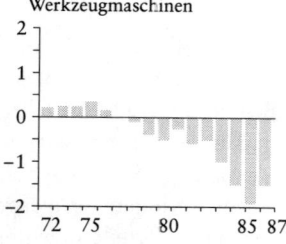

Werkzeugmaschinen

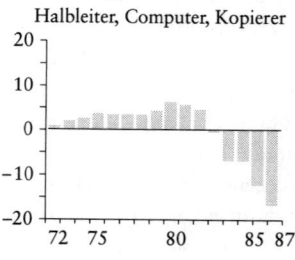

Halbleiter, Computer, Kopierer

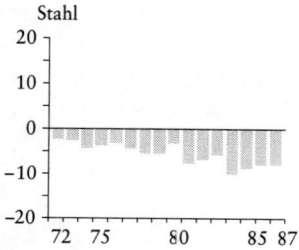

Stahl

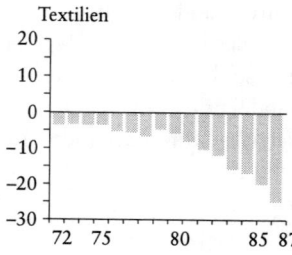

Textilien

Aber auch im Bereich der Investitionen behaupten die USA nicht länger ihre bis dahin unangefochtene Position. Ein Wendepunkt für ihre ökonomische Stellung ist das Jahr 1993. Am Ende dieses Jahres übertraf der Abfluß an Gewinnen, Dividenden und Zinsen aus ausländischen Investitionen in den Vereinigten Staaten den entsprechenden Zufluß aus Auslandsinvestitionen der Amerikaner.[30] Mit anderen Worten, die Misere der meisten Entwicklungsstaaten, daß der Abfluß von Kapital größer ist als der Zufluß aufgrund von Investitionen, Entwicklungshilfe etc., betraf nun auch die aufgrund ihrer Größe weiterhin führende Wirtschaftsmacht USA.

Mit erstaunlicher Anpassungsfähigkeit haben die Vereinigten Staaten in jüngster Zeit diese Tendenzen des Niedergangs einzudämmen vermocht. Mit einer Strategie der Konzentration auf Kernbereiche ist es einer Reihe großer US-Unternehmen, wie zum Beispiel General Electric, inzwischen gelungen, Europäer wie auch Japaner an Produktivität deutlich zu übertreffen.[31] Pionier- und Erfindungsgeist der Amerikaner sind immer noch beispielhaft. Aber die Mitbestimmung der privaten Konzerne über das Schicksal ihrer Ökonomie macht es überaus unwahrscheinlich, daß die weitere Auslagerung der produktiven industriellen Basis dadurch eingeschränkt wird.

Die erzwungene Freiheit des US-amerikanischen Marktes

> Officially the [Boeing] 777's Japanese content is put at 21 percent, but this percentage counts only those parts that Japanese contractors supply direct to Boeing. If Japan-made materials, components, and subsystems supplied to Boeing's contractors in the United States, Europe and Asia were all counted, Japan's share would be much larger, and perhaps would exceed even America's net share.   *Eamonn Fingleton*

Nach dem Kriege konnten sich die USA sehr viel Großzügigkeit leisten. Ihr offener Markt war ein Geschenk für den Rest der Welt, dies hat bis heute den Eindruck erweckt, als wäre auch die Theorie, die ihn sanktionierte, die einzig richtige Wirtschaftsdoktrin. Aber zu Beginn der neunziger Jahre waren die USA längst nicht mehr in der Lage, über die Offenheit ihres Marktes souverän zu entscheiden – sie wurde ihnen inzwischen von außen aufgezwungen. Damit bedarf aber auch die Theorie des freien Handels, womit diese Offenheit gerechtfertigt wird, einer neuen Bewertung – sie dient mehr und mehr als Instrument der Verschleierung. Die US-amerikanische Wirtschaft ist zwar immer noch die quantitativ stärkste der Welt, aber sie hat ihre strategische Unabhängigkeit eingebüßt. Für ihr eigenes Funktionieren hängt sie wesentlich von anderen Wirtschaften ab, speziell von der japanischen.

Die Japaner haben die eigene Wirtschaft bewußt so entwickelt, daß sie in strategisch zentralen Bereichen eine Schlüssel- oder Monopolstellung besitzen – auf diese Weise wird es anderen Staaten zunehmend erschwert oder sogar unmöglich gemacht, ihre Märkte gegenüber japanischen Produkten zu schließen. Im Bereich elektronischer Produkte hatten die Japaner den freien Markt praktisch aufgehoben, da sich ihre Industrien auf einigen der wichtigsten Gebiete eine unangefochtene Stellung erkämpften. LCD-Schirme kamen zu Beginn der neunziger Jahre nahezu ausschließlich, Laserdioden zu 99 % aus Japan. Sony allein produzierte 40 % der CD-ROM-Geräte, den Rest teilten sich andere japanische Unternehmen. Supercomputer stammten überwiegend aus Japan, die amerikanische Firma Cray Research war für entscheidende Komponenten auf die japanische Fabrikation angewiesen. Die Technik für die Informationshighways, welche die Amerikaner allgemein als eigene Domäne ansahen, war auf die technisch hoch entwickelte Hardware für ATM-Schaltungen (ein sehr schnelles Übertragungsverfahren für Daten, Sprache und Videos) angewiesen, die vor allem aus Japan stammte. Dort wurden auch 75 % der Halbleiter hergestellt, und ebenso wichtig: die technologisch überaus anspruchsvolle Maschinerie zu ihrer Erzeugung. Das gleiche Übergewicht der Japaner galt auch für Scanner Hardware (wie sie zum Beispiel heute zur Ausrüstung jedes Supermarktes gehört) und für die technologisch anspruchsvollsten Teile in Laserdruckern und Faxgeräten. Die amerikanische Rüstungsindustrie war für zentrale Bauteile der Elektronik in »völlige Abhängigkeit« von japanischen Lieferanten geraten. Eine ähnliche Monopolstellung der Japaner für die fortschrittlichsten Technologien zeichnete sich in anderen Bereichen wie der Robotik, bei Kugellagern oder Werkzeugmaschinen ab.[32]

Die faktische Monopolstellung der Japaner auf vielen der technisch fortschrittlichsten Gebiete ließ sich von außen nicht auf Anhieb erkennen. Firmen mit amerikanischen oder europäischen Namen traten als Produzenten auf, z. B. IBM, Intel oder Siemens. Den von ihnen verkauften Waren sieht man nicht an, daß die betreffenden Firmen japanische Komponenten in großem Umfang verwenden, weil sie diese entweder überhaupt nicht im eigenen Land herstellen konnten oder nur zu sehr viel höheren Kosten. Die Japaner taten ein übriges, um ihre Monopolstellung nach außen hin zu verbergen. Es lag und liegt durchaus in ihrem Interesse, einen möglichst großen Teil ihrer Produktion von Konzernen vertreiben zu lassen, die keine japanischen Namen besitzen. Ihre Herrschaft über ausländische Märkte wird dadurch wirksamer gefestigt, als wenn sie diese mit Erzeugnissen unter japanischem Etikett überschwemmen und dadurch entsprechenden Widerstand wachrufen würden. Auf dem Umweg über die führenden amerikanischen Konzerne, die von ihren Lieferungen unmittelbar abhängig sind, üben sie eine sehr viel wirksamere Herrschaft über den amerikanischen Markt aus, eine Tatsache, die sich konkret darin bekundet, daß wiederholte Versuche der amerikanischen Regierung, sich durch protektionistische Maßnahmen zu wehren, augenblicklich am Widerstand *amerikanischer* Konzerne gescheitert sind.[33]

Aber nicht nur an diesem. Die Japaner haben einen bedeutenden Teil ihres permanenten Handelsüberschusses in den Erwerb US-amerikanischer Staatsanleihen reinvestiert. Eine US-Regierung, welche die Bedrohung der eigenen Industrien auf die gleiche Weise abzuwehren versuchte, wie dies noch vor kurzem die Japaner selbst praktizierten, nämlich durch Protektionismus, müßte umgehend damit rechnen, daß die Japaner die Staatsanleihen verkaufen. Sie könnten damit schlagartig die gesamte US-Wirtschaft aushebeln, weil der Kurs der Anleihen dann in den Boden sinkt und die Zinsen schlagartig in die Höhe schnellen.

Für Optimisten aus dem Lager der neoliberalen Wirtschaftsdoktrin war die Verdrängung der amerikanischen Hochtechnologie eine wünschenswerte Entwicklung, weil sie darin das Modell einer internationalen Teilung der Arbeit erblicken. Kein Zweifel, es handelt sich um eine Teilung der Arbeit zwischen Japan und den Vereinigten Staaten, aber sie näherte sich mehr und mehr dem aus der Vergangenheit bekannten Muster: Teilung der Arbeit zwischen einer industriell führenden Macht und einem technologisch abhängigen Satelliten. Denn diese Abhängigkeit war keineswegs wechselseitig, ihre Vorteile lagen eindeutig bei den Japanern. Die USA (und mit ihnen ein großer Teil der übrigen Weltwirtschaft) waren auf Gedeih und Verderb auf den Lieferanten Japan angewiesen, weil ihre industrielle Basis zugunsten von Dienstleistungen stetig zurückging. Sie konnten zwar Kupfer, Öl oder Bananen von sehr vielen Anbietern beziehen, aber viele Produkte der Hochtechnologie bekamen sie nur noch aus Japan – so wie man 50 Jahre zuvor viele Produkte der Hochtechnologie nur bei ihnen und 150 Jahre zuvor nur aus Großbritannien beziehen konnte.

Die Japanisierung der US-Ökonomie – ein spektakulärer Erfolg

Die Wende

Bis 1990 und sogar noch wenige Jahre danach sah es so aus, als ginge es mit der US-amerikanischen Wirtschaft stetig bergab. Noch im Jahre 1993 schrieb Edward Luttwak sein apokalyptisches Buch über den Abstieg Amerikas zu einer Dritte-Welt-Nation (*The Endangered American Dream – How to stop the United States from becoming a Third-World Country*). In Wirklichkeit hatte sich bereits zu dieser Zeit ein Umschwung vollzogen, der die Vereinigten Staaten in den folgenden Jahren zu der am schnellsten wachsenden Wirtschaft unter den entwickelten Industrienationen aufsteigen ließ und ihr zugleich einen Grad der Beschäftigung sicherte, den kein anderes Land erreichte. In welchem Tempo sich der Aufstieg der USA und zugleich der relative Niedergang Japans in den Jahren von 1992 bis 1998 vollzog, gibt die nachfolgende Statistik der OECD zu erkennen:

**Bruttoinlandsprodukt der
USA, Japans und der EU 1990–1998**
Reale Wachstumsraten in Prozent
gegenüber dem Vorjahr

	1990	1991	1992	1993	1994	1995	1996	1997	1998
USA	1,3	-1,0	2,7	2,3	3,5	2,0	2,4	3,8	3,5
Japan	5,1	3,8	1,0	0,3	0,6	1,4	3,6	0,8	-1,5
EU	3,0	1,5	1,0	-0,5	2,9	2,4	1,6	2,6	2,7

Quelle: OECD Economic Outlook, Juni 1997

Heute ist das Bruttosozialprodukt der amerikanischen Wirtschaft mit
8,5 Billionen Dollar etwas mehr als doppelt so hoch wie das japanische, 1993 hatten sich die Japaner mit ganzen 68 % der größten Wirtschaft schon sehr stark genähert. Diese Verschiebung drückt sich
auch in den realen Exporten von Gütern und Dienstleistungen aus.
Während diese seit 1994 in den USA eine außerordentliche Zunahme
verzeichnen, sind die japanischen Exporte deutlich zurückgegangen:

**Reale Exporte von Gütern und Dienstleistungen in
Deutschland, Japan und den USA 1985–1996**
Veränderungen in Prozent gegenüber dem Vorjahr

	1985	1986	1987	1988	1989	1990	1991	1992	1993	1994	1995	1996
USA	2,7	7,4	11	15,9	11,7	8,5	6,3	6,6	2,9	8,2	8,9	6,5
Japan	5,4	-5,7	-0,5	5,9	9,1	6,9	5,2	5,0	1,3	4,6	5,4	2,2
Deutschland	7,6	-0,6	0,4	5,5	10,2	11,0	12,3	-0,3	-4,9	8,0	5,9	4,9

Quelle: OECD Economic Outlook, Juni 1997

Was dies im einzelnen heißt, läßt sich an der Autoindustrie demonstrieren, der bis heute sowohl in den USA wie in Japan eine zentrale
Bedeutung für den Export zukommt. Noch 1990 beherrschten die Japaner ein Drittel des amerikanischen Marktes für Pkw (wenn man zu
den Exporten die von japanischen Firmen in den USA produzierten
sowie die von den drei großen amerikanischen Autoherstellern unter
eigenem Namen vertriebenen japanischen Fahrzeuge hinzuzählt).

1991, auf dem Höhepunkt der japanischen Offensive, deckten allein ihre Ausfuhren 26 % des amerikanischen Marktes ab. 1998 dagegen beträgt der japanische Anteil schätzungsweise nur etwas mehr als 22 %.[34] Seit die Fahrzeugproduktion der Japaner 1991 mit etwa 13 Millionen Einheiten einen Höhepunkt erreichte, ist sie 1993 auf etwa 11 Millionen abgesunken – zu diesem Zeitpunkt wurde sie bereits von den Amerikanern überholt.[35]

Noch dramatischer verlief die Entwicklung im Bereiche der Halbleiter. 1985 schieden Intel und anschließend Motorola, National Semiconductor und AMD aus dem Halbleitermarkt für dynamische Speicherschaltkreise (DRAMs) aus – obwohl den Amerikanern auf diesem Gebiet alle entscheidenden Erfindungen zu verdanken waren. In einer blitzartigen Dumpingoffensive – von den Amerikanern als zweites Pearl Harbor bezeichnet – gelang es den japanischen Halbleitergiganten NEC, Toshiba und Hitachi, die Konkurrenz weltweit hinwegzufegen. Bis 1990 besaßen sie nahezu ein Monopol in der Halbleitererzeugung.

1997 aber sieht die Situation grundlegend anders aus. Der Anteil der Amerikaner liegt nun bei 51 %. Der Umsatz von Intel bei Integrierten Schaltkreisen übertrifft seitdem den von NEC. Seit diesem Jahr investiert Intel mehr als die japanischen Konkurrenten NEC, Fujitsu und Toshiba zusammengenommen. Heute wird weltweit bei über 90 % aller PCs ein Microsoft-Betriebssystem und ein Intel-Prozessor verwendet. Auch auf dem Heimatmarkt der Japaner sind die Amerikaner jetzt eingebrochen. Schon Ende 1993 hatten sie ein Drittel des japanischen PC-Marktes erobert, 1997 war der Anteil von NEC, der sich Anfang der neunziger Jahre noch auf über 50 % belief, auf 30 % abgesunken. Nimmt man ihre führende Stellung auf dem Gebiet der Datenübertragung (Internet) hinzu, so verfügen die Amerikaner heute über wesentliche Monopole in der Informationstechnologie.

Der große Erfolg, den die US-Ökonomie während der vergangenen Jahre zu erzielen vermochte, spiegelt sich in einer sprunghaft zunehmenden globalen Investitionstätigkeit. Hatte das kleine ostasiatische Inselreich in den achtziger Jahren in einer beispiellosen Offensive überall in der Welt seine Fabriken errichtet und Betriebe gekauft, so gelangte diese Entwicklung zu Beginn der neunziger Jahre an ein abruptes Ende. Heute sind die Vereinigten Staaten der mit Abstand größte Investor der Welt – Japan ist weit zurückgefallen:

Direktinvestitionen im Ausland 1985–1996

	Japan	USA	GB	Deutschland
Jahresdurchschnitt für 1985–1990	28	22	25	13
1996	23	85	53	29

Quelle: World Investment Report 1997

Aber das volle Ausmaß des US-amerikanischen Erfolgs in der zweiten Hälfte der neunziger Jahre wird sichtbar, wenn man von der realen zur Geldwirtschaft übergeht. 1989 trugen die zehn größten Banken der Welt japanische Namen, ein Jahrzehnt später befindet sich *keine einzige* japanische Bank unter den größten zehn, wohl aber fünf US-amerikanische.[36]

Die zehn größten Banken der Welt 1989, 1990, 1998

1989 (nach Einlagenvolumen)	1990 (nach Marktwert und Einlagen)	1998 (nach Marktwert und Einlagen)
Dai-Ichi Kangyo Bank	IBJ	Citigroup
Sumitomo Bank	Fuji Bank	BankAmerica Corp.
Fuji Bank	Sumitomo	UBS (Schweiz)
Sanwa Bank	Dai-Ichi	Lloyds TBS (GB)
Mitsubishi Bank	Tokyo-Mitsubishi	HSBC (GB)
Industrial Bank of Japan	Sanwa Bank	Chase Manhattan
Norinchukin Bank	Deutsche Bank	ING (Holland)
Tokai Bank	Barclays	BancOne/First Chicago
Mitsui Bank	NatWest	Credit Suisse
Mitsubishi Trust	J.P. Morgan	First Union Corp.

Quelle: Wall Street Journal

Die Ursache für den Aufschwung Amerikas – vom freien zum gelenkten Markt

Wie ist es zu erklären, daß das US-amerikanische Wirtschaftssystem, das bis gegen Ende der achtziger Jahre dem japanischen so stark unterlegen war, innerhalb weniger Jahre die Initiative zurückgewann? Die äußeren Gründe für diesen Umschwung sind schon oft aufgezeigt worden. Mit dem Zusammenbruch des kommunistischen Lagers brauchten die Amerikaner ihrem ostasiatischen Verbündeten nicht länger den Hof zu machen, sie konnten sich nun ganz ihrer Wirtschaft zuwenden. Dies hatte unter anderem zur Folge, daß jenes Drittel der Forscher und Entwicklungsingenieure, das während des Kalten Krieges für die Rüstung eingesetzt wurde, jetzt dem zivilen Bereich zur Verfügung stand – es diente dem ökonomischen Wettbewerb gegen Japaner und Europäer. Hinzu kam eine Abwertung des Dollars, die mit dem Plaza-Abkommen vom September 1985 noch unter Reagan herbeigeführt worden war. Diese Maßnahme allein verschaffte ihnen außerordentliche Vorteile, denn bis zum Anfang der neunziger Jahre war der Kurs des Yen gegenüber dem Dollar *auf das Doppelte* angestiegen. Schon immer waren die Gewinnmargen der Japaner äußerst knapp bemessen, weil ihr Hauptziel in der Eroberung weiterer Marktanteile bestand. Jetzt gerieten sie in die Verlustzone, während die amerikanischen Ausfuhren durch den gesunkenen Dollar stark gefördert wurden. In der Zeit zwischen 1986 und 1989 antworteten die Japaner auf die Aufwertung des Yen mit einer Strategie billigen Geldes für die eigenen Industrien. Kredite waren nahezu kostenlos zu bekommen. Die Folge: eine Springflut von Investitionen und eine Welle der Spekulationen. Damals wurde der Grundstein für die spätere Erschütterung ihres Bankensystems gelegt.

Aber diese äußeren Gründe reichen nicht aus, um den Aufstieg der amerikanischen Wirtschaft zu erklären. Es genügt nicht, von den Fehlern der anderen zu profitieren, wenn man die eigene Politik nicht grundsätzlich überdenkt. Genau dies ist in den USA geschehen, und zwar bereits unter Reagan. Nach außen hielt der amerikanische Präsident an der Rhetorik des freien Marktes fest, de facto begann er zu einem System des gelenkten Marktes überzugehen – die USA begannen auf die japanische Herausforderung mit japanischen Mitteln zu reagieren.

Schon die Abwertung des Dollars war ein Schritt in diese Richtung, denn die Japaner hatten den Yen immer bewußt niedrig gehalten.[37] Für ein hochindustrialisiertes Land zahlt sich diese Strategie aus, weil die größeren Kosten für den Import durch die Exportgewinne mehr als wettgemacht werden. Die Amerikaner erkannten sehr schnell, daß sie mit dieser einfachen Maßnahme ebenso große Vorteile gewannen wie vor ihnen die Japaner. Aber dies war nur der erste Schritt in Richtung auf die bewußte Lenkung der Wirtschaft. Eine auch nach außen hin als Eingriff des Staates erkennbare Maßnahme stellte das 1986 unter Androhung von Handelssanktionen durchgesetzte Abkommen über den Halbleitermarkt dar. Japan mußte sich damals verpflichten, ausländischen (gemeint sind: amerikanischen) Herstellern am eigenen Markt innerhalb von fünf Jahren einen Anteil von 20 % zu gewähren. Auf diese Weise wurde die eigene Halbleiterindustrie, die ein Jahr zuvor vor dem Abgrund stand, durch den Eingriff der Politik gerettet. Es folgten eine Reihe sogenannter »freiwilliger« Handelsbeschränkungen, die den Japanern beim Export von Textilien bis hin zu Autos auferlegt wurden. Sie waren eine weitere Variante staatlicher Eingriffe.

Allen gegenteiligen Beteuerungen zum Trotz war eine staatliche Industriepolitik auch bis dahin in Amerika keinesfalls unbekannt. Das Pentagon und die NASA waren zwei staatliche Behörden, die schon immer im Auftrag der Regierung auf dem Gebiet der Rüstung arbeiteten. Als Reagan 1987 ihre Aufgaben auf den kommerziellen Bereich mit dem erklärten Ziel ausweitete, die Wettbewerbsfähigkeit der Vereinigten Staaten zu fördern, gingen auch die Vereinigten Staaten zu einer staatlichen Lenkung der Wirtschaft über. Die Strategic Defense Initiative (SDI) sollte die Entwicklung von Technologien fördern, die der militärischen ebenso wie der kommerziellen Anwendung dienen. Japan hatte die Finanz- und Handelsbürokratien – Ministry of Finance (MoF) und Ministry of International Trade and Industry (MITI) – zur Koordinierung seines ökonomischen Aufbaus eingesetzt, die Amerikaner begannen nun, den Staat ebenso zielstrebig für die Zwecke der Ökonomie zu mobilisieren. So schlossen sich zwischen 1988 und 1994 mehr als ein Dutzend Halbleiterproduzenten unter Führung des Verteidigungsministeriums zum Sematech-Konsortium (Semiconductor Manufacturing Technology) zusammen. Das staatlich vorgegebene Ziel bestand darin, in der Entwicklung neuer Fertigungstechnologien die Japaner bis Ende 1992 einzuholen. Dafür stellte der Staat Mittel in Höhe von 200 Millionen Dollar bereit. Ebenso zielstrebig betrieb der Staat die Förderung der Flachbildschirmerzeugung, nachdem die Privatwirtschaft längst vor der japanischen Konkurrenz in die Knie gegangen war. 1994 stellte das Pentagon die Summe von 587 Millionen Dollar als Subvention für den Bau von Fabrikationsanlagen zur Verfügung – ein direkter Eingriff in den angeblich freien Markt.

Nun sind auch die Amerikaner wieder von jenem Höhenrausch erfaßt, der die Köpfe der Japaner in den achtziger Jahren benebelt hatte. Die Japaner wollten die Nummer Eins auf der Welt sein – und sie hatten dieses Ziel beinahe erreicht. Als Ronald Reagan die ersten Anstrengungen unternahm, die Amerikaner wieder an die Spitze zu katapultieren, schien diese Aussicht in weiter Ferne zu liegen.

Die Unternehmen schwenken auf die japanische Taktik ein

Während Reagan in seinen Reden beharrlich am neoliberalen Dogma einer Wirtschaft frei von staatlichen Einflüssen festhielt, griff der Staat in Wirklichkeit den privaten Industrien unter die Arme und rettete so eine Reihe von ihnen vor dem drohenden Untergang. Es war ein Grundsatz der neoliberalen Dogmatik, daß Subventionen und andere staatliche Förderungen den Wettbewerb nur verzerren und die Kräfte der Erneuerung auch in der eigenen Wirtschaft behindern. Die Wirklichkeit hatte nicht nur im Falle Japans das Gegenteil demonstriert, sondern widersprach nun auch in den Vereinigten Staaten den Dogmen. Kein Wunder, daß Clinton die Politik Reagans zum Schutze und zur Förderung der US-amerikanischen Industrien nicht nur mit Entschiedenheit fortsetzte, sondern sie zu seinem Hauptanliegen erhob. Der Haushalt für 1993/94 sah mit 76 Milliarden Dollar Rekordausgaben für die Forschung und die Entwicklung vor. Seitdem liefern das amerikanische Jobwunder und der Aufschwung der amerikanischen Wirtschaft das deutlichste Zeugnis für die Wirksamkeit einer Politik, welche lenkend in die Wirtschaft eingreift. Seit Clinton ist die Amerika AG in die Fußstapfen der Japan AG getreten – Japan wurde mit den Waffen seiner eigenen Industriepolitik geschlagen.

Aber nicht nur der amerikanische Staat, sondern auch die großen amerikanischen Unternehmen haben einige der herausragenden Eigenheiten des japanischen Modells übernommen. Einerseits verfolgen sie seit Beginn der neunziger Jahre nun auch die Strategie wachsender Marktanteile. Andererseits bringt ihnen die globale Expansion den gleichen Vorteil wie zuvor den Japanern: Inzwischen sind es mehr und mehr amerikanische Unternehmen, die ihre eigenen Standards (zum Beispiel im Software- und Internetbereich) weltweit durchsetzen können, weil sie in den beherrschenden drei großen Wirtschaftsblöcken der USA, Europas und Japans Stützpunkte besitzen, die jedes neue Produkt simultan auf den Markt werfen können. Seit der japanischen Offensive gilt für Unternehmen mit großen Forschungs- und Entwicklungsbudgets die eiserne Regel, daß sie mindestens in den drei großen Wirtschaftsblöcken vertreten sein müssen, um gegen die internationale Konkurrenz mit Gewinn arbeiten zu können.

Wie sehr die Amerikaner von ihren Handelsgegnern lernten, zeigt sich auch in den Veränderungen der internen Organisation ihrer Unternehmen. Die sogenannte schlanke Produktion (lean production) übernimmt das von Toyota in den sechziger Jahren entwickelte Modell, wonach kleine Gruppen die Verantwortung für ausgewählte Arbeitsbereiche übernehmen und dadurch zu bedeutenden Steigerungen ihrer Leistung und zu einer steten Verbesserung der Arbeitsprozesse und Produkte (kaizen) angeregt werden. Beteiligungen am Erfolg sorgen in diesem System dafür, daß die Motivation der Beschäftigten langfristig erhalten bleibt – eine überaus wirksame Strategie gegen die abtötende Einförmigkeit der Arbeitsteilung, wie sie bei starrer Spezialisierung eintritt. Auf diese Weise hatte Toyota nicht nur den Arbeitseinsatz seiner Belegschaft erhöht, sondern ihre Leistung auf eine damals sensationelle Weise gesteigert. Sie lag etwa doppelt so hoch wie bei der amerikanischen Konkurrenz – ein

wesentlicher Grund für den steilen Anstieg der japanischen Auto-
exporte in den achtziger Jahren.

Aber genau diese Strategie machten sich ein Jahrzehnt später die
großen amerikanischen Hersteller zunutze, und nahezu mit dem
gleichen Erfolg. Im Hinblick auf die Technik wissen wir längst, daß
alle Staaten und Menschen des Globus die Erfindungen der anderen
zu nutzen und nach einiger Zeit auch zu beherrschen vermögen, nun
zeigt sich, daß dies ebenso auch in bezug auf die Erfindungen im Bereich der menschlichen Organisation möglich ist. Im Wettbewerb der
Industrien und Nationen lassen sich effiziente Formen der Organisation ebenso schnell von einem Punkt der Erde an den anderen trans-
ferieren wie neue Erfindungen im Bereich der Technik. Der Vorsprung der Pioniere währt gerade so lange, bis die anderen das neue
Verfahren nachgeahmt haben.[38]

Substanz und Fassade des US-amerikanischen Kapitalismus

Seit Mitte der achtziger Jahre haben die USA eine Wirtschaftspolitik
der doppelten Moral betrieben. Einerseits greift der Staat jetzt aktiv
in das Wirtschaftsgeschehen ein – und hat ihr dadurch die gleichen
Impulse des Aufschwungs zu geben vermocht, wie sie bis dahin für
die gelenkten Wettbewerbswirtschaften Asiens kennzeichnend waren. Andererseits wird die neoliberale Rhetorik, welche Eingriffe des
Staates für schädlich hält und deshalb zurückweist, nach wie vor als
offizielle Doktrin verkündet. Es läßt sich schwer übersehen, daß diese
schizophrene Moral den Vereinigten Staaten offensichtliche Vorteile
verschafft. Wenn man im Besitz einer Theorie ist, welche alle Schranken des Auslands gegenüber den eigenen Exporten als illegal und für
die Weltwirtschaft schädlich erklärt, fördert man die eigenen Ausfuhren. Die Fassade der neoliberalen Doktrin ist somit die denkbar beste
theoretische Waffe für die Erschließung ausländischer Märkte. Andererseits stellt eine gezielte staatliche Politik zum Schutz und zur Subventionierung eigener Industrien das beste Instrument dar, um das
Vordringen der anderen auf den eigenen Markt zu begrenzen. Um die
Glaubwürdigkeit der Theorie nicht allzu offensichtlich zu diskreditie-

ren, werden die Schutzmaßnahmen hinter verbalen Feigenblättern versteckt. So wurden die Exportbeschränkungen der Japaner als »freiwillig« hingestellt oder die entsprechenden Verträge heimlich getroffen – wie im Fall des Halbleiterabkommens von 1986.

Aber die Glaubwürdigkeit der neoliberalen Position läßt sich auf diese Art nur eine Zeitlang bewahren. Es läßt sich nicht länger verheimlichen, daß der US-amerikanische Kapitalismus die Methoden seines größten Herausforderers im wesentlichen übernommen hat, und wie dieser nun die gleiche Politik eines globalen Wettlaufs um Marktanteile betreibt. Die japanische Strategie hat zu einer für die Welt bedrohlichen und auf Dauer unerträglichen Konzentration von Überschußkapazitäten auf einer geographisch unbedeutenden Insel und darüber hinaus in den umliegenden Ländern Ostasiens geführt. Mit zwei Dritteln der globalen produktiven Kapazität sind Japan, Südkorea, Taiwan und China die Fabriken der Welt geworden – eine für den Westen bedrohliche Entwicklung, auf welche die USA nun mit einer entschiedenen Förderung ihrer eigenen Industrien reagieren. Die Entwicklung exportbeherrschender Überschußkapazitäten – ein ausschlaggebender Grund für die Kolonialisierung der Welt im letzten und für die militärischen Konfrontationen in diesem Jahrhundert – wird jetzt auch von den USA mit aller Macht angestrebt. Aber diese Politik ist genausowenig verallgemeinerungsfähig wie der japanische Kapitalismus – durch den Export kann man nur so lange verdienen, wie andere bereit sind, zu importieren. Eine Weltwirtschaft im Gleichgewicht kann nur entstehen, wenn Japan und andere Staaten mit großen Exportüberschüssen diese schrittweise reduzieren und dazu übergehen, in erster Linie für die eigene Bevölkerung zu produzieren. Die USA haben gut daran getan, daß sie in der Praxis die neoliberale Doktrin verabschiedet haben, denn der Staat als Vertreter der Allgemeinheit muß immer das letzte Wort über die Wirtschaft behalten – er darf und soll diese zum Wohl der eigenen Bevölkerung lenken. Aber es ist ein für die kommende Weltwirtschaft bedrohliches Zeichen, daß sie nun die japanische Strategie des Reichtums auf Kosten anderer übernehmen. Der Wettlauf der Nationen und Wirtschaftsblöcke um die Herrschaft auf den Märkten der *anderen* kann auf Dauer nicht gutgehen.

Privatunternehmen in der gelenkten Wirtschaft

Während sich Japan unter dem Druck des Westens und seiner eigenen Probleme gezwungen sieht, das eigene System allmählich zu transformieren – und dabei wohl auch vorbildliche Errungenschaften wie die lebenslängliche Anstellung einschränken wird –, haben die Vereinigten Staaten im Gegenteil herausragende Züge des japanischen Systems übernommen. Dennoch können die USA nie im gleichen Sinne eine »America Incorporated« begründen wie Japan, als es den Beinamen »Japan AG« erhielt. Denn die Kontrolle der Unternehmen durch eine allgegenwärtige Bürokratie ist in den Staaten des Westens in einem ungleich geringeren Maße möglich. In Japan entwarfen die Beamten des MITI die Pläne für Marktstrategien, gaben die Richtung für Forschung und Entwicklungen vor, bestimmten langfristige Perspektiven, um zukunftsfähige Branchen zu fördern und überlebensunfähige Industrien abzubauen, während im Gleichschritt damit das MoF die Finanzierungsrahmen erstellte. Es genügte, daß diese Vorhaben in Gestalt von administrativen Weisungen (Gyoseishido) an die sechs industriellen Hauptgruppen des Landes weitergegeben wurden, damit sie über ein komplexes System von Verästelungen alle Adressaten erreichten.[39]

Dieser Einfluß ist den Regierungen westlicher Staaten verwehrt. Zwar hat die neue Industriepolitik unter Reagan und Clinton der Wettbewerbsfähigkeit ihres Landes großen Nutzen gebracht. Es gelang, die japanische und europäische Konkurrenz zurückzudrängen und der amerikanischen Hochtechnologie wieder eine führende Stellung zu sichern. Aber welche Chancen hat eine staatliche Politik auf Dauer gegenüber privaten Konzernen? Ein Hochlohnland, in dem sich das neoliberale Credo eines uneingeschränkten Güter- und Kapitalverkehrs durchsetzen kann, wird langfristig kaum in der Lage sein, die Industrien an den eigenen Standort zu binden. Der Unterschied einer staatlichen Industriepolitik, wie sie die USA heute betreiben, zu der Politik der Japan AG in deren Blütezeit zeigt sich vor allem darin, daß ein westlicher Staat zwar etwas *für* seine Industrien zu tun vermag, aber nicht *gegen* sie – indem er zum Beispiel alle Aktivitäten wie die Auslagerung kontrolliert, wenn diese den eigenen Standort bedrohen. Anders als in Japan noch bis vor einem Jahrzehnt fühlt sich weder das durchschnittliche amerikanische Unternehmen noch ein europäischer Betrieb dem eigenen Land in besonderer Weise verpflichtet – schon gar nicht, wenn es nach Art eines großen Konzerns über ein Netz ausländischer Standorte verfügt. Die Internationalisierung der großen Konzerne hat heute die Wirkung, sie ausschließlich von privaten Interessen abhängig zu machen, die von ihnen selbst bzw. von ihren Anlegern definiert worden sind. Unter den gegenwärtigen Bedingungen der Weltwirtschaft sind sie nur noch mit Anreizen zu lenken, aber keinesfalls wie damals in Japan mit »administrativen Weisungen«, d. h. mit dem Stock.

Dieser Unterschied ist von zentraler Bedeutung, da er den großen Konzernen des Westens eine Politik zu betreiben erlaubt, die ihrer eigenen Stärke und dem Profit ihrer Anleger dient. Diese Politik *kann* mit den nationalen Zielen ihres Heimatlandes identisch sein, aber die Wahrscheinlichkeit, daß sie dies tatsächlich ist, wird um so geringer, je weiter ihre Internationalisierung voranschreitet. Die gegenwärtige Industriepolitik der Vereinigten Staaten ist daher in Wahrheit viel weniger erfolgreich, als es den Anschein hat. Die Anreize ihrer Industriepolitik bestehen im wesentlichen aus Steuernachlässen und Subventionen. Wenn ein Unternehmen aufgebaut, zur Ansiedlung motiviert oder am Weggehen gehindert werden soll, verlangt es soviel an staatlichen Zuschüssen, wie es an einem Billigstandort durch Einsparungen an Löhnen, Steuern, Umweltausgaben gewinnen würde. Diese Differenz muß vom Steuerzahler aufgebracht werden, der auf diese Weise die erworbenen Güter gleich zweimal bezahlt – mit Preisen und Steuern. Es ist leicht zu errechnen, daß auch ein großes und mächtiges Land wie die Vereinigten Staaten eine so teure Wirtschaftspolitik langfristig kaum durchhalten kann. Man darf nicht vergessen, daß sie trotz des Aufschwungs der vergangenen fünf Jahre nach wie vor der weltweit am höchsten verschuldete Staat sind. Seit 1971 ist ihre Handelsbilanz negativ, im Durchschnitt um 100 Milliarden Dollar pro Jahr, die Nettoschulden gegenüber dem Ausland waren 1997 auf 1,2 Billionen Dollar angewachsen – seit beinahe drei Jahrzehnten konsumieren die Bürger der Vereinigten Staaten weit mehr als sie herstellen. Dies aber hat zwangsläufig zur Folge, daß die Regierung über einen immer geringeren Spielraum verfügt, um mit den Geldern der Steuerzahler private Konzerne im eigenen Lande zu halten. Die Schulden, die sie dafür aufnehmen müssen, können nicht zu beliebiger Höhe wachsen.

In dem Augenblick, da sich die Differenz zu den Herstellungskosten der Billigstandorte auch mit Subventionen nicht länger ausgleichen läßt, wandern die betreffenden Industrien endgültig ab. Die Computerindustrie ist nur ein Beispiel von vielen. Bis in die achtziger Jahre war IBM noch ein Hersteller im eigentlichen Sinne des Wortes – es erzeugte seine in alle Welt exportierten Geräte weitgehend im eigenen Land. Heute dagegen sind die amerikanischen PC-Hersteller wie Compaq, IBM, Hewlett-Packard etc. längst keine Produzenten im eigentlichen Sinne, um die 80 % der Wertschöpfung findet inzwischen im Ausland statt. So werden Festplattenspeicher des Marktführers Seagate vor allem in den konzerneigenen Fabriken in Singapur hergestellt. Mit Ausnahme der noch in den USA (von Intel oder Motorola) selbst verfertigten Mikroprozessoren stammen alle übrigen Teile aus japanischen, taiwanesischen, koreanischen und anderen ostasiatischen Staaten. Flachbildschirme für Notebooks stammen aus Japan, zu 50 % werden aber Notebooks überhaupt in Asien hergestellt. Die amerikanischen Unternehmen bestimmen zwar die Architektur und Eigenschaften der Geräte, diese selbst aber werden dann in Japan oder Taiwan hergestellt und von den amerikanischen Firmen unter eigenem Namen verkauft. Ähnliches gilt für Drucker von Hewlett-Packard und andere Peripheriegeräte. Wenn die amerikanischen Unternehmen heute 75 % des Computermarktes kontrollieren, dann heißt dies nur, daß sie führend im Entwerfen der Systemarchitektur sind und daher auch für die Montage, den Vertrieb und nicht zuletzt für den Markennamen aufkommen. Sie sind also vor allem Ideenlieferanten – und das sichert ihnen bis heute eine führende Stellung. Aber dies vermag nicht zu verhindern, daß die amerikanische Handelsbilanz bei Computern und Peripheriegeräten hohe Defizite aufweist, weil die eigentliche Wertschöpfung heute in Asien liegt. Eine ähnliche Entwicklung zur Auslagerung der materiellen Produktion hat auf vielen anderen Sektoren der verarbeitenden Industrie stattgefunden – überall dort, wo sich die Asiaten aufgrund ihrer Disziplin und billigen Löhne als überlegen erwiesen.

Private Konzerne betreiben die Auslagerung

Diese Entwicklung wurde von den Japanern und den vier Drachen im Zuge einer nationalen Exportstrategie bewußt vorangetrieben, dennoch sind sie heute weder ihr einziger noch ihr bedrohlichster Motor. Denn inzwischen entspricht die Auslagerung der produktiven Basis dem privaten Interesse der großen Konzerne – sosehr sie auch zum öffentlichen Nutzen im Widerspruch steht. Denn das Verhältnis zwischen Staat und Unternehmen hat sich in den Ländern des Westens grundlegend verändert. War es bis etwa Ende der siebziger Jahre noch selbstverständlich, daß amerikanische Unternehmen neben ihren je eigenen Zielen auch die Interessen ihres Landes vertraten, so haben sie längst damit begonnen, die eigenen Ziele unabhängig vom Nutzen der Bevölkerungsmehrheit zu definieren. Sie brauchen, um dies zu tun, nur die neoliberale Doktrin wörtlich zu nehmen, wonach die Beschränkung auf private Interessen automatisch auch der Allgemeinheit den größten Nutzen verschafft. Konkret macht sich der Umschwung in ihrer Einstellung darin bemerkbar, daß sich die Unternehmen nur noch für die Verbilligung ihrer Produkte verantwortlich fühlen, während sie die Erhaltung von Arbeitsplätzen nicht länger zu ihren Aufgaben zählen. Im Gegenteil, der forcierte Abbau von Arbeitsplätzen wird als Heilmittel im weltweiten Kampf um die kostengünstigste Produktion propagiert. Wenn daher Investitionen im Ausland höhere Renditen versprechen, stampft man dort jene Industrien aus dem Boden, welche die des eigenen Landes zunächst mit billiger Produktion unterbieten und danach aus dem Felde schlagen. Auch die Industriepolitik eines Landes wie die Vereinigten Staaten kann diese Entwicklung durch großzügige finanzielle Zuwendungen nur verlangsamen, sie ganz aufzuhalten oder gar rückgängig zu machen ist unter den Bedingungen eines uneingeschränkten Güter- und Handelsverkehrs aber nicht möglich.

Der Mythos der Dienstleistungsgesellschaft

Langfristig könnte der Erfolg des US-amerikanischen Wirtschaftssystems daher ein Pyrrhussieg sein. Es hat sich zwar die Kontrolle über die Produktion aneignen können. Von Amerika aus wird ein Großteil der materiellen Herstellung gelenkt und mit Ideen versorgt, aber diese selbst wird mehr und mehr ins Ausland verlagert. Auch dieser Prozeß wird freilich von den Schalmeientönen der Theorie begleitet. Man spricht von der postindustriellen Gesellschaft, viele verkünden den Übergang zu einer Gesellschaft der Dienstleistungen. Selbst von Ökonomen wird die Behauptung verbreitet, daß Modernität und Stärke einer Ökonomie sich daran bemäßen, wie groß ihre Fortschritte auf dem Weg zur Gesellschaft der Dienstleistungen seien. Ähnlich wie der Agrarwirtschaft in den entwickelten Staaten nur eine untergeordnete Rolle zukomme, weil nur noch ein Bruchteil der Bevölkerung in dieser beschäftigt sei, werde nun auch die Zahl der im industriellen Bereich beschäftigten Menschen zusammenschmelzen, so daß die künftigen Berufe für den größten Teil der Bevölkerung in Zukunft im Sektor der Dienstleistungen lägen.

Man kann es nicht oft genug betonen – ohne weitere Präzisierung läuft diese Aussage auf eine gefährliche Irreführung hinaus. Der Übergang zu einer Gesellschaft der Dienstleistungen kann ein Zeichen für vermehrten Reichtum und größere Stärke sein oder im Gegenteil den Rückfall in ein Stadium der Unterentwicklung bedeuten. In der gegenwärtigen Diskussion wird dieser Gegensatz geflissentlich übersehen – sie ist von einer oft unerträglichen Naivität, wie gerade am Beispiel der Entwicklung von der Agrar- zur Industriegesellschaft zu erkennen ist. Denn der Wandel zu einer industriellen Gesellschaft bedeutet in der Regel durchaus nicht, daß die Landwirtschaft sich dabei zurückentwickelt. In der EU werden heute nicht etwa die gleichen Mengen landwirtschaftlicher Güter erzeugt wie vor hundert Jahren in den betreffenden Staaten Europas, sondern das Volumen der Produktion ist außerordentlich *gewachsen*. Der Übergang von der agrarischen zur industriellen Gesellschaft hat also die Landwirtschaft durchaus nicht geschwächt, der wesentliche Unterschied liegt vielmehr darin, daß die Zahl der in der Landwirtschaft gebundenen Men-

schen sich im Vergleich zu früheren Zeiten auf einen Bruchteil
vermindert hat. Als »postagrarisch« kann man die erfolgreiche industrielle Gesellschaft nur in dem Sinn bezeichnen, daß ein viel geringerer Teil der Bevölkerung heute ausreicht, um nicht nur die
gleiche, sondern eine im Umfang viel höhere Menge an Nahrung her-
vorzubringen. Zwar strömten die meisten bis dahin in der Landwirtschaft benötigten Arbeitskräfte in den industriellen Bereich, aber die
Basis der Erzeugung von Nahrungsmitteln blieb erhalten oder wurde
zusätzlich ausgebaut.

Dieser Vergleich läßt erkennen, worin ein erfolgreicher Übergang
zu einer Gesellschaft der Dienstleistungen notwendig bestehen muß.
Ein Staat kann dadurch nur dann an Stärke gewinnen, wenn die
Automation in Fabrik und Büro immer mehr Menschen für die Berufe der Dienstleistungen freisetzt, *ohne die industrielle Basis dabei
zu schwächen.* Die industrielle Produktion nimmt an Umfang zu,
aber kommt dabei mit immer weniger Menschen aus – ebenso wie
dies für die Entwicklung der Landwirtschaft kennzeichnend war.[40]

Dienstleistung über den Ruinen der Industrie?

Es gibt aber noch ein zweites irreführendes Verständnis der kommenden Dienstleistungsgesellschaft – seine Verwirklichung führt nicht
zu einer Stärkung der Staaten und ihrer Ökonomie, sondern zu deren
entscheidender Schwächung. Auch bei dieser Entwicklung wird ein
wachsender Teil der bis dahin in der Industrie beschäftigten Menschen freigesetzt, aber nicht (oder nur teilweise), weil Maschinen und
künstliche Intelligenz den Menschen Arbeit abnehmen, sondern weil
die betreffenden Industrien an billigere Standorte abwandern. Dieser
Vorgang unterscheidet sich grundlegend von dem oben beschriebe-
nen. Es ist einleuchtend, daß eine Agrargesellschaft, die sich indu-
strialisiert und in diesem Prozeß die landwirtschaftliche Produktion
aufgibt, in eine gefährliche Schieflage gerät. Sollte ihre Wettbewerbsfähigkeit im industriellen Bereich irgendwann nachlassen, ist sie
nicht länger imstande, die Ernährung ihrer Bevölkerung zu garantieren. Ebenso ergeht es einer Industriegesellschaft, welche die mate-

rielle Gütererzeugung an andere Länder abtritt. Gegenwärtig besitzt das amerikanische Wirtschaftssystem eine global führende Stellung, weil es durch kreative Dienstleistungen (einschließlich der Finanzdienstleistungen) weltweit einen großen Teil der materiellen Produktion dirigiert. Aber seine Handelsbilanz spiegelt das Ungleichgewicht – während es bei der Ausfuhr von Dienstleistungen Überschüsse erzielt, sind seine Defizite im Bereich der materiellen Produktion um vieles größer. Trotz des Aufschwungs der Wirtschaft hat sich an der negativen Handelsbilanz der USA nichts geändert. Die Vereinigten Staaten waren und sind die größte Schuldnernation der Welt – eine Entwicklung, die auch ein großer und mächtiger Staat nur eine begrenzte Zeit durchhalten kann.

Die wachsende Abhängigkeit von der materiellen Produktion anderer Länder wird auch dadurch nicht aufgehoben, daß die Vereinigten Staaten in ihrer gegenwärtigen Rolle als dirigierendes Hirn der Weltwirtschaft strategische Vorteile genießen, weil sie die Rivalität der Produzenten geschickt ausnützen und so Druck auf die Preise ausüben können. Nicht nur die Lieferanten von Rohstoffen wie Öl, Kaffee oder Bananen müssen ihre Güter verschleudern, ebenso sind auch die Preise für Halbleiter und andere Computerkomponenten in den Keller gefallen, weil ihre Produktion sich inzwischen auf mehrere Länder Ostasiens verteilt.[41] Man sollte sich aber über diese Entwicklung nicht allzusehr freuen. Immerhin hat das Britische Empire in der zweiten Hälfte des vergangenen Jahrhunderts eine ähnliche Stellung als dirigierendes Hirn eingenommen. Schon damals erwies sich die relative Schwächung der materiellen Basis der Produktion als Vorbote des späteren Niedergangs.

Die neue Wirtschaftsstrategie der abgebrochenen Zelte

> Hinter den wirtschaftlichen Wachstumsraten, die Brasilien, Mexiko, Malaysia oder Indien verzeichnen, verbirgt sich die Tatsache, daß sich der neue Reichtum in den Händen einer hauchdünnen Oberschicht konzentriert. So stieg zwischen 1989 und 1996 weltweit die Anzahl der Milliardäre von 157 auf 447. Mexikos reichster Mann hat 6,6 Milliarden Dollar auf dem Konto, das entspricht dem Gesamteinkommen seiner 17 Millionen ärmsten Landsleute.   *Der Spiegel*[42]

Die Reform westlicher Wirtschaften durch gezielte Maßnahmen des Staates hat ihre Grenzen an der Unabhängigkeit privater Konzerne. Während die Staaten, allen voran die USA, de facto von dem neoliberalen Credo bereits abgerückt sind, machen sich die internationalen Konzerne nun zu dessen lautstarken Verfechtern. Private Konzerne sind die kompromißlosen Befürworter eines uneingeschränkten Güter- und Kapitalverkehrs, der die souveräne Entscheidung darüber einschließt, in welchem Land sie ihre Produktion aufnehmen oder beenden. Für die Ansiedlung an einem Standort verlangen sie hohe Zuschüsse von seiten der Steuerzahler, aber deren Eingriffe in ihre Freiheit weisen sie mit aller Entschiedenheit ab. Wenn ein Autokonzern seinen Vorteil darin erblickt, den Hauptteil der Fabrikation seiner Fahrzeuge aus dem Land, wo er sie zu hohen Preisen verkauft, in ein anderes Land zu verlagern, wo die Produktion minimale Kosten verursacht, so wird er dies tun – auch wenn dies ein Schritt in Richtung auf die Deindustrialisierung und Aushöhlung der Kaufkraft an seinem Heimatplatz ist.

Im neoliberalen Wirtschaftssystem ist die Solidarität mit dem eigenen Land abgeschrieben – kein Wunder, daß die Entwicklungsländer mit noch weit weniger Rücksicht zu rechnen haben. Dies ist nicht so zu verstehen, als wenn der Beitrag der großen Konzerne zu Reichtum und Fortschritt wenig entwickelter Länder gering zu veranschlagen wäre. Im Gegenteil, unter bestimmten Bedingungen trugen und tragen sie wesentlich zu Reichtum und Fortschritt bei, so, wenn ein starker Staat wie etwa China ihnen gegenüber die eigenen

Interessen mit Entschiedenheit geltend macht. Werden sie dagegen in Entwicklungsstaaten mit einer schwachen Regierung aktiv, so richtet das neoliberale Modell im allgemeinen Verheerungen an. Statt eines wachsenden Wohlstands ist eine Rückentwicklung im Lebensniveau der Ärmsten die Folge.

Die Mechanik einer derartigen Rückentwicklung zeichnet sich heute bereits in aller Deutlichkeit ab. In vielen Entwicklungsländern bewirkt der weiterhin fortbestehende Zustrom der Investitionen zwar eine Steigerung des Bruttosozialprodukts, aber der Wohlstand der Bevölkerung kann sich dauerhaft nur vermehren, wenn die Löhne hoch genug sind, um Rücklagen für eigene Investitionen in Bildung, Infrastruktur und Industrien zu ermöglichen. Bis zu Beginn der neunziger Jahre waren vor allem die ostasiatischen Tigerstaaten Anbieter von billiger und zugleich wohldisziplinierter Arbeit. Sie konnten mit der Zeit steigende Löhne durchsetzen, die ihnen eigene Investitionen zu weiterem Aufstieg ermöglichten. Aber die Erhöhung der Löhne hat sie zugleich verwundbar gemacht, weil im letzten Jahrzehnt unseres Jahrhunderts eine Reihe von anderen Staaten die Zahl der Billiganbieter vermehrte – einige von ihnen mit einem schier unerschöpflichen Potential an billigsten Arbeitskräften (China und Indien). Die ausländischen Anleger sind daher nicht länger zur Zahlung von Löhnen genötigt, die das Existenzminimum weit überschreiten. Sie ziehen sich aus Staaten wie Malaysia, Singapur, Thailand und Indonesien sehr schnell zurück, wenn sie in China, Lateinamerika oder neuerdings auch in Afrika noch billiger produzieren.

Wo immer die transnationalen Konzerne neue Standorte in Gestalt teurer Fabrikanlagen errichten, schnellt das BSP je nach industriellem Anfangsniveau mehr oder weniger steil in die Höhe – neuerdings gelangen afrikanische Staaten dadurch zu augenblicklichem Wachstum. Dadurch wird in einer wenig informierten Öffentlichkeit der Eindruck erweckt, als könne das Kapital in kürzester Zeit Wunder vollbringen. Aber dieser Eindruck ist irreführend. Auf die Kaufkraft des Gastlandes wirkt sich dies um so weniger aus, je näher die Löhne am Existenzminimum liegen. Zweifellos hat sich eine Industrialisierung ereignet, aber ohne daß sich der Wohlstand für eine Bevölkerungsmehrheit deswegen merklich erhöht. Man sollte sich vielmehr im klaren sein, daß dieser Prozeß sogar auf einen Nettoverlust für das betroffene Land hinauslaufen kann – in unserer Zeit tritt dieser Fall immer häufiger ein. Denn für die Investitionen wird das Gastland natürlich zur Kasse gebeten. Da es als wenig entwickeltes Land die aufgenommene Schuld nur mit Rohstoffen abgelten kann, zehrt es von einer Substanz, die sich (mit Ausnahme landwirtschaftlicher Güter) nicht mehr ersetzen läßt. So gesehen mehren sich heute die Zweifel, ob es im Hinblick auf Länder wie Indonesien, Mexiko oder Brasilien zulässig ist, von einer Zunahme des Wohlstands zu sprechen, wenn dieser mit einer Ausplünderung unersetzbarer Reichtümer erkauft wird. Derartige Verluste an der Substanz eines Landes werden in den Statistiken über das BSP schlicht und einfach verschwiegen (vgl. Kapitel *Nulltarif der Natur*, S. 207).

Die Asienkrise 1997 verschärft den Niedergang

Seitdem die internationalen Konzerne das Standortkarussell drehen und Entwicklungs- wie Schwellenländer sich hoch verschulden, um sie dadurch herbeizulocken, ist die langfristige Entwicklung zu Wohlstand und eigenen Industrien in Frage gestellt. Wie die von Schulden erdrückten Staaten Südkorea, Indonesien und Thailand seit Ende 1997 zu ihrem Schaden erfahren, wird die Zukunft insgesamt schwerer berechenbar. Kein Staat kann noch mit Sicherheit damit rechnen, daß Beschäftigung und Wachstum auch in fünf Jahren ein ausreichendes Steueraufkommen erzeugen, um die Bildung und Infrastruktur zu finanzieren.

Von der Entwicklung der abgebrochenen Zelte sind jene Staaten relativ wenig bedroht, die wie China oder Indien über große Bevölkerungen und gewaltige Binnenmärkte verfügen. Die schiere Ausdehnung dieser Märkte und die Zahl potentieller Konsumenten besitzen eine so starke Anziehungskraft, daß diese Länder noch am ehesten fähig sind, ausländischen Investoren Bedingungen vorzuschreiben. Es ist damit zu rechnen, daß die Peitsche, die der Internationale Währungsfonds überall gegen die nationale Eigenständigkeit schwingt, bei Staaten wie etwa China eine gegenteilige Wirkung ausübt – es wird seine Politik noch stärker als vorher an nationalen Zwecken ausrichten. Mit großer Wahrscheinlichkeit wird China – später vielleicht auch ein von neuem erstarkendes Rußland – der Kristallisationspunkt einer gegen das US-amerikanische Wirtschaftsmodell gerichteten Entwicklung sein.

Das Jahr 1997, die Krise der Tigerstaaten, könnte – rückblickend betrachtet – der Wendepunkt gewesen sein, der die Spannungen ansteigen ließ. In Südkorea, Malaysia, Thailand und Indonesien sorgt der Internationale Währungsfonds IWF mit einschneidenden Sparmaßnahmen für eine drastische Reduktion des allgemeinen Lebensstandards. Um ihre ausländischen Schulden zu begleichen, werden diese Staaten den Export noch weiter forcieren, so daß der Westen sich bald einer Offensive von bisher unbekanntem Umfang ausgesetzt sehen könnte. »Im kalifornischen Long Beach, dem größten Hafen der Nation, kommen inzwischen so viele Waren aus Asien an, daß die Investoren neue Lagerhallen bauen. Die meisten Schiffe entladen und fahren leer zurück, die asiatischen Krisenländer haben kein Geld für amerikanische Waren und Dienstleistungen.«[43] Die in Long Beach eintreffenden Waren haben sich stark verbilligt, weil die asiatischen Währungen in kurzer Zeit zwischen 30 bis 50 Prozent ihres Wertes im Verhältnis zum Dollar einbüßten. Von ihnen geht daher ein enormer Druck auf die Preise aus, dem bei einem ungehinderten Güterverkehr viele westliche Industrien nicht gewachsen sein werden.[44] Andererseits haben die exportierenden Länder selbst davon kaum Vorteile, da sich mit dem veränderten Wechselkurs auch ihre Schulden vervielfältigt haben. So viel ein Land wie Südkorea auch exportieren mag, die Auflagen des IWF haben es auf seinem Wege zum Wohlstand um zehn Jahre zurückgeworfen.

Der Haß, der dadurch in diesen Staaten entfacht wird, richtet sich gegen die eigenen Regierungen, vor allem aber gegen den Westen. In Südkorea wird die Gängelung durch den Fonds als nationale Schande empfunden. In dem Maße wie er im Namen und Interesse westlicher Investoren seine Politik des freien Güter- und Kapitalverkehrs zwangsweise durchsetzt, wird der nationale Widerstand in den Staaten Asiens wachsen. Als neoliberales Bekenntnis wird das US-amerikanische Wirtschaftsmodell kaum Chancen in Asien haben.

Der Kampf der beiden Kapitalismen – eine Bilanz

Während Japan heute in einer gefährlichen Krise steckt, hat sein Modell einer staatlich gelenkten Industriepolitik einen Sieg über die größte Wirtschaft des Globus erfochten. Zwar wird dieser Sieg mit dem Mantel des neoliberalen Credos umhüllt, de facto aber greift der Staat mit seiner Industriepolitik auch im Westen massiv in das Wirtschaftsgeschehen ein.

Und das japanische Modell hat noch einen zweiten viel wichtigeren Sieg errungen. Kein Zweifel, daß Export verbunden mit Sparsamkeit und Schutz für die eigenen Industrien das wirksamste Instrument für eine beginnende industrielle Entwicklung ist. Aus diesem Grund hat kein Lehrmeister sich so erfolgreich wie Japan beim Ausbruch aus der Unterentwicklung erwiesen – nicht zum wenigsten deshalb, weil das fernöstliche Land nach innen durch eine sozial gerechte Verteilung die sozialen Spannungen auf ein Minimum zu beschränken verstand.[45] Der Staatskapitalismus japanischer Prägung hat die Entwicklung in einem Großteil des asiatischen Raums geprägt und eine ganze Reihe von Staaten innerhalb kürzester Zeit aus Agrargesellschaften in Länder mit erstaunlichem industriellen Wachstum verwandelt. Das neoliberale Modell einer uneingeschränkten Öffnung des Marktes hat dagegen als Instrument der Entwicklung so gut wie völlig versagt. Wer seine Industrien in der Anfangsphase ihrer Entwicklung der ausländischen Konkurrenz aussetzte, hat sie dadurch im Keim erstickt. Allenfalls kleine Staaten wie Singapur konnten sich eine neoliberale Marktöffnung erlauben, weil sie sich mit der Rolle als Standort für ausländische Gastindustrien begnügten – aber auch dann mußte eine autoritäre Regierung jene Arbeits- und Lohndisziplin der Bevölkerung garantieren, die den Standort für Investoren erst »attraktiv« macht.

Soweit die unbestreitbaren Vorzüge und Verdienste des japanischen Wirtschaftssystems. Seine Probleme treten erst dann in Erscheinung, wenn es nicht von einem Entwicklungsland angewandt wird, sondern von einer vollentwickelten Industriemacht – genau dies aber ist Japan schon seit mindestens zwei Jahrzehnten. Denn eine Wirtschaft, die sich als Exportmaschine versteht, ist nicht verallgemeinerungsfähig. Nicht die Tatsache, daß der Staat als Vertreter der Allgemeinheit die Wirtschaft in eine für diese nutzbringende Bahn lenkt, steht der weiteren Ausbreitung des japanischen Modells entgegen, sondern die Ziele, welche die japanische Bürokratie der Wirtschaft verordnet hat. Japan sollte seinen Reichtum dadurch vermehren, daß es von anderen Ländern sowenig wie möglich kaufte, aber diesen soviel wie möglich verkaufte. Die Japaner sollten ein Maximum produzieren, aber ihren Konsum nach Kräften beschränken. Diese Politik hatte zur Folge, daß das fernöstliche Land weltweit die höchste Sparquote aufwies und die meisten Konsumartikel bis hin zum Wohnkomfort so verteuert wurden, daß seine Menschen bis heute in engsten Verhältnissen leben. Das gleiche Land, das mit seinen Konsumartikeln den Rest der Welt überschwemmte, verordnete der eigenen Bevölkerung Knappheit und Einschränkung des Lebensstandards.

Das japanische Modell ist damit im Verhältnis zu anderen Ländern offen parasitär. Es setzt deren Bereitschaft voraus, ihren Markt für japanische Waren zu öffnen. Solange der Umfang der exportierten Waren die bescheidene Menge nicht übertrifft, die ein Entwicklungsland zu produzieren vermag, fällt es den bereits entwickelten Staaten leicht, den Überschuß aufzunehmen. Bis in die sechziger und siebziger Jahre vermochte der amerikanische Markt die Ausfuhren eines industriell erst aufholenden Japans problemlos zu absorbieren, und ebenso konnte er die beginnenden Exporte der im Gefolge Japans neu industrialisierenden Länder aufnehmen. Aber diese Politik stößt auf unüberwindbare Grenzen, wenn eine führende Industriemacht, wie Japan es heute ist, das gleiche Rezept weiterbetreibt. Denn nur dann kann der japanische Export weiter und weiter gesteigert werden, wenn die übrige Welt ihre eigene industrielle Produktion entsprechend verringert. *Reichtum mit Hilfe der anderen*, darauf gründet das japanische Modell im Stadium der Entwicklung – *Reichtum auf Kosten der anderen*, dazu wird es, wenn das gleiche Modell von einem Industriestaat befolgt wird. Die Rezession Japans beruht letztlich auf seinen Überkapazitäten – seiner Unfähigkeit, die eigene Wirtschaft auf den Konsum im eigenen Land umzustellen und so das alte Modell der veränderten Realität anzupassen.

So groß die Bewunderung ist, die man einigen der im Lande selbst verwirklichten Errungenschaften des japanischen Wirtschaftssystems zubilligen muß, nach außen befolgte es einen Kurs des uneingeschränkten nationalen Egoismus. Demgegenüber scheint das US-amerikanische Wirtschaftsmodell sehr viel annehmbarer, weil es (wenigstens in seiner theoretischen Begründung) den Nutzen aller im Auge hat. In einer Welt, die zunehmend kleiner wird und für ihr künftiges Überleben ohne Frieden und Kooperation nicht auskommen kann, ist nur eine wirtschaftliche Theorie akzeptabel, welche das Wohl des ganzen Planeten und aller seiner Menschen ausdrücklich zu ihrem Ziel erhebt. Die Schwäche des US-amerikanischen Modells zeigt sich an anderer Stelle. Wir sahen, daß die USA die reine Theorie des Laisser-faire nur noch rhetorisch verfechten, während sie in der Praxis eine staatliche Industriepolitik betreiben, die ihr diametral widerspricht. Viel schwerer wiegt aber, daß die neoliberale Theorie selbst innerlich widersprüchlich und fehlerhaft ist – auch die entwickelten Staaten müssen sie zwangsläufig revidieren. So vorbildlich das universalistische Ziel dieser Theorie auch ist, die Art, wie es erreicht werden soll, stößt in der wirklichen Welt auf unüberwindbare Widerstände.

Dies zeigt sich bei den Angelpunkten der neoliberalen Doktrin, bei ihrer Einschätzung von Arbeitsteilung und Wettbewerb. Zu Recht betonen die Verfechter des neoliberalen Modells – unter ihnen die OECD, der Internationale Währungsfonds und die Weltbank – deren zentrale Bedeutung. Seit Adam Smith gilt die Teilung der Arbeit als Grundlage für die Vervielfältigung der menschlichen Leistung. Die Streuung der industriellen Produktion auf viele verschiedene Länder wird als ein wichtiger Schritt in Richtung auf eine nunmehr weltweite Teilung der Arbeit verstanden, aber auch als ein Beitrag zum Frieden, weil dadurch eine vermehrte Zusammenarbeit zwischen den Staaten entsteht. Ebenso stark betont man die Rolle des Wettbewerbs – und auch dagegen läßt sich kaum etwas sagen, denn zweifellos gehört der Wettbewerb zu den Grundlagen der Demokratie, weil er die einzelnen zur Mitarbeit und privaten Initiative anregt. Beide zusammen: Arbeitsteilung und Wettbewerb, haben seit Beginn der Industrialisierung eine geschichtlich einmalige Entfaltung der ökonomischen Kräfte bewirkt.

Der Pferdefuß des von den USA propagierten Wirtschaftsmodells liegt in der Unfähigkeit seiner Befürworter, die mit Arbeitsteilung und Wettbewerb verbundenen Gefahren zu erkennen oder diese gar zu beherrschen. Arbeitsteilung ist nicht an und für sich schon ein Vorteil – sie wird auch keineswegs unter allen Umständen angestrebt. Auch die Sklaven in den Bergwerken der Antike sorgten für eine Teilung der Arbeit, aber niemand wird ernsthaft behaupten, daß sie dies freiwillig und zum eigenen Nutzen taten. Und ebenso wie die Teilung der Arbeit ist auch der Wettbewerb ein zweischneidiges Schwert. Er kann Reichtum erzeugen, aber ebenso die Ursache für große Zerstörungen sein. Der ökonomisch sinnvolle Wettbewerb ist die Grundlage freier Marktwirtschaften, ein ökonomisch sinnloser Wettbewerb höhlt dagegen diese Grundlage aus. Denn der Handel in seiner heutigen Form schafft nicht Solidarität zwischen den Staaten, sondern stellt sie in einem Handelskrieg gegeneinander und entwickelt sich damit zu einer Quelle von Handelskonflikten und Kriegen. Das US-amerikanische Wirtschaftssystem predigt eine weltweite Teilung der Arbeit und entfesselt zugleich einen Wettbewerb, der eine solche Teilung unmöglich macht. Diesem Gegensatz, der den neoliberalen Kapitalismus so gefährlich in seinen Wirkungen macht, müssen wir uns im folgenden zuwenden.

Der Schein einer internationalen Teilung der Arbeit

Kooperation und Wettbewerb im Innern der Staaten

> Der landgebundene Adel der vergangenen Jahrhun-
> derte war durch Recht angehalten oder glaubte sich
> durch die Sitte dazu verpflichtet, den Untergebenen
> zur Hilfe zu kommen und deren Not zu lindern. Aber
> die industrielle Aristokratie unserer Tage … überläßt
> in Zeiten der Krise die von ihr ausgenutzten Arbeits-
> kräfte der öffentlichen Fürsorge … Zwischen dem Ar-
> beiter und seinem Herrn gibt es vielfältige Beziehun-
> gen, aber keine wirkliche Gemeinschaft.
> *Alexis de Tocqueville: De la Démocratie en Amérique*

Menschliche Gemeinschaften werden ökonomisch durch den wechselseitigen Vorteil zusammengehalten, den sie vor allem durch die
Teilung der Arbeit erzielen. Dadurch, daß der eine Schuhe, der andere
Kartoffeln und ein Dritter Schränke erzeugt, entstehen Beziehungen
reiner Kooperation, die auf die Dauer bleibende Abhängigkeiten erzeugen. Dies ist eine Form der Zusammenarbeit, die für alle von Vorteil ist und ohne schweren Schaden für das gesamte Gesellschafts-
gefüge nicht aufgelöst werden kann. Arbeitsteilige Gesellschaften
könnten theoretisch ausschließlich auf Kooperation ohne jede Bei-
mischung von Wettbewerb beruhen – so wie traditionell die Familie
eine Keimzelle der Zusammenarbeit darstellte, ohne daß ihre Mitglieder dabei in Wettbewerb zueinander traten.

Dennoch hat es vermutlich nie Gesellschaften gegeben, die den
Wettbewerb völlig ausklammerten. Dies hat naheliegende Gründe.
Wenn die Herstellung von Teekesseln oder Schuhen ein Privileg von
ganz bestimmten Erzeugern ist, haben diese die Möglichkeit, ihre
Preise willkürlich festzusetzen. Am meisten profitieren davon die
Hersteller lebenswichtiger Güter. Ohne Eingriffe der politischen
Macht können die Besitzer von Monopolen ihre Stellung sehr leicht
mißbrauchen. Außerdem besteht für sie kaum ein Anreiz, bessere
Schuhe oder Kessel zu entwickeln – sie können ja ohnehin mit einem
gesicherten Absatz rechnen. Gesellschaften reiner oder überwiegen-

der Kooperation sind daran erkennbar, daß die in ihnen erzeugten Güter jahrhundertelang kaum Änderungen aufweisen.

Der Wettbewerb eröffnet verschiedenen Konkurrenten einen gleichberechtigten Zugang zu denselben Berufen. Schuhe, Teekessel und Schränke werden nun nicht nur von einer einzigen Firma, sondern von vielen erzeugt. Dadurch kommt es zu einer außerordentlichen Dynamik und Belebung der Beziehungen in einer Gesellschaft. Einerseits können die Hersteller ihre Preise nicht länger aus eigener Machtvollkommenheit festlegen, die Übervorteilung durch Monopole ist dadurch abgeschafft. Vor allem aber wird der menschliche Erfindungsgeist durch den Wettbewerb angeregt. Es kommt zu einer Explosion von Entdeckungen, Neuerungen, Verbesserungen. Die Befreiung des Wettbewerbs aus den Fesseln der Tradition bildete den Auftakt für alle technischen und sozialen Errungenschaften der Neuzeit.

Aber der Wettbewerb erzeugt auch gefährliche Spannungen, welche die Gesellschaften der kooperativen Arbeitsteilung nicht kannten. Die Schuster und Teekesselerzeuger stehen nicht in Konkurrenz zueinander. Zwischen ihnen kann es daher keine Sieger oder Verlierer geben. Genau diese Wirkung aber geht notwendig vom Wettbewerb zwischen konkurrierenden Erzeugern *gleicher* Produkte aus. Denn der Wettbewerb *soll* zu einer Auslese und einem Sieg des jeweils Besseren führen. Bei gleichem Preis *soll* sich das bessere und bei gleicher Qualität das billigere Erzeugnis durchsetzen. In dieser Verdrängung des weniger Guten durch das in Preis oder Qualität Überlegene besteht der Sinn der Konkurrenz und deren Nutzen für die Gemeinschaft. Aber im Unterschied zur reinen Kooperation ist der Wettbewerb mit hohen Kosten verbunden. Jeder Sieg eines Unternehmens über ein anderes verschafft dem einen Profit und Wohlergehen, während das andere einen Niedergang bis hin zum Konkurs erlebt. Der Wettbewerb sorgt für eine beständige Auslese jener, die nach den vorherrschenden Qualitätsansprüchen einer Gesellschaft die Stärkeren, Intelligenteren und Anpassungsfähigeren sind. Natürlich werden seine Ergebnisse oft durch Betrug verfälscht. Unternehmen, die dazu stark genug sind, können die größere Qualität konkurrierender Güter zum Beispiel durch eine aufwendige Reklame verdunkeln. Große

Konzerne sind außerdem in der Lage, einzelne ihrer Produkte unter oder nahe an den Gestehungskosten zu vermarkten und dadurch das Aufkommen qualitativ hochwertiger Güter aus anderen Firmen von vornherein zu unterbinden. Aber so unvollkommen das System des binnenwirtschaftlichen Wettbewerbs auch ist, sein wirtschaftlicher Nutzen macht es dennoch allen konkurrierenden Systemen eindeutig überlegen. Diese Überlegenheit verdankt es dem Umstand, daß dieser Kampf, der beständig Sieger und Verlierer hervorbringt, die Wirtschaft insgesamt stärker macht: Es ändert sich ja nichts am gesamten Produktionsvolumen, wenn unterlegene Betriebe in den Bankrott gedrängt werden. Wird der eine Erzeuger vom Markt gedrängt, weil seine Produkte sich gegenüber einer überlegenen Konkurrenz als unverkäuflich erweisen, steht der konkurrierende Erzeuger schon bereit, um die eigene Produktion um den Anteil der bankrotten Firma heraufzusetzen. An der Summe der verkauften Güter ändert sich nichts, aber ihre Qualität ist gestiegen.

Der gebändigte Wettbewerb

> Gesellschaften [können], ohne auseinanderzubrechen …, nur existieren, wenn sie gemeinsame Normen, Medien der Kommunikation …, Formen der politischen Gesellung hervorbringen, wenn also neben und außer dem Markt Bindungen der Solidarität gepflegt werden. *Elmar Altvater*

Dennoch wird die Gesellschaft nun von Gefahren bedroht, die ihr im Zustand der arbeitsteiligen Kooperation unbekannt waren. Wettbewerb ist Kampf – und Kampf führt nicht zur Verbindung, sondern beschwört die Gefahr des gesellschaftlichen Zerfalls. Die reine Teilung der Arbeit ist schon für sich genommen ein Band, das die Gesellschaft zusammenhält, der Wettbewerb dagegen macht die einen zu Feinden der anderen. Eine Gesellschaft des ungebändigten Wettbewerbs *muß* daher an den von ihr entfesselten antagonistischen Kräften zerbrechen. Wenn die Sieger im ökonomischen Kampf ihre Privilegien gegenüber einer benachteiligten Mehrheit immer stärker erweitern, kann es schließlich zum Bürgerkrieg kommen. Dieser ist letztlich nichts anderes als der Übergang von einem gebändigten und für die Gesellschaft sinnvollen Wettbewerb zu einem reinen Kampf der Vernichtung.

Daher ist der ökonomische Wettbewerb auch schon innerhalb eines Staates gefährlich: ein Instrument von potentiell explosiver Natur. Während er richtig dosiert die Grundlage für den Aufstieg und den Erfolg der Nationen ist, sprengt er, im Übermaße verwendet, ihren Zusammenhalt. Die Aufgabe der Gesellschaft besteht deshalb darin, den Wettbewerb so zu *bändigen*, daß sein Nutzen so weit wie nur möglich über die potentiellen Gefahren hinausreicht. Tatsächlich hat er seine segensreichen Wirkungen bisher nur dort zu entfalten vermocht, wo diese Bändigung auch gelang. Wenn die Verlierer des Wettbewerbs: die Beschäftigten einer in Konkurs gegangenen Firma, die Unterlegenen in einem Intelligenztest, die weniger guten Musiker usw., als gesellschaftlicher Ausschuß betrachtet werden, bedeutet Wettbewerb die Vernichtung von Existenzen. Keine Gesellschaft vermag auf Dauer zu überleben, wenn sie derart brutal mit ihren Mitgliedern umgeht. Die Bändigung des Wettbewerbs besteht daher in einem Preis, den man für seine Vorteile zu entrichten hat. Dieser Preis ist Solidarität, Gemeinsinn oder Verantwortung für die Schwachen – wie immer man dies in verschiedenen Zeiten ausdrücken mag.

Solidarität ist das Band, das eine Gesellschaft zusammenhält – trotz des in Grenzen erlaubten ökonomischen Kampfes. Weder die Beschäftigten eines in Konkurs gegangenen Betriebes noch die Schulabgänger mit schlechten Noten sind unter dieser Voraussetzung in absolutem Sinne Verlierer. Sie haben nur zum Wohle des Ganzen Funktionen, für die sie weniger geeignet erscheinen, an andere abgeben müssen, die darin eine größere Leistung erbringen. Eine solidarische Gesellschaft hält es für ihre Pflicht, sie sozial aufzufangen oder dafür zu sorgen, daß ihnen in anderen Funktionen ein neuer Anfang ermöglicht wird. Wohlgemerkt, dies ist kein Almosen und kein Zugeständnis, sondern der *notwendige* Preis für die Transformation des ökonomischen Kampfs in einen sozial sinnvollen und erträglichen Wettbewerb. Erst dadurch ist es einer Gesellschaft möglich, ohne Widerstand zu erwecken, die vorhandenen Fähigkeiten von Wissen, Begabung, Intelligenz, Kreativität auf maximale Weise zu nutzen. Andernfalls wäre der ökonomische Kampf kein Mittel zum Zweck der besten Verteilung von Können und Wissen, sondern ein Instrument zur Vernichtung der Schwachen.

Die Theoretiker des Laisser-faire betonen mit Recht die stimulierenden Aspekte des Wettbewerbs, aber für seine sozialen Folgen pflegen sie blind zu sein. Sie gleichen darin den Physikern, die sich um die Mitte des Jahrhunderts für die Verheißungen einer zivilen Nutzung der Atomkraft begeisterten und dabei schlicht übersahen, daß man sie auch zur Vernichtung der Menschheit einsetzen kann. Wir werden sehen, daß der fundamentale Fehler des US-amerikanischen Modells in der Vernachlässigung der sozialen Grundlagen des Wettbewerbs besteht. Wettbewerb an sich wird als Lösung für die Probleme der Menschheit gepriesen – so als ob der Kampf an sich Wohlfahrt und gegenseitige Verständigung ermöglichen würde.

Vier Arten des Handels

> Meanwhile Japan's East Asian satellites are increasingly hollowing out what remains of America's employment base in medium-tech manufacturing. Most of America's production of hard disk drives, for instance, has migrated to Singapore. Much of America's semiconductor manufacturing has migrated to South Korea.
> *Eamonn Fingleton*

Die unterschiedlichen Wirkungen von Arbeitsteilung und Wettbewerb werden noch deutlicher, wenn wir ihre Wirkungen nicht innerhalb eines einzelnen Staates, sondern im Miteinander der Staaten betrachten. Auch hier bedeutet eine Teilung der Arbeit Kooperation, während der ungebändigte Wettbewerb auf den Kampf hinausläuft. Die Globalisierung des Güter- und Geldverkehrs hat deshalb die Wirkung, daß in unserer Zeit die beiden Prinzipien von Kampf oder Kooperation die Beziehungen zwischen den Staaten in einem nie gekannten Ausmaß beherrschen. Diese können durch die Teilung der Arbeit friedlich aneinander gebunden und wechselseitig voneinander abhängig sein oder durch den Wettbewerb in zunehmende Konfrontation zueinander geraten. Die ganze Bandbreite von einvernehmlicher Zusammenarbeit bis hin zu Handelskrieg und offenem Kampf läßt sich am deutlichsten an den vier Arten des Handels erklären, aus denen der Güteraustausch bis heute besteht.

1. Symbolischer Handel
2. Klassischer Handel
3. Ersetzungshandel (substitutiver Handel)
4. Verdrängungshandel (intrasektoraler Handel)

Der symbolische Handel, eine der ursprünglichsten Formen menschlichen Tausches, hat mit Wettbewerb gar nichts zu tun, sondern ist in Zweck und Ausführung dessen gerades Gegenteil. Konkurrenz wird von vornherein ausgeschlossen, weil jeder der am Tausch beteiligten Partner – Familien, Stämme etc. – ein Monopol auf bestimmte Güter besitzt. In den »Argonauten des Westlichen Pazifik« beschreibt Bronislaw Malinowski einen Handelsring zwischen weit auseinanderliegenden Inseln, von denen jede ihre speziellen Güter zum Tausch anbot: besonders verarbeitete Muscheln, Gewebe von eigenartiger Färbung etc. Die Eigenart dieser und vieler ähnlicher Handelsbeziehungen besteht darin, daß man dabei Güter austauschte, deren Erwerb keineswegs notwendig war oder die man auch selbst hätte herstellen können. Diese Art Handel hatte überhaupt keinen vorrangig ökonomischen Sinn, sondern diente politischen und sozialen Zwecken.[46] Fremde und potentielle Feinde wurden zu Freunden gemacht, indem man regelmäßig Kontakte zu ihnen pflegte und dabei Waren austauschte. Der *symbolische Handel* war eines der frühesten Instrumente, um Zusammenarbeit und Verständigung zwischen den Völkern herzustellen – noch ehe der ökonomische Sinn einer Teilung der Arbeit ihn tiefer begründete. In besonderem Maße gilt dies natürlich für den »Tausch« der Frauen, eine der frühesten Formen der Verständigung zwischen zuvor feindlichen Stämmen. Hier kamen wirtschaftliche Motive von vornherein nicht in Betracht, er diente ausschließlich politischen Zielen.[47]

Wettbewerb ist auch dann nicht vorhanden, wenn der Tausch auf gänzlich verschiedenen Produkten beruht, wie dies auf den *klassischen Handel* zutrifft, der noch bis gegen Ende des Zweiten Weltkriegs den größten Anteil am internationalen Gütertausch besaß. Rohstoffe mineralischer oder landwirtschaftlicher Art werden dabei gegen industrielle Produkte getauscht. Die Partner des Tausches stehen in keinem Konkurrenzverhältnis zueinander, sondern teilen die Arbeit.[48]

Der symbolische Handel, der die Geschichte des Menschen so lange beherrschte, ist heute eine bloße historische Reminiszenz, aber auch der ökonomisch motivierte klassische Handel: Rohstoffe gegen industrielle Produkte, spielt nach dem Ende des Zweiten Weltkriegs wertmäßig nur noch eine untergeordnete Rolle.[49] Zu großer Bedeutung gelangen in unserer Zeit dagegen jene beiden Formen des Handels, bei denen industrielle Güter gegen industrielle Güter ausgetauscht werden, entweder Güter unterschiedlichen Niveaus *(Ersetzungshandel)* oder Güter des gleichen Niveaus *(Verdrängungshandel)*.

Für diese Formen des Handels ist nicht die Zusammenarbeit, sondern der Wettbewerb das kennzeichnende Merkmal. Wenn China Radios und Büromaschinen nach Europa ausführt und dafür Airbusse bezieht, dann besteht zwar kein Wettbewerb im Hinblick auf Airbusse, weil diese vorläufig noch nicht von China hergestellt werden können, sehr wohl aber in bezug auf Radios und Büromaschinen, deren Produktion in Europa durch die importierten Güter eingeschränkt oder auch völlig vernichtet wird. Dieser *substitutive oder Ersetzungshandel* ist zwar für die Zahlungsbilanz der Europäer von Vorteil, da die ausgeführten Güter der Hochtechnologie angehören und daher hohe Preise erzielen, aber er vernichtet einen Teil der eigenen Industrien und leitet damit einen Prozeß der von unten beginnenden Deindustrialisierung ein. Außerdem vernichtet er Arbeitsplätze, da die Produktionsstätten für Hochtechnologie im allgemeinen einen viel höheren Grad der Automation aufweisen. Die Vernichtung von Arbeitsplätzen im Industrieland findet daher gleich auf doppelte Weise statt: erstens aufgrund der hochgradigen Automation der exportierenden Firmen und zweitens durch die Zerstörung arbeitsintensiver Industrien durch den Import. Die billige ausländische Arbeit ist ja der Grund, warum die Industriestaaten mit diesem Handel beginnen.

Seinen Höhepunkt erreicht der Wettbewerb zwischen den Staaten aber im *Verdrängungshandel* mit gleichartigen Gütern. Japanische Autos werden nach Deutschland, deutsche Autos nach Japan exportiert und Tausende anderer gleichartiger Produkte zwischen den industrialisierten Staaten gehandelt.

Die Struktur des internationalen Gütertausches

> A very simple but illustrative calculation shows that if the entire Third World now had to export per capita the same amount of manufactures as the ›Four Dragons‹, this would be the equivalent of almost all of the consumption of manufactures of all the Western developed countries. In other words, that those Western countries would see the almost complete disappearance of their manufacturing industries.   *Paul Bairoch* [50]

Das US-amerikanische Wirtschaftsmodell verspricht der gesamten Welt einen wachsenden Reichtum, sofern nur alle Schranken abgebaut werden, die den freien Fluß von Gütern und Kapital bisher noch begrenzen. In diesem Sinne versuchen Weltbank, IWF und WTO die Politik der Vereinigten Staaten dem ganzen Globus mit Sanktionen und Versprechungen aufzuzwingen. Das Multilateral Agreement on Investments (MAI) – zum gegenwärtigen Zeitpunkt noch nicht ratifiziert – stellt den bislang radikalsten Versuch dar, privaten Organisationen die gleichen Befugnisse in allen Staaten zu sichern, ohne ihnen dabei Einschränkungen im Hinblick auf die besonderen Interessen ihrer Bewohner aufzuerlegen. Falls dieser Vertragstext sich durchsetzt, brauchen internationale Konzerne auf die Umweltbestimmungen eines Staates und die gewachsenen Ansprüche der Beschäftigten fortan keine Rücksicht zu nehmen. Nicht nur der Staat als Repräsentant der Bevölkerung eines Gebietes, sondern diese selbst wird als Souverän abgesetzt.

Aber der vom neokapitalistischen Wirtschaftsmodell versprochene Nutzen wird für sämtliche Staaten zunehmend zweifelhaft. Der Handel ist eben durchaus nicht einheitlich, sondern setzt sich aus gleichen und ungleichartigen Gütern, aus Produkten von Hochlohnländern

und Billigstandorten zusammen.[51] Die Wirkungen, die daraus auf die
Staaten ausgehen, sind daher verschiedenartig und überaus widersprüchlich.

Der Handel zwischen den Staaten	
Handel mit ungleichen Gütern überwiegend (oder potentiell) nützliche Wirkungen durch *Teilung der Arbeit*	**Handel mit gleichen Gütern** überwiegend schädliche Wirkungen durch *ungehändigten Wettbewerb*
Stufe I (geringes Volumen) **Handel zwischen Agrargesellschaften**	

1. *symbolischer Handel*
2. Tausch von Nahrungsmit-
   teln
3. Tausch von Handwerksarti-
   keln	

Stufe II (größeres Volumen) **Handel zwischen Rohstoff- und Industrieländern**	
klassischer Handel (Rohstoffe gegen industrielle Produkte)	
Stufe III (hoher Wert) **Handel zwischen Industrieländern**	
1. Spezialisierung 2. Technologische Differenzie- rung 3. Unterschiedliche Moden etc.	*Substitutiver Handel* → Deindustrialisierung von unten, wachsende Arbeitslosigkeit, Reichtum für eine Minderheit *Verdrängungshandel* → bei gleichem Sozialniveau der Handelspart- ner sinnloses Nullsummenspiel → sonst Sozialdumping und Absinken des hö- heren auf das niedrigere Sozialniveau des je- weiligen Handelspartners

Je zahlreicher die von einem Land produzierten Waren, desto um-
fangreicher sind auch die Möglichkeiten des Tausches. Deshalb betreiben Industriestaaten einen weit intensiveren Handel als industriell unterentwickelte Länder. Wenn die Transportpreise, wie dies
gegenwärtig der Fall ist, absichtlich niedrig gehalten werden (so daß
künftige Generationen schon nach den ersten Jahrzehnten des neuen
Jahrtausends kaum noch über fossile Energien verfügen), wird der
Warentausch zusätzlich beschleunigt. Eine Rolle spielt ebenfalls, daß

Industrieprodukte sehr viel höhere Preise als Rohstoffe erzielen, schon deshalb muß der Handel zwischen den Industrienationen wertmäßig bedeutend höher liegen. Aber unabhängig von diesen Faktoren wird der Handel zwischen industriell entwickelten Ländern auch aufgrund der außerordentlichen Zunahme produzierter Güter vermehrt. Die Wahrscheinlichkeit, daß ein Land Güter erzeugt, die das andere nicht oder noch nicht besitzt oder herstellen kann, ist größer als auf jedem anderen Niveau der Entwicklung. Die »technologische Differenzierung«, »Moden« oder die »Spezialisierung« auf bestimmte Bereiche spielen eine eindeutig positive Rolle beim gegenseitigen Warentausch.

Warum diese positiven Wirkungen des Handels keine echte internationale Teilung von Arbeit bewirken, wird im folgenden zu begründen sein. Kein Staat spezialisiert sich, wenn er befürchten muß, dadurch in gefährliche Abhängigkeit von anderen zu geraten. Die positiven Wirkungen des Handels sind zwar real, aber im US-amerikanischen Wirtschaftsmodell sind sie Produkte des Zufalls. Die negativen Wirkungen des Ersetzungs- und Verdrängungshandels gehen umgekehrt aus der inneren Logik dieses Systems hervor.

Der Krieg der Verdrängung zwischen den Staaten

> Der Aufstieg der japanischen Autoindustrie spiegelte sich im Niedergang und in den Krisen der amerikanischen. Zweimal in den achtziger Jahren trieben die Japaner die US-Autoindustrie an den Rand des Zusammenbruchs.   *Konrad Seitz*[52]

Die Theoretiker des Laisser-faire sehen selbst im Verdrängungshandel noch eine positive Erscheinung, weil sie ihn für die Verbilligung der Produkte, die Steigerung der Qualität und überhaupt die Stimulierung des technologischen Fortschritts für ebenso wichtig und wirksam halten wie den binnenstaatlichen Wettbewerb. Es entgeht ihnen dabei, wie naiv und gleichzeitig gefährlich diese Auffassung ist. Auch der Umgang mit spaltbarem Material ist nur so lange unbedenklich, wie er in den Händen von Fachleuten liegt. Der Verdrängungshandel mit gleichartigen Gütern könnte nur dann als gefahrlos gelten, wenn er global unter den entsprechenden sozialen Voraussetzungen stattfinden würde – aber diese entscheidende Bedingung trifft eben nicht zu.

Wir sahen, daß der innerstaatliche Wettbewerb nur dann seinen Nutzen entfaltet, wenn er in sozial gebändigter Form erscheint, andernfalls wird aus ihm ein sozialdarwinistischer Kampf, der eine Gesellschaft zerreißt. Diese Einschränkung gilt natürlich ebenso für das Verhältnis zwischen den Staaten. Sie gilt dort sogar in besonderem Maße, weil zwischen den Staaten von einer Bändigung des Wettbewerbs bis heute nichts zu bemerken ist. Innerhalb eines Staates bleibt die Summe der Gütererzeugung und damit auch der Beschäftigtenstand erhalten, wenn bestimmte Firmen zugrunde gehen, zwischen den Staaten aber kann davon keine Rede sein. Zwar ändert sich auch in diesem Fall nichts an der weltweiten Summe der Produktion. Japaner und Koreaner übernehmen ja die Produktionskapazitäten der von ihnen verdrängten europäischen Industrien (oder auch umgekehrt). Aber dies ist für die betroffenen Länder kein Trost: Ihre Gebiete werden deindustrialisiert, ihre Arbeiter freigesetzt. Der Konkurs von Betrieben im gebändigten Wettbewerb innerhalb einer staatlichen Ordnung hat daher grundsätzlich andere Folgen als die Deindustrialisierung, welche der Wettbewerb zwischen den Staaten bewirkt.

Im übrigen steht es auch um den technologischen Fortschritt nicht besser, der angeblich durch diesen Wettbewerb stimuliert wird. Wenn die Japaner optische Geräte oder die Koreaner Schiffe erzeugen, die den in Deutschland erzeugten an Qualität überlegen sind, dann gehen die heimischen Kameraindustrien und Werften zugrunde, dieses Schicksal trifft sie aber auch dann, wenn der Vorteil der importierten Güter nicht auf größerer Qualität beruht, sondern auf dem niedrigen Lohnniveau des exportierenden Staates. Nicht Fortschritt, sondern ein Rückschritt im Wohlstand ist in diesem Fall die natürliche Folge. Die Industrien des Landes mit dem höheren Lebensniveau können auch aufgrund von sozialem Dumping mattgesetzt werden.

Um die Solidarität, die zweite der beiden Voraussetzungen für den sozialen Sinn des ökonomischen Wettbewerbs, ist es noch schlechter bestellt. Sie ist zwischen Staaten praktisch überhaupt nicht vorhanden. Jedenfalls ist es in der bisherigen Geschichte der Menschheit noch nicht gelungen, sie institutionell zu verankern. Sie läßt sich innerhalb eines Staates verwirklichen und mit sehr viel größerer Mühe auch in einer politisch und sozial geeinten Gemeinschaft, wie sie die EU zukünftig sein soll, aber im wirtschaftlichen Umgang zwischen Koreanern, Japanern, Deutschen oder Amerikanern ist sie bis heute kaum festzustellen. Wenn es einem der international konkurrierenden Staaten gelingt, einzelne Industrien oder auch die gesamte Wirtschaft eines anderen Landes durch überlegene Konkurrenz ins Abseits zu drängen, so ist der Verlierer ganz auf sich selbst gestellt. Kein anderer Staat füllt ihm die Kassen, um seine Bildung, seine Infrastruktur, seine sozialen Leistungen zu erhalten. Weit davon entfernt, durch gegenseitige Solidarität gebändigt zu sein, ist der Wettbewerb zwischen den Staaten immer noch reiner Kampf um den Sieg des Stärkeren. Welches Elend dabei den unterlegenen Staaten in Afrika, Lateinamerika etc. zugefügt wird, aber auch den entwickelten Staaten, die aufgrund von Deindustrialisierung gegen eine wachsende Arbeitslosigkeit kämpfen, wird für die im Verdrängungskampf siegreichen Staaten nicht zum Problem. Das US-amerikanische Modell, unterstützt von internationalen Organisationen wie WHO, IWF und Weltbank, fordert einen weltweit freien, d. h. unregulierten Wettbewerb, aber es ist nicht nur blind für die sozialen Voraussetzungen, die nötig wären, um ihn erträglich zu machen, sondern beseitigt im Gegenteil die noch bestehenden sozialen Garantien. Dadurch wird im Inneren der Staaten gesellschaftliches Dynamit angehäuft und zwischen ihnen der ökonomische Kampf ausgerufen.

»Industrievertreter, Wirtschaftswissenschaftler, führende Politiker und Akademiker erzählen uns, wir seien nolens volens in einen gnadenlosen technologischen, industriellen und ökonomischen Krieg verwickelt, der den gesamten Planeten überziehe. Ziel sei es zu überleben, und das Überleben sei untrennbar verknüpft mit der Wettbewerbsfähigkeit. Ohne diese gebe es kein Heil, weder kurz- noch langfristig, kein Wachstum, keinen wirtschaftlichen und sozialen Wohlstand, keine Selbstbestimmung, keine politische Unabhängigkeit. Die erste Aufgabe von Staat, örtlicher Verwaltung und Gewerkschaften sei es, das bestmögliche Umfeld zu schaffen, damit Unternehmen in diesem Weltwirtschaftskrieg wettbewerbsfähig sein, werden oder bleiben könnten« (Riccardo Petrella).[53]

Das Gesetz vom Konflikt zwischen Wettbewerb und internationaler Teilung der Arbeit

> The characteristic feature of capitalist accumulation was precisely that it had no limits. The ›natural frontiers‹ of Standard Oil, the Deutsche Bank, the De Beers Diamond Corporation were at the end of the universe, or rather at the limits of their capacity to expand.
>
> *Eric Hobsbawm*

Die Verheißungen des liberalen Wirtschaftsmodells gehen aus dem Anspruch hervor, daß der Wettbewerb zwischen den Staaten auf einer internationalen Teilung der Arbeit beruhe oder eine solche ermögliche. Aber auch diese Behauptung hält der Überprüfung nicht stand – auf leichtsinnige Art setzt sie die binnenstaatliche Teilung von Arbeit mit ihrer Verwirklichung zwischen den Staaten gleich. In der Teilung von Arbeit eine große Hoffnung für die Zukunft der Menschheit zu sehen scheint grundsätzlich berechtigt. Immerhin hat sich in der Vergangenheit keine Strategie als gleich erfolgreich erwiesen, um die Leistung einer Gruppe von Menschen, sei es eines steinzeitlichen Stammes oder eines modernen Staates, um ein Vielfaches zu steigern. Schon vor zehntausend Jahren haben die Menschen die Teilung der Arbeit zwischen Männern und Frauen gekannt, aber sehr bald auch zwischen den Herstellern von Pfeilen und denen von Kleidungsstücken. Die Entdeckung, daß die Leistung einer Gruppe viel größer ist, wenn nicht alle dasselbe herstellen, sondern jeder sich auf diejenigen Tätigkeiten beschränkt, zu denen er am besten befähigt ist, gehört zu den Voraussetzungen jeder Art höherer wirtschaftlicher und kultureller Entwicklung.

Es scheint daher naheliegend, die Verwirklichung eines Prinzips, das für den Fortschritt und den Wohlstand im Inneren der Staaten so wesentlich ist, auch zwischen ihnen zu fordern. Tatsächlich hat man den klassischen Handel: Rohstoffe gegen industrielle Produkte, lange Zeit als eine internationale Teilung der Arbeit verstanden. Inzwischen hat sich dieser zum Ersetzungshandel (substitutiven Handel) weiterentwickelt, das heißt zum Tausch von Gütern minderer gegen solche von höherer Technologie. Wiederum sehen viele Theoretiker und Politiker darin eine internationale Teilung von Arbeit, die sie als solche begrüßen. Aber wird diese Teilung wirklich erstrebt? Und läßt sich das fortgeschrittenste Stadium des Tausches, der internationale Verdrängungshandel, bei dem verschiedene Nationen die gleichen Güter anbieten und sich gegenseitig aus dem Markt zu drängen versuchen, überhaupt noch als Teilung der Arbeit verstehen?

Von der Kooperation zum ökonomischen Kampf

> It is quite disingenuous of those who sit at the pinnacles of corporate power to advise nations and communities to make themselves more globally competitive. The recommended measures do little to expand the total pool of jobs or increase average wages and the standards that make for healthy nations and communities. Rather they simply increase the public subsidies to those corporate managers and shareholders.   *David Korten*
> *(Präsident des People-Centered Development Forum)*

Wir sahen, daß Wettbewerb und Teilung der Arbeit einen Gegensatz bilden. Die letztere beruht auf Kooperation – die Anbieter *ungleicher* Leistungen spezialisieren sich, wobei jeder von der Voraussetzung ausgeht, daß die anderen ihm die fehlenden Güter zu gleichen Bedingungen bieten. Im Gegensatz dazu setzt der Wettbewerb das Angebot *gleichartiger* Leistungen voraus, wodurch es zu einem Kampf unter den Anbietern kommt, der notwendig mit Sieg oder Niederlage einhergeht. Wettbewerb und Teilung der Arbeit sind einander daher genauso entgegensetzt wie Kampf und Zusammenarbeit. Je mehr die Staaten im Verkehr miteinander die Teilung der Arbeit betonen, um so näher kommen sie einem Zustand der friedlichen Kooperation, je größeren Nachdruck sie umgekehrt auf den Wettbewerb legen, um so stärker treten Tendenzen des Kampfes hervor. Das Ende des 20. Jahrhunderts ist dadurch gekennzeichnet, daß der Wettbewerb immer mehr in den Vordergrund tritt, während die zwischenstaatliche Teilung der Arbeit im Gegenteil an Bedeutung verliert.

Nicht nur, daß eine von den beteiligten Staaten als solche akzeptierte Teilung der Arbeit bestenfalls in Ansätzen existiert, sie wird auch von denen, die sie als Ziel proklamieren, in Wirklichkeit kaum gefördert. Beispiele hierfür lassen sich in beliebiger Menge finden. Zum Beispiel denken weder US-Amerikaner noch Europäer daran, die eigene Luftfahrtindustrie aufzugeben, damit der andere sich dann auf diesen Bereich spezialisieren kann. Im Gegenteil, die Europäer wollen möglichst wenig von Boeing und McDonnell Douglas abhängen – die Amerikaner möglichst wenig von Airbus. Und die anderen Länder dringen genauso auf die maximale ökonomische Selbständigkeit. Die Russen besitzen schon seit Jahrzehnten eine eigene Luftfahrtindustrie, die Asiaten setzen ihren ganzen Ehrgeiz darein, den hohen Stand ihrer industriellen Entwicklung durch eine eigene Flugindustrie zu beweisen. Dasselbe Bestreben, sich nicht von anderen abhängig zu machen, gilt für die meisten anderen Bereiche der Industrie, zumindest für jene, die von einem Staat als wichtig eingestuft werden. Schon seit langem besitzen US-Amerikaner und Europäer eigene Autoindustrien, die Japaner sahen das Ziel ihrer industriellen Entwicklung darin, ihnen dabei so bald wie möglich zu folgen. Inzwischen stellen auch die Südkoreaner eigene Autos her, während Chinesen und Inder mit dieser Entwicklung gerade beginnen. *Insgesamt stellt die gegenwärtige polyzentrische Industrialisierung der Welt eine entschiedene Absage an die internationale Teilung von Arbeit dar.* Jeder Staat praktiziert diese zwar systematisch in seinem Inneren, um alle Vorteile der Produktivitätssteigerung dadurch auszuschöpfen, aber nach außen sieht er sein Hauptziel darin, ökonomisch möglichst unabhängig von anderen Staaten zu sein. Statt die Arbeit mit anderen zu teilen, ist er bestrebt, alle wesentlichen industriellen Produkte selbst zu erzeugen, um sich gegen die wechselhaften Einflüsse anderer Staaten nach Möglichkeit abzuschirmen.

Fiktion gegen Tatsachen

Das US-amerikanische Wirtschaftsmodell beruht auf einer Fiktion – der leichtfertigen Annahme, daß sich eine Teilung der Arbeit zwischen den Staaten ebenso problemlos durchführen lasse wie innerhalb ihrer Grenzen. Wird diese Fiktion zu Grunde gelegt, dann erscheinen auch die übrigen Forderungen des neoliberalen Wirtschaftssystems mehr als nur einleuchtend – sie sind sogar notwendig. So muß man z. B. akzeptieren, daß Beschränkungen des Warenverkehrs, wie sie etwa durch Zölle oder nicht-tarifäre Hemmnisse hergestellt werden, zwischen den Partnern einer arbeitsteiligen Wirtschaft, nur Schaden anrichten können. Ein solches Vorgehen entspräche in seiner Sinnlosigkeit dem Versuch, innerhalb einer Firma die Zirkulation der arbeitsteilig erzeugten Produkte durch Abgaben zu erschweren. Teilung der Arbeit heißt gegenseitige Abhängigkeit, und diese wird durch Hemmnisse nur in Frage gestellt. Dies gilt für die Teilung der Arbeit innerhalb einer Firma wie in einem Staat – und würde ebenso auf die Teilung der Arbeit zwischen den Staaten zutreffen, wenn diese unter den gleichen Bedingungen der solidarischen Abhängigkeit stattfinden könnte.

Dies ist der Grund, warum die Visionäre einer ökonomisch geeinten Welt der Teilung von Arbeit eine Schlüsselrolle zuschreiben. Schon Adam Smith, der Gründer der liberalen angelsächsischen Schule, konnte die dadurch bewirkte Steigerung der menschlichen Produktivität gar nicht hoch genug rühmen. Aber auch David Ricardo machte die Teilung der Arbeit zu einem Angelpunkt seiner Lehre. Der komparative Kostenvorteil nach Ricardo läuft ja auf eine *Ausschaltung des Wettbewerbs* zugunsten der Teilung der Arbeit hinaus. Staaten, die gleichartige Güter herstellen, sollen sich spezialisieren, d. h., eine Teilung der Arbeit beschließen, und zwar selbst noch dann, wenn einer dieser Staaten bei allen Waren absolute Kostenvorteile besitzt. So verlangte Ricardo von Portugal auf die Produktion von Tuch zu verzichten, obwohl es dieses absolut mit weniger Kosten zu produzieren vermochte als England. Die Teilung der Arbeit war der Imperativ, der diese Forderung sinnvoll erscheinen ließ, denn je fortgeschrittener die Teilung der Arbeit, desto größer nicht nur die Produktivität eines einzelnen Unternehmens, sondern auch die eines Staates und aller Staaten zusammen. Sowohl Adam Smith wie auch Ricardo folgten der Konsequenz ihrer Lehre, wenn sie den Wettbewerb zugunsten der Teilung von Arbeit beschränkten.

Die heutigen Verfechter des liberalen Wirtschaftsmodells sind weit weniger konsequent als die Urväter des Liberalismus. Ähnlich wie Ricardo damals den Verzicht Portugals auf die Herstellung von Tuch verlangte, müßten sie heute von den autoproduzierenden Ländern USA, Deutschland, Frankreich, Italien, Japan oder Korea verlangen, daß nur eines von ihnen, nämlich jenes, das dabei einen relativen Kostenvorteil besitzt, die Produktion weiterführt, während die anderen Staaten sich auf eine andere Produktion spezialisieren. Sie müßten z. B. fordern, daß die USA auf Boeing oder Europa auf den Airbus verzichtet. Und selbstverständlich müßten sie gleichfalls verlangen, daß sämtliche Staaten ihre je eigenen Rüstungsindustrien aufgeben, um einen einzigen Standort damit zu betrauen.

Allerdings wird man spätestens an diesem Punkt stutzig. Die ökonomische Logik setzt sich hier offensichtlich über die Logik der bestehenden gesellschaftlichen Realitäten hinweg. Eine echte internationale Teilung der Arbeit im Sinne Ricardos und seiner Nachfolger ist unter den herrschenden Bedingungen eine Chimäre. Weder Rußland noch China oder Europa wären bereit, im Sinne einer internationalen Teilung von Arbeit den USA (oder einem anderen Staat) die Produktion ihrer Autos oder gar ihrer Waffen zu überlassen.

Das politisch-soziale Fundament der Teilung von Arbeit

Warum ist eine echte internationale Teilung der Arbeit bis heute unmöglich? Diese Frage betrifft die politisch-sozialen Voraussetzungen der Ökonomie – und gerade in diesem Punkt erweist sich das angelsächsische Modell als blind für die Realität. Genau wie der Wettbewerb setzt die Teilung der Arbeit das Einverständnis der Gesellschaft voraus. Denn vor allem bei der Teilung der Arbeit sind Ökonomie und Gesellschaft aufs engste verflochten. Wenn der eine nur Stecknadeln, der andere nur Kürbiskerne und ein Dritter nur Autoreifen herstellen kann, dann sind alle zusammen zwar sehr viel stärker geworden, aber jeder einzelne ist zugleich auch sehr viel schwächer, *da er unabhängig von den anderen nicht mehr zu existieren vermag.* Arbeitsteilung bedeutet einen Vorteil für alle, aber sie kann zum größten Nachteil für jeden einzelnen werden, wenn das System aufgrund einer Störung aus den Fugen gerät. Aus diesem Grund setzt die Teilung von Arbeit eine politisch-soziale Koordination voraus, die das System gegenseitiger Abhängigkeiten gegen Störungen absichert. Zugleich mit der arbeitsteiligen Gesellschaft, welche die einzelnen auf Gedeih und Verderb miteinander verkettet, müssen politische Organe entstehen, welche für Sicherheit und Gerechtigkeit sorgen. Je komplexer die Teilung der Arbeit und die Aufsplitterung in einzelne Tätigkeiten, desto mehr muß zur gleichen Zeit ein zentrales Organ an Bedeutung gewinnen, das dieser Vereinzelung durch die Ausrichtung auf gemeinsame Ziele entgegenwirkt. Der moderne Staat als kontrollierende Instanz für die Wirtschaft und die Teilung der Arbeit sind insofern strikt komplementär. Es ist durchaus kein Zufall, daß die Rolle des Staates seit Beginn der industriellen Revolution in allen Staaten stetig an Bedeutung gewonnen hat – natürlich auch in den USA und in England.

Deshalb ist es ein grundsätzlicher Fehler des US-amerikanischen Wirtschaftsmodells, daß es ökonomische Mechanismen durchsetzen will und dabei deren politisches Fundament außer acht läßt. Es verlangt eine internationale Teilung der Arbeit, aber ist blind für deren politisch-soziale Voraussetzungen. Könnten sich alle Staaten die gleichen Vorteile von der internationalen Teilung der Arbeit erhoffen, weil eine übergeordnete politische Instanz für Gerechtigkeit sorgt, dann wäre deren globale Verwirklichung gewiß kein Problem. Deutschland und die USA könnten auf die Produktion von Autos verzichten und sie zur Gänze an Korea abgeben, die Japaner würden die Produktion von Mikrochips einstellen und sie an die Vereinigten Staaten abtreten. Der Wettbewerb mit gleichartigen Gütern, den schon Ricardo vor beinahe zweihundert Jahren zwischen Portugal und England aufheben wollte, würde einer strikten internationalen Teilung von Arbeit Platz machen. Auch die Erzeuger von Rohstoffen würden keinen triftigen Grund mehr besitzen, auf eine eigene Industrialisierung zu drängen und damit die internationale Teilung von Arbeit zu hintertreiben. Denn eine übergeordnete politische Instanz würde genau die gleiche Funktion entfalten wie ein koordinierendes Management innerhalb eines Unternehmens oder eine um sozialen Ausgleich bemühte Regierung innerhalb eines Staates. Diese Instanz würde durch entsprechende Maßnahmen dafür sorgen, daß die Teilung der Arbeit von allen gleichermaßen als gerecht eingestuft wird, weil alle in gleichem Maß davon profitieren.

Man muß diese Voraussetzungen in aller Deutlichkeit formulieren, um die Absurdität einer ökonomischen Politik zu erkennen, welche die internationale Teilung der Arbeit ohne diese Basis verwirklichen will. Ein solcher Versuch muß von vornherein zum Scheitern verurteilt sein. Denn die Staaten sind im höchsten Grade verwundbar, wenn sie sich auf eine Teilung der Arbeit verlassen, die nicht unter dem Gebot der Gerechtigkeit steht. Portugal war schlecht beraten, als es Ricardos Ratschlag befolgte – es mußte schon bald die Erfahrung machen, daß es mit dem Verzicht auf die Herstellung von Tuch und anderen industriellen Produkten auch die ökonomische und militärische Macht den Engländern überließ. Die gleiche Erfahrung sollten auch alle übrigen Länder machen, die sich auf die Produktion von Rohstoffen beschränkten. Ihr eigener Lebensstandard ging immer weiter zurück, weil ihnen die Produzenten von Industriegütern sehr bald die Preise diktierten. Letztlich handelten sie nicht so viel anders als ein schlecht beratener Staat, der seine Waffen im Nachbarland herstellen läßt und sich dafür auf die Erzeugung von Zucker beschränkt.

Unabhängigkeit als Ziel der Entwicklung

Die Vision von Smith und Ricardo ist deswegen keineswegs falsch – die internationale Teilung der Arbeit *könnte* der Welt ein Maximum an Reichtum bescheren. Ökonomisch ist die angelsächsische Theorie unanfechtbar. Wenn man sie zum gegenwärtigen Zeitpunkt als gescheitert ansehen muß, dann deshalb, weil ihre Verfechter naiv genug sind, Ökonomie und Gesellschaft voneinander zu trennen. Sie glauben, daß gegenseitige Abhängigkeit ohne Gerechtigkeit realisiert werden kann. Man wollte und will eine ökonomische Technik verwirklichen und meint, dies sei ohne oder gar gegen die Menschen zu machen.

So kommt es, daß die Teilung der Arbeit, welche das US-amerikanische Modell als den kürzesten Weg zu globalem Wohlstand propagiert, von allen Staaten einschließlich der USA durch bewußtes Nichtteilen sabotiert wird. Alle erstreben die Industrialisierung auf möglichst hohem Niveau und die damit verbundene Herstellung hochwertiger technischer Produkte. Sie überschwemmen mit gleichartigen Produkten die Märkte der Welt: mit Autos, Computern, Fernsehern, Schiffen etc. Globaler Wettbewerb und nicht Teilung der Arbeit, gobaler Kampf und nicht Frieden durch solidarische Abhängigkeit bezeichnet die Lage am Ende dieses Jahrhunderts. Weil das gesellschaftliche Fundament für eine internationale Teilung der Arbeit erst gar nicht geschaffen wurde, wird die Teilung der Arbeit de facto durch Wettbewerb, der Friede durch den globalen Wirtschaftskrieg in den Schatten gestellt. Das *Gesetz vom Konflikt zwischen Wettbewerb und internationaler Teilung der Arbeit* macht die eine zum Schein, während der andere zur beherrschenden Realität wird.

Dies schließt natürlich nicht aus, daß die meisten Staaten durch äußere Zwänge zu einem gewissen Maß an echter internationaler Teilung der Arbeit genötigt sind. Die meisten von ihnen finden auf dem eigenen Territorium nur einen Teil der benötigten Rohstoffe vor. Sie müssen daher den Handel von Rohstoffen gegen Fertigprodukte zulassen, der von vornherein ein Tausch von ungleichartigen Gütern ist und als solcher eine wirkliche Teilung ermöglicht.[54] Dennoch wird selbst diese elementare Form der internationalen Teilung von Arbeit, auch von denen, die sie propagandistisch vertreten, nur widerstrebend hingenommen. So sind etwa die USA führend im Bereich einer genetischen Forschung, die den künstlichen Ersatz für importierte Stoffe bezweckt. Entsprechende Manipulationen am Erbgut tropischer Nutzpflanzen wie Kaffee, Bananen etc. haben den Zweck, diese so zu verändern, daß sie im eigenen klimatischen Bereich angebaut werden können. Nach Ansicht von Paul Kennedy *könnte dadurch die Einfuhr von landwirtschaftlichen Produkten aus den Entwicklungs-*

ländern in wenigen Jahrzehnten unnötig werden.[55] Man braucht nicht besonders zu betonen, daß eine derartige Politik dem nach außen verkündeten Ziel einer internationalen Teilung der Arbeit diametral entgegengesetzt ist.

Ist es da überraschend, daß die Entwicklungs- und Schwellenländer exakt auf das gleiche Ziel maximaler Unabhängigkeit zusteuern? Um in kurzer Zeit eine industrielle Basis zu schaffen, sind sie anfangs auf die Einfuhr von fertigen Industrieanlagen und Know-how angewiesen. Diese ungemein teure, für die heimische Bevölkerung mit den größten Opfern verbundene Phase der Abhängigkeit wird aber allein deshalb in Kauf genommen, weil man sich dadurch für die Zukunft eine *Befreiung von Abhängigkeiten* verspricht. Nach erfolgreicher Industrialisierung werden diese Staaten den Import nicht länger benötigen, das heißt, sie müssen sich die »terms of trade« nicht länger von den Stärkeren vorschreiben lassen. Industriestaaten wie auch industriell aufholende Länder entfernen sich auf diese Weise immer mehr von dem Ziel einer gegenseitigen Verflechtung auf der Grundlage einer internationalen Teilung von Arbeit. Statt Abhängigkeiten zu vertiefen, vermehren sie das Konfliktpotential durch Konkurrenz.

Dies ist ein beängstigendes Resümee. Denn eines kann mit aller Entschiedenheit festgestellt werden: Ein dauerhafter Friede zwischen den Wirtschaftsblöcken und Staaten wird nur möglich sein, wenn der Handel wieder jene grundlegende Funktion erfüllt, die er (in Gestalt des symbolischen Tausches) schon bei primitiver Völkern besaß: die Funktion, Völker und Gesellschaften durch eine auf Solidarität begründete Teilung der Arbeit aneinander zu binden.

Der freie Handel zwischen rivalisierenden Mächten

>»You've got to maintain the tit for tat if you expect to
>keep selling airplanes,« a Boeing middle manager ex-
>plained. Assembly parts were dispersed to the foreign
>producers because the market demanded it, not be-
>cause these things could be made better or cheaper
>somewhere else.   *William Greider*

Dennoch scheint auch eine echte internationale Teilung von Arbeit
ein häufiges Vorkommnis zu sein, so etwa dann, wenn Boeing den
Rumpf des Modells 777 in vier Teilen von Mitsubishi in Nagoya bezieht und von dort nach Everett in Washington State verschifft, wäh-
rend es die Flügelspitzen aus Korea, die Ruder aus Australien, die
Heckleitwerke aus Brasilien, das Hauptfahrwerk aus Kanada und
Frankreich, den Flugcomputer aus England etc. bezieht. Oder wenn
Motorola Teile seiner Produktion in Malaysia erzeugt oder interna-
tionale Konzerne überhaupt dazu übergehen, ganze Produkte bzw.
deren Teile an weltweit verstreuten Produktionsstätten zu erzeugen.
Die Tätigkeit der global operierenden Konzerne wird oft unter dem
Gesichtspunkt betrachtet, daß sie in einer weltweiten Streuung von
Produktionsanlagen und damit in einer globalen Teilung der Arbeit
besteht. Man hebt in diesem Zusammenhang den Antagonismus der
Konzerne zum Nationalstaat hervor. Während dieser nach wie vor
nur auf den Vorteil für die eigene Bevölkerung achte, sorge der internationale Konzern für eine Verteilung des Reichtums, weil er Arbeit
an die verschiedensten Standorte vergibt.

Diese Sicht trifft nur teilweise zu. Es stimmt, daß die Konzerne
eine Teilung des Reichtums in ihren Heimatländern erzwingen, wenn
sie etwa Fabriken in Malaysia oder China errichten. Die Zahl der bei
Boeing Beschäftigten ist seit 1989 um ein Drittel zurückgegangen.
IBM hat ein wichtiges Zentrum in Japan errichtet – in den USA hat es
dagegen die Hälfte seiner Mitarbeiter entlassen.[56] Siemens, BMW
oder Hoechst reduzieren die heimische Belegschaft auf gleiche Weise,
wenn sie statt fertige Güter zu exportieren, diese im Gastland selber
herstellen. Zweifellos stellt diese Vorortproduktion einen bedeutenden Fortschritt für industriell aufholende Gastländer dar, weil sie nur

noch für den Transfer von Wissen bezahlen, statt zur gleichen Zeit auch noch die Beschäftigten eines anderen Landes sowie einen Anteil an dessen Bildungssystem und Infrastruktur. Deshalb zwingen Entwicklungsländer wie China, Südkorea oder Indonesien die Industriestaaten mehr oder weniger dazu, ihre Produkte vor Ort herzustellen, wenn sie diese auf den dortigen Märkten absetzen wollen. Zuerst bestehen diese Länder auf teilweiser Vorortproduktion, mit zunehmender industrieller Stärke erhöhen sie den eigenen Anteil, um schließlich die Erzeugung des ganzen Produkts im eigenen Lande zu sichern. Nur unter der Bedingung, immer mehr und wichtigere Teile der Herstellung nach China zu verlagern, gelang es Boeing, von dort seine spektakulären Aufträge zu erhalten – Vorortproduktion wird somit zur Voraussetzung für den Zugang zum ausländischen Markt.

Im Sinne einer gerechteren Verteilung von Reichtum ist diese Entwicklung begrüßenswert, aber sie führt keineswegs zu einer internationalen Teilung von Arbeit, sondern im Gegenteil dazu, daß die gleiche Arbeit nun an einer immer größeren Zahl industrieller Zentren der Welt stattfindet. Wie im vorangegangenen Abschnitt beschrieben, läuft diese Entwicklung auf das genaue Gegenteil einer Teilung von Arbeit hinaus. Denn nun wird ein ökonomisch schädlicher Wettbewerb gleich auf zweierlei Weise betrieben – einerseits durch den Staat, andererseits durch private Konzerne.

Wie eine solche Entwicklung konkret verläuft, zeigen die verschiedensten Beispiele, bei denen eine anfängliche Vorortproduktion in den Verdrängungskampf überging. 1974 begann das südkoreanische Unternehmen Hyundai, Autos für das eigene Land zu produzieren, 1982 exportierte der gleiche Konzern die ersten Autos nach Deutschland. 1976 wurde der Computer- und Halbleiterproduzent Acer auf Taiwan gegründet. Aber schon 1983 wurde die dortige Elektronikindustrie dann zum wichtigsten Ausfuhrzweig. Dieser Übergang zu einer Strategie der Verdrängung wird in den Entwicklungs- und Schwellenländern ebenso unter staatlicher wie unter der Regie privater Konzerne betrieben. Es ist begreiflich, daß die Schwellenländer es begrüßen, wenn die bei ihnen tätigen internationalen Konzerne ihre Produkte nicht nur für den eigenen Markt, sondern auch für das Ausland herstellen, vor allem für die reichen Industriestaaten selbst, die dafür die höchsten Preise bezahlen. Aber auch die internationalen Konzerne sind an einer solchen Ausweitung der Produktion interessiert – sie verdienen am meisten, wenn sie mit den an Billigstandorten erzeugten Produkten nicht nur die Märkte vor Ort bedienen (die nur begrenzt aufnahmefähig sind), sondern sie in ihre Ursprungsländer zurückexportieren. 1993 bestanden ganze 43 % aller amerikanischen Importe aus Gütern, die von den Tochterunternehmen der US-Konzerne im Ausland für den heimischen Markt hergestellt wurden.

Wenn dies geschieht, schlägt eine gerechte Vorortproduktion in eine überaus ungerechte parasitäre Produktionsweise um – die Verdrängung der Industrien in den Hochlohnländern durch Billigimporte. Spätestens in diesem Moment wirkt das Gesetz vom Konflikt zwischen Wettbewerb und internationaler Teilung der Arbeit im Sinn der Zerstörung. Natürlich setzt auch schon die Vorortproduktion das heimische Exportvolumen herab. Dennoch kann niemand gegen diese Art der Auslagerung ernsthaft Einwände erheben, sofern das Ziel einer weltweit gerechteren Verteilung des Wohlstands der Sinn ökonomischen Fortschritts ist. Aber die parasitäre Produktion bedroht die schon entwickelten Länder mit industrieller Rückentwicklung, sie ist ein klassisches Beispiel für ein Nullsummenspiel – die Entwicklung der einen wird mit der Rückentwicklung der anderen bezahlt. In diesem Zusammenhang mag daran erinnert sein, daß sich schon heute *zwei Drittel der globalen Produktionskapazitäten* in Asien konzentrieren. Die Asienkrise hat die betreffenden Länder zwar schwer erschüttert, aber grundsätzlich nichts an diesem Verhältnis geändert.

Stärke auf Kosten anderer

> And because corporate Japan has already developed so
> many world monopoles, no advanced Western coun-
> try can now raise trade barriers against Japanese goods
> without causing industrial dislocation in their domes-
> tic economies.   *Eamonn Fingleton*

Staaten erstreben die Unabhängigkeit von äußeren Einflüssen, sofern
ihn diese zu schaden vermögen. Anders gesagt, sie erstreben das gleiche Niveau der industriellen Entwicklung, auch wenn sie damit die
internationale Teilung der Arbeit de facto aufheben und statt dessen
der Kampf um die gegenseitige Verdrängung mit gleichartigen Gütern einsetzt. Aber dieses Streben nach Unabhängigkeit gilt nicht unter allen Bedingungen, z. B. trifft es offensichtlich nicht auf den Beginn einer staatlichen Politik der industriellen Entwicklung zu. Denn
Staaten müssen sich erst einmal *abhängig* machen, um später die industrielle Unabhängigkeit zu erreichen, zunächst sind sie ja auf das
Know-how und die Produktionsanlagen der Industrieländer angewiesen. Noch wichtiger aber ist diese Abhängigkeit vom Standpunkt der
Industriestaaten selbst. Denn diese profitieren von einer Teilung der
Arbeit, die sie als Instrument zu ihrem eigenen Vorteil einsetzen
können. Deshalb bedarf die Feststellung, daß Wirtschaftsblöcke und
Staaten nach ökonomischer Unabhängigkeit streben, einer wichtigen
Korrektur: Diese Politik steht durchaus nicht im Gegensatz dazu, *die
anderen von sich selbst abhängig zu machen.* Vielmehr lassen sich
aus einer derartigen Strategie unter Umständen viel größere Vorteile
erzielen als aus einer auf äußere Abschottung gerichteten Autarkie.
Die tatsächliche Politik der Staaten und Wirtschaftsblöcke verläuft
daher gegenwärtig in zwei verschiedenen Richtungen. Einerseits sind
sie bestrebt, die eigene Unabhängigkeit zu stärken. Diesem Ziel dienen eine eigene Forschung sowie eigene Entwicklung und eigene Produktion in Bereichen, die von nationaler Bedeutung sind oder großen
Gewinn im Handel mit anderen Staaten versprechen. Zu der ersten
Kategorie zählt für die meisten Staaten, einschließlich der USA, die
Produktion und Weiterentwicklung von Waffen. Droht auf diesem

Gebiet eine Unterlegenheit gegenüber anderen Ländern, dann werden keine Ausgaben gescheut, um die Balance wieder herzustellen.

Aber die Staaten weichen von dem Prinzip maximaler Unabhängigkeit freiwillig ab, wenn die Abhängigkeit anderer ihrer eigenen Stärke zugute kommt. Eine solche Verflechtung ist für sie vorteilhaft, wenn deren Bedingungen (terms of trade) dafür sorgen, daß per Saldo Reichtum ins eigene Land strömt. Ein industriell führender Staat kann seinen Reichtum stets durch offene Grenzen stärker vermehren, als wenn er die Autarkie anstreben würde. Eben weil er als industriell und technologisch führende Macht die Produkte der anderen weniger benötigt als umgekehrt, kann er die Bedingungen des Handels zu seinen Gunsten festlegen. Der Handel setzt sich dabei aus einem Strom von Gütern zusammen, die in der einen Richtung aus Produkten der Hochtechnologie, in der anderen aus Rohstoffen oder Waren von geringerem Niveau der Technik bestehen (klassischer bzw. substitutiver Handel). In absoluten Zahlen kann ein derartiger Handel den Reichtum bei beiden Partnern vermehren, relativ aber nimmt die Stärke desjenigen Landes zu, das die Hochtechnologie exportiert. Denn die Hochtechnologie ist das knappere und daher teurere Gut und bringt daher den größeren Reichtum.

Es sollte nicht überraschen, daß der Tausch mit einer industriell führenden Macht, die aufgrund ihrer faktischen Monopole die Preise diktiert (und dadurch immer breitere Ströme des Reichtums ins eigene Land lenken kann), von anderen Staaten nicht als internationale Teilung von Arbeit begrüßt wird, gleichgültig ob die führende Macht Großbritannien, USA oder Japan heißt. Eine solche Teilung der Arbeit ist nicht stabil, sondern jederzeit in Gefahr, in einen Wirtschaftskampf umzuschlagen. Dies gilt ebenso für die Beziehungen der entwickelten Staaten untereinander wie für das Verhältnis, das die Entwicklungs- und Schwellenländer zu ihnen einnehmen. Zweifellos gewinnt China durch den Handel mit den westlichen Staaten. Ohne die Offenheit westlicher Märkte, vor allem des US-amerikanischen, hätte es kein annähernd gleich hohes Wachstum erzielt. Aber dennoch wird China alles in seinen Kräften Stehende tun, um möglichst schnell einer Abhängigkeit zu entgehen, die sich aus seiner Rolle als Lieferant technologisch primitiver Produkte ergibt. Erst wenn es den gleichen Standard der industriellen und technologischen Kompetenz wie westliche Staaten besitzt, kann es hoffen, wie diese die Preise festzusetzen und den Reichtum ins eigene Land zu lenken. Daher hat China ebenso wie andere Entwicklungs- und Schwellenländer durchaus nicht die Absicht, sich einer internationalen Teilung von Arbeit zu fügen, die ihm die Herstellung einfacher technischer Produkte zuweist. Es sieht darin nur ein vorläufiges und unvermeidliches Stadium, um zu einem späteren Zeitpunkt von anderen unabhängig zu werden oder ihnen im Wettbewerb mit gleichen Produkten gegenüberzutreten.

Damit aber ist nichts anderes gesagt, als daß eine stabile internationale Verflechtung durch die Teilung von Arbeit niemals aus der Stärke auf Kosten anderer hervorgehen kann. Im Gegenteil wird dadurch ein Wettrennen der Staaten begünstigt, das eine dauerhafte Teilung von Arbeit grundsätzlich unmöglich macht und die Spannungen zwischen den Staaten erhöht.

Der Vorsprung der industriell führenden Macht

Die Strategie einer Verflechtung zum eigenen Vorteil wurde von den Vereinigten Staaten gegen Ende des Zweiten Weltkriegs übernommen. Bis dahin hatten sie seit 1820 die gegenteilige Politik eines entschiedenen Protektionismus betrieben. So erhoben sie Zölle auf ausländische Waren, die teilweise bis zu 50 % erreichten. Erst der durch die Aggression Hitlers bewirkte Zusammenbruch der europäischen Industrien verschaffte ihnen einen so eindeutigen Vorsprung, daß der freie Handel ihnen ungleich größere Vorteile brachte als die bisherige Abschottung. So wurde die Propaganda gegen ausländische Waren denn auch innerhalb kürzester Zeit umgepolt, als diese keine Gefahr mehr für die eigene Wirtschaft darstellten. Vom entschiedensten Gegner wurden die Vereinigten Staaten über Nacht zum größten Befürworter des freien Handels.

In dieser Rolle haben sie in den ersten beiden Nachkriegsjahrzehnten einen außerordentlichen Aufschwung erlebt. Nie zuvor hatte die Bevölkerung einen so hohen Lebensstandard genossen, nie zuvor war

der Reichtum so gleichmäßig auf alle Schichten verteilt. Aber auch
gegenüber anderen Staaten haben die USA in den ersten Nachkriegsjahrzehnten viel Gutes getan. Im großen und ganzen hat das gesamte
westliche Lager von dieser Politik profitiert, da eine einigermaßen gerechte Verteilung ein gemeinsames Anliegen im Kampf gegen das
östliche Lager war. Die Vereinigten Staaten behaupteten ihren großen ökonomischen Vorsprung bis zu Beginn der siebziger Jahre, während ihre Verbündeten in Europa und Asien zur gleichen Zeit ihren
Wohlstand stetig vermehrten.

Die gleiche Strategie einer Verflechtung zum eigenen Vorteil hatte
Großbritannien schon ein Jahrhundert früher befolgt. Zwischen 1860
und 1873 schuf London »den Kern eines globalen Systems für den
praktisch unbegrenzten Güter- und Kapitalverkehr« (Eric Hobsbawm). Das englische Beispiel ist überaus lehrreich, weil es eine Entwicklung vorwegnimmt, die heute von den Vereinigten Staaten aufs
neue durchlaufen wird – trotz der auffälligen Erholung ihrer Wirtschaft in den letzten fünf Jahren. Auch die englische Politik der Verflechtung führte nicht zu einer dauerhaften internationalen Teilung
von Arbeit. Sie führte nicht einmal dazu, daß England selbst von dieser Politik auf längere Sicht profitierte. Vielmehr bewirkte die
extreme Liberalisierung eine fortschreitende Aushöhlung seiner ökonomischen Kraft und einen Niedergang des allgemeinen Lebensstandards – genau wie dies in langfristiger Perspektive auch für die Vereinigten Staaten und andere westliche Staaten der Fall ist. Auch
damals haben andere Staaten große Opfer auf sich genommen, um
billiger zu produzieren und dadurch England auf anderen und schließlich auf seinem eigenen Markt sukzessive zu schwächen. England
wich daraufhin immer mehr auf den Dienstleistungssektor aus, vor
allem wurde es im internationalen Bankwesen führend. Aber es hat
seine Stärke auf diese Weise nicht zu behaupten vermocht.

Die Mechanik des freien Handels zwischen rivalisierenden Mächten

> Überall entstehen »Niedriglohrzonen«, auch mitten in
> Europa ... Beschäftigungsformen, die durch Unbestän-
> digkeit und ein geringes Sicherungsniveau charakteri-
> siert sind, erfahren ein dramatisches Wachstum.
>
> *Elmar Altvater*

In den USA begannen sich negative Auswirkungen auf den Lebensstandard seit Beginn der siebziger Jahre bemerkbar zu machen. Dies
hat natürlich auch damit zu tun, daß seine Konkurrenten, in erster
Linie Japan und die EG, sich auf die Entwicklung ihrer Wirtschaft zu
konzentrieren vermochten. Vor allem trug Japan nur einen Bruchteil
der Militärausgaben, welche sich die USA als führende Macht aufer-
legten. Dadurch gelang es den Japanern, den technologischen Vorsprung der USA sehr schnell zu verringern oder ganz aufzuholen – so
wie Deutschland ziemlich genau ein Jahrhundert zuvor England industriell eingeholt hatte. Der anfängliche Vorteil, der den US-Amerikanern aus dem freien Handel erwachsen war, verkehrte sich daher
bald in sein Gegenteil. Durch das industrielle Aufholen der konkurrierenden Staaten büßte die führende Macht, damals England, heute
die USA, ihre industrielle Vormachtstellung auf einer wachsenden
Zahl von Gebieten ein. Statt daß sie die Märkte der anderen eroberte
und durch den Handel am Stärke gewann, wurde ihr eigener Markt
zur Spielwiese der Importe, während sie zugleich auf Drittmärkten
immer weniger in Erscheinung trat.

Dieser Verlust eines anfänglichen Vorteils kann auch schon früher
einsetzen. Es genügt, daß die industriell aufholenden Staaten eine
Offensive mit qualitativ unterlegenen, aber im Preis wesentlich billigeren Waren beginnen. Unter solchen Umständen kann die führende
Macht ihren anfänglichen Vorteil auch dann schon verlieren, wenn
die anderen technologisch noch keineswegs aufgeholt haben. In den
sechziger und siebziger Jahren hat Japan sich auf diese Weise Zugang
zum US-amerikanischen Markt verschafft.

Das Gesetz vom Konflikt zwischen Wettbewerb und internationaler

Teilung der Arbeit läßt unter den gegenwärtig herrschenden Bedingungen des Kapitalismus eine andere Entwicklung kaum zu. Denn der Gegensatz zwischen einem ökonomisch sinnvollen innerstaatlichen Wettbewerb und der Konkurrenz zwischen den Staaten wird im neoliberalen Modell schlicht übersehen. Innerhalb eines Staates bleiben die Vorteile des freien Wettbewerbs normalerweise gewahrt – einerseits können die Verlierer auf die Solidarität der Gesellschaft rechnen, andererseits bleiben Aufstieg und Niedergang der konkurrierenden Firmen auf das Gesamtvolumen der Produktion ohne Einfluß. Dadurch, daß die besten und billigsten Waren den Sieg davontragen, wird die Wirtschaft sogar langfristig gestärkt. Beide Bedingungen gelten nicht zwischen den Staaten. Hier spielt sich die Mechanik von Aufstieg und Niedergang ohne alle Solidarität mit den Verlierern ab. England hat nicht nur seine ursprüngliche Vormachtstellung abgeben müssen, sondern dazu auch noch den größten Teil seiner Industrien. Aber auch die Vereinigten Staaten haben schon ihren »Rust Belt«. Ihr außerordentlicher wirtschaftlicher Aufschwung in den vergangenen fünf Jahren sollte nicht darüber hinwegtäuschen, daß sie zwar im Augenblick die Systemarchitekten der Welt sind, aber die produktive Basis ihrer Wirtschaft sich immer mehr ins Ausland verlagert. In ihrer Entwicklung bewegen sie sich also durchaus auf den von England vor hundert Jahren befahrenen Gleisen. Wie das damalige Großbritannien verlagern sie ihre Kraft zunehmend auf den Finanzsektor und entwickeln sich im übrigen zu einem Handelsimperium der Dienstleistungen – viele industrielle Produkte werden in den USA zwar entworfen und ihre Vermarktung organisiert, aber die Erzeugung verlagert sich in andere Länder.[57] Deshalb ist es wie im damaligen England auch für die USA nur eine Frage der Zeit, bis die produzierenden Länder sich darauf besinnen, daß die reale wirtschaftliche Stärke bei denen liegt, welche die Produktionsstätten besitzen. Spätestens zu diesem Zeitpunkt werden sie auch die Planung und Vermarktung in die eigenen Hände nehmen.

Das Gesetz der indirekt verteuerten Produktion

Eine echte Teilung der Arbeit, wie sie innerhalb eines Staates in einer solidarischen Gesellschaft möglich ist, führt zu jener stetigen Verbilligung der Produkte, wie die Ökonomen sie aufgrund ihrer Modelle voraussagen. Wenn aber nur der Schein einer Teilung von Arbeit besteht, weil sie durch den Verdrängungswettbewerb konterkariert wird, tritt das Gegenteil der Verbilligung ein. Obwohl die ausgewiesenen Preise auch in diesem Fall sinken, wird der Konsument immer stärker zur Kasse gebeten, weil er außer beim Kauf zusätzlich mit seinen Steuern für die Produkte bezahlt.

Denn die Preise, die in einem Geschäft für die Waren zu zahlen sind, spiegeln nur zu einem Teil die Belastung der Konsumenten. Sobald der Wettbewerb zu einer fortschreitenden Senkung der Kosten zwingt, verfolgen die Industrien die beiden alternativen Strategien der Automatisierung oder der Auslagerung. Im einen Fall ersetzen sie die teure inländische Arbeit durch inländische Maschinen, im anderen Fall ersetzen sie sie durch billige Arbeit im Ausland. Die erste der beiden Strategien kann den Reichtum des Landes insgesamt steigern, sofern der Produktionsvorsprung gegenüber dem Ausland gewahrt bleibt. Da dies auf eine zunehmend globalisierte Wirtschaft jedoch immer weniger zutrifft, wird die Kaufkraft der Bevölkerungsmehrheit mit der Zeit reduziert. Auch wenn die Entlassenen – wie dies etwa in den USA der Fall ist – erneut Arbeit finden, müssen sie sich mit geringeren Einkommen begnügen. Wenn sie – wie in Deutschland – ihre Einkommen halten können, dann wird ein wachsender Teil in die Arbeitslosigkeit abgedrängt. Der Staat, sprich der über Steuern zur Kasse gebetene Konsument, muß daher immer höhere Beiträge für Arbeitslose entrichten. Auch wenn die ausgewiesenen Preise der Güter weiterhin fallen und die sekundäre Kaufkraft entsprechend steigt, nimmt die primäre Kaufkraft immer mehr ab, weil die Einkommen einer Bevölkerungsmehrheit durch Arbeitslosigkeit und durch Steuern einer zunehmenden Erosion ausgesetzt sind. Der wahre Preis der Güter, der eben keinesfalls mit den auf den Preisetiketten genannten Zahlen identisch ist, hat insgesamt zugenommen.[58]

Aber der Schein einer internationalen Teilung von Arbeit, hinter der sich in Wirklichkeit ein für alle zunehmend bedrohlicher Wettbewerb verbirgt, sorgt noch auf eine zweite Weise für die Verzerrung der Preise. Die Waffe der sich entwickelnden Länder im Kampf um die Märkte der Welt sind billige Arbeit, niedrige Steuern, fehlende Umwelt- und Arbeitsstandards. Die Waffe der entwickelten Industrienationen sind Subventionen für ansiedlungswillige Betriebe. Sofern diese nur hoch genug ausfallen, kann ein Konzern, der sich in einem Land mit hohen Steuern und höchsten Arbeitslöhnen ansiedelt, durchaus mit den billigsten Standorten konkurrieren. Da seine Investitionen zu einem großen Teil übernommen werden, kann er seine Produktion entsprechend verbilligen. Die entwickelten Industrienationen verwenden so das Geld ihrer Steuerzahler, um den gleichen Effekt der Kostenersparnis zu erzielen, den die Entwicklungs- und Schwellenländer mit billigen Löhnen und geringen Steuern erreichen. Auch in diesem Fall ist die Verbilligung der Produkte eine Chimäre: Die auf den Preisschildern ausgewiesenen Preise spiegeln nur einen Teil der wirklichen Kosten. Der Konsument wird gleich zweimal zur Kasse gebeten, einmal in dem Geschäft, wo er einkauft, ein anderes Mal durch den Staat, der ihm in die Tasche greift, um über die Subventionen die niedrigen Preise überhaupt zu ermöglichen. Von einer internationalen Teilung der Arbeit kann nicht die Rede sein und von einem gerechten und sinnvollen Wettbewerb schon gar nicht. Denn man wird es weder für sinnvoll noch für gerecht halten können, daß die Entwicklungsländer ihre billige Arbeit und niedrigen Standards zur Geltung bringen, um bestehende Industrien und Arbeit in den entwickelten Ländern zu verdrängen. Aber von der Gegenstrategie der Industrieländer läßt sich dies ebensowenig behaupten. Wenn sie das Geld ihrer Steuerzahler für Subventionen einsetzen, finanzieren sie eine Verbilligung der Produktion, die in Wirklichkeit keine ist, weil sie sich auf Kosten der Allgemeinheit vollzieht. Und die Situation wird noch dadurch verschlimmert, daß Subventionen immer nur für eine begrenzte und in der Regel relativ kurze Zeit von wenigen Jahren die Produktion deutlich verbilligen können. Danach ist der Wettbewerbsvorteil aufgehoben, die Kosten der Produktion steigen für den Konzern über das zulässige Maß. Er sieht sich daher nach einem anderen Standort um, um seine Produktion erneut mit den Mitteln der Steuerzahler künstlich zu verbilligen.[59]

Der Druck des Geldes –
warum handeln Staaten gegen das eigene Interesse?

Der Konflikt der Interessen –
warum den USA die Umstellung schwerfällt

Von der Auslagerung der materiellen Produktion, die ihre Stärke langfristig in Frage stellt, sind nicht nur die Vereinigten Staaten betroffen, sondern inzwischen auch die übrigen Industrienationen, die von den USA mehr oder weniger genötigt wurden und werden, eine ähnliche Politik der offenen Tür zu betreiben. Warum halten die Vereinigten Staaten weiterhin an ihrer Wirtschaftspolitik fest, obwohl deren negative Auswirkungen schon seit Beginn der siebziger Jahre deutlich erkennbar sind?

Der Grund für diese seltsame Mißachtung der eigenen Interessen hängt einerseits damit zusammen, daß der Verzicht auf die Politik der offenen Tür den Abschied von der Rolle der führenden Macht bedeutet. Die Vereinigten Staaten würden gegenüber der Welt zugeben müssen, daß andere Staaten Güter von gleicher oder höherer Qualität produzieren und daß sie von nun an gezwungen sind, gegen deren Einfuhr Maßnahmen zum Schutz ihrer eigenen Industrien zu ergreifen. Mit anderen Worten, sie würden die Politik der Entwicklungs- und Schwellenländer nachahmen. Südkorea, Taiwan, China und lange Zeit Japan haben einen strikten Protektionismus befolgt, um den Aufbau eigener Industrien zu ermöglichen. Auch später haben sie an dieser Politik festgehalten, um ihre schon entwickelten Industrien weiter zu schützen.

Aber spielt Prestige wirklich die Hauptrolle in der ökonomischen Politik der Vereinigten Staaten? In jüngster Zeit mehren sich dort die Stimmen, die protektionistische Maßnahmen auch für die eigenen Industrien verlangen. Offensichtlich fällt es diesen Kreisen durchaus nicht schwer, den Asiaten und Europäern auf technologischem Gebiet einen gleich hohen Rang einzuräumen. Wir sahen, daß Reagan – immerhin ein Präsident von ausgesprochen nationalem Bewußtsein – keine Bedenken hatte, die nationale Auto- und Computerindustrie dadurch zu schützen, indem er von den Japanern eine »freiwillige« Selbstbeschränkung erzwang. Und Clinton hat dann eine aktive Industriepolitik betrieben – die gezielte Förderung durch Subventionen stellt natürlich genauso eine Verzerrung des freien Wettbewerbs dar wie dessen Unterdrückung durch protektionistische Maßnahmen. All dies läßt vermuten, daß auch für die USA das Prestigebedürfnis nur eine untergeordnete Rolle spielt, sobald elementare nationale Interessen im Spiel sind.

In Wirklichkeit liegt das Problem für die USA an ganz anderer Stelle – es liegt darin, daß die Interessen im Lande selbst auseinanderklaffen. Wie schon der Ökonom Robert Reich bemerkte, sitzen die US-Amerikaner nicht länger im gleichen Boot. Die einen profitieren von der Auslagerung der Produktion, zum Teil verschafft diese ihnen außerordentliche Gewinne, die anderen erleiden dabei große Verluste. Dies ist das Problem der USA, und es ist inzwischen auch das der meisten anderen Industrienationen. Das angelsächsische Modell, das der Menschheit durch freien, d. h. einen unkontrollierten Handel künftigen Reichtum verspricht, dient in Wahrheit nur noch einer Minderheit von Privilegierten.

Die Staaten des Westens inszenieren den Wirtschaftskrieg gegen sich selbst

Dieser Konflikt im Inneren der westlichen Staaten erklärt, warum es zu der merkwürdigen Situation kommen konnte, daß Schwellen- und Entwicklungsländer die Märkte der reichen Industriestaaten bedrohen. Von sich aus sind sie dazu keineswegs in der Lage. Es ist absurd, die Konkurrenz dieser Staaten demagogisch in die Höhe zu spielen, so als wären Länder wie Taiwan oder Südkorea imstande, die wirtschaftlich übermächtigen und militärisch bis an die Zähne bewaffneten Staaten des Westens ernsthaft zu bedrohen. Würden die letzteren dies zu ihrem eigenen Vorteil für notwendig erachten, hätten sie längst die erforderlichen Schutzmaßnahmen ergriffen. Wir sahen, daß das Bekenntnis zum freien Handel recht jungen Datums ist. Auch Staaten wie die USA, die es heute mit höchstem Nachdruck verfechten, haben noch bis gegen Ende des Zweiten Weltkriegs eine genau entgegengesetzte Politik durchgesetzt. Daher ist von vornherein zu erwarten, daß ein Staat auch die neoliberale Ideologie sehr schnell über Bord wirft, sobald diese ihm ernsthafte Nachteile verschafft – die Lehrmeinung der Ökonomen wird ihn davon gewiß nicht abzuhalten vermögen. Und schon gar nicht werden ihm die asiatischen Staaten eine Mißachtung der eigenen Interessen aufzwingen können.

Damit aber stellt sich das Problem der Verlagerung der produktiven Basis aus den Ländern des Westens mit doppelter Schärfe. Wenn andere Staaten ihnen diese Politik nicht aufzuzwingen vermögen, wer zwingt sie dann?

Staatlicher und privater Verdrängungshandel

Das Problem liegt in jener für das Ende des 20. Jahrhunderts bezeichnenden grundsätzlichen Verwandlung der Wirtschaft, von der oben die Rede war. International agierende Unternehmen haben sich sozusagen von der Aufsicht des Staates befreit. Heute können sie ihre privaten Interessen unabhängig von den Zielen eines Staates und auch gegen ihn durchsetzen. Der moderne Verdrängungshandel, dessen Wirkung vor allem in der Verlagerung der materiellen Produktion besteht, geht heute kaum noch von Staaten aus, um so mehr aber von privaten Kräften.

Verdrängungshandel kommt in zwei unterschiedlichen Varianten als staatliche und private Verdrängung vor. Als Kampf zwischen den Staaten hat er sich – vermutlich zum letzten Mal – mit aller Schärfe in den siebziger und achtziger Jahren entfaltet, als Japan die ausländischen Märkte im Sturm für die eigenen Waren eroberte. Aber schon die Exportoffensive der Koreaner oder auch die der Chinesen fällt nur noch teilweise in die gleiche Kategorie. Japan hatte seine Industrialisierung beinahe ausschließlich aus eigenen Mitteln bezahlt,

d. h., es verließ sich auf die Ersparnisse und die Steuern der eigenen Bevölkerung, um die nötigen Investitionen zu finanzieren. In Korea, China oder gar in Malaysia und Indonesien wurden die Investitionen hingegen größtenteils mit ausländischem Kapital finanziert, d. h. mit den Mitteln der Vermögenden in den reichen Ländern des Westens (in China haben allerdings die Investitionen der Auslandschinesen zunächst die vorherrschende Rolle gespielt). Anders gesagt, ein Großteil jener Betriebe, die mit ihren Billigprodukten die Industrien in den westlichen Staaten gefährden, ist von den letzteren selbst bezahlt worden. Es leuchtet ein, daß die Verdrängung dadurch einen völlig anderen Charakter erhält. Nur scheinbar geht von den armen und vergleichsweise machtlosen Staaten Asiens oder auch Lateinamerikas ein Handelskrieg gegen die reichen Länder des Westens aus, tatsächlich führen diese einen *Handelskrieg gegen sich selbst*.

Hier liegt das eigentliche Problem von Ökonomie und Gesellschaft am Ende dieses Jahrhunderts. Verdrängung, die von Staaten ausgeht, kann sich nur für jene schwachen Länder zu einem Problem entwickkeln, deren Wirtschaft unter das Diktat einer überlegenen Macht gerät. Kuba oder Mexiko haben Grund, sich vor den USA zu fürchten, aber die USA hatten bestimmt keine Ursache, sich vor der japanischen Wirtschaft zu fürchten, als diese in den sechziger und siebziger Jahren ihre Offensive gegen die US-amerikanischen Industrien begann. Japan stellte zu jener Zeit keine ernsthafte Herausforderung für die USA als das reichste und mächtigste Land auf dem Globus dar. Wären die Vereinigten Staaten damals nicht an einem starken Alliierten im pazifischen Raum so sehr interessiert gewesen, hätten sie diese Offensive sehr schnell beenden können. Staatliche Verdrängung war für reiche und mächtige Länder weder in der Vergangenheit ein Problem, noch ist sie es heute.

Mit der privaten Verdrängung dagegen verhält es sich durchaus anders. Diese ist zu einem Hauptproblem für die westlichen Staaten geworden, weil sie den finanziellen Interessen gerade der mächtigsten und einflußreichsten Kreise in ihrem Inneren entspricht. Private Investoren, die ihr Kapital in Billiglohnländern anlegen oder es Konzernen für Direktinvestitionen anbieten, können dort sehr viel höhere Renditen erwarten als im eigenen Heimatland. Gewiß nützen sie

dabei der wirtschaftlichen Entwicklung des Globus, sofern die betreffenden Investitionen der Vorortproduktion dienen. Aber gerade eine
derartige Beschränkung war und ist für sie lästig, weil die Renditen
eben gerade dann den größten Zuwachs verzeichnen, wenn die billig
erzeugten Güter in einem Hochlohnland abgesetzt werden können.
Erst diese »parasitäre Produktion« verschafft den großen Gewinn.[60]
Die Anleger haben daher ein unmittelbares finanzielles Interesse, die
ausländischen Standorte in Plattformen für die Billigproduktion zu
verwandeln – gleichgültig, welcher Schaden dadurch für die heimische Gütererzeugung entsteht.

Der private Kapitalismus schürt den Konflikt von innen

An der Schwelle zum dritten Jahrtausend scheinen die USA so
mächtig wie nie zuvor zu sein. Ihre großen Unternehmen sind weltweit präsent und verbreiten amerikanische Erfindungen und Methoden über alle Länder des Globus. Aber dieser Eindruck ist irreführend, weil die großen Unternehmen, auch wenn sie amerikanische
Namen tragen, längst nicht mehr an die Interessen des amerikanischen Staates gebunden sind. In seinem Klassiker über die neue
amerikanische Wirtschaft hat Robert Reich diesen Punkt besonders
betont. Die Amerikanisierung der Welt besteht in Wirklichkeit in
einer Globalisierung der Privatindustrie, deren größte Konzerne ihren Ursprung in Amerika haben. Die USA als Staat sind nur in ihrer
Rhetorik, aber nicht länger in ihrem tatsächlichen Handeln die Verfechter des neoliberalen Modells. Diese Rolle ist an die Konzerne
übergegangen.

Es ist der neoliberale Kapitalismus der großen internationalen
Konzerne, welcher das Interesse einer Minderheit an möglichst großem Profit in scharfen Konflikt zum Interesse der Allgemeinheit
bringt. Maximaler Profit für die Anleger der Konzerne ist am ehesten
durch Auslagerung der produktiven Basis an billigere Standorte zu
erzielen. Der Nutzen der Bevölkerungsmehrheit aber liegt in der Erhaltung der heimischen Gütererzeugung und der dadurch geschaffe-
nen Kaufkraft. Von einer unsichtbaren Hand,[61] welche nach liberalem

Credo die Interessen von Allgemeinheit und Individuen miteinander versöhnt, ist nichts zu bemerken.

Die Politik einer globalen Verdrängung mit privaten Akteuren verändert den Charakter der Ökonomie. Betrachten wir noch einmal Stufe III im Handel zwischen den Staaten:

Der Handel zwischen industrialisierten Staaten	
Stufe III **(hoher Wert)**	
Handel mit ungleichen Gütern überwiegend (oder potentiell) nützliche Wirkungen durch *Teilung der Arbeit*	**Handel mit gleichen Gütern** überwiegend schädliche Wirkungen durch *ungebändigten Wettbewerb*
1. Spezialisierung 2. Technologische Differenzierung 3. Unterschiedliche Moden etc.	*Substitutiver Handel* → Deindustrialisierung von unten, wachsende Arbeitslosigkeit, Reichtum für eine Minderheit *Verdrängungshandel* → bei gleichem Sozialniveau der Handelspartner sinnloses Nullsummenspiel → sonst Sozialdumping und Absinken des höheren auf das niedrigere Sozialniveau des jeweiligen Handelspartners

Eine echte Teilung der Arbeit kann von der Spezialisierung auf bestimmte Bereiche, von der technologischen Differenzierung sowie von den unterschiedlichen Moden im Design und den Ansprüchen an technische Produkte ausgehen. Hier liegen die eindeutig positiven Wirkungen eines Handels über die Grenzen. Sie vermehren den Reichtum und stellen eine wünschenswerte wirtschaftliche Abhängigkeit her, die auch im Sinne des Friedens wirkt. Aber ein solcher Ansatz zu einer internationalen Teilung der Arbeit steht im Widerspruch zu privaten Interessen, solange man diese sich selbst überläßt. Indem sie für ihre Produktion jeweils den Standort mit den geringsten Kosten auswählen, lassen sie eine dauerhafte Teilung der Arbeit gar nicht erst zu – und erst recht nicht die soziale und politische Sicherheit, auf der eine für alle vorteilhafte Teilung der Arbeit letztlich beruht.

Die Bindungslosigkeit der privaten Interessen bringt daher den Staat, die mittelständischen Unternehmen[62] und die Bevölkerungsmehrheit zunehmend in Bedrängnis. Die parasitäre Produktion steht zum Nutzen der Allgemeinheit in deutlichstem Widerspruch, zumal der von ihr ausgehende Schaden weit über den statistischen Anteil der Billigimporte hinausreicht. Denn die letzteren besitzen eine katalysatorische Wirkung, die in einer forcierten Automation und im Druck auf die Löhne besteht (vgl. Jenner, *Die arbeitslose Gesellschaft*, S. 125). Während die Bevölkerungsmehrheit unter den Folgen der Produktionsverlagerung in Billiglohnländer leidet, konzentriert sich der Reichtum in immer weniger Händen. So haben sich in den USA zwischen 1973 und 1989 die Jahreseinkommen der Führungskräfte um 66 % nach Steuern erhöht, während der durchschnittliche Wochenlohn von Arbeitern in der Zeit zwischen 1973 und 1995 inflationsbereinigt um 18 % gesunken ist.[63] Die Aushöhlung der Kaufkraft und industriellen Stärke westlicher Staaten wird nicht durch die Entwicklungs- und Schwellenländer betrieben. Es ist der Verfall der Solidarität im Inneren der westlichen Staaten, der diese Entwicklung ermöglicht.

Das Problem der Marktwirtschaft am Ende dieses Jahrhunderts besteht vorerst nicht in einem Rückgang des Reichtums – dieser nimmt im Gegenteil weltweit immer noch zu.[64] Es besteht darin, daß dieser Reichtum immer weniger zu denen gelangt, die ihn durch ihre Arbeit erwirtschaften. Damit kommen wir zu Abschnitt II dieser Arbeit. Die Marktwirtschaft funktionierte als erfolgreichstes Wirtschaftsmodell aller Zeiten, solange der Wettbewerb durch seinen sozialen Zweck gebändigt und das Leistungsprinzip der Motor für die Entfaltung der individuellen Kräfte blieb. Beides ist heute nicht länger der Fall. Der Konflikt zwischen einer Minderheit, deren Ansprüche und Reichtum weiterhin zunehmen, und einer Mehrheit, die zur gleichen Zeit ärmer wird, beruht auf einer *Aushöhlung des Leistungsprinzips*.

Teil II. Kapital –
die Aushöhlung des Leistungsprinzips

> Die Welt der hohen Finanz läßt sich nur begreifen,
> wenn man sich dabei vor Augen hält, daß man den-
> jenigen am meisten Bewunderung zollt, die den Weg
> in Richtung auf die schlimmsten Katastrophen vorbe-
> reiten. *John Kenneth Galbraith*
>
> What was happening, as often happens in free market
> booms, was that, with wages lagging, profits rose dis-
> proportionately and the prosperous got a larger slice of
> the national cake. But as mass demand could not keep
> pace with the rapidly increasing productivity ... the re-
> sult was over-production and speculation. This ... trig-
> gered off the collapse. *Eric Hobsbawm*
> *über die ökonomische Situation der USA vor 1929*

Zweifelhafte Versprechungen

Betrachtet man die vergangenen zwei Jahrhunderte industrieller Entwicklung, so spricht vieles dafür, darin einen Siegeszug der Vernunft
und menschlichen Könnens zu sehen. Nie zuvor hat der Mensch in
einer vergleichbar geringen Zeit so viele Einsichten über die Natur
und die Reichweite seiner eigenen Möglichkeiten gewonnen. Zweifellos ist an diesem geschichtlich einmaligen Aufschwung jenes einzigartige wirtschaftliche System, das wir Marktwirtschaft nennen, in
besonderem Maße beteiligt. Die freie Marktwirtschaft hat die Kräfte
des ökonomischen Wettbewerbs freigesetzt und erst dadurch die be-
engenden Fesseln der Tradition gesprengt. Wenn Freiheit besser ist
als Unmündigkeit, wenn Dynamik und Erfindungsgeist höher zu
veranschlagen sind als Immobilismus und Stagnation, dann hat die
auf den Wettbewerb begründete Marktwirtschaft erstaunliche Fortschritte gebracht.

Aber dieser vorteilhaften Einschätzung steht eine andere gegenüber. Sie betont die Verheerungen, die dieses System gegenüber Mensch und Natur bewirkt. Die Ausbeutung von Mensch und Natur im Dienst des Profits hat sich selten in so krasser Form manifestiert wie im Laufe der industriellen Entwicklung. Inzwischen wird gerne vergessen, daß die Arbeiter in den frühindustriellen Zentren von Manchester oder Birmingham physisch und psychisch stärker mißhandelt wurden als die Mehrzahl antiker Sklaven. Im allgemeinen wurden die letzteren von ihren Eigentümern pfleglich behandelt, weil sie einen wertvollen Teil des persönlichen Besitzes ausmachten und es immerhin kostspieliger Kriege bedurfte, um für ihren Nachschub zu sorgen. Industriearbeiter hingegen standen zu Beginn der Industrialisierung in ausreichender Zahl zur Verfügung, Rücksicht auf dieses »Menschenmaterial« erschien daher eher als Luxus, den viele Unternehmer als überflüssig ansahen. Das könnte sich in unserer Zeit wiederholen. Kinderarbeiter in den neu industrialisierenden Staaten und selbst in einigen Teilen Europas führen faktisch das Leben von Sklaven. Aber auch die Arbeiter in den entwickelten Staaten können neuerdings durchaus nicht mehr sicher sein, daß die Ausbeutung endgültig der Vergangenheit angehört. Seit der Handel liberalisiert worden ist, stehen sie in globaler Konkurrenz mit einem unerschöpflichen Reservoir billiger Arbeitskräfte. Ihr Lebensstandard ist in Gefahr, sich zunehmend zu verschlechtern. Gesetzliche Arbeitszeiten, Mindestlöhne, Schwangerschaftsurlaub, Kündigungsschutz – diese und andere Errungenschaften einer auf das Wohl aller Bevölkerungsschichten abzielenden Entwicklung sind in England und den USA schrittweise abgebaut worden, um eine größere »Flexibilität« zu ermöglichen. Um konkurrenzfähig zu bleiben, schlagen jetzt mehr und mehr Staaten den gleichen Weg ein: Sie reduzieren die mühsam errungenen Standards, um billiger zu produzieren.

Wenn die Propagandisten der freien Marktwirtschaft im Recht sind, dann sind negative Begleiterscheinungen wie diese nichts anderes als der Preis, den man für das künftige Ziel eines wachsenden Wohlstands entrichten muß. Härten gegenüber den Menschen, Verwüstungen bei der Ausbeutung der Natur werden zu vorübergehenden Phasen erklärt. Als Ende der Entwicklung wird ein idyllisches Bild beschworen: der künftige Zustand einer Menschheit im Wohlstand, die Ausbeutung gleich welcher Art nicht mehr kennt.

Mögliche Gleichgewichte

> Market systems are intrinsically susceptible to perturbations, because of mismatches and miscalculations in individual markets. Such disturbances bring relatively small effects in an economy of small enterprises, but they can have major repercussions as the scale of enterprises becomes larger.   *Encyclopedia Britannica: The evolution of capitalism*

Diese Versprechungen auf künftige Erlösung laufen letztlich auf die Verheißung eines Gleichgewichtszustands hinaus. Schon die ersten Theoretiker der industriellen Revolution gehen ausdrücklich von der Vision des Gleichgewichts aus. Adam Smith befürwortete den Wettbewerb der Egoismen, weil er fest an dieses Gleichgewicht glaubte. Ihm zufolge führt eine unsichtbar wirkende Hand den Ausgleich der Interessen herbei – Gott lebt in seiner Wirtschaftslehre als Deus ex machina fort. Diese aus dem Hintergrund wirkende Hand sorge dafür, daß alle im Wettbewerb stehenden Egoismen letztlich eine Harmonie zum Wohle des Ganzen erzielen. Für Smith und seine gläubigen Anhänger ist der Kampf, den die einzelnen auf der Suche nach ihrem persönlichen Vorteil entfesseln, nur ein vordergründiges Schauspiel.

Aber kennen moderne Wirtschaften ein natürliches Gleichgewicht? Ist es nicht ebenso möglich, daß sie sich unter bestimmten Bedingungen von jedem möglichen Gleichgewicht immer weiter entfernen und so den Weg einer pathologischen Entwicklung einschlagen?

Für die Möglichkeit eines Gleichgewichts sprechen bestimmte ökonomische Fakten. Sobald verschiedene Autohersteller mehr Fahrzeuge anbieten, als der Markt aufnehmen kann, bleiben sie entweder auf ihren Produkten sitzen, oder sie sind gezwungen, die Preise zu senken. Da auch die Preise nur bis zu einem bestimmten Punkt gesenkt werden können, müssen sie das Angebot reduzieren. Angebot und Nachfrage pendeln sich also »von selbst« in einen Zustand des Gleichgewichts ein. Ein ähnlicher Mechanismus liegt der Bewertung der Arbeitskräfte zugrunde. Solange nur wenige Programmierer ihre Arbeit anbieten, aber viele benötigt werden, können sie hohe Einkommen fordern, gibt es aber zu viele von ihnen, werden sie entsprechend geringer entlohnt. Sofern keine politischen oder anderen Ursachen den Wettbewerb von außen beeinflussen, ist in derartigen Fällen der Gleichgewichtszustand mit mathematischer Präzision zu ermitteln. So geht die mathematische Begründung ökonomischer Theorien denn auch in erster Linie auf die Berechnung derartiger Gleichgewichtszustände zurück.

Hier haben daher auch die Vorstellungen von einer unsichtbar wirkenden Hand ihren Ursprung. Nachfrage und Angebot stellen sich exakt aufeinander ein, ohne daß irgendeine fremde Instanz sie darauf hinlenken oder eine entsprechende Buchführung vornehmen müßte. Es genügt, daß ein weiterer Anbieter auf den Markt kommt, und schon stellt sich ganz automatisch ein neues Gleichgewicht ein. Private Tauschpartner, von denen jeder nur an den eigenen Vorteil denkt, setzen auf diese Weise einen übergreifenden Mechanismus in Gang, der zum Wohle des Ganzen jederzeit den bestmöglichen Ausgleich zwischen ihren Interessen bewirkt. Keine von oben planende Behörde wird für diesen Ausgleich benötigt. Im Gegenteil, ein solcher Einfluß kann sich nur störend auswirken. Wo immer Planwirtschaften die automatische Regulierung von Nachfrage und Angebot durch dessen bewußte Planung ersetzten, führte dies zu katastrophalen Ergebnissen. Für die Herstellung eines ökonomischen Gleichgewichts wird der Staat nicht benötigt.

Warum dies so ist, läßt sich recht einfach damit begründen, daß jeder für sein Handeln unmittelbar belohnt oder bestraft wird. Werden z. B. auf dem Markt weniger Videogeräte angeboten als die Käufer nachfragen können, dann tritt die folgende Motivationskette in Kraft:

Mehr Angebot → Erfolg (durch Verkauf) → noch mehr Angebot

Sie gilt aber nur so lange, bis das ganze umschlägt:

Mehr Angebot → Mißerfolg (nur teilweiser Verkauf) → Drosselung des Angebots (oder sinkende Preise)

Die Informationen, die jeder einzelne Teilnehmer des Marktes besitzt, sind demnach völlig genügend, um ihn zu seinem eigenen Vorteil rational handeln zu lassen und dadurch zugleich den Vorteil der Allgemeinheit zu sichern. Es ist diese Übereinstimmung von Allgemeinwohl und persönlichem Vorteil, welche auf Adam Smith und die späteren Verfechter der klassischen Lehre einen so starken Eindruck machte. Bis heute liegt darin das beliebteste Argument, um die Rolle des Staates in der Wirtschaft zurückzudrängen.

Verlust des Gleichgewichtes – Belohnung für unsoziales Verhalten

> Wenn von ›Sozialbetrug‹ geredet wird, denkt man an Hilfsempfänger, die sich ihre Bezüge zu Unrecht oder ein zweites Mal erschleichen. Wenn Firmen betrügen, hat dies einen größeren Umfang. Offenbar ist Sozialbetrug inzwischen in großem Maßstab salonfähig geworden, denn immer mehr Unternehmen versuchen, auf Kosten von Steuergeldern oder Sozialkassen ihre eigenen Kosten so gering wie möglich zu halten ... Inzwischen dürften sich die kumulierten Schäden durch solche Delikte auf über 10 Milliarden Mark belaufen. Damit hat sich die Schadenssumme innerhalb weniger Jahre verdoppelt.   *Jörg Staute*[65]

Leider weist das Argument von Adam Smith einen schwerwiegenden Fehler auf. Es ist richtig, aber zur gleichen Zeit äußerst einseitig, weil es nur der halben Wahrheit entspricht. Die beiden zuvor aufgezeigten Motivationsketten führen tatsächlich ohne den Eingriff äußerer Kräfte zu einem Zustand des Gleichgewichts. Wie aber verhält es sich mit einem so einfachen Fall, daß eine Firma mit ihren Abwässern nachts einen Bach verschmutzt? Da die Entsorgung unter Umständen bedeutende Mittel verschlingt, sichert sie sich auf diese Weise einen großen Vorteil der Konkurrenz gegenüber, weil sie ihre Produkte entsprechend verbilligen kann. Die Motivationskette bestätigt daher den Erfolg dieses Handelns:

Flußverschmutzung → Erfolg (durch billigere Produkte) → immer mehr Verschmutzung

An keinem Punkt wird diese Kette durch den Mechanismus der Marktkräfte selbst außer Kraft gesetzt. Denn solange keine *von außen* in den Markt eingreifende Macht die Verschmutzung verbietet, sorgen die privaten Interessen im Gegenteil beständig für eine weitere Vergiftung des Baches. Dem dafür verantwortlichen Betrieb kommt sie unmittelbar zugute, aber auch die Konsumenten sind dankbar für seine billigeren Produkte, die sie daher vor anderen bevorzugen werden.

Die Ausbeutung der Natur wird also durch keinen selbsttätigen Mechanismus privater Marktkräfte gebändigt, sondern muß von einer Instanz jenseits und über den privaten Interessen durchgesetzt werden. Und diese Notwendigkeit gilt ebenso wie für die Natur auch für die Stellung des Menschen innerhalb des Wirtschaftsprozesses. Sind mehr als genug Arbeitskräfte vorhanden, dann sorgt keine unsichtbare Hand für den Ausgleich zwischen privatem und öffentlichem Interesse. Wer die Löhne drückt, produziert billiger und drückt sie dadurch noch mehr. Ebenso wer menschliche Arbeit durch Maschinen ersetzt:

Lohnreduktion → Erfolg (durch billigere Produkte) → weitere Lohnreduktion → Entlassung von Arbeitskräften → Erfolg (durch billigere Produkte) → noch mehr Entlassungen

Immerhin stößt die Verminderung der Löhne auf eine absolute Barriere, die durch die Kosten der Selbsterhaltung gegeben ist, aber die Automation kann bis zur völligen Ersetzung von Menschen durch Maschinen fortschreiten. Solange zahlungsfähige Kunden noch im Ausland vorhanden sind, stellt sich im Inland kein Gleichgewicht ein, selbst wenn die inländische Kaufkraft durch Entlassungen immer weiter zerstört wird.

Der Mythos vom ökonomischen Gleichgewicht

Diese Beispiele sind so elementar, daß es schwer begreiflich erscheint, wie die Wirtschaft einseitig als ein sich selbst regulierendes System aufgefaßt werden konnte. Genaugenommen wirkt die Mechanik des Gleichgewichts nicht einmal in jenem Bereich, auf den sich schon die klassischen Ökonomen beziehen: bei Nachfrage und Angebot. In allen modernen Staaten wachen Kartellbehörden darüber, daß es nicht zu Absprachen über die Preise oder zur Bildung von Monopolen kommt. Sie tun dies genau deshalb, weil Nachfrage und Angebot sich *eben nicht automatisch* zum Nutzen der Allgemeinheit auf dem bestmöglichen Niveau einpendeln. Kartellbehörden verhindern, daß private Interessen auf Kosten der Allgemeinheit erfolgreich sind.

Die Eingriffe der Allgemeinheit mit dem Ziel, private Interessen daran zu hindern, dem Allgemeinwohl zu schaden, reichen aber nicht aus, um ein Gleichgewicht herzustellen. Es ist durchaus möglich, daß private Interessen zwar nicht im direkten Konflikt zu den Zielen einer Gesellschaft stehen, aber auf diese dennoch eine schädliche Wirkung ausüben. Dies ist z. B. der Fall, wenn sie anderen Interessen hemmend entgegenstehen, die der Gesellschaft einen größeren Vorteil verschaffen. Anders gesagt, bestimmte gesellschaftliche Ziele bedürfen eines *ausdrücklichen Schutzes,* damit ihre positiven Wirkungen zur Geltung gelangen. Hierzu gehört in erster Linie das Leistungsprinzip. Die persönliche Leistung spielt in der freien Marktwirtschaft eine überragende Rolle. Auf den ersten Blick scheint hier eine Motivationskette vorhanden zu sein, die den einzelnen zu immer größerem Einsatz ermuntert:

Leistung → Erfolg (aufgrund höheren Einkommens) → Steigerung der Leistung etc.

Je größer der Erfolg, den finanzielle Belohnung und soziale Achtung verschaffen, um so höher fällt die Steigerung der Leistung aus, die sich wiederum in finanziellen Belohnungen auswirkt etc. Wie im Fall von Nachfrage und Angebot pendelt sich das Ausmaß der Leistung schließlich auf einer für den einzelnen maximalen Ebene ein. Den Gewinn an finanzieller Belohnung und sozialem Prestige verrechnet er mit dem jeweiligen Einsatz an Zeit und Kräften, d. h. mit seinen Kosten. Er wird daher die Leistung an einem Punkt begrenzen, wo Gewinn und Einsatz für ihn ein angemessenes Verhältnis erreichen. Diese Entscheidung bleibt ganz allein ihm selbst überlassen, ganz in der Art, wie sich auch Nachfrage und Angebot ohne äußeren Eingriff regulieren.

Dennoch hängt diese Motivationskette stark von äußeren Umständen ab. Es genügt, daß andere Faktoren als die persönliche Leistung zu viel höheren Einkommen führen, in diesem Fall wird sie nur noch eine untergeordnete Bedeutung besitzen. Dies trifft etwa auf Gesellschaften zu, in denen der einzelne seinen Aufstieg vor allem Beziehungen und politischem Einfluß verdankt. Die obige Motivationskette gilt unter derartigen Verhältnissen nicht mehr. Selbst wenn es weiterhin möglich ist, durch persönliche Leistung Vorteile zu erringen, wird man versuchen, den einfacheren Weg der Beziehungen einzuschlagen.

A. *Leistung → Erfolg (geringe Einkommenssteigerung) → Steigerung der Leistung usw.*

B. *Beziehungen → größerer Erfolg (große Einkommenssteigerung) → mehr Beziehungen usw.*

Es sind letztlich die Rahmenbedingungen einer Gesellschaft, die das persönliche Handeln in viel höherem Maße bestimmen als bestimmte Zusammenhänge der Motivation. Denn in unserem Beispiel wird die zweite der beiden Motivationsketten deutlich bevorzugt werden. Eine solche Gesellschaft wird sich gewiß nicht auf einem Gleichgewichtszustand mit maximaler persönlicher Leistung einpendeln, sondern es wird in ihr eine stete Verschiebung in Richtung auf Beziehungen und Korruption eintreten. Anders gesagt, wenn eine Gesellschaft die persönliche Leistung nicht ausdrücklich schützt und begünstigt, wird diese schließlich nur noch eine untergeordnete Rolle spielen. Die moderne Marktwirtschaft ist zwar auf dem Prinzip der persönlichen Leistung begründet. Ihm verdankt sie ihre spektakulären Erfolge. Aber sie ist gegenwärtig dabei, in ein Wirtschaftssystem umzuschlagen, das statt der Leistung das Vermögen begünstigt – das System des Kapitalismus. Die Motivationskette der Leistung ist nicht etwa außer

Kraft gesetzt – das ist gar nicht nötig, um das Leistungsprinzip zu schwächen. Es genügt, daß eine andere Motivationskette immer mehr an Bedeutung gewinnt:

A. *Leistung → Erfolg (geringe Einkommenssteigerung) → Steigerung der Leistung etc.*
B. *Vermögen → größerer Erfolg (große Einkommenssteigerung) → mehr Vermögen etc.*

Wie sich diese Verschiebung konkret auswirkt, zeigt das folgende Beispiel. 140 000 abhängig Beschäftigte der Gruppe Peugeot erwirtschafteten im ersten Halbjahr 1998 einen Gewinn von 2,2 Milliarden Francs oder 330 Millionen Dollar (bei einem Kurs von 6 Dollar zu einem Franc) – ein Rekorderfolg. Im gleichen Zeitraum brachten es aber ganze 340 Händler der Citibank mit ihren Devisenspekulationen zu einem Gewinn von 552 Millionen Dollar – pro Person entspricht dies einem vierhundertmal so großen Erfolg! Reale volkswirtschaftliche Leistung und Einkommen auf ihre Kosten verhalten sich hier also wie 1 zu 400! Kein Wunder, daß die Spekulation ein exponentielles Wachstum verzeichnet, weil die reale Leistung unter diesen Bedingungen immer weniger zu motivieren vermag.[66]

Diese Entwicklung ist in höchstem Grade gefährlich, weil ein sozial wünschenswertes Gleichgewicht dadurch in immer weitere Ferne gerückt wird. Die persönliche Leistung verschafft zunehmend weniger, das Vermögen zunehmend mehr Erfolg. Ohne den Eingriff der Gesellschaft muß dieses System an seiner Instabilität und den inneren Widersprüchen zerbrechen.

Der historische Triumph des Leistungsprinzips

Das Prinzip der persönlichen Leistung ist die größte Errungenschaft der freien Marktwirtschaften, weil diese damit einen neuen Wertmaßstab schufen, der bis dahin nur untergeordnete Geltung besaß. In den aristokratischen Gesellschaften vor der Französischen Revolution reichte es aus, dem Adel anzugehören, um sozialer Achtung sicher zu sein. Dadurch erschloß sich auch der Zugang zu hohen und gut besoldeten Posten. Die Geburt war die Voraussetzung für den Zugang zu den höchsten und am besten dotierten Stellungen im Staat, die persönliche Leistung war allenfalls eine willkommene Zutat. Erst mit dem Beginn der industriellen Marktwirtschaft rückten persönlicher Einsatz und Talent in den Vordergrund. Erfinder, Fabrikleiter, Arbeiter wurde man nicht aufgrund seiner Ahnen, sondern allein durch die Fähigkeiten, die man einzubringen vermochte. Auf diesem aus historischer Sicht revolutionären Prinzip beruht das verblüffende Tempo, mit dem die Industrialisierung innerhalb zweier Jahrhunderte von England aus ganz Europa erfaßte, um schließlich auf den Rest der Welt überzuspringen. Die Befreiung von Geburt und Privilegien bedeutete einen Bruch mit der Geschichte – eine soziale Revolution. Befreit von den Zwängen einer Tradition, die ihm durch Geburt seine Stellung vorschrieb, konnte der einzelne von nun an sein Schicksal in die eigenen Hände nehmen. Wenn die Leistung genügte, um sich Achtung und Reichtum zu sichern, so war von nun an niemand vom sozialen Aufstieg grundsätzlich ausgeschlossen. Der neue Maßstab der persönlichen Leistung war ein zutiefst demokratisches Prinzip. Er war, um es noch deutlicher zu formulieren, die Voraussetzung für soziale und politische Mündigkeit.

Warum der wirtschaftliche Erfolg der ehemals kommunistischen Staaten im Vergleich so viel geringer ausfiel als der ihrer marktwirtschaftlich organisierten Rivalen, geht aus der unterschiedlichen Bewertung der persönlichen Leistung hervor. Wenn jedes Unternehmen in freier Entscheidung auf die Chancen und Zwänge des Markts zu reagieren vermag, dann fordert dies in einem außerordentlich viel stärkeren Maße die Leistung heraus, als wenn eine zentrale Planungsbehörde dem ganzen Land das Handeln von oben vorschreibt. Im einen Fall werden Talent und Einsatz einer maximalen Zahl von Menschen im ganzen Land mobilisiert, im anderen werden sie durch zentrale Bevormundung von oben erstickt. Nicht nur ihre historisch einmalige Dynamik verdankt die industrielle Marktwirtschaft der entschiedenen Förderung der persönlichen Leistung, sondern auch ihre Überlegenheit gegenüber allen Formen von Kollektivismus und bürokratisch verordneter Unmündigkeit.

Periodische Aushöhlung des Leistungsprinzips

Dennoch ist die Geschichte der neuen Wirtschaftsform nicht einfach ein Lehrstück über den Sieg des Verdienstes über das Privileg und der Leistung über das leistungslos erworbene Vermögen. Im Gegenteil, mit einer Art von innerer Gesetzmäßigkeit scheint die freie Marktwirtschaft bei den Leistungen zu beginnen und mit den Privilegien aufzuhören. Nach jedem Krieg oder Neubeginn sind die sozialen Gegensätze gering, aber im Laufe der Zeit entwickeln sich Arm und Reich auseinander, bis aus dem wachsenden Gegensatz ein sozialer Sprengstoff entsteht. Diese Entwicklung hat Marx in England beschrieben, wo sie allerdings durch eine starke Auswanderung und koloniale Expansion in ihrer Wirkung gemildert wurde. In unserem Jahrhundert machte sich in den zwanziger Jahren mit zunehmender Entfernung vom Kriege eine gleiche Entwicklung geltend, bis der Zweite Weltkrieg neuerlich eine Zäsur herbeiführte. Aber ein halbes Jahrhundert nach seinem Ende verschärft sich nun abermals die soziale Polarisierung. Würde wirklich die persönliche Leistung über die Verteilung des Wohlstands entscheiden, so wäre eine solche Polarisierung nicht zu erklären. Denn offensichtlich ist die Annahme absurd, daß zu so verschiedenen Zeiten und bei unterschiedlichen Völkern jeweils eine schrumpfende Minderheit immer größere Leistungen erbringt, während eine wachsende Mehrheit in gleichem Maße immer unfähiger wird.

Enteignung vernichtet die Leistung

Tatsächlich liegt die Antwort auf dieses Paradox in der Feststellung, daß die freie Marktwirtschaft zwar ihre Stärke dem Prinzip der persönlichen Leistung verdankt, aber zur gleichen Zeit zuläßt, daß dieses Prinzip durch eine gleich starke Gegenkraft zunehmend außer Kraft gesetzt wird. Erst durch diesen Prozeß geht die Marktwirtschaft in ein System des Kapitalismus über, d. h. in eine Wirtschaftsform, welche die Anhäufung immer größerer Vermögen ohne und auf Kosten der Leistung erlaubt. Karl Marx hat den Prozeß der Konzentration von

Besitz, der zu einer Verarmung der Massen und einem zunehmenden Reichtum der Besitzer von »Produktionsmitteln« führt, auf klassische Weise beschrieben. Die Brillanz seiner Diagnose wird allerdings durch eine mehr als zweifelhafte Therapie in Frage gestellt. Bekanntlich besteht die von ihm vorgeschlagene Lösung in einer Aufhebung des Privateigentums und der Kollektivierung der Produktionsanlagen. Diese Medizin ist so radikal, daß sie nicht nur das Übel beseitigt, sondern zugleich auch dem Patienten den Todesstoß gibt. Man braucht gar nicht erst die Geschichte kommunistischer Staaten ins Auge zu fassen, um die Problematik eines solchen Rezepts zu begreifen. Wer das Eigentum kollektiviert und die Wirtschaft unter zentrale Verwaltung stellt, der setzt gerade jenes Prinzip außer Kraft, das historisch die Grundlage für eine neue Gerechtigkeit schuf: das Prinzip der persönlichen Leistung. Die zentrale Lenkung in Staatswirtschaften entmündigt die gesamte Bevölkerung mit Ausnahme einer verschwindenden Minderheit von Apparatschiks. Selbst wenn es gelänge, auf diese Weise eine größere soziale Gleichheit durchzusetzen – was in den ehemaligen kommunistischen Staaten im Gegenteil gründlich mißlang –, so geschieht dies um den Preis, daß man das Kind mit dem Bade ausschüttet. Zusammen mit dem Übel der leistungslosen Vermögen wird das Prinzip der Leistung selbst über Bord geworfen – und damit die Grundlage der sozialen und politischen Demokratie.

Die Konzentration der Vermögen
im Inneren der Staaten

> Die ständig zunehmenden Ansprüche des Geldkapitals
> an das Sozialprodukt führen zu einer Verringerung des
> Restanteils, der für die Arbeitsleistenden übrigbleibt.
> Das heißt, die Einkommen der Unternehmer und / oder
> der Arbeitnehmer sinken mit der Verschuldungszu-
> nahme. Die Folgen sind Nachfrage- und Investitions-
> rückgänge, Firmenpleiten und Arbeitslosigkeit. Auf
> Dauer und mit jedem Konjunktureinbruch zuneh-
> mend, werden die sozialen Spannungen unerträg-
> licher. *Helmut Creutz*

Wie reich sind die Deutschen?

Der Reichtum der Deutschen ist noch mehr gewachsen. Nach Berechnungen des Bankenverbands ist 1998 Jahr das private Geldvermögen
um 8 % auf 4,6 Billionen Mark angewachsen. Durchschnittlich hat jeder Bürger, vom Säugling bis zum Rentner, 57000 Mark auf seinem
Sparbuch, jeder Privathaushalt sogar 128000 Mark.[67] Wären diese
Mittel gleichmäßig verteilt, so wäre es sinnvoll, vom »Reichtum der
Deutschen« zu sprechen. Tatsächlich aber hat sich seit Ende des Krieges die Verteilung in Richtung Ungleichheit verschoben. Heute haben
mehr als 20 % der Bevölkerung keine Ersparnisse, sondern Schulden,
eine Mehrheit besitzt ausreichende Rücklagen, während rund 5 %
Prozent der Haushalte über wenigstens 40 % des Geld-, 30 % des Im-
mobilien- und ein Drittel des privaten Gesamtvermögens verfügt.

Die zunehmende Ungleichheit läßt sich auch in der Entwicklung
der Einkommen ablesen. In den letzten 15 Jahren sind in Deutschland
die Einkommen aus Arbeit real um 2 %, also so gut wie gar nicht, gestiegen. Die Einkommen aus Kapital haben aber zur gleichen Zeit einen *Aufschwung von 59 %* genommen.[68]

Wie irreführend es in unserer Zeit ist, vom »Reichtum der Deutschen« zu sprechen, beweist folgende Überlegung. Wenn man die gesamten bundesdeutschen Haushalte in zwei Hälften unterteilt, dann besitzt die ärmere Hälfte nur vier Prozent, die andere Hälfte dagegen ganze 96 Prozent der Geldvermögen.[69] Offensichtlich haben wir es bei der Konzentration des Reichtums in immer weniger Händen bzw. der Belastung der Leistung durch immer höhere Steuern mit langfristigen Prozessen zu tun, die gleichmäßig in Richtung auf eine zunehmende Ungleichheit wirken. Euphorien über einige Zehntel Prozent weniger Arbeitslose oder ein größeres Wachstum, wie man sie vor allem in Zeiten des Wahlkampfs aufleben läßt, erscheinen angesichts einer solchen Entwicklung kaum angebracht.

Einkommen ohne Leistung

> Der reißende Grenzstrom verläuft anderswo [als zwischen Schwarzen und Weißen]: daß mit rasender Geschwindigkeit die Reichen in diesem Lande immer reicher werden und die Armen immer ärmer [darin besteht das Problem]. Und der jetzige Präsident ist nichts als der Manager dieses Konzerns.   *Arthur Miller*[70]

Seit Ende des Krieges hat sich das Verhältnis zwischen Leistung und Kapitalertrag permanent zugunsten des Kapitals verschoben. In den Vereinigten Staaten ist die Schere zwischen beiden noch ausgeprägter, weil dort nicht nur das leistungslos erworbene Vermögen einer Minderheit zunahm, sondern zugleich das Einkommen aus Arbeit seit Beginn der siebziger Jahre für die Mehrheit real *gesunken* ist, und zwar um ca. 20 %. Etwa ein *halbes Prozent* der Bevölkerung besaß 1992 37,4 % aller Aktien und Wertpapiere und 56,2 % aller privaten Geschäftsvermögen.[71]

In historischer Perspektive muß diese periodische Entwicklung in Richtung auf eine zunehmende Polarisierung sozialer Gegensätze paradox erscheinen. Die freie Marktwirtschaft, die mit der Sprengung des Privilegs begann und dadurch der persönlichen Leistung unglaubliche Vorteile verschaffte, endet in einem Kapitalismus, der die

Leistung zunehmend geringer entlohnt und zugleich den Vermögensertrag phantastisch anwachsen läßt.

Gegen Ende des 20. Jahrhunderts ist auf diese Weise ein geschichtlich einmaliger Zustand erreicht: Noch nie hat das Privileg der ohne Arbeit erworbenen Einkünfte eine solche Übermacht gegenüber der persönlichen Leistung errungen. Selten haben traditionelle Gesellschaften mit ihren Vorrechten der Geburt und einer Vielzahl anderer Begünstigungen einen Zustand der materiellen Ungleichheit gekannt, wie er heute für das Innere vieler entwickelter Staaten ebenso wie für die Welt insgesamt kennzeichnend ist. In Hamburg z. B. sind die meisten deutschen Millionäre zu Hause, aber dort nimmt auch die Zahl der Sozialhilfeempfänger in überdurchschnittlichem Tempo zu. Dieser Gegensatz zwischen den Polen von extremem Reichtum und Armut ist für die Welt als Ganzes bezeichnend [72] Der Bericht der OECD vom Sommer 1996 besagt, daß inzwischen 358 Dollarmilliardäre überwiegend aus westlichen Ländern mehr Vermögen besitzen, als die Hälfte der Menschheit durch ihre Arbeit verdient. Niemand wird ernsthaft behaupten, daß jeder einzelne dieser Milliardäre die gleiche Leistung erbringt wie 30 Millionen seiner Zeitgenossen. Eine solche Behauptung wäre schon deswegen falsch, weil die Vermögen sich gerade ohne alles persönliche Zutun, d. h. ohne Leistung, vermehren. Gegen geringe Bezahlung stehen ihren Besitzern weltweit die besten Fachkräfte zur Verfügung, um maximale Möglichkeiten gewinnbringender Anlage zu erkunden.

Wo liegen die Ursachen der neuen Ungleichheit?

> As mass production has to be accompanied by mass consumption, mass consumption, in turn, implies a distribution of wealth … to provide men with buying power … Instead of achieving that kind of distribution, a giant suction pump had by 1929–30 drawn into a few hands an increasing portion of currently produced wealth … As in a poker game where the chips are concentrated in fewer and fewer hands, the other fellows could stay in the game only by borrowing. When their credit ran out, the game stopped.   *Marriner Eccles* [73]

Marx hat die Tendenz zur Verarmung als unaufhebbares Übel der industriellen Marktwirtschaft selbst verstanden, genauer gesagt, als ein Übel, das in ihrer Eigentumsordnung begründet sei. Aber diese Behauptung hält einer historischen Prüfung nicht stand. Eine ausgeprägte Konzentration der Vermögen hat es auch in vorindustriellen Zeiten gegeben, z. B. in der Epoche der Hanse und später wieder unter den Fuggern und Welsern. Schon damals hat dies zu sozialem Aufruhr geführt, wenn auch in weniger dramatischem Umfang, das wirtschaftliche Leben wies zu der damaligen Zeit noch eine vergleichsweise geringe Intensität auf. Es gab viele ländliche Enklaven, die praktisch autark und daher mit anderen Landesteilen ökonomisch nur wenig verflochten waren. Dennoch wurde der immense Reichtum der großen Handelsfamilien als anstößig empfunden und rief Widerspruch in allen Kreisen hervor. Adel und Kirche mochte man noch ein »natürliches« Anrecht auf soziale Achtung und Reichtum zugestehen, aber bei Kaufleuten ließ man sie allenfalls als Ergebnis persönlicher Leistung gelten. Wie aber konnte die Leistung weniger Menschen die einer hart arbeitenden Mehrheit so sehr übertreffen, daß einige wenige alles und eine Mehrheit im Vergleich nichts besaß? Schon damals war der Schluß unausweichlich, daß der gleißende Reichtum eben nicht auf persönlicher Leistung beruhte, sondern auf neuen Arten des Privilegs. Schon damals versuchte man zu ergründen, woraus diese Privilegien entstanden. Man erkannte, daß es eine sozusagen mechanische Eigenschaft des herrschenden Geldsystems war, reiche Menschen immer reicher zu machen und im Gegenteil solche, die kein Geld besaßen, im Verhältnis zu den ersten zunehmend ärmer. Die Zinsen besorgten das teuflische Wunder einer Vermehrung von Reichtum, die keiner Leistung bedurfte. Kein Wunder, daß die führenden Kreise der Zeit, allen voran die christlichen Kirchen, im Zins eine Erfindung der Hölle erblickten und den Geldverleih gegen Zinsen zur Todsünde deklarierten.

Vermögen bringen Zinsen bringen Vermögen ...

> Der Wucherer ist mit vollstem Recht verhaßt, weil das Geld hier selbst die Quelle des Erwerbs ist und nicht dazu gebraucht wird, wozu es erfunden ward. Denn für den Warenaustausch entstand es, der Zins aber macht aus Geld mehr Geld ... er [ist] von allen Erwerbszweigen der naturwidrigste.   *Aristoteles, Politik 1,3*

Das Paradox der modernen Marktwirtschaft – ihre Tendenz, periodisch in ein kapitalistisches System umzuschlagen, das die Leistung immer weniger und das ohne Leistung erworbene Einkommen immer stärker bewertet, bis sich daraus sozial explosive Verhältnisse entwickeln –, dieses Paradox hängt mit der Marktwirtschaft selbst überhaupt nicht zusammen. Denn die industrielle Marktwirtschaft verdankt im Gegenteil ihre Dynamik einer Revolution in der Begünstigung persönlicher Leistungen. Diese Feststellung ist wichtig, um den Ursprung für die Gefahr des Kapitalismus richtig zu lokalisieren. Im Gegensatz zur Auffassung von Marx ist dieser Ursprung keineswegs in der Eigentumsordnung der industriellen Zivilisation zu suchen. Er reicht weit hinter diese in vorindustrielle Vergangenheiten zurück. Denn die industrielle Marktwirtschaft hat das Zinssystem nicht erfunden, sondern aus der traditionellen Geldwirtschaft übernommen. Damit aber stammt auch das Problem der regelmäßigen Umschichtung der Einkommen von der Leistung zu den Vermögen nicht von ihr selbst, sondern aus der Vergangenheit. Es ist ein gefährliches Erbe für die Marktwirtschaft, weil seine Wirkungen damals wie heute die gleichen sind. Je mehr die Vermögen wachsen, desto eindeutiger verschiebt sich der Erfolg, den man durch Leistung erwirbt, zum Erfolg, der sich ohne Leistung ergibt – die eine Motivationskette löst zunehmend die andere ab:

A. *Leistung → Erfolg (geringe Einkommenssteigerung) → Steigerung der Leistung etc.*
B. *Vermögen → größerer Erfolg (große Einkommenssteigerung) →
mehr Vermögen etc.*

Geld und Privileg

Im übrigen ist es durchaus verständlich, daß man die traditionelle
Geldwirtschaft unverändert in die Zeit der industriellen Produktion
übernahm. Denn das Ausleihen von Geld zum Zwecke von Investitionen erwies sich gerade mit dem Beginn der industriellen Revolution
als unerläßliches Instrument. Ebenso wie die Kaufleute der Hanse für
ihre überseeischen Unternehmungen und die dortigen Gründungen
von Handelskontoren Kapital aufnehmen mußten, waren auch die
neuen Industriellen beständig auf der Suche nach Geld – und das heißt
nach Gläubigern. Diese aber waren begreiflicherweise nur gegen Belohnung bereit, ihr Geld leihweise abzutreten. Mit anderen Worten,
sie berechneten Zinsen – und so trat von Anfang an neben die Klasse
der für ihr Einkommen arbeitenden Menschen wieder eine Klasse von
Privilegierten, die ihr Einkommen ohne Leistung bezogen.

Dabei kam es im Laufe der Zeit immer von neuem zu einer typischen Verschiebung von der Leistung zum leistungslos erworbenen
Einkommen. Während zu jedem Beginn einer Epoche die Vorteile
eindeutig jene begünstigen, welche die Leistung erbringen, trifft dies
im Verlauf der weiteren Entwicklung immer weniger zu – mit der
Zeit tritt die zweite Motivationskette an die Stelle der ersten. Seit
dem Hochmittelalter führte dies nicht nur zu den heftigsten Anklagen gegen die Schamlosigkeit der Reichen, sondern immer von
neuem auch zu Aufständen und zu Enteignungen.

Damals spielte das Prinzip der persönlichen Leistung gegenüber
den Privilegien der Geburt noch eine vergleichsweise nebensächliche

Rolle. Heute, da dieses Prinzip zur Grundlage moderner Gesellschaften wurde, stehen weit dramatischere Folgen bevor. Der Konflikt zwischen einer revolutionären Marktwirtschaft, die nur durch Leistung zu überleben vermag, und einer Privilegienwirtschaft, die aus der Vergangenheit ererbt worden ist, könnte zu einem Pulverfaß werden. Denn eine um Potenzen gesteigerte Wirtschaftsleistung läßt nun auch das Volumen der Vermögen in ungeheurem Maße anschwellen. So entsteht soziale Ungleichheit, wie sie selten zuvor erreicht worden ist. Mit den Konzepten von Marx, die für das 19. Jahrhundert galten, ist dieser Ungleichheit heute nicht beizukommen. Selbst wenn wir in einer idealen Gesellschaft ohne Ausbeutung durch bestimmte Personen lebten, würde der unpersönliche Zins weiterhin die Ungleichheit zunehmen lassen.[74] Denn diese wurzelt eben nicht in den Eigentumsverhältnissen des neuen industriellen Systems, sondern darin, daß dieses nur einen Teil der Ökonomie revolutionierte, während sie einen anderen, das traditionelle Geldsystem, unverändert aus der Vergangenheit übernahm.

Die Mechanik der Zinsen

Zweifellos ist keine Wirtschaft so sehr auf geliehenes Geld angewiesen wie die industriellen Marktwirtschaften.[75] Dies gilt nicht weniger für die ersten Fabriken der Gründerzeit wie für ihre heutigen Nachfolger: Unternehmen im Besitz der Aktionäre. Deshalb scheint auch der Zins eine notwendige Voraussetzung der heutigen Wirtschaft zu sein. Wer wird sein Geld verleihen, wenn er dafür nicht die entsprechende Belohnung erhält? Dieser Zusammenhang scheint dermaßen evident, daß man ihn allgemein als unabänderlich akzeptiert. Unter dieser Voraussetzung scheint man aber auch die weitere Folgerung ziehen zu müssen, daß die periodische Entwertung der persönlichen Leistung ein unabwendbares Übel sei. Oder anders gesagt, gegen die wachsende Macht einer Minderheit, die ihr Geld dem unpersönlichen Mechanismus der Zinsen verdankt, scheinen die Gesellschaften machtlos zu sein, auch wenn daraus Revolutionen, Bürgerkriege und Aggressionen zwischen den Staaten entstehen.

Glücklicherweise ist dieser Pessimismus durchaus nicht berechtigt. Ebenso wie ein Wettbewerb mit sozial schädlichen Folgen keineswegs zu den notwendigen Bestandteilen von Marktwirtschaften gehört, sind auch die Marktwirtschaft und der Mechanismus der Zinsen durchaus nicht zwangsläufig aneinander gebunden. Kapitalismus und soziale Marktwirtschaft sind einander sogar entgegengesetzt, weil die Marktwirtschaft sehr wohl zu existieren vermag, ohne von der Übermacht des Kapitals unterminiert zu werden.

Um diese Tatsache zu begründen, müssen wir die Wirtschaft, die an der Oberfläche aus einem Tausch von Gütern und Leistungen besteht, von ihrer Rückseite betrachten. Anders gesagt, wir müssen der Bewegung des Geldes folgen, die dem Fluß der Güter entspricht.

Leistungen im Verhältnis zum Geld

Auf einer sehr primitiven Stufe ihrer Entwicklung kommen Wirtschaften noch ohne Geld aus. Tausch findet ausschließlich zwischen Gütern und Leistungen statt. So ist es in einer Gesellschaft von Jägern und Sammlern noch üblich, Speere gegen ein Stück Fell und Beeren gegen Matten zu tauschen. Aber schon auf der nächsthöheren Ebene der Entwicklung erweist sich ein solches System als hoffnungslos schwerfällig. Wenn der Besitzer einer Truhe diese eintauschen möchte, aber der interessierte Käufer nur Felle zu bieten hat, die er selbst schon in ausreichender Zahl besitzt, kann sich kein Tausch ergeben. Der wird aber schon dadurch erschwert, daß Käufer und Verkäufer räumlich getrennt sind und größere Tauschgüter kaum am gleichen Orte zusammentreffen. Erst durch die Erfindung des Geldes wurden derartige Schwierigkeiten aus dem Wege geräumt. Geld stellt einen quantitativ genau festgelegten Anspruch auf Güter oder Leistungen dar. Es ist die Voraussetzung dafür, daß der Tausch und die Teilung der Arbeit sich ungehindert entfalten – Geld überwindet zugleich die physischen Grenzen des Raums und die Grenzen der Zeit. Seit seiner Erfindung kann sich der Tausch auf beliebige Leistungen und Güter erstrecken und dabei auch ein beliebiges Tempo annehmen.

Aber wie verhalten sich dabei Güter und Geld zueinander? Die Antwort mag zunächst überraschen. Die Summe des in einer Wirtschaft vorhandenen Geldes stellt eine *numerisch willkürliche* Zuordnung zur Summe der in der gleichen Wirtschaft getauschten Güter und Leistungen dar. Diese Summe kann mit Eins oder einer Milliarde beziffert sein, entscheidend für den reibungslosen Ablauf der Tauschvorgänge ist nur, daß die Unterteilung der Summe ausreichend groß ist, oder einfacher gesagt, es müssen genug Münzen und Scheine im Umlauf sein, um einen entsprechenden Güter- und Leistungstausch auch zu ermöglichen. Aus diesem Grund wäre es unsinnig, die Summe des gesamten in der Wirtschaft umlaufenden Geldes mit Eins zu beziffern, da die kleinsten umlaufenden Einheiten dann Bruchteile von Milliarden sein müßten (0,000000 001).

Aber abgesehen von derartigen Rücksichten auf den praktischen Einsatz des Geldes bleibt es grundsätzlich richtig, daß die zahlenmäßige Bewertung von Leistungen und Gütern eine willkürliche Festsetzung ist. Deswegen kann in der einen Wirtschaft der Geldwert einer Brotsemmel 10000 Lire betragen und in der anderen DM 1,50. Vorausgesetzt, daß in beiden Systemen ausreichend kleine Geldmittel zirkulieren, damit auch geringfügige Güter getauscht werden können, ist jede zahlenmäßige Zuordnung von Gütern und Geld im Prinzip gleichwertig.

In theoretischer Sprache bedeutet dies, daß die numerische Zuordnung rein konventionell ist – sie beruht auf bloßer Vereinbarung. Deswegen kann es grundsätzlich auch keine Rolle spielen, ob man mit einer Mark im Vergleich zu einer früheren oder späteren Zeit nur die Hälfte oder das Doppelte der Leistung bezieht. Ob man also für eine Mark hundert Brote oder nur ein einziges Brot kaufen kann, ist für das Funktionieren des Gütertausches ebenso unerheblich wie die ähnliche Tatsache, daß man dafür in der einen Währung 10000 Lire oder in der anderen zwei Mark hergeben muß. Gegen Ende des 19. Jahrhunderts, als die Wirtschaft der Deutschen schon einmal die stärkste Europas war, konnten sie für eine Reichsmark eine ganz andere Brotmenge kaufen als 70 Jahre danach, also zu einer Zeit, da ihre Wirtschaft abermals blühte.

Dieser Punkt verdient es, besonders betont zu werden, weil es na-

heliegt, daraus ganz und gar falsche Schlüsse zu ziehen. Die Zuordnung von Geld zu Gütern beruht zwar auf willkürlicher Festsetzung,
aber daraus ergibt sich durchaus nicht, daß es für das reibungslose
Funktionieren der Tauschvorgänge ohne Belang sei, ob die in einem
Land zur Verfügung stehende Geldmenge vergrößert (Inflation) oder
vermindert wird (Deflation).

Im Gegenteil, keine Folgerung wäre so falsch und gefährlich wie
diese. Die schwersten Erschütterungen des sozialen Gefüges, Verarmung der Massen, schwindelhafte Gewinne für Spekulanten und
nicht zuletzt die entscheidenden Ursachen für den Zweiten Weltkrieg
in diesem Jahrhundert hängen mit dem schwankenden Wert des Geldes zusammen. Nichts ruiniert eine Wirtschaft und mit ihr ein politisches und soziales System mit gleicher Unfehlbarkeit wie Veränderungen im Verhältnis von Gütern zu Geld.

Inflationen und Deflationen

Wie ist der Widerspruch zu erklären, daß die zahlenmäßige Bewertung der Güter zwar grundsätzlich willkürlich ist, aber Veränderungen an diesem Wert die schwersten Erschütterungen bewirken? Am
leichtesten begreift man die negativen Auswirkungen von Wertveränderungen des Geldes, wenn man sich klarmacht, unter welchen
Umständen sie *nicht* eintreten können.

Nehmen wir an, daß von einem Moment auf den anderen sämtliche Besitzer von Geld über die doppelte Menge verfügen und auch
das doppelte Einkommen beziehen und daß zur gleichen Zeit sämtliche Preise auf das Doppelte in die Höhe schnellen. In diesem Fall
bemerken die Menschen, seien sie Hersteller oder Käufer von Waren,
überhaupt keine Änderung. Zwar ist über Nacht eine fünfzigprozentige Inflation eingetreten, da man mit der gleichen Summe nur noch
die Hälfte einkaufen kann, aber die bisherigen Tauschverhältnisse
bleiben davon unberührt, da allen gleichzeitig auch der doppelte Betrag an Geld zur Verfügung steht. Auf ganz gleiche Weise würde auch
eine entsprechende Deflation, die allen Geldbesitzern zahlenmäßig
nur noch die Hälfte ihres Geldes und ihrer Einkommen beläßt, ohne

Auswirkung bleiben, wenn sie alle gleichmäßig betrifft und sich sämtliche Preise zur gleichen Zeit um die Hälfte verringern. Die willkürliche zahlenmäßige Zuordnung von Geld und Leistungen findet also in beiden Fällen ihre volle Bestätigung.[76]

Allerdings wird jeder unmittelbar begreifen, daß dieses Beispiel mit der Wirklichkeit nichts zu tun hat. Denn niemals ändern sich Einkommen und Preise zur gleichen Zeit und in gleich großem Umfang. Vergrößert sich zum Beispiel die Geldmenge im Verhältnis zur Menge der Güter (Inflation), dann gelangt das neue Geld stets nur in wenige Hände, am Einkommen der meisten ändert sich nichts, weil es vertraglich über längere Zeit festgelegt ist, und auch die Preise können sich im allgemeinen nur langfristig ändern. Der Grund für die verheerenden Wirkungen, die von den Schwankungen des Geldwertes ausgehen, liegt daher in der *Ungleichmäßigkeit ihrer Wirkung*: Die einen werden begünstigt, die anderen schwer geschädigt, ohne daß diese sozialen Verschiebungen auf Verdienst oder Schuld beruhen. Wird die umlaufende Geldmenge zum Beispiel um ein Zehntel vergrößert, obwohl die Gesamtheit der Güter und Leistungen identisch bleibt, so können die wenigen, denen dieses Mehr an Geld zur Verfügung steht, für sich selbst der Güterwirtschaft um zehn Prozent mehr entnehmen, während bei den anderen eine entsprechende Knappheit auftritt, weil sie bei einigen Waren mit einem um 10 % verminderten Angebot auskommen müssen. Eine durch Arbeitsteilung vernetzte Volkswirtschaft kann dadurch gründlich erschüttert werden, weil Tausende von Betrieben nicht mehr ausreichend einkaufen und dadurch auch nicht im bisherigen Umfang produzieren können. Dadurch sind sie gezwungen, Beschäftigte zu entlassen, wodurch die Nachfrage weiterhin sinkt. usw. Andererseits werden Anbieter, die von der um zehn Prozent erhöhten Nachfrage profitieren, ihre Preise erhöhen, möglicherweise gleichfalls um zehn Prozent. Dies wiederum führt bei denjenigen zu Schwierigkeiten, die ein festes Gehalt beziehen und daher an Kaufkraft verlieren. Ein scheinbar so harmloser Eingriff wie die Entwertung des Geldes um 10 % kann das Vertrauen erschüttern, das die Teilung von Arbeit in der modernen hochkomplexen Gesellschaft ermöglicht. Denn für die Leistung, die jeder in diesem Gewebe gegenseitiger Abhängigkeiten erbringt, erwartet er mit Recht einen gesicherten Gegenwert. Sobald diese Erwartung durch Inflationen erschüttert wird, setzen soziale Zerreißproben ein, die wie in den zwanziger Jahren auch komplexe industrielle Gesellschaften zersetzen können. Inflationen sind deshalb ein unfehlbares Mittel, um das Vertrauen in die Ordnung einer Gesellschaft in kürzester Zeit zu zerstören. Mit Recht werden in diesem Fall Regierungen zum Gegenstand von Haß und Empörung, denn eine inflationäre Vermehrung des umlaufenden Geldes kann außer durch Fälscher ausschließlich von Notenbanken ausgeführt werden.[77] In modernen Staaten besitzen Notenbanken das Monopol auf die Erzeugung von Geld.

Das Spiegelbild der Inflationen sind Abwertungen (Deflationen). Die verheerenden Wirkungen von Inflationen sind den Deutschen aus ihrer Geschichte leidvoll bekannt. Aber Deflationen, d. h. plötzliche Verminderungen des umlaufenden Geldes, üben auf den Tausch von Gütern und Leistungen exakt die gleichen Wirkungen aus. Wenn bei gleichbleibender Wirtschaftsleistung plötzlich zehn Prozent weniger Geld zur Verfügung steht, sind Betriebe auf einmal nicht mehr imstande, Kredite für laufende Ausgaben oder notwendige Investition aufzunehmen, da diese bei knappem Geld sehr viel teurer werden. Außerdem sind ihre Ausgaben meist für längere Zeit festgelegt, so daß sie ihre Kosten nicht schnell genug senken können. Dadurch sind ihre Güter aber zu teuer geworden. Sie müssen Produktionsrückgänge hinnehmen, Arbeiter entlassen oder die Löhne reduzieren, was wiederum negative Auswirkungen auf andere Unternehmen hat, die nun ihrerseits Entlassungen vornehmen und Löhne absenken müssen. Auf diese Weise kann eine plötzliche Reduzierung der Geldmenge im Verhältnis zu den umlaufenden Leistungen und Gütern einen Schneeballeffekt auslösen, der das komplexe Gewebe der physischen Tauschvorgänge in immer weiteren Teilen erfaßt und zerstört. Ein Schrumpfen der Geldmenge übt in der Regel noch verheerendere Wirkungen aus als deren Aufblähung – die Auswirkungen von Inflationen und Deflationen sind nicht symmetrisch.[78]

Konstanz des Geldes – das Fundament der Gesellschaft

> Deflation was unknown to modern Americans, except
> for those elderly citizens who remembered the econo-
> mic facts of the Great Depression in the thirties, but
> falling prices [im Vergleich zu inflationär steigenden
> Preisen] produced a much more severe version of suf-
> fering and dislocation, failed banks and businesses,
> farm foreclosures, widespread unemployment and im-
> poverishment.   *William Greider*[79]

Die Willkür der numerischen Bewertung von Gütern und Leistungen
gilt daher nur in grundsätzlicher Weise. Sofern sich am Verhältnis
von Geld und Gütern nichts ändert (und auch die Umlaufgeschwindigkeit des Geldes konstant bleibt[80]), können wir von einer Währung
in die andere umsteigen oder auch Währungsumstellungen ausführen – wie gegenwärtig den Wechsel zum Euro –, ohne daß irgend jemand dadurch reicher wird oder ärmer. Ein Vergleich mit der Sprache
ist in diesem Zusammenhang hilfreich. Jedes einzelne Wort einer
Sprache wie »Baum« oder »Haus« ist aus logischer Sicht eine willkürliche Konvention, denn zur Bezeichnung derselben Dinge können
wir ebensogut die französischen Laute »arbre« und »maison« oder
die japanischen »ki« bzw. »ie« verwenden. Aber sobald wir uns einmal auf bestimmte Wörter geeinigt haben, sind wir gezwungen, an
ihnen festzuhalten, andernfalls wäre die Möglichkeit menschlicher
Kommunikation selbst in Frage gestellt. Denn Sprachen bringen zwar
neue Wörter hervor – sie ändern sich permanent –, aber dies ist historisch ein überaus langsamer Prozeß. 99 % ihres jeweiligen Voka-
bulars bleiben innerhalb einer Generation unverändert.

Auch die Schwankungen im Wert des Geldes sollten innerhalb der
Zeitspanne eines Menschenlebens möglichst minimal sein. Denn
ebenso wie die Konstanz von Wort und Begriff in der Sprache ist auch
für die Wirtschaft und den gesamten gesellschaftlichen Bau, den
diese trägt, nichts von gleich großer Bedeutung wie die Konstanz der
Geldmenge im Verhältnis zu Gütern und Leistungen. Dies wird nicht
immer begriffen, weil das Geld und alle Vorgänge, die damit verbunden sind, vielen als schwer verständlich erscheinen. Fast jeder sieht

ohne weiteres ein, daß die arbeitsteilige Gesellschaft sehr schnell kollabiert, wenn die Arbeiter in den Elektrizitätswerken, der Atomindustrie, auf den Flughäfen oder auch nur in der Müllentsorgung über eine kritische Zeit hinaus ihre Dienste einstellen. Die wenigsten hingegen sind sich bewußt, daß Unterbrechungen im Gewebe der physischen Tauschvorgänge durch Manipulationen am Geld herbeigeführt werden können. Diese bedrohen aber die Wirtschaft im gleichen Maße wie die Störung der physischen Tauschvorgänge. Denn das Geld ist ihr Fundament, das den Tausch überhaupt erst ermöglicht.

Geld – ein privates oder öffentliches Gut?

Tatsächlich haben Störungen der physischen Arbeitsteilung vergleichsweise harmlose Wirkungen. Ein Aufschrei der Öffentlichkeit ist die Folge, wenn Flugpiloten oder Müllarbeiter mit Streiks das Wohl aller bedrohen. Auch gerechtfertigte Forderungen nach mehr Verdienst werden nur kurzfristig hingenommen. Aber die Gefahren, die von Manipulationen des Geldes ausgehen, werden von den wenigsten richtig eingeschätzt, obwohl deren Wirkungen auf die Dauer viel gefährlicher und tiefreichender sind. Inflationen stellen dabei eine geringere Form der Bedrohung dar. Sie sind verhältnismäßig leicht zu verhindern, da sie nur von einer Notenbank ausgehen können, also einer Institution unter öffentlicher Kontrolle. Niemand außer der Notenbank kann die Geldmenge erhöhen. Wenn Arbeiter höhere Löhne, Richter höhere Gehälter, Abgeordnete größere Diäten durchsetzen, dann wird dadurch nicht die vorhandene Geldmenge vergrößert,[81] sondern diese wird lediglich anders verteilt. Gehaltserhöhungen bewirken eine Verschiebung der Ansprüche auf Güter und Leistungen. Die einen gewinnen Kaufkraft hinzu, die anderen büßen entsprechend an Kaufkraft ein.

Ganz anders steht es um das spiegelbildliche Gegenstück von Inflationen: die deflationäre Verminderung der in einer Wirtschaft vorhandenen Geldmenge. Teilweise führen Notenbanken diese bewußt herbei, sie dient dann als Instrument, um Inflationen entgegenzuwirken. Aber im Gegensatz zur Inflation, die allein von der Vermehrung der Geldmenge durch die Notenbank ausgehen kann, gehorchen Deflationen gleich zwei verschiedenen Herren: der Notenbank und den Privatleuten. Anders gesagt, Deflationen werden nicht nur vom Staat gemacht, sie können ebenso privat herbeigeführt werden.

Geld unter privater Kontrolle

Dieser Unterschied mag auf den ersten Blick harmlos erscheinen, bei näherem Hinsehen entpuppt er sich aber als eine der Hauptgefahren, die von der Geld- auf die Güterwirtschaft ausgehen. Das heutige Geldsystem unterliegt nur teilweise der Kontrolle der Öffentlichkeit, es gehorcht mindestens ebenso privaten Interessen und kann daher von diesen manipuliert und zum eigenen Vorteil mißbraucht werden.

Während die Vermehrung der Geldmenge ausschließlich in den Händen des Staates liegt, da außer Fälschern niemand Geld aus dem Hut zu zaubern vermag, steht es im Belieben privater Personen, die umlaufende Geldmenge zu verringern, d. h., ein öffentliches Gut zu manipulieren. Dies erreichen sie auf einfache Weise dadurch, daß sie über ihren Konsumbedarf hinausgehendes Geld zu Hause verwahren und so dem Verkehr entziehen. So harmlos dieser Vorgang erscheint, seine Folgen sind schwerwiegend. Würde sich der gleiche Vorgang im Bereich der Güterwirtschaft abspielen, dann wäre öffentliche Empörung die Folge. Bäcker, die kein Brot mehr erzeugen, Elektrizitätswerke, die keinen Strom mehr liefern, werden von der Allgemeinheit zur Ordnung gerufen, zur Not unter Androhung von Gewalt. Aber wenn das Geld, *das den Tausch dieser physischen Güter allererst möglich macht*, von privaten Kräften gehortet und der Tausch dadurch auf gleiche Weise gestört wird, gelangt dieser Vorgang in der Regel nicht einmal ins Bewußtsein der Öffentlichkeit.

Welche praktische Bedeutung und welches Ausmaß das Horten von Geld in unserer Zeit erreicht, beweist Helmut Creutz, der Autor der grundlegenden Arbeit zu diesem Thema: ›In der Niedrigzinsphase von 1985 bis 1988, in der das nominelle BSP um 15 Prozent zunahm, mußte die Bundesbank die Geldmenge aufgrund der überhöhten Nachfrage nach Liquidität von 105 auf 151 Milliarden Mark ausweiten, also um 46 Milliarden Mark = 44 Prozent! Aufgrund des Wirtschaftswachstums wäre nur eine Ausweitung um 15 Prozent = 16 Milliarden Mark angebracht gewesen. Das heißt, in diesen drei Jahren wurde die Geldmenge um 30 Milliarden Mark zuviel vermehrt – *um 30 Milliarden Mark, die nicht in den Umlauf kamen.*«[82]

Der Streik des Geldes

Geld ist ein öffentliches Gut, dessen Menge nur durch öffentlich kontrollierte Institutionen gelenkt werden darf. Tatsächlich aber können private Kräfte eine höchst wirksame Kontrolle darüber ausüben. Geld – das öffentliche Gut schlechthin – unterliegt der Manipulation einer Minderheit, die dadurch über das Schicksal der gesamten Wirtschaft bestimmt.

Die private Manipulation des Geldes ist nicht Theorie – sie wird täglich betrieben. Natürlich nicht von Leuten, deren Einkommen so gering ist, daß es gerade für den täglichen Konsum ausreicht. Unmittelbar nach dem Kriege war praktisch die gesamte Bevölkerung in dieser Lage. Die Mehrzahl der Menschen hatte wenig oder gerade genug zum Leben, aber auch wer darüber hinaus verdiente, benutzte sein Geld für die Anschaffung eines Hauses, Autos oder um sich die ersten Reisen leisten zu können. Wer trotzdem überschüssiges Geld zur Verfügung hatte und damit die eigene Zukunft absichern wollte, brachte es auf die Bank und sorgte auf diese Weise dafür, daß es in Form von Krediten sogleich wieder in den Strom der Wirtschaft zurückgelangte.

Aber die Verhältnisse haben sich inzwischen geändert. Etwa 50 % der Geldvermögen liegen in der Bundesrepublik Deutschland in der Hand von nur 4 % der Bevölkerung. Auch diese Vermögen sind zwar zum weit überwiegenden Teil auf Sparkonten, in Aktien etc. angelegt und bilden daher keinen Teil der umlaufenden Geldmenge, die man durch Hortung dem Umlauf entziehen könnte. Dennoch hat der außerordentliche Anstieg des Reichtums zur Folge, daß viele Menschen sich leisten können, Barvermögen in bedeutender Menge zu

Hause zu bewahren und für längere Zeit dem Verkehr zu entziehen. Die Tatsache, daß ein Teil der deutschen Währung in den Ländern des Ostblocks als Reserve gehalten und dort tatsächlich unter Matratzen versteckt wird, verleiht dem Problem der Geldhortung eine zusätzliche Brisanz. Denn zwischen Geld- und Güterverkehr besteht ein Verhältnis gegenseitiger Abhängigkeit. Man kann dem Umlauf nicht 10 % der Geldmenge entziehen, ohne daß die Zirkulation der Güter und Leistungen um sehr viel mehr als 10 % abnimmt, da jede Münze und jeder Schein pro Jahr vielfach den Besitzer wechseln und daher auch vielfach für den Tausch der Güter eingesetzt werden. Punktuelle Störungen des Geldverkehrs müssen daher dominoartige Effekte im Güterverkehr bewirken. Von der Hortung des Geldes gehen daher existentielle Wirkungen auf die Wirtschaft in ihrer Gesamtheit aus. Dennoch ist eine direkte Kontrolle der Öffentlichkeit in diesem Fall ausgeschlossen. Streikende Arbeiter können zur Not durch das Militär zur Räson gebracht werden – auch demokratische Staaten schrecken bei einer ernsthaften Bedrohung ihrer inneren Ordnung nicht vor einer solchen Maßnahme zurück. Aber das streikende Geld der Vermögenden, das diese zu Hause verwahren, weil es auf der Bank oder in Wertpapieren nicht genug Zinsen einbringt, läßt sich nicht mit Gewalt hervorlocken. Der gleiche Staat, der den Streik in der Güterwirtschaft, sobald er für die Allgemeinheit zu einer Gefahr wird, mit aller Konsequenz unterdrückt, läßt den Streik des Geldes ohne ernsten Widerstand zu – obwohl seine Wirkungen auf Dauer dramatischer sind als die Forderung nach höheren Löhnen. Denn während diese nur ein gewisses Maß an Umverteilung bewirken, bringt eine Reduktion der umlaufenden Geldmenge die Verteilung selbst aus dem Gleichgewicht. Deflation zerreißt das komplexe Gewebe der ökonomischen Tauschvorgänge.

Die Peitsche der Inflation

Gegen den Streik des Kapitals setzen die Staaten Zucker und Peitsche ein. Die Peitsche, das ist die inflationäre Vergrößerung der Geldmenge durch die Notenbanken. Solange die Vermögenden fürchten, ihr Geld könne schon in einem Monat weniger wert sein, werden sie sich davor hüten, es zu Hause zu horten. Sie erhalten den maximalen Gegenwert, indem sie es möglichst schnell konsumieren. Dies ist gewiß ein Vorteil für den Umlauf des Geldes und den darauf beruhenden Gütertausch, aber die langfristigen Nachteile der Inflation wiegen so schwer, daß dieser Vorteil teuer erkauft wird. Der dauernde Neudruck von Geld zerrüttet das soziale Gefüge, weil die Bezieher fester Einkommen dadurch einen ständigen Kaufkraftverlust hinnehmen müssen. Eine permanente Entwertung des Geldes schraubt entweder ihren Lebensstandard immer weiter hinunter oder zwingt sie dazu, mit höheren Ansprüchen auf die Barrikaden zu gehen, weil sie nur auf diese Weise ihre Verluste wettmachen können.

Ebenso gefährlich ist aber eine weitere Wirkung, die zwangsläufig mit Inflationen verbunden ist. Wenn die Peitsche der Inflation alles Geld in den Konsum strömen läßt, dann werden technischer Fortschritt ebenso wie Veränderungen und Ausweitungen der Produktion sehr stark behindert, da größere Investitionen nur mit entliehenem Geld möglich sind. Niemand wird aber sein Geld hergeben wollen, wenn dieses kontinuierlich an Wert verliert. Er wird sich nur darauf einlassen, wenn er zu einem späteren Zeitpunkt sein Geld mit einem die Entwertung übersteigenden Aufschlag zurückerhält. Anders gesagt, die Zinsen müssen über der Inflationsrate liegen, wenn man gewährleisten will, daß die Vermögenden ihr Geld für Investitionen abtreten. Jede Inflation hebt also die Zinsen, und zwar um so mehr, je weniger sie langfristig berechenbar ist.

Das Fazit zu Inflationen fällt daher eindeutig aus. Sie sind kein geeignetes Mittel, um überschüssiges Geld in den monetären Kreislauf zu locken. Die Besitzer fester Einkommen werden dadurch gleich auf zweifache Weise geschädigt. Einerseits höhlt die Entwertung die Kaufkraft ihrer Einkommen aus, außerdem aber sorgt die durch Inflation bewirkte Erhöhung der Zinsen auch noch für einen Anstieg der Preise!

Der Zucker der Zinsen – die vergiftete Medizin

Inflation ist die Peitsche, mit der man den Umlauf des Geldes erzwingt, aber diese Peitsche trifft das Vermögen am wenigsten, da es sich durch Zinsen schadlos halten und zur Not in Sachvermögen ausweichen kann. Die Entwertung von Geld schadet vor allem dem weniger begüterten Teil der Bevölkerung. Gerade die Ärmsten werden dadurch in der Regel viel stärker geschädigt. Daher wendet die Mehrheit der Staaten eher den Zucker an als die Peitsche, d. h., sie sorgen dafür, daß der Zins das Kapital in die Wirtschaft lockt. Dieses Kalkül hat den Vorteil, in seiner Wirkung verläßlich zu sein, und zwar um so mehr, je mehr man die angebotenen Zinsen erhöht. Denn kaum jemand wird sein überschüssiges Geld zu Hause verwahren, wenn er es so deponieren kann, daß es sich ohne sein Zutun vermehrt. Ein entsprechend bemessener Zins ist daher ein absolut verläßliches Mittel, um den Umlauf des Geldes sicherzustellen.

Diese Medizin wirkt verläßlich, nur läßt sie sich nicht ohne gefährliche Nebenwirkungen anwenden. Denn sie kuriert zwar kurzfristig das Übel der privaten Manipulation eines öffentlichen Gutes, langfristig aber ist sie eine der wesentlichen Ursachen dafür, daß eine freie und soziale Marktwirtschaft zunehmend unfrei und asozial wird. Anders gesagt, die Wirkungen des Zinses sorgen dafür, daß die Marktwirtschaft zunehmend unter die Herrschaft des Kapitals gerät.

Denn durch die Zinsen verschiebt sich das Verhältnis der Einkommen. Der Mechanismus dieser Verschiebung ist auch für den Laien leicht zu begreifen. Solange eine Volkswirtschaft durch erhöhte Produktivität jährlich um 3 % wächst und auch die Beschäftigten um diesen Betrag zusätzlich Lohn erhalten, können auch die Besitzer von Kapital für ihre Kredite 3 % Zinsen beanspruchen. In diesem Fall bleibt somit das Verhältnis zwischen den Einkommen unverändert – die Ansprüche von Leistung und Kapital wachsen im Gleichschritt. Dies war während der ersten drei Nachkriegsjahrzehnte der Fall, als die Zunahme des BSP größer war als die an das Kapital zu zahlenden Zinsen.

In dieser Zeit der drei goldenen Dekaden war der unheilvolle Mechanismus der Zinsen nicht zu bemerken – er wurde durch das Wachstum kaschiert. Erst seit den achtziger Jahren ist dies nicht län-

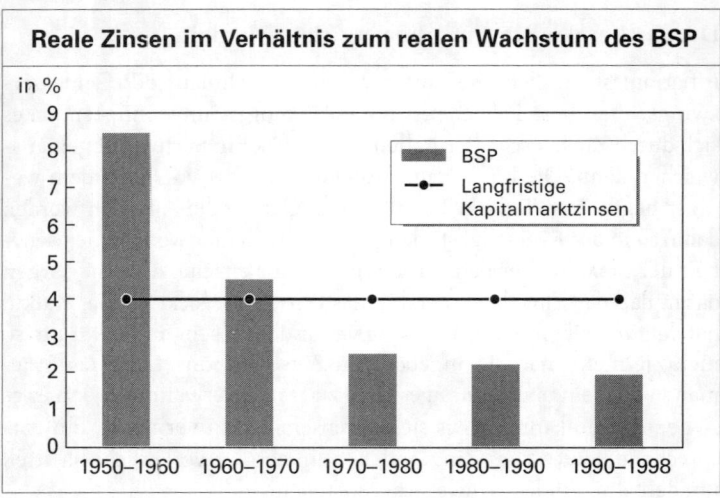

Reale Zinsen im Verhältnis zum realen Wachstum des BSP

in %

BSP
—●— Langfristige Kapitalmarktzinsen

1950–1960   1960–1970   1970–1980   1980–1990   1990–1998

ger der Fall. Und erst seit dieser Zeit kommt daher auch die Mechanik der Umverteilung zur Wirkung. Denn sobald das Wachstum der Wirtschaft geringer wird, ohne daß die Zinsen in gleichem Maß sinken, findet eine Umverteilung zugunsten leistungsfrei erworbener Einkommen statt. Mit einem rückläufigen Wachstum muß aber jede Industriewirtschaft an irgendeinem Punkt ihrer Entwicklung notwendig rechnen – andernfalls müßten sie ihre gesamte bewohnbare Fläche mit Fabriken, Straßen und Flughäfen abdecken.[83] *Schon heute sind zwei Prozent Wachstum in der Bundesrepublik Deutschland in absoluten Zahlen soviel wie zehn Prozent in den fünfziger Jahren.*

So tritt mit der Zeit zwangsläufig eine Auseinanderentwicklung von Wachstumsrate und Zinsen ein. Das Wachstum verringert sich, aber die Ansprüche des Kapitals bleiben die gleichen. Die durch Leistung erworbenen Einkommen stagnieren, während das Kapital im Gegenteil seinen Anteil auf Kosten der Leistung vermehrt.[84] Die unausbleibliche Folge: Die Schere zwischen den Einkommen aus Leistung und denen aus Kapital öffnet sich immer mehr (siehe Kapitel *Das Gesetz der Zinsdifferenz zum Schaden der Leistung*, S. 178 ff.).

Aber noch eine weitere Folge ist damit verbunden, eine rasante Verschuldung der Staaten, die inzwischen auch die reichsten von ihnen heimgesucht hat.

Kapital: Methoden der Erpressung

Schulden hängen unmittelbar mit der Eigenart unseres Geldsystems zusammen, wenn dies auch nicht auf den ersten Blick erkennbar sein mag. Genauer gesagt, sie hängen damit zusammen, daß eine vermögende Minderheit Staat und Allgemeinheit zu erpressen vermag. Dies geschieht, wenn die realen Zinsen gering oder gleich Null sind. Vermögende Leute halten unter solchen Bedingungen vermehrte Bargeldbestände und entziehen das Geld auf diese Weise der Zirkulation. Daran ändert auch die Tatsache nichts, daß die großen Vermögen sich inzwischen auf Millionen und Milliarden belaufen, so daß aus Rücksicht auf die eigene Sicherheit niemand solche Geldmengen im eigenen Haus unterbringt. Zwar ist der weitaus größte Teil der großen Vermögen auf Banken verwahrt oder in Wertpapieren veranlagt und bleibt dadurch an den Kreislauf des Geldes gebunden. Denn Geld, das einer Bank übergeben wird, verwandelt diese aus eigenem Profitinteresse augenblicklich in einen Kredit, den sie an andere weitergibt und eben damit in den Kreislauf zurückschleust. Dennoch genügen relativ kleine Unterschiede in der Haltung von Bargeld, um schwerwiegende Folgen für den Güterverkehr auszulösen. In Zeiten der Deflation, wenn zugleich mit sinkenden Zinsen auch die Kurse an den Börsen abfallen, kann das Kapital nirgendwo mehr lohnende Renditen erwarten. Geld wird gehortet, weil damit keine Verluste, sondern im Gegenteil Gewinne verbunden sind (das Geld wird in der Deflation ja von selbst immer mehr wert) – dadurch wird aber die umlaufende Geldmenge zusätzlich verknappt und die Preise rutschen weiter nach unten. Dies wiederum läßt die Renditen der Firmen und Banken noch weiter absinken – die Spirale der Deflation beginnt sich zu drehen.

Aus Angst vor den verheerenden Folgen von Deflationen kann der langfrisige Kapitalmarktzins praktisch nicht unter 4 % sinken – ganz gleich, ob eine Wirtschaft in gleichem Umfang wächst oder nicht. Im übrigen besteht der private Druck auf das öffentliche Geldsystem nur teilweise im Horten des Geldes. Das Kapital besitzt eine ganze Palette von Möglichkeiten, um seine Ansprüche geltend zu machen. Hierzu gehören vor allem die Kapitalflucht, die Steuerflucht und allgemein ein Druck des Kapitals auf den Staat, der diesen fortwährend dazu zwingt, in seinem Umgang mit den großen Vermögen jene Vorsicht walten zu lassen,[85] zu der er sich bei den kleinen Gehältern und Löhnen nur selten gedrängt sieht.

Die Flucht des Kapitals

Die Flucht des Kapitals in andere Länder mag auf den ersten Blick wenig besorgniserregend erscheinen, da auch in diesem Fall das zirkulierende Geld keineswegs dem Kreislauf entzogen wird und daher den Tausch in der Güterwirtschaft auch nicht zu beeinträchtigen vermag. Denn das ins Ausland übertragene Geld erhält ja seinen Wert allein durch die Forderungen an Güter und Leistungen, die das Ausland damit an die inländische Wirtschaft zu stellen vermag. Deshalb ist es im allgemeinen eine kostspielige Dummheit, wenn ausländische Besitzer dieses Geld irgendwo ungenutzt liegenlassen.[86] Schon um etwaigen Entwertungen zuvorzukommen, werden sie es so schnell wie möglich dazu verwenden, um im Heimatland dieses Geldes Einkäufe vorzunehmen. Im Hinblick auf den Kreislauf des Geldes und der dieser entsprechenden Zirkulation von Gütern und Leistungen hat sich daher im Verhältnis zu dem im Inland verbleibenden Kapital gar nichts verändert.

Und dennoch sind mit der Kapitalflucht in der Regel ernste Folgen verbunden. Wenn ein Land dem Ausland keine interessanten Güter zu bieten vermag, dann kann das transferierte Kapital dazu dienen, um dort statt dessen großen Besitz an Immobilien zu erwerben oder auch heimische Firmen.[87] Dies führt auf Dauer stets zu schweren Spannungen mit der Bevölkerung, die dadurch ihre Rechte im eigenen Land eingeschränkt sieht. Aber auch wenn im Ausland investiertes Kapital von diesem dazu genutzt wird, im Ursprungsland der Investoren Erzeugnisse der Hochtechnologie zu erwerben, kann die Wirkung zweifelhaft und langfristig schädlich sein. Einerseits wird dadurch einseitig der Bereich der Industrien für Investitionsgüter gefördert, der in hohem Grade kapitalintensiv ist und daher wenig Menschen beschäftigt, andererseits wird das investierte Kapital dem betreffenden Land ja durchaus nicht geschenkt. Es muß dieses Kapital mitsamt hohen Zinsen zurückerstatten. Übertragen auf den Güterfluß, der dabei den Strömen des Kapitals entspricht, ist ihm dies am ehesten möglich, wenn es mit Produkten niederer Technologie bezahlt, zum Beispiel mit jenen, die es einige Zeit später auf den gelieferten Anlagen zu erzeugen vermag. Betrachtet man den ganzen Vorgang auf der Seite der Güterströme, so wird im Ursprungsland einerseits die Industrie der Hochtechnologie gefördert, andererseits werden die Industrien für weniger entwickelte Technologien geschädigt, die den Großteil der Arbeiter beschäftigen. Wir sahen bereits, daß ein solcher Ersetzungshandel (*substitutiver Handel*) wesentlich zum Anstieg der Arbeitslosigkeit beiträgt.

Kapitalflucht und der Druck auf die Öffentlichkeit

Aber die bei weitem nachhaltigste Wirkung der Kapitalflucht liegt in der Erhöhung der Zinsen. Wenn diese dem Kapital im Inland zu niedrig sind, kann es damit drohen, ins Ausland zu gehen, wo es entsprechend höher belohnt wird. Mit anderen Worten, der Streik des Geldes besteht nunmehr darin, daß es aus dem Inland abwandert, sobald ihm die Bedingungen dort nicht länger genügen. Die Wirtschaft ist daher von seiten des Vermögens dem permanenten Druck ausgesetzt, wenigstens soviel Gewinn zu erwirtschaften wie die in dieser Hinsicht erfolgreichsten Industrien irgendwo sonst in der Welt. Wenn Betriebe in einem Land wie Malaysia oder Brasilien aufgrund niedriger Löhne, geringer Steuern oder fehlenden Umweltschutzes besondere Renditen erbringen, dann lastet auf den entwickelten Staaten ein gewaltiger Druck, das Kapital mit ähnlich hohen Gewinnen zufriedenzustellen. Da dies unter den Bedingungen hoher Löhne, bedeutender Steuerabgaben und scharfer Bestimmungen zum Schutze der Umwelt kaum noch möglich erscheint, läßt sich ein derartiger Druck nur durch *einen Abbau* dieser Bedingungen auffangen. Mit anderen Worten, das Kapital erpreßt die Öffentlichkeit, immer größere Opfer zu seinen Gunsten zu bringen.

Zur Abwehr dieser Erpressung gebrauchen die Staaten zwei verschiedene Methoden einzeln oder gemeinsam: Sie forcieren das Wachstum oder verschulden sich. Solange die Wachstums- über den Zinsraten liegen, ist ihnen damit geholfen (vgl. Kapitel *Das Gesetz der Zinsdifferenz zum Schaden der Leistung*, S. 178 ff.). Aber dies ist immer nur für eine begrenzte Zeit möglich, weil jedes Wachstum an natürliche Grenzen stößt. Auch im günstigsten Fall kann es in industriell bereits hochentwickelten Staaten niemals den hohen Werten für Entwicklungs- und Schwellenländer entsprechen. Anders gesagt, mit einer Politik des Wachstums können hochindustrialisierte Staaten immer nur vorübergehend die Umverteilung der Einkommen zugunsten des Kapitals begrenzen. Fast alle Industriestaaten haben sich deshalb auf einen noch zweifelhafteren, wenn nicht gar verzweifelten Weg eingelassen: Sie nahmen und nehmen Schulden in gewaltigen Mengen auf.

Soweit dies für Zwecke der produktiven Investition geschieht, ist eine derartige Strategie mit der des Wachstums identisch und bewirkt keinen Schaden (vorausgesetzt, daß sich die Wirtschaft mindestens zu einem Prozentsatz vergrößert, welcher der Höhe der für die Schulden zu entrichtenden Zinsen entspricht). Aber die entliehenen Mittel werden zum Teil zu sozialen Zwecken benutzt, d. h. zur Unterstützung benachteiligter Schichten. Kurzfristig erreicht man damit ein höheres Maß an Gerechtigkeit – die Politiker können auf einen entsprechenden Wahlerfolg zählen. Langfristig aber wird die soziale Ungerechtigkeit dadurch im Gegenteil noch vermehrt. Denn durch die Aufnahme von Schulden, die der Staat mit hohen Zinsen zurückzahlen muß, werden zukünftige Leistungsträger um so stärker belastet. Die Benachteiligten, denen man in der ersten Generation mit Schulden kurzfristig half, werden in der nächsten Generation von der Rückzahlung dieser Schulden erdrückt.

Die unheilige Allianz zwischen Schulden und Zins

In einer Wirtschaft mit sinkendem Wachstum und gleichbleibenden Zinsen, in der die Höhe der Zinsen dauerhaft über der Rate des Wachstums liegt, vollzieht sich die Verschiebung der Vermögensanteile von der Leistung zum Kapital mit der Notwendigkeit eines »Naturgesetzes«. Den wenigsten scheint dabei bewußt zu sein, daß dieses Gesetz auf der Eigendynamik der Geldwirtschaft gründet. Es hängt unmittelbar damit zusammen, daß der Tausch der Güter in einer modernen Wirtschaft nur mit Hilfe jenes symbolischen Äquivalents durchführbar ist, das wir als Geld bezeichnen. Zwischen der Vermehrung von Kapital über den Mechanismus des Sparens und der Verschuldung *besteht eine notwendige Entsprechung.* John Maynard Keynes spricht es in aller Deutlichkeit aus: Die Sparer *zwingen* die anderen zur Verschuldung. »The mere act of saving by one individual ... forces some other individual to transfer to him some article of wealth old or new. Every act of saving involves a ›forced‹ inevitable transfer of wealth to him who saves.«[88]

Wie eng der Zusammenhang zwischen einem wachsenden Schuldenberg von Staat, Gemeinden und Industrien auf der einen und einem ebenso stark zunehmenden Berg der Vermögen auf der anderen Seite tatsächlich ist, zeigt die folgende Überlegung. Was würde geschehen, wenn alle Schuldner, vor allem der Hauptschuldner Staat und die stark verschuldeten Unternehmen, ihre Obligationen plötzlich zurückzahlen würden?

Wenn dieser Fall eintreten würde,[89] befänden sich sämtliche Gläubiger auf einmal im Besitz der gesamten Menge ihres überschüssigen Geldes. Was können sie damit tun? Angenommen, sie würden das Geld, das vorher über Kredite in die Industrien für Investitionsgüter floß, plötzlich für den »normalen« Konsum verwenden. In diesem Fall müßten einerseits die Investitionsgüter erzeugenden Industrien kollabieren, andererseits würden die Preise für Konsumartikel so steil in die Höhe klettern, daß die ärmere Hälfte der Bevölkerung sie nicht mehr zu bezahlen vermöchte. Eine plötzliche Rückzahlung der Schulden und ihre Umleitung in den »normalen« Konsum würde das gesamte Gefüge der Wirtschaft aus dem Gleichgewicht bringen.

Aber wir können eine derartige Möglichkeit von vornherein aus-
schließen. Denn die rückerstatteten Schulden betreffen ja genau jenes
Geld, das über den Konsumbedarf der Reichen hinausgeht – eben ihr
überschüssiges Geld. Es besteht für sie daher keinerlei Grund, diese
gewaltigen Mittel in den Konsum zu stecken. Allenfalls könnten sie
zumindest einen Teil dieser astronomischen Summen in Tresoren
verwahren, so wie dies ohnehin mit Gold oder anderen Wertgegen-
ständen geschieht. Die Folge eines solchen Verhaltens aber wäre noch
dramatischer als eine plötzliche Umleitung in den Konsum. Rufen
wir uns in Erinnerung zurück, daß 358 Milliardäre soviel Geldvermögen besitzen wie 50 % der Menschheit für ihre Leistung jährlich verdienen. Würden sie dieses Geld plötzlich dem Umlauf entziehen, so
wäre dadurch dem physischen Güterverkehr mit einem Schlag die
monetäre Grundlage entzogen. Dies wäre mehr als nur eine Deflation
– es wäre der totale ökonomische Kollaps.

Die extreme Konsequenz einer totalen Zurückhaltung der Vermögen ist praktisch auszuschließen, weil die Vermögenden sich damit
einer untragbaren Gefahr für Leib und Leben aussetzen würden, aber
schon der Entzug von Bruchteilen dieser Summen reicht aus,[90] um
gefährliche Deflationen hervorzurufen. Daher besteht für jede Wirtschaft, in der sich große Vermögen in immer weniger Händen akku-
mulieren, ein realer *Verschuldungszwang.* »Sind Unternehmen und
Privathaushalte nicht ausreichend zu weiteren Kreditaufnahmen bereit, ›dann muß der Staat das am Markt entstehende Kapitalüber-
angebot aufnehmen, weil andernfalls eine deflationäre Wirtschafts-
entwicklung einsetzen würde‹. Auf diesen Verschuldungszwang, speziell der öffentlichen Haushalte, hat schon vor einigen Jahren der
Wirtschaftsprofessor Rüdiger Pohl, einer der ›fünf Wirtschaftswei-
sen‹, in der ZEIT hingewiesen.«[91]

Solange irgendwo auf der Welt Länder mit hohem Wachstum bestehen, die zur Zahlung von hohen Zinsen bereit sind, ist dieser
Zwang allerdings weniger wirksam, weil ja für das Kapital ein Ventil
nach außen besteht. Aber auch dadurch wird die Lage für das Inland
zwar kurzfristig entschärft, langfristig aber noch verschlimmert.
Denn nun sehen sich Staat, Gemeinden und Unternehmen gezwungen, das Kapital für den eigenen Finanzbedarf mit gleich hohen Zin-

sen zu locken, auch wenn sie sich dies schon längst nicht mehr leisten können. Es sind diese über dem realen Wachstum der Wirtschaft liegenden Zinsen, die den geradezu mechanischen Anstieg der Schulden bewirken und die Vermögen noch weiter aufblähen. Der teilweise Abbau staatlicher Schulden, wie er in wenigen Ländern gelang, z. B. in Großbritannien, erscheint dadurch in einem anderen Licht.[92]

Kredite und Schulden

Aber muß das von der Wirtschaft benötigte Geld notwendig aus erspartem Vermögen stammen und dadurch die soziale Umverteilung bewirken? Könnten die für Investitionen notwendigen Summen nicht auch vom Staat zur Verfügung gestellt werden, so daß man mit diesem vergleichsweise einfachen Schritt die negativen Auswirkungen des Zinssystems aufheben würde, weil der Zins in diesem Fall dem Staat, d. h. der Allgemeinheit, zugute käme?

Betrachten wir vorerst die gegenwärtige Situation. Alles für das Funktionieren der Wirtschaft notwendige Geld stammt heute aus zwei ganz unterschiedlichen Quellen. Einerseits wird es von der Notenbank mit Hilfe von Druckpressen erzeugt, und zwar im gleichen Tempo mit der Zunahme der volkswirtschaftlichen Leistung. Wenn das Verhältnis zwischen dieser und dem vorhandenen Geld sich nicht verändern oder, anders gesagt, wenn die Konstanz der Preise gewahrt bleiben soll, muß im Gleichschritt mit dem Umfang der Leistungen auch die Menge des Geldes zunehmen. Eine moderne expandierende Wirtschaft wird deshalb von der Notenbank permanent mit dem nötigen Geld versorgt.

Die zweite Quelle des Geldes sind jene Menschen, die über mehr Geld verfügen, als für ihren eigenen Konsum nötig ist. Es leuchtet ein, daß die gesamte Menge des zur Verfügung stehenden Geldes durch das Geldangebot der Sparer niemals vermehrt werden kann – auch nicht durch Zinsen, wie sie die Sparer für die von ihnen leihweise zur Verfügung gestellten Mittel erhalten. Denn eine Vermehrung des umlaufenden Geldes kann ausschließlich von der Notenbank durch den Druck und die Ausgabe neuen Geldes ausgehen. Allerdings ist die Ausgabe neuen Geldes gar nicht erforderlich, um Kredite bereitzustellen. Hierzu genügt es, daß ein Teil der zur Verfügung stehenden Güter und Leistungen in Investitionen *umgelenkt* wird.

Dieser Teil der Jahr um Jahr für neue Investitionen zur Verfügung stehenden Leistung setzt sich zu einem geringen Teil aus laufenden Ersparnissen zusammen, zu einem vorherrschenden Teil aber aus dem *Zuwachs* ersparter Vermögen, d. h. aus den Zinsen, die dem Sockel des angehäuften Vermögens der vorausgehenden Jahre entstammen. Ebenso wie dieser Sockel ersparten Vermögens für deren Besitzer überflüssiges Geld darstellt, gilt dies natürlich auch für den Großteil der mit jedem Jahr aus diesem Fundament hervorgehenden Zinsen. 1995 belief sich der Sockel ersparter Vermögen auf 7703 Milliarden DM.[93] Bis zum Ende des folgenden Jahres hatte er sich um ca. 5 % auf 8068 Milliarden erhöht – er war um einen Betrag von 365 Milliarden DM gewachsen. Ohne daß die Menge des umlaufenden Geldes erhöht werden mußte, stand dieser Betrag der Wirtschaft 1994 als Kredit zur Verfügung. Dagegen belief sich die zusätzliche Bargeldmenge, welche die Notenbank im gleichen Zeitraum abgab, um damit den realen Leistungszuwachs der Wirtschaft zu stützen, nur auf ca. 12 Milliarden DM – ein Bruchteil der als Kreditvolumen zur Verfügung stehenden Summe. Aus dem Vergleich beider Zahlen geht eindeutig hervor, daß die Kredite für Investitionen aus erspartem Vermögen und nicht etwa von der Notenbank stammen – diese sorgt nur für einen vergleichsweise unbedeutenden Bargeldnachschub. 365 Milliarden DM wurden 1995 in Form von Krediten in den Kreislauf des Geldes gepumpt, von wo sie – mit entsprechenden Zinsen belohnt – auf die Konten zurückgelangen und den Sockel ersparten Vermögens weiter verbreitern. So fließt ein von Jahr zu Jahr anschwellender Zinsstrom von einer Mehrheit zu jener Minderheit hin, die ohnehin überschüssiges Geld besitzt.

Dies ist die gegenwärtige Situation. Das Geld für Kredite stammt aus dem ersparten Vermögen, während die Zunahme der volkswirtschaftlichen Leistung mit einer Erhöhung der Bargeldmenge durch die Notenbank beantwortet wird. Aber könnte das für Investitionen benötigte Geld nicht auch von der Notenbank stammen? Würde man mit einer derartigen Änderung am gegenwärtigen System nicht den bedeutenden Vorteil erzielen, daß die Zinsen nicht länger an die Vermögenden gehen und für wachsende Ungleichheit sorgen, sondern der Allgemeinheit zugute kommen? Bei der Ausgabe des Bargelds ist dies ja schon heute der Fall. Ein gut Teil der Zinsen, welche die Bundesbank dabei verdient, strömt in die Kassen des Finanzministers.

Leider hat die scheinbar so einfache Lösung, der Bundesbank auch die Versorgung mit Krediten anzuvertrauen, einen entscheidenden Fehler. Die Größe der Investitionen überschreitet den realen Zuwachs der Leistungen stets um ein Vielfaches, weil sich dieser Zuwachs auf einen großen Zeitraum verteilt, während Investitionen innerhalb kurzer Zeit Geld in großer Menge erfordern. Würde die Notenbank auch das Geld für Kredite drucken, müßte die Geldmenge den wirtschaftlichen Leistungszuwachs weit überschreiten. Was dies heißt, ist leicht zu ermessen – Hyperinflation mit allen für die Wirtschaft katastrophalen Auswirkungen wären die Folge. Aus diesem einfachen Grund kann das für Kredite zur Verfügung gestellte Geld nur aus erspartem Vermögen stammen, ein kategorischer Imperativ, der noch deutlicher wird, wenn man von der Geld- zur Realwirtschaft überwechselt. Denn Geld, das für Investitionen bereitgestellt wird, ist nichts anderes als der symbolische Ausdruck für verfügbare Leistungen. *Reale Leistungen, die für Investitionen erforderlich sind, können aber immer nur aus der Umlenkung vorhandener Leistungen stammen, niemals sind sie aus dem Nichts zu erzeugen, schon gar nicht durch das Drucken von Geld.*[94]

Wenn im folgenden von Krediten und Schulden die Rede ist, dann sind daher stets die Kredite aus privater Quelle gemeint. Nur aus diesen gehen die Schuldenberge hervor. Die Bargeldausgabe der Notenbank verfolgt nur den Zweck, ein konstantes Verhältnis zwischen Geldmenge und volkswirtschaftlicher Leistung zu garantieren und so die Konstanz der Preise zu sichern. Für die Schulden trägt die Bundesbank keine Verantwortung (vgl. *Anhang: Das kapitalistische Geldsystem*, S. 297 ff.).

Die Schuldenepidemie

> Der Privatisierung des Geldes ... entspricht also durch-
> aus eine Sozialisierung der Schulden.
>
> *Elmar Altvater*

Wachsende Vermögen und zunehmende Schulden sind die beiden Seiten der gleichen Medaille,[95] unter diesem Gesichtspunkt erscheint die wachsende Verschuldung nahezu sämtlicher Staaten der Welt in einem anderen Licht. Allerdings darf der Zusammenhang nicht allzu einfach gesehen werden. Hohe Schulden setzen überschüssige Vermögen in entsprechender Höhe voraus, aber dabei muß es sich nicht unbedingt um Vermögen handeln, die sich in den Händen einer Minderheit konzentrieren. Sie könnten theoretisch ja auch von einer Vielzahl von Sparern stammen, von denen jeder nur einen kleinen Betrag aufbringt. Angenommen, die gesamte Bevölkerung würde mit etwa gleichen Einlagen die Schulden des Staats finanzieren, so gäbe es überhaupt keine Umverteilung in der Bevölkerung.

Leider bleibt dieser Fall eine rein theoretische Konstruktion – und es ist leicht einzusehen, warum. Wenn Vermögen und Schulden gleichmäßig über die ganze Bevölkerung verteilt sind, so daß jeder sein eigener Gläubiger ist, verliert das Zinssystem seinen Sinn – jeder gewinnt an Zinsen ja nur in dem Maße hinzu, wie er selbst durch eigene Arbeit erwirtschaftet hat. Volksaktien, an denen im Idealfall die ganze Bevölkerung einen etwa gleichen Anteil besäße, sind aus diesem Grund sinnlos. Denn Zinsen repräsentieren die Mehrarbeit, zu der ich *andere* verpflichte, indem ich ihnen mein Kapital überlasse. Es wäre absurd, wenn jeder selbst sich diese Mehrarbeit auferlegte, weil er zugleich Schuldner und Gläubiger ist.[96]

Übrigens ist eine gleichmäßige Vermögensverteilung von vornherein nicht zu erwarten. Da die Einkommen ungleich sind, werden einige Menschen mehr, andere weniger oder gar kein überflüssiges Vermögen besitzen. Daher ist eine ungleiche Verteilung der für Kredite (Schulden) bereitstehenden Mittel der mathematisch wahrscheinlichste Zustand. Oder anders gesagt, eine zunehmende Konzentration der Vermögen stellt die wahrscheinlichste Entwicklung dar.

Dies gilt nicht nur innerhalb eines Landes, sondern auch zwischen verschiedenen Ländern. Denn Vermögen und Schulden müssen nicht gemeinsam in ein und demselben Land auftreten. Ein Staat kann hoch verschuldet gegenüber den eigenen Bürgern sein (Binnenschuld) oder sein Geld bei den Vermögenden in anderen Staaten ausleihen (Außenschuld). Dies erklärt die auf den ersten Blick so paradoxe Situation, daß nahezu sämtliche Staaten der Welt in hohem Maße verschuldet sind. Die armen Staaten der dritten Welt verfügen nur über geringe Sparaufkommen. Sie sind daher fast ausschließlich gegenüber dem Ausland, d. h. den reichen Industrieländern, verschuldet. Bei ihnen ist die gewaltige Außenschuld ein Pfand ihrer gegenwärtigen und in der Regel auch künftigen Armut, denn nur in dem unwahrscheinlichen Fall, daß ihre Wachstumsrate über lange Zeit die der Zinsen wesentlich übersteigt, haben sie überhaupt eine Chance, der Schuldenlast zu entkommen.

Der Außenschuld eines Landes entsprechen somit Vermögen in ausländischer Hand. Die Höhe der Schulden erteilt daher nur dann eine Auskunft über die Größe des im Lande selbst vorhandenen Reichtums, wenn beide, Schulden und Vermögen, im gleichen Land lokalisiert sind, d. h., wenn es sich um eine reine Binnenschuld handelt. In diesem Fall ist das Verhältnis zwischen den Raten von Zinsen und Wachstum entscheidend für die zukünftige Aufteilung der Vermögen. Laufen die Zinsen der Wachstumsrate davon, so wird die Höhe der Binnenschuld zum Indikator für ein immer weiteres Auseinanderklaffen von Armut und Reichtum. Während Wohlstand und Besitz bei einer Minderheit wachsen, geht es dem Staat und der Bevölkerungsmehrheit zunehmend schlechter.

Schulden – der Weg in die 20:80-Gesellschaft

Einem aufmerksamen Beobachter wie dem US-amerikanischen Ökonomen John Kenneth Galbraith ist der zunehmende Gegensatz zwischen privatem Reichtum und öffentlicher Armut bereits Ende der fünfziger Jahre in die Augen gesprungen. In seinem Buch *The Affluent Society* brachte der bekannte Harvard-Wissenschaftler diesen

Widerspruch auf den Begriff. Inzwischen hat sich der Gegensatz dramatisch verschärft und äußert sich in zunehmender Staatsverschuldung. In den USA beliefen sich die Schulden des Staates 1995 auf 70 % des Bruttosozialprodukts. Inzwischen dienen mehr als 20 % der gesamten Regierungsausgaben ausschließlich dem Zweck, die vom Staat aufgenommenen Schulden mit Zinsen zu bedienen.[97] Diese Zinszahlungen übertreffen »die Summen, welche die Regierung für die Gesundheit, Wissenschaft, Raumfahrt, Landwirtschaft, den Wohnungsbau, den Umweltschutz und die Justizverwaltung zusammengenommen aufwendet«.[98] Auffallend ist, in welchem Maße sich die Zinslast über die Jahre erhöht hat: von 52,5 Milliarden im Jahr 1980 auf 184 Milliarden zehn Jahre später und auf etwa 300 Milliarden 1998. Trotz der von Bush und Clinton erfolgreich betriebenen Verminderung des Budgetdefizits (bis hin zu einem positiven Budget 1998) scheint eine Reduktion dieser Schulden immer ferner zu rükken. Tatsächlich muß sie auch immer ferner rücken, wenn es wahr ist, daß die Schulden nur die Kehrseite der wachsenden Vermögen darstellen.[99]

Natürlich sind nicht ausschließlich die großen Vermögen die Nutznießer dieser Entwicklung. Auch Millionen von Kleinanlegern gehören dazu – ein Argument, das gerne betont wird, um der Problematik ihre soziale Brisanz zu nehmen. Aber die Anteile der kleinen Anleger spielen im Vergleich zu denen der großen Vermögen nur eine untergeordnete Rolle. Deshalb läuft der Schuldendienst der Regierung auf eine massive Umverteilung hinaus. Denn die Steuern für die Bedienung der Schulden stammen aus den Taschen der Bevölkerungsmehrheit und wandern von dort in die Kassen der ohnehin Reichen.[100] Eine wesentliche Funktion der Regierungen besteht am Ende des 20. Jahrhunderts darin, die überschüssigen Vermögen einer Minderheit von Privilegierten mit Zinsen zu bedienen, die aus den Mitteln der Steuerzahler, d. h. der arbeitenden Mehrheit, stammen.

Dabei bilden Staatsschulden nur einen Teil – und nicht einmal den größten – des Schuldenbergs in seiner gesamten Höhe. Hinzuzählen muß man noch die gewaltige Verschuldung der Unternehmen sowie die in letzter Zeit steil in die Höhe schießende Verschuldung privater Haushalte. Zusammengenommen entsprachen zu Anfang der neunziger Jahre die staatliche und private Verschuldung in den Vereinigten Staaten etwa 180 Prozent des Bruttosozialprodukts – ein Niveau, das es seit den dreißiger Jahren nicht mehr gegeben hat.[101]

Inzwischen sind die Schulden noch höher geklettert. In Deutschland belief sich ihr gesamter Umfang 1995 auf mehr als das Doppelte der volkswirtschaftlichen Leistung, wie aus der Grafik auf S. 156 hervorgeht.

Das schwerwiegendste Problem ist dabei die wachsende Verschuldung der Unternehmen. Schon bei geringen Erhöhungen der Zinsen machen regelmäßig Tausende von ihnen – vor allem kleine und mittlere Unternehmen – bankrott.

Weder die Vereinigten Staaten noch Deutschland stehen mit ihrer Schuldenpolitik allein. In einer globalen Welt ist es üblich, daß jeder Staat die eigene Situation mit dem Hinweis auf die Lage bei den anderen relativiert, wenn nicht entschuldigt. Tatsächlich schreitet die Staatsverschuldung der europäischen Länder in bemerkenswertem Gleichschritt voran.

Verschuldung ausgewählter Staaten 1996
in Prozent des Bruttosozialprodukts[102]

Finnland	55,8	Spanien	68,3
Irland	66,3	Deutschland	1,3
Niederlande	72,1	Italien	121,6
Belgien	122,0	Frankreich	58,0
Portugal	62,0	Österreich	66,1

Quelle: World Economic Outlook

Da diese Zahlen in erster Linie Binnenschulden ausdrücken dürften, entspricht ihrem Anstieg in den letzten Jahrzehnten zweifellos ein ähnlicher Zuwachs bei den Vermögen. Auch in Deutschland verläuft der Strom der Zinsen zur Bedienung der Schulden eindeutig von der Mehrheit zu einer Minderheit. Die einen gewinnen aus Zinsen – die vor allem in den Preisen der verkauften Produkte enthalten sind –, die anderen müssen für diese Gewinne aufkommen. Wenn man die Zinslasten und Zinseinkünfte gegeneinander verrechnet, dann ist der

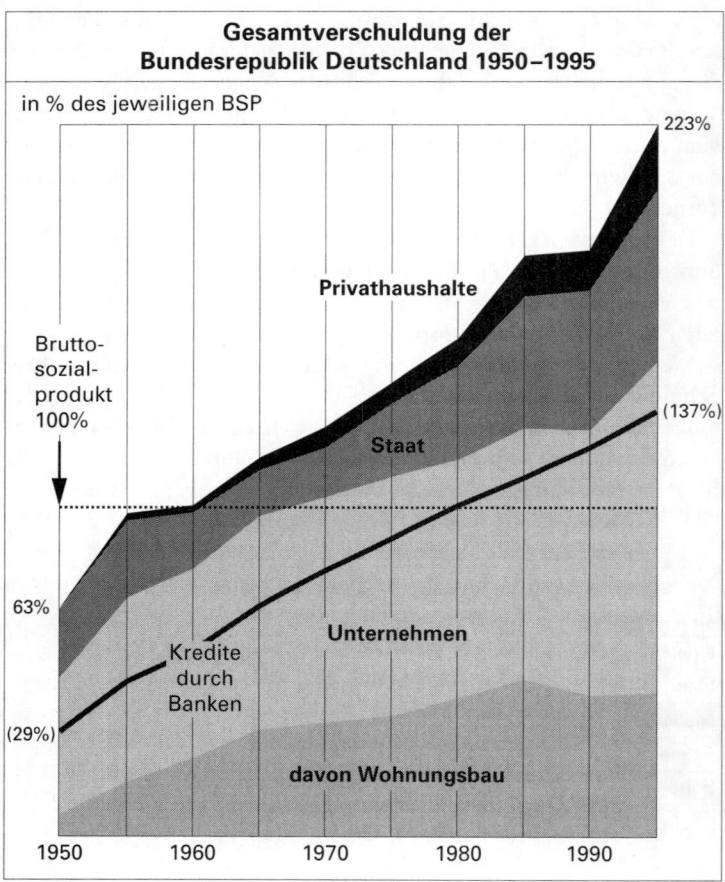

Gesamtverschuldung der Bundesrepublik Deutschland 1950–1995

in % des jeweiligen BSP

223%

Privathaushalte

Brutto-sozial-produkt 100%

(137%)

Staat

63%

Unternehmen

Kredite durch Banken

(29%)

davon Wohnungsbau

1950   1960   1970   1980   1990

Quelle: Helmut Creutz, Das Geldsyndrom

Saldo bei acht von zehn Haushalten negativ und bei dem neunten ausgeglichen. Nur jeder zehnte von ihnen verzeichnet einen positiven Saldo.[103] *Anders gesagt, dieses reichste Zehntel der Haushalte gewinnt ohne Leistung, wofür acht Zehntel der Bevölkerung mit ihrer Leistung bezahlen müssen.* Die 20:80-Gesellschaft, für welche die

Autoren der Globalisierungsfalle bekanntlich diese Falle selbst verantwortlich machen, hat ihre tiefere Ursache in der Umverteilung
von der Mehrheit zu einer Minderheit.

Allerdings braucht der Zins eine längere Zeit der Inkubation, damit
seine umverteilende Wirkung sichtbar wird. Dies ist der Grund,
warum man diese Wirkung jahrzehntelang schlicht übersehen
konnte. Zinsen und Zinseszinsen bewirken eine exponentielle Vergrößerung der Vermögen. Es liegt dabei in der Eigenart exponentiel-
ler Kurven, daß sie lange am Boden haften, um sich erst spät, aber
dann mehr oder weniger plötzlich in die Höhe zu schwingen. Der dramatische Anstieg der Schulden und der ihnen entsprechenden Konzentration der Vermögen ist daher erst in den beiden letzten Jahrzehnten vor Ende des Jahrhunderts deutlich sichtbar geworden.

Die exponentielle Kurve

Das Signum der vorindustriellen Zivilisationen ist die lineare Entwicklung, so wie die exponentielle Kurve kennzeichnend für den Abschied vom Gleichgewicht und der Nachhaltigkeit ist. Der exponentielle Verlauf wird damit sozusagen zum Symbol des Kapitalismus.

Kurven mit dieser Entwicklung sind dadurch gekennzeichnet, daß
ein vorausgehender Zustand zum Ausgangspunkt für einen prozen-
tual gleichen Anstieg auf der ihm folgenden Stufe wird. Solange die
Seerosen in einem Teich sich gleichmäßig vermehren – zum Beispiel
um ein Dutzend pro Tag –, findet eine lineare Vermehrung statt. Unter dieser Voraussetzung kann es nie zu einer explosiven Zunahme
kommen, um so weniger als mit dem Einbruch des Winters ihre Vermehrung ein rechtzeitiges Ende findet. Aber wenn sich von Stufe zu
Stufe ihre Ausgangsmenge verdoppelt, haben wir es mit dem typischen exponentiellen Verlauf zu tun. Drei Monate mag es dauern, bis
der halbe Teich von ihnen bedeckt ist, aber *ein einziger Tag genügt*,
damit schließlich der ganze Teich unter Seerosen erstickt. Diese Art
des explosiven Zuwachses ist, wie wir wissen, für die Entwicklung der
Bevölkerung in den letzten vier Jahrhunderten charakteristisch. Die
längste Zeit menschlicher Geschichte verlief die Entwicklung der

Weltbevölkerung linear. Aber etwa seit Beginn des 15. Jahrhunderts setzte eine exponentielle Entwicklung ein. Eine Zeitlang kroch die Kurve noch am Boden, bis sie sich um die Mitte des vergangenen Jahrhunderts aufzurichten begann und in unserer Zeit steil in die Höhe richtet.

Exponentielle Kurven bezeichnen eine Entwicklung jenseits des Gleichgewichts. Früher oder später stößt ihr Verlauf daher an eine natürliche Grenze. Wir können diese Grenze oder diesen kritischen Punkt durch sinnvolle Planung aus eigener Kraft bestimmen, oder Kriege, Krankheiten und frühzeitiger Hungertod, wie er in jedem Jahr Millionen von Menschen trifft, stellen das Gleichgewicht zwischen Mensch und Natur auf gewaltsame Weise her. Dies gilt auch für die exponentielle Zunahme der Vermögen durch Zins und Zinseszins.

Zins und Zinseszins

Das Problem des Geldsystems in seiner jetzigen Form ist darin begründet, daß auch das Wachstum der Vermögen dem Prinzip der exponentiellen Zunahme folgt. Überschüssiges Geld wird zu einem festen Zinssatz ausgeliehen. Nach Verlauf einer bestimmten Zeit, zum Beispiel nach einem Jahr, hat sich das Kapital um den betreffenden Zinssatz vermehrt. Da für die Besitzer großer Vermögen dieser Zuwachs meist ebenso überschüssiges Geld darstellt wie die ursprünglich ausgeliehene Summe, bilden jetzt beide zusammen: das Kapital und sein Zinszuwachs, den Sockel für weitere Zinsen. Mit anderen Worten, das große Vermögen vermehrt sich gemäß der Formel vom Zinseszins:

$$K_n = K_0 \times (1 + p/100)^n$$

wobei K_n die Höhe des eingesetzten Kapitals K_0 nach n Jahren bei einem Zinssatz von p ist. Beträgt $K_0 = 10$ und $p = 5\,\%$, dann nimmt die Kurve z. B. den in der Grafik dargestellten exponentiellen Verlauf.

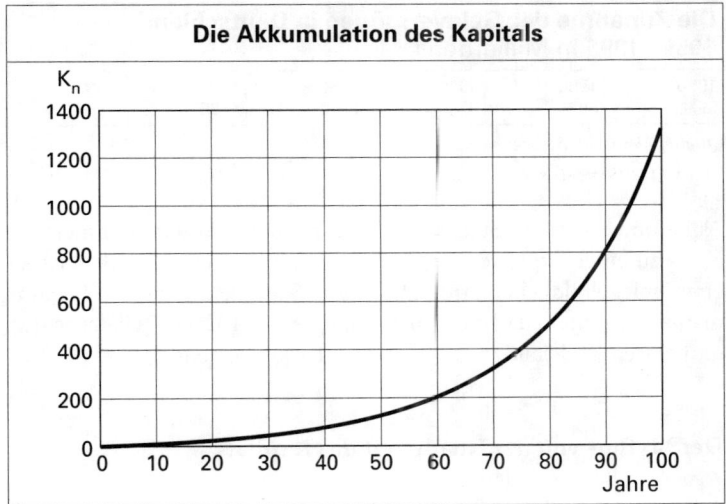

Die Akkumulation des Kapitals

Natürlich wird der tatsächliche Anstieg der Vermögen der Zinseszinskurve nur näherungsweise folgen. Zeitweise geht der Zinssatz zurück, oder Vermögen werden aufgrund von Fehlinvestitionen auch völlig zerstört. Ein Teil der Anleger schlägt überdies die eingenommenen Zinsen nicht auf das Kapital, sondern benutzt sie für den Konsum, ihr Vermögen nimmt daher nicht zu. Dennoch sorgt die Konzentration des Geldbesitzes verläßlich dafür, daß für einen Teil von Vermögensbesitzern auch die Zinsen und Zinseszinsen überschüssiges Geld sind: Geld, das als Kredit und Schulden in den monetären Kreislauf zurückgelangt.

Zu Anfang der Akkumulation von Vermögen, z. B. nach einem Krieg oder einer Währungsreform, die meist zu einer Einebnung auch der großen Vermögen führen, ist dieser Prozeß noch kaum zu bemerken – die exponentielle Kurve kriecht noch am Boden. Aber mit der Zeit wachsen Masse und Konzentration des Geldbesitzes, so daß der Prozeß sich nun zunehmend selbst beschleunigt. Vergleicht man die offiziellen Statistiken zum Anwachsen der Geldvermögen in Deutschland, so läßt sich leicht erkennen, wie dies zu verstehen ist.

Die Zunahme der Geldvermögen in Deutschland 1950–1995 in Milliarden DM					
1950	1960	1970	1980	1990	1995
59	337	926	2390	4825	7703

Quelle: Deutsche Bundesbank

Auf einmal steht ein Staat vor einer ganz neuen Situation. Einerseits ist es zu einer Explosion der Vermögen gekommen, andererseits zu einer spiegelbildlichen Anhäufung von Schulden. Langsam beginnt man zu begreifen, daß diese nichts anderes sind als ein Teil des in den monetären Kreislauf zurückgeschleusten Vermögens.[104]

Der Mythos von der Knappheit des Kapitals

Die unheilige Allianz zwischen Vermögen und Schulden ist zur Gefahr für die Wirtschaft geworden. Durch Belohnung, sprich durch entsprechende Zinsen, muß man verhindern, daß das Kapital sich dem Geldumlauf entzieht oder in Länder abwandert, in denen es höhere Renditen erhält. Die Macht des Kapitals über den Rest der Gesellschaft ist daher real. Geld ist zwar Tauschmittel und als solches ein öffentliches Gut wie die Straßen, der elektrische Strom oder die Luft, die wir atmen. Aber es unterliegt der Manipulation durch private Kräfte. Das Vermögen hat den Staat und die Allgemeinheit in seiner Hand. Entweder es wird entsprechend belohnt oder es zieht sich zurück.

Auch in diesem Fall gehen die gläubigen Verfechter der selbstregulierenden Kräfte des Marktes von der Vorstellung eines natürlichen Gleichgewichts aus. Ginge der Zins zu sehr in die Höhe, dann würden immer mehr Anbieter ihr Kapital auf dem Markt offerieren. Dadurch verliere dieses aber an Knappheit, so daß der Preis, den man dafür zu bezahlen bereit sei, entsprechend niedriger wird. Anders gesagt, die Zinsen sinken und gehen schließlich auf Null hinunter. Aber gilt das Gesetz der Knappheit auch für das Kapital?

Auf die meisten Faktoren der Wirtschaft trifft es sicherlich zu.

Wenn man die Brotmenge bei gleicher Nachfrage plötzlich verringert, steigt es im Preis, so wie es umgekehrt billiger wird, wenn das Angebot sich vergrößert. Dasselbe trifft auf die Arbeit zu, deren Wert gerade in unserer Zeit stark vermindert wird, weil die Globalisierung für deren weltweites Angebot sorgt. Bis zu einem gewissen Grade unterliegt auch das Kapital dieser Regel. Benötigt eine Gesellschaft z. B. für Investitionen mehr Geld, als die Sparer ihr zur Verfügung stellen, dann steigt das Kapital durch seine Knappheit im Wert. Kreditnehmer müssen höhere Zinsen anbieten, um die Sparer zu größerem Konsumverzicht zu ermuntern. So weit gilt die Ähnlichkeit zwischen Brot, Arbeit und Geld.

Im Unterschied zu Arbeit und Brot trifft das Knappheitsgesetz beim Kapital aber keineswegs unter allen Bedingungen zu. Sobald überschüssiges Kapital in großen Mengen vorhanden und auf wenige Besitzer konzentriert ist, tritt eine nur scheinbar paradoxe Gegenwirkung in Kraft. Kapital ist unter diesen Umständen durchaus reichlich vorhanden, wie etwa die Statistik für Deutschland beweist. Zwischen 1985 und 1994 gingen dort die gesamten Einlagen der Sparer um etwa 10 % über die abgerufenen Kredite hinaus.[05] Nicht das Kapital als solches ist also knapp, sondern allein das *billige* Geld. Denn nun kann das Kapital ja an die verschiedensten Stellen des Globus ausweichen, um den von ihm gewünschten Preis zu erzielen. Unter solchen Umständen dankt das Knappheitsgesetz ab und wird durch etwas ganz anderes ersetzt – die politische und ökonomische Macht des Geldes. Zinsen sind nun nicht länger ein Indikator für die Knappheit des Kapitals, sondern Belohnung für dessen Wohlverhalten. Anders gesagt, man muß dem Vermögen jetzt entsprechend hohe Zinsen, Steuervergünstigungen usw. anbieten, damit es dem Inland weiterhin zur Verfügung steht. Aus einer Position der ökonomischen und politischen Stärke kann es auch dann noch hohe Prämien fordern, wenn diese durch ein entsprechendes Wachstum der Wirtschaft längst nicht mehr gedeckt sind. Mit dem Anstieg und der zunehmenden Konzentration der Vermögen nimmt der Druck, den das Kapital auf diese Weise auf die Gesellschaft ausübt, nicht ab, sondern im Gegenteil immer mehr zu.

Das absichtlich primitive Beispiel

Es wäre allerdings falsch, die Schuld für die Konzentration von Vermögen allein dem Zins anzulasten. Selbst in Gesellschaften ohne Geldwirtschaft oder einer nur im Ansatz vorhandenen, in denen daher der Zins allenfalls eine untergeordnete Rolle spielt, kommt es zu Ballungen von Macht und Besitz. Nehmen wir an, daß ein Bauer im Anschluß an eine Mißernte von einem Großgrundbesitzer Saatgut entleiht und danach für mehrere Jahre so schlechte Ernten einbringt, daß sich seine Schuld ständig vermehrt. Am Ende einer solchen Entwicklung trat in vielen Ländern der Fall ein, daß sein ganzer Besitz an den Großgrundbesitzer überging, weil er unfähig war, die Schuld zurückzuerstatten. Dadurch wird dann aber die ohnehin übermächtige Stellung der großen Besitzer gegenüber den Kleinbauern zusätzlich gestärkt – Enteignungen fallen ihnen also mit der Zeit immer leichter. Dies wiederum ermöglicht es ihnen, einen Teil der Armen zu ihrem Schutz anzuwerben, um sich nun auch militärisch gegen den Rest der Bevölkerung abzusichern. Eine solche Konzentration von Macht und Vermögen setzt sich in der Regel so lange fort, bis eine verschwindende Minderheit einer großen Masse von Entrechteten gegenübersteht – der Punkt, an dem das System instabil wird und nach einer Revolution das Gleichgewicht zwischen den Ansprüchen erneut hergestellt wird.

Die Aufgabe einer Gesellschaft, welche die soziale Gerechtigkeit ohne den Blutzoll von Revolutionen aufrechterhalten will, bestand deshalb von jeher darin, der Konzentration von Besitz und der damit verbundenen Macht entgegenzuwirken. *Niemals wurde eine solche Gerechtigkeit aufgrund eines Gleichgewichts hergestellt, das sich von selbst regulierte*, sondern immer nur aufgrund der Entschlossenheit der Allgemeinheit, sich gegen das wachsende Übergewicht einer Minderheit durch entsprechende Gesetze zu wehren. Diese Entschlossenheit war von allen Gesellschaften gefordert, nicht erst von denen, welche die Einrichtung der Zinsen kennen. Denn das Bestreben von einzelnen und von Minderheiten, den eigenen Vorteil zum Schaden des Allgemeinwohls zu suchen, ist nicht erst durch das Geld oder den Zins in die Welt gekommen. Der Unterschied zu früheren

Zeiten besteht lediglich darin, daß sich Zinsen und Geld wirkungsvoller als alle früheren Mechanismen für die Konzentration von Macht und Besitz einsetzen lassen. In Gesellschaften ohne den Mechanismus der Zinsen konnte man weitere Konzentrationen der Macht dadurch verhindern, daß man die Aufnahme von Schulden begrenzte oder ab einem kritischen Stadium auch völlig verbot. In einer Gesellschaft, die von Zinsen beherrscht wird, müssen derartige Maßnahmen jedoch wirkungslos bleiben. Die Schulden vermehren sich, *auch wenn keine zusätzlichen Summen verliehen werden.* Der Automatismus der Zinsen sorgt ganz von allein dafür, daß die bestehenden Vermögen weiter anwachsen und damit die Ungleichheit – und zwar in um so schnellerem und größerem Umfang, je bedeutender die bei anderen als Schulden deponierten Vermögen sind.

Auch ohne Wachstum wachsen die Schulden

In dem zuvor geschilderten Beispiel findet der Prozeß der Konzentration von Land und Macht in den Händen einer kleinen Schicht von Privilegierten in einer Gesellschaft von Bauern statt. Aber grundsätzlich ist er unabhängig vom Stand der Entwicklung. Anders gesagt, Konzentrationen der Macht sind stets und überall möglich, gleichgültig, ob ein Land sich auf dem Niveau einer Agrargesellschaft befindet oder bereits mit der Industrialisierung begann. Diese Tatsache ließ und läßt sich an den unterentwickelten Ländern der Dritten Welt demonstrieren. In vielen von ihnen ist es zu teilweise absurden Konzentrationen der Macht in den Händen von zahlenmäßig unbedeutenden Schichten gekommen. So in Brasilien – um nur ein Beispiel von vielen zu nennen. Dieses Land ist nach den USA der zweitgrößte Exporteur von Agrarprodukten wie Soja, Kaffee, Kakao, Zucker, Orangensaft und Fleischprodukten, welche fast zur Gänze in Plantagen und Großbetrieben hergestellt werden. Zum überwiegenden Teil fließt der Gewinn aus diesen Exporten in die Kassen der Großgrundbesitzer, die nur 4 % der Bevölkerung bilden, aber über 67 % des bebaubaren Bodens verfügen, wobei 0,05 % dieser Landeigentümer allein 17,2 % des bestellbaren Landes besitzen. Der größte Besitz, Manasa Kompanie, entspricht der Größe der Niederlande.[106] Brasilien ist einer der industriell fortgeschrittensten Staaten unter den Ländern der Dritten Welt, aber die Konzentration der Macht in den Händen einer überaus kleinen Schicht von Privilegierten hat sich hier wie auch in anderen Gebieten der Welt unabhängig vom Stand der Entwicklung vollzogen.

Vor allem aber läßt die Konzentration der Vermögen keinen Bezug zum generellen Wohlstand eines Landes erkennen. Die Reichen können sehr wohl zunehmend reicher und die Armen noch ärmer werden, gleichgültig, ob das Land dabei insgesamt ärmer wird oder ob sein Bruttosozialprodukt steigt. Diese Abkoppelung der privaten Bereicherung vom Wohlergehen der Öffentlichkeit läßt sich neuerdings auch für die fortgeschrittensten Industriestaaten nachweisen. Wir sahen, daß es in Deutschland seit dem Ende des Weltkriegs zu einer steten Konzentration der privaten Vermögen kam (vgl. Kapitel *Wie reich sind die Deutschen?*, S. 123 f.).

Solange die Wirtschaft hohe Wachstumsraten aufwies, fand die Umverteilung des Reichtums von der Mehrheit zu einer Minderheit wenig Beachtung. Aber seit mit dem Ende der achtziger Jahre ein deutlicher Rückgang des Wachstums erfolgte, ist sie unübersehbar geworden. Nun tritt der für die langfristige Stabilität gefährliche Fall ein, daß der Wohlstand des Landes insgesamt nur noch geringfügig zunimmt, während zugleich die Mechanik der Zinsen den Reichtum der Vermögenden sogar beschleunigt anwachsen läßt. Spiegelbildlich entspricht diesem Anwachsen der großen Vermögen eine astronomische Aufblähung der Schulden, die von der arbeitenden Bevölkerung auf doppelte Weise bedient werden müssen. Einmal indem sie Preise bezahlt, die im Durchschnitt zu 30 % aus Zinsen für investiertes Kapital bestehen[107], zum anderen indem sie mehr und mehr die gesamte Steuerlast trägt. Denn die Vermögen haben sich inzwischen dem Zugriff des Staates erfolgreich entzogen, nur die Leistung wird zur Kasse gebeten. Machten Lohn-, Einkommens- und Körperschaftssteuer (für Aktiengesellschaften) im Jahr 1950 noch jeweils etwa ein Drittel aus, so ist der Anteil der beiden letzten seit damals stetig geschrumpft. Heute entrichten die großen Betriebe nur noch ein Minimum von 6 % Körperschaftssteuer, und die veranlagte Einkommensteuer fällt mit 4 % kaum noch ins Gewicht.[108]

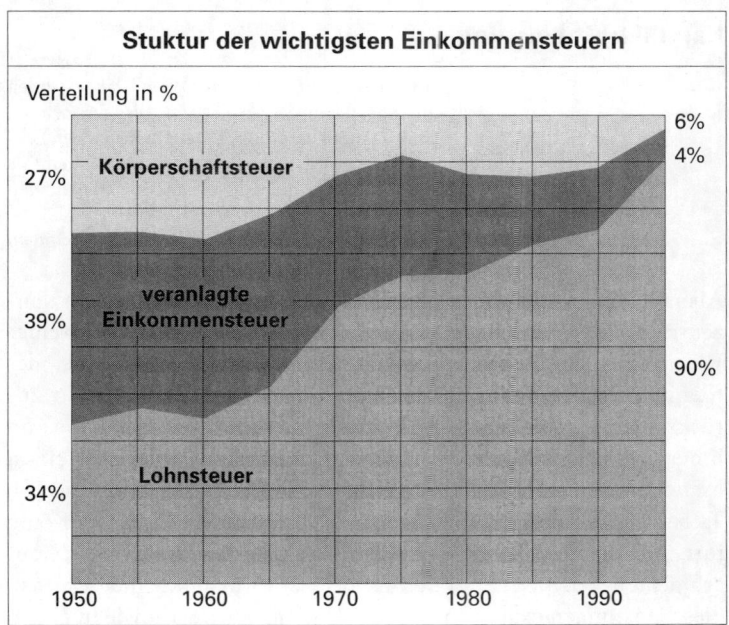

Stuktur der wichtigsten Einkommensteuern

Verteilung in %

Quelle: Deutsche Bundesbank

90 Prozent, fast die gesamte Steuerlast, ruht auf der Leistung – daran ändern auch die gewaltigen Transferzahlungen nichts, die der Staat in Gestalt von Sozialhilfe und Arbeitslosenunterstützung an die Benachteiligten wieder zurückfließen läßt –, auch diese Mittel stammen ja fast zur Gänze aus den Steuern der arbeitenden Menschen. Solche Zahlen beweisen, daß der Prozeß der Konzentration von Reichtum und Macht nicht nur in den Staaten der Dritten Welt stattfindet.

Kapital frißt Leistung auf

> Im Mittelalter dachten die Menschen, daß es ihnen
> schlecht gehe, wenn sie den Zehnten, also ein Zehntel
> ihres Einkommens oder ihrer Erzeugnisse, an den Feu-
> dalherrn abliefern mußten. Heute entfallen mehr als
> ein Drittel im Preis der Güter und Dienstleistungen
> auf den Kapitaldienst für die Geldbesitzer.
>
> *Margrit Kennedy*

Aber was ändert sich eigentlich durch die Verschuldung und die Konzentration der Vermögen? Gehen wir vom einfachsten Fall einer
Wirtschaft ohne Zinsen aus. Wenn Grundbesitzer die Felder der
Kleinbauern übernehmen, weil diese ihre Schulden nicht mehr zurückzahlen können, bleiben die Äcker, die Kleinbauern und die von
ihnen betriebene Produktion normalerweise erhalten. Theoretisch
braucht sich überhaupt nichts zu ändern – außer dem juristischen
Tatbestand des Besitzes. In einigen Gesellschaften war z. B. der König
juristisch der alleinige Besitzer sämtlicher Ländereien und der darauf
erbrachten Leistungen. In der Theorie ist es dennoch möglich, daß
diese Leistungen exakt den gleichen Umfang aufweisen wie in einem
Land, wo jeder Bauer ein freier Mann ist.

Die gleichen Überlegungen könnte man für eine hochverschuldete
im Gegensatz zu einer schuldenfreien Gesellschaft anstellen. Äußerlich scheint sich nicht mehr geändert zu haben als das juristische Statut des Besitzes. 1992 etwa verfügte ein halbes Prozent der US-Amerikaner über 37,4 % aller Aktien und Wertpapiere und 56,2 % aller
privaten Geschäftsvermögen.[109] Scheinbar hat sich durch diese Verlagerung des Besitzes zu einer einflußreichen Schicht von Privilegierten nur der juristische Tatbestand des Besitzes verschoben, während
sich am konkreten Wirtschaftsgeschehen nichts ändert.

Natürlich kann man den Einwand erheben, daß im einen Fall Freiheit herrsche, während im anderen wachsende Unfreiheit eintritt. In
einer Gesellschaft von freien Bauern nimmt jeder die gleiche Verantwortung und gleiche Rechte wahr und trägt durch selbständige Entscheidung zur Wohlfahrt der anderen ebenso wie zu seiner eigenen
bei. In einer Gesellschaft, in der ein einzelner (der Monarch) oder

eine kleine Schicht von Großgrundbesitzern über allen Besitz verfügt, ist dagegen die Mehrheit der Bevölkerung der Willkür einer
Minderheit ausgesetzt. Denn in einem solchen System können die
unfreien Landarbeiter jederzeit entlassen oder vertrieben werden.
Eine solche Einschränkung der Freiheit gilt auch für die Zustände in
einem modernen hoch verschuldeten Staat. Wenn der Anteil der Vermögenden am Reichtum der Allgemeinheit immer mehr wächst,
steigt damit auch die Verfügung einer Minderheit über die Interessen
der Mehrheit. Die Tatsache etwa, daß große Unternehmen sich oft im
Besitz weniger Aktionäre befinden, bedeutet konkret, daß ihre Politik
nicht länger von den Interessen der Allgemeinheit bestimmt wird,
sondern sich einseitig an den Zielen einer Minderheit orientiert.[110]
Verschiebungen des Besitzes laufen also immer auf Einschränkungen
der Freiheit hinaus.

Dennoch ist es nicht nur denkbar, sondern war historisch nicht selten der Fall, daß ein kluger Monarch im wohlverstandenen eigenen
Interesse das Beste für die Wirtschaft des Landes tat, und ebenso um-
sichtig kann natürlich auch das in den Händen einer Minderheit
konzentrierte Kapital zum allgemeinen Wohl eingesetzt werden. In
diesem günstigsten Fall würde man daher sagen, daß der juristische
Tatbestand einer Konzentration des Besitzes auf das tatsächliche
Funktionieren der Wirtschaft keine merklichen negativen Auswirkungen hat.

Aber dies wäre eine sehr oberflächliche Sicht, da sie gerade den
wichtigsten Punkt außer acht läßt. Das juristische Statut des Besitzes
ist kaum mehr als ein Stück Papier oder eine in den Köpfen veran-
kerte Tradition. Was zählt, sind seine praktischen Auswirkungen.
Wenn ein Monarch oder Fürst irgendwo ein zusätzliches Stück Land
besaß, so war damit vor allem das Recht verbunden, von den dort lebenden Menschen Abgaben zu erhalten. Der praktische und letztlich
einzige reale Wert des Besitzes besteht somit darin, *daß von ihm ein
Strom von Gütern und Leistungen ausgeht.* Mit großen Ländereien,
Wäldern, Dörfern und Städten kann kein Mensch etwas anfangen, sei
er auch Fürst oder Monarch, wohl aber mit dem Strom an Gütern und
Leistungen, die darin erwirtschaftet werden. Und genau diese Güter
und Leistungen gehen auch vom Besitz in seiner heutigen Form aus.

Die moderne Gesellschaft mit ihren in der Hand einer Minderheit konzentrierten Vermögen setzt in gerader Linie die Tradition des bei Adel und Klerus konzentrierten Besitzes fort, wie sie im Mittelalter bestand. Denn das juristische Statut des Besitzes an Wertpapieren, Fabriken, Immobilien etc. erhält allein dadurch seinen praktischen Wert, daß davon ein Strom von Gütern und Leistungen ausgeht. Zinsen machen heute im Schnitt ein Drittel des Preises gekaufter Produkte aus und fließen in Richtung von nur 10 % der Bevölkerung.[111] Sie sind das exakte Gegenstück zu den Abgaben, welche die Menschen in früheren Zeiten an eine kleine Minderheit von Adel und Klerus abführen mußten, eine Minderheit, die ihren Luxus und Lebensunterhalt ausschließlich den Leistungen der arbeitenden Mehrheit verdankte. Damals nahm diese Minderheit immerhin wichtige politische und administrative Verantwortung und Aufgaben wahr. Das große Vermögen in unserer Zeit ist aber in der Regel von aller Verantwortung frei. Es bezieht Renditen, denen keinerlei Leistung entspricht. Denn die Leistung, ein bestehendes Vermögen so anzulegen, daß es sich am schnellsten vermehrt, steht ja gerade dem Reichtum im Übermaß zur Verfügung – gegen Bezahlung bietet der größte Sachverstand seine Expertise bereitwillig an.

Parallelen, die zu denken geben

Die Parallele zwischen dem praktischen Wert des Besitzes in früheren Zeiten und in der Gegenwart erstreckt sich noch auf einen weiteren Punkt. Monarchen und Fürsten konnten enteignet werden – so wenn durch eine Revolution eine neue Form der Regierung eingeführt wurde. Aber es war grundsätzlich unmöglich, daß ihr Besitz auf *legalem* Wege in die Hand der Bevölkerungsmehrheit gelangte. Dieser Besitz (im Extremfall der gesamte Boden eines Landes) war ja mehr wert als sämtliche Leistungen, die darauf erbracht werden konnten. Ganz ähnlich verhält es sich mit der gesamten Summe der Schulden, die Staat, Unternehmen und in letzter Zeit auch ein Teil der privaten Haushalte angehäuft haben. 1995 beliefen sich diese Schulden in Deutschland auf mehr als das Doppelte des gesamten Bruttosozialprodukts[112] – eine Summe, die zwar punktuell zurückgezahlt werden kann, aber niemals in ihrer Gesamtheit. Auf legalem Wege, d. h. ohne Enteignungen in Gestalt von Währungsreformen, Katastrophen und Revolutionen, läßt sich der Besitz der Vermögenden heute so wenig aufheben wie dies in längst verflossenen Zeiten für das akkumulierte Eigentum von Adel und Klerus galt. Aber selbst wenn dies möglich wäre, wollen die Vermögenden ihren Besitz auch gar nicht einlösen, denn sie profitieren ja gerade von seiner Funktion – jenem steten und immer mehr anschwellenden Strom von Gütern und Leistungen, für den die Mehrheit der Bevölkerung mit einem wachsenden Anteil der eigenen Arbeitszeit aufkommen muß. So wird eine Minderheit auf Kosten der Mehrheit alimentiert.

Der Druck des anlagebedürftigen Kapitals

Das entscheidende Problem der Konzentration von Vermögen liegt darin, daß sie eine Eigendynamik ohne Ende entwickelt, sofern sie nicht gewaltsam durch einen Krieg oder durch den Staat mit friedlichen Mitteln abgebremst wird. Bisher hat sich allerdings die Wirkung friedlicher Mittel als begrenzt und unzulänglich erwiesen, weil gerade diejenigen, die schon am meisten besitzen, auch die höchste Intelligenz auf allen Gebieten des Steuerrechts und des ökonomischen Fachwissens zu mobilisieren vermögen. Sie sichern sich dadurch allen anderen gegenüber genau jenen Vorsprung, der ihnen erlaubt, immer noch mehr zu erwerben. Das uralte Vorrecht der Macht liegt eben darin, daß es den Mächtigen den leichtesten Zugang zu jenen Mitteln verschafft, durch die sie noch mächtiger werden. Darin liegt aber auch die Gefahr einer Eigendynamik, die auf Dauer das gesamte Wirtschaftsgefüge zerstört. Je mehr Geld sich in den Händen weniger konzentriert, um so weniger steht für den Konsum zur Verfügung – aus dem einfachen Grund, weil ein Mensch, der tausendmal mehr besitzt als ein anderer, nicht auch tausendmal mehr zu konsumieren vermag. Selbst wenn er für seine Produkte zehnmal soviel ausgeben sollte, bleiben ihm gewaltige Summen, die nicht in den Konsum gelangen. Oder besser gesagt, nicht in den »normalen« Konsum. Denn die betreffenden Summen werden für private oder staatliche Investitionen zur Verfügung gestellt, falls die Zinsen den Erwartungen der Anleger entsprechen. Dadurch entsteht eine andere Art von Konsum: die Nachfrage nach Investitionsgütern.

Die gewaltigen und wachsenden Mengen von Kapital, die auf diese Weise vom »normalen« Konsum in die Nachfrage nach Investitionsgütern umgelenkt werden, bilden den eigentlichen Motor des Wachstums. Ganz gleich, wie sinnvoll das Wachstum ist – ob es zum Beispiel mit den Forderungen einer nachhaltigen Wirtschaft im Einklang steht oder nicht, ob es der Mehrheit der Bevölkerung nützt oder schadet –, das vorhandene Geld setzt alle Kräfte der Intelligenz mit dem einzigen Ziel in Bewegung, Möglichkeiten der Anlage zu erkunden, die seine Vermehrung bewirken. Da dieses Geld eine der international mächtigsten Kräfte darstellt, kann man sich vorstellen, daß es außer Revolutionen und Kriegen kaum noch Mächte und Bewegungen gibt, die seinem Druck standhalten können.

Zweifellos kann dieser Druck des Kapitals für die Gesellschaft auch vorteilhaft sein. Das anlagebedürftige Kapital ist ständig auf der Suche nach Forschungsvorhaben, die sich in der Zukunft als rentabel erweisen. Dadurch wird es zu einem Motor des technologischen Fortschritts. Ein Beispiel hierfür ist die Automation, die gegenwärtig einen so starken Auftrieb erfährt. Sie verschlingt außerordentliche Mittel, aber sie verspricht den Anlegern auch außerordentliche Erträge, falls dadurch Unternehmen ihre Produktion wesentlich verbilligen können.

Im Hinblick auf eine langfristige Perspektive wird man die Automation als eine positive Entwicklung begrüßen. Sie entspricht einem der ältesten Träume des Menschen, dem Wunsch, sich von allen routineartigen Arbeiten körperlicher und geistiger Art zu befreien. Aber natürlich wäre es reichlich naiv, den Druck des Kapitals mit diesem Ideal zu erklären. Den Anlegern geht es schlicht um den größten Profit, und dieser läßt sich in den Hochlohnländern des Westens am leichtesten durch die Ersetzung menschlicher Arbeit erreichen. Die langfristig positiven Auswirkungen eines auf das Wohl der Gesellschaft bezogenen technologischen Fortschritts können daher kurzfristig der Anlaß für sozialen Aufruhr bis hin zu Kriegen sein, d. h., sie können die Zerrüttung der Gesellschaft bewirken. Denn innerhalb einer kurzen Zeitspanne läßt sich die durch Automation bewirkte Vernichtung von Arbeitsplätzen um so weniger durch eine entsprechende Kreation von neuer Arbeit aufheben, als Unternehmen und Staat gleichermaßen von Schulden erdrückt sind. Automation und technologischer Fortschritt, so wie sie am Ende des Jahrhunderts betrieben werden, gehorchen allein dem Diktat der maximalen Rendite. Gegenüber den Forderungen des Kapitals finden diejenigen, die eine Abstimmung auf den sozialen Fortschritt verlangen, im Augenblick kein Gehör.

Der gleiche Druck nach profitabler Anlage macht sich nicht nur im Bereiche der Automation, sondern in den verschiedensten Bereichen der Forschung geltend. Immer besser gelingt es in letzter Zeit privaten, aber finanzstarken Lobbies, ihre Interessen gegen den Widerstand von Staat und Öffentlichkeit durchzusetzen. Die Gentechnik ist hierfür ein Beispiel. So wahrscheinlich ihr künftiger Beitrag für die Bekämpfung von Krankheiten und eine vergrößerte Erzeugung von Nahrung in Zukunft auch sein mag, es kann doch wohl nur wünschenswert sein, daß einige Staaten sich abwartend verhalten, solange die Frage schädlicher Wirkungen nicht restlos geklärt ist. Unter den gegenwärtigen Umständen ist aber eine derartig vernünftige Haltung kaum möglich. Finanzgewaltige Lobbies üben im Hintergrund entsprechenden Druck aus, um ihre Interessen gegen Regierung und Öffentlichkeit durchzusetzen – mit Drohungen, Versprechungen und direkter Bestechung von Volksvertretern.

Ihren Höhepunkt erreichen die schädlichen Wirkungen einer Wirtschaft, die dem Diktat des Kapitals unterliegt, wenn dieses in Bereiche einströmt, die den Frieden gefährden. Großprojekte und Neuanschaffungen des Militärs sind mit der laufenden Steuereinkünften nicht zu bezahlen (obwohl ein wesentlicher Teil des nationalen Budgets meist ohnehin in die Verteidigung fließt [113]). Gewaltige Mengen an privatem Kapital werden daher in diesen Bereich gepumpt und auch gern zur Verfügung gestellt, weil die Mittel der Steuerzahler dabei als Sicherheit dienen. Der Staat allerdings sieht sich genötigt, den Druck, dem er durch diese Schulden ausgesetzt ist, dadurch zu mildern, daß er die heimischen Waffensysteme möglichst in alle Welt exportiert. Bisher hat sich noch keine Regierung diesem Zwang auf Dauer zu widersetzen vermocht. Noch schlimmer ist aber, daß der Druck des Kapitals auch direkt kriegstreibende Wirkungen hat. Die Vernichtung der Waffen durch militärische Einsätze erlaubt einen frischen Zustrom von Kapital in die militärische Produktion und damit neue Profite.

Nichts wäre ungerechter, als den Besitzern großer Vermögen die dämonische Absicht zuzuschreiben, für ihre Zinsen das ungeheure menschliche Leid von Kriegen in Kauf zu nehmen. Die wenigsten von ihnen ahnen auch nur, welche Mechanik sie ungewollt in Bewegung setzen. Denn diese Mechanik folgt einer Logik, die über die Absichten jedes einzelnen von ihnen hinausgeht. Das Kapital folgt einfach dem Weg des größtmöglichen Profits, so wie sich das Wasser seinen Weg in die Tiefe bahnt. Die Besitzer von Vermögen handeln dabei nicht anders als jeder von uns, wenn er die Maxime der orthodoxen Wirtschaftstheorie befolgt, wonach jeder die Aufgabe hat, den eigenen Vorteil zu suchen. Leider hat dieser mit dem Vorteil der Gesellschaft als Ganzer sehr oft wenig oder gar nichts gemein.

Die internationale Konzentration
der Vermögen

Dem Druck, den das anlagebedürftige Kapital nach innen ausübt, sind die Staaten des Westens heute kaum mehr gewachsen. Ihr Wirtschaftswachstum ist so gering, daß die gewaltige Zinslast für alte und neue Schulden mit jedem Jahr schwerer zu tragen ist. Diese Situation erklärt die Bemühungen, im Ausland jene Bedingungen für die Vermehrung der Vermögen zu schaffen, die im Inland aufgrund exzessiver Verschuldung immer schwerer zu finden sind. Die globale Liberalisierung des Geldverkehrs seit den achtziger Jahren ist also kein Zufall, sondern wesentlich durch den Druck ungeheurer Massen von anlagebedürftigem Kapital in den Staaten des Westens bedingt. Die Entwicklungs- und Schwellenländer werden genötigt, ihre Märkte für ausländische Anleger zu öffnen. Dadurch werden die Industrieländer in gewissem Maße entlastet, weil der Strom der Vermögen ins Ausland abfließen kann. Dies erscheint schon deswegen als Gewinn, weil ein entsprechender Geldbedarf (zumal für die in der Vergangenheit üblichen Zinsen) in den Industriestaaten selbst nicht länger vorhanden ist.

So strömt das Kapital nun wie durch ein Ventil in Entwicklungs- und Schwellenländer. Dabei wird deren Bereitschaft, sich für teure und oftmals unsinnige Investitionen in Schulden zu stürzen, nicht selten dadurch gefördert, daß man die »Eliten« in diesen Ländern durch Provisionen korrumpiert und gefügig macht. Sie verpflichten sich für Projekte mit hohen Zinsen, die natürlich nicht von ihnen selbst, sondern von der Bevölkerung mit ihrer Arbeit erbracht werden müssen. Die Auswirkungen dieser Politik sind im allgemeinen katastrophal. Zwar ist eine erfolgreiche Entwicklung auf der Basis von Fremdkapital nicht grundsätzlich auszuschließen, aber sie hat sich bisher nur ausnahmsweise ereignet.[114] In der Regel hat eine Außenverschuldung für die Bevölkerungsmehrheit nur größere Armut zur Folge, weil das ausländische Kapital ja nicht für Samariterdienste ins Land strömt, sondern um nach Abschluß der Investitionen wieder zurücktransferiert zu werden – natürlich vermehrt um oft phantastische Zinsen. Zunächst werden dadurch zwar große industrielle Unternehmen ins Leben gerufen, aber deren Leistung und der Verzicht der Bevölkerung müssen groß genug sein, um nicht nur den beständigen Zinsaderlaß zu kompensieren, sondern ihn wesentlich zu übertreffen, denn allein von dieser überschüssigen Leistung hängt ja die Entwicklung des betreffenden Landes ab. Tatsächlich hat der gewaltige Abfluß von Zinsen bei den meisten von ihnen bis heute die Wirkung, daß ein Nettoabfluß von Kapital aus den armen zu den reichen Ländern der Welt stattfindet.[115] Diese Verschiebung des Reichtums von einer armen Mehrheit zu einer reichen Minorität entspricht auf der Ebene des Globus exakt der wachsenden Kluft zwischen Arm und Reich im Inneren der Industriestaaten selbst. Hier wie dort ist die Mechanik der Zinsen am Werk.

Die gegenwärtige Politik des IWF fördert die globale Konzentration des Reichtums. Sie trägt damit auch dazu bei, das Potential der weltweiten Spannungen zu vermehren. Mit dem Brecheisen von Maßnahmen zur »Strukturanpassung« bürdet der IWF der arbeitenden Bevölkerung in den armen Ländern der Welt die Lasten für die Sicherheit des Kapitals auf. Diese Politik erzeugt Haß und Widerstand gegen die Länder des Westens. Die eigenartigste Wirkung dieser Politik besteht aber darin, daß sie nicht einmal diesen selbst bleibende Vorteile verschafft, sondern eine der Hauptursachen für die langfristige Erosion ihrer wirtschaftlichen Stärke bildet.

Zweifelhafter Nutzen für westliche Länder

Zunächst mag die Ablenkung des Kapitals in Entwicklungs- und Schwellenländern den Industriestaaten des Westens als willkommene Entschärfung ihrer Probleme erscheinen. Auf Dauer aber schadet ihnen diese Entwicklung. Zwar kommt es durch die Kapitalabflüsse zu einer starken Förderung der Exporte.[116] Der Wert des ins Ausland transferierten Kapitals besteht ja ausschließlich darin, Ansprüche auf

Güter und Leistungen des Inlands zu begründen – das Ausland bezieht inländische Investitionsgüter, die dem Wert des transferierten Kapitals entsprechen. Läßt man der Einfachheit halber die monetäre Seite einmal ganz außer Betracht, so kann man den Prozeß von Auslandsinvestitionen auch einfach als einen entsprechenden Fluß von Investitionsgütern verstehen. Diese sind natürlich nicht als Geschenke gedacht, sondern ihr Zweck besteht darin, einen Gegenstrom von Gütern in Bewegung zu setzen, der dem eingesetzten Kapital plus Rendite entspricht. Mit anderen Worten, der Export von Investitionsgütern wird mit einem entsprechenden Import von Waren aus den betreffenden Ländern bezahlt. In unserer Zeit besteht dieser Import kaum noch aus Rohstoffen, die ja zu äußerst geringen Werten gehandelt werden. Der klassische Handel, Rohstoffe gegen industrielle Produkte, spielt hier also bestenfalls eine untergeordnete Rolle. Vielmehr bestehen auch die importierten Güter zum größten Teil aus industriellen Produkten. Dies aber bedeutet, daß ein Ersetzungs- und Verdrängungshandel beginnt, der für die Industrien und Arbeitsplätze des importierenden Landes langfristig schädliche Folgen hat (vgl. oben, S. 83 ff.).

Im übrigen ändert sich durch diese Ablenkung auf ausländische Märkte nichts an der Konzentration des Kapitals. Im Gegenteil sorgen gerade die hohen Renditen dafür, daß das Tempo der ungleichen Verteilung weiterhin zunimmt. Die Konzentration der Vermögen wird also weltweit noch weiter begünstigt. Würden die Anleger im Falle von Zahlungsunfähigkeit der betreffenden Länder durch den Verlust ihrer Einsätze entsprechend bestraft, so wäre immerhin für einen gewissen Ausgleich gesorgt, aber auch dagegen sind die Vermögen inzwischen weitgehend abgesichert – und sollen durch Verträge wie den MAI (Multilateral Agreement on Investments[117]) in Zukunft noch weiter abgeschirmt werden. Wie die Währungskrise in Mexiko zeigte, brauchen die Anleger das vergrößerte Risiko in jenen Ländern kaum noch zu fürchten. Eine Finanzspritze des IWF in der Höhe von 50 Milliarden Dollar sorgte im Januar 1995 rechtzeitig dafür, daß die Kredite einer vermögenden Minderheit keinen Schaden erlitten. Man beachte, daß die vom IWF bereitgestellten Mittel zum größten Teil aus den Geldern von Steuerzahlern der westlichen Industrieländer bestanden. Eine Bevölkerungsmehrheit, die keine überschüssigen Gelder besitzt, wird auf diese Weise gezwungen, die Haftung für den Überschuß einer Minderheit zu übernehmen!

Der Aktienboom und die Asienkrise ...

Inzwischen schwappt das Kapital in gigantischen Mengen rund um den Globus, bereit, sich überall dort festzusetzen, wo es Aussichten auf Gewinn vorfindet. Die Reaktion der Staaten und der Weltgemeinschaft in ihrer Gesamtheit ist Hilflosigkeit. Einerseits sind sie gezwungen, dem Kapital günstige Bedingungen, sprich Zinsen, zu bieten, um es an der Flucht in andere Länder zu hindern. Andererseits ist es aber gerade der Gewinn durch profitable Veranlagung, der das Übel verschlimmert, weil es die Vermögen weiter vermehrt und ihre Konzentration begünstigt. Bis zur Asienkrise Ende 1997 boten aufstrebende Länder von Thailand bis Indonesien eine willkommene Plattform für Investitionen. Seit Beginn dieser Krise aber findet das Kapital dort nicht genug Sicherheit vor und kann auch nicht mehr gleich hohe Renditen erwarten. Daher schwappt es jetzt wieder in die westlichen Staaten zurück. Da diese die Geldschwemme nicht durch noch stärkere Verschuldung auffangen können, strömt das Geld vermehrt in die Kassen der auf Expansion setzenden Firmen. So kommt es zu einem Boom für die Aktien westlicher Betriebe und zu sprunghaften Erhöhungen der Kurse. In gewissem Umfang werden dadurch Industrien mit neuartigen Produkten gefördert – eine positive Entwicklung. Aber die langfristig fühlbarste Wirkung dürfte in der zusätzlichen Ausweitung globaler Überkapazitäten bestehen. Diese werden dann mit den schon in Asien vorhandenen Überkapazitäten konkurrieren, wobei die asiatischen Unternehmen aufgrund des Verfalls der dortigen Währungen ihre Waren zu Mindest- oder sogar Dumpingpreisen auf den Weltmarkt einbringen. Zusammen werden diese Faktoren eine weitere Erhitzung des jetzt schon bestehenden Verdrängungswettbewerbs zwischen den Wirtschaftsblöcken USA, Japan, China und EU bewirken.

Die Besonderheit dieser Entwicklung liegt darin, daß westliches

Kapital sowohl die Überkapazitäten in Tigerstaaten wie Südkorea, Thailand oder Malaysia finanziert wie auch in der EU und den Vereinigten Staaten. Würde es dabei in den betreffenden Ländern nur eine Vorortproduktion begründen, dann wäre sein Beitrag sehr zu begrüßen, aber seine tatsächliche Wirkung ist von ganz anderer Art. Es hetzt die verschiedenen industriellen Zentren der Welt in einen erbarmungslosen Verdrängungskampf gegeneinander und verschärft das Gesetz vom Konflikt zwischen Wettbewerb und internationaler Teilung der Arbeit. Denn überall bringen Investitionen denjenigen den größten Gewinn, die über die Belieferung der jeweils eigenen Märkte hinaus (die im Fall der Entwicklungsländer oft sehr beschränkt sind) möglichst viel auf Drittmärkten absetzen.

... und die Gefahr eines Crash aufgrund von Überkapazitäten und Deflation

Dieser vom westlichen Kapital inszenierte weltweite Verdrängungskampf wird in Zukunft global auf wachsenden Widerstand stoßen. Sehr wahrscheinlich werden sich schon zu Beginn des neuen Jahrhunderts einige Märkte mit Abschottung nach außen dagegen wehren. Auf jeden Fall wird durch die Erzeugung von Überkapazitäten die Basis für einen künftigen Crash geschaffen, weil nur ein Bruchteil der heute so hastig ihre Kapazität ausweitenden Unternehmen den gnadenlosen Kampf um die Märkte bestehen. Schon jetzt beginnen die Anleger daher um ihre Gelder zu fürchten – mit Recht, denn aufgrund der Überkapazitäten können die Firmen nur überleben, wenn sie die Preise für ihre Produkte immer mehr reduzieren. Dadurch aber schwinden die Renditen für Anleger wie für die Betriebe, die Bereitschaft zu weiteren Investitionen wird dadurch gebremst. Zwar versuchen die Notenbanken durch eine Politik besonders niedriger Zinsen dieser Entwicklung entgegenzusteuern, aber die Wirkung dieser Maßnahme bleibt aus. Einerseits haben die Unternehmen aufgrund der vorhandenen Überkapazitäten und dem dadurch bewirkten Preisverfall kein Vertrauen mehr in die Entwicklung und fordern daher auch verbilligtes Geld nicht mehr für Kredite an. Andererseits finden die Sparer einschließlich der großen Vermögen jetzt nirgendwo mehr profitable Anleihen vor, sie halten daher überflüssiges Geld – da es ohnehin keinen Profit mehr bringt – in wachsenden Mengen in der Form von Bargeld zurück und ziehen es so durch Hortung aus dem Verkehr. Dadurch wird das umlaufende Geld aber weiter verknappt, so daß ein zusätzlicher Druck auf die Preise stattfindet. Mit anderen Worten, die Politik billigen Geldes verpufft wirkungslos, weil das anlagebedürftige Kapital nur dann in den Kreislauf des Geldes gelangt, wenn dieses eben nicht billig ist, sondern durch Rendite belohnt wird. In dieser Situation genügt ein ernsthafter Einbruch der Börsenkurse, um weltweit eine Spirale nach unten in Bewegung zu setzen – einen Crash, der erst das Geldsystem und dann den darauf beruhenden Güterverkehr zum Zusammenbruch bringt.

Es ist nicht einzusehen, warum dieser Crash, der gegenwärtig mit großer Sorglosigkeit programmiert wird, geringere Auswirkungen haben sollte als die Weltwirtschaftskrise am Ende der zwanziger Jahre. Menschliche Dummheit ist gegenwärtig erneut mit großem Einsatz dabei, Katastrophen vorzubereiten, die größere Einsicht und Planung sehr wohl zu verhindern vermögen.

Das Gesetz der Zinsdifferenz zum Schaden der Leistung

Aber sind die Gefahren wirklich durch Einsicht und Planung abzuwenden? Wie läßt sich die unheilige Allianz zwischen Vermögen und Schulden rückgängig machen, wenn jeder weiß, daß Kapital das Lebenselixier moderner Wirtschaften ist? Investitionen sind nur dann und nur in dem Maße möglich, wie überschüssiges Geld zur Verfügung steht. Ohne das Angebot der Vermögenden, der Wirtschaft ihr Kapital zur Verfügung zu stellen, kann auch eine sozial gerechte Marktwirtschaft nicht funktionieren. Es ist ja gerade die unabdingbare Versorgung der Wirtschaft mit Kapital, die dazu geführt hat, daß die Frage nach seiner Rolle in der Regel nicht einmal gestellt wird. Was absolut notwendig ist, scheint eben dadurch jeder weiteren Überlegung entzogen. So wird begreiflich, daß gleichzeitig mit dem

Erstarken der industriellen Zivilisation der Kreuzzug gegen die Erhebung von Zinsen, der bis dahin die Geschichte des christlichen Abendlands prägte, im Schweigen vererbte. Ohne weitere Diskussion wurde der Zins als die unerläßliche Grundlage moderner Ökonomien akzeptiert.

Es wurde dabei übersehen, daß seine verheerenden Wirkungen auf das Gleichgewicht der Gesellschaft nur deshalb ausblieben, weil eines der wesentlichen Merkmale der neuen Wirtschaftsform deren verblüffendes Wachstum war. Der technologische Fortschritt bewirkte Wachstum zunächst im Inneren der industriell erstarkenden Staaten und sprang von diesen auf weitere Staaten über. So wurde die Wirkung der Zinsen neutralisiert. Auch wenn das Kapital an diesem Prozeß sehr stark verdiente, war es doch möglich, daß die Einkommen durch Leistung im gleichen Takt wuchsen – solange nämlich ein starkes Wachstum bestand. Die Wirkung der Zinsen blieb in diesem Fall sozusagen verschleiert. Denn solange die Rate des Wachstums über der Zinsrate liegt, setzt der Zins keine Umverteilung in Gang. In vorindustriellen Zeiten war dies natürlich nur selten der Fall, weil der Handel nie ein so gewaltiges Wachstum bewirkte und sein Beitrag zur Hebung des allgemeinen Lebensstandards daher unvergleichlich geringer war. Kein Wunder, daß der Zins in der Vergangenheit als Kraft der Zerstörung galt.

Erst seit Beginn der industriellen Zivilisation gibt es ein in der bisherigen Geschichte des Menschen einzigartiges Wachstum der Wirtschaft. Erst seit dieser Zeit kann daher Wachstum die Wirkung des Zinses kaschieren. Dies war gleich doppelt möglich – einerseits durch eine sprunghaft steigende Produktion für die heimische Nachfrage, andererseits durch die Erschließung von Kolonien, die ein Wachstum der exportorientierten Industrien ermöglicht. Lange Zeit konnte deshalb der Zins als harmlos oder sogar wohltätig erscheinen. Seine negativen Wirkungen blieben weitgehend unsichtbar. Aber beide Arten des Wachstums müssen irgendwann an eine Grenze gelangen. Unsere Zeit hat das Pech, daß dies gerade gegenwärtig der Fall ist. Im Inneren muß das Wachstum der Staaten auf Dauer notwendig abflachen, so daß die Zinsen die Wachstumsrate hinter sich lassen. Seit dem Ende der goldenen Jahrzehnte Mitte der siebziger Jahre ist das reale Wachstum in der Bundesrepublik Deutschland unter die langfristigen (Kapitalmarkt-)Zinsen gefallen, deren Durchschnitt bei 4 % lag – seitdem wird die Leistung durch die Vermögen immer mehr ausgequetscht.

Aber auch im Handel nach außen tritt früher oder später eine Sättigung ein – schon deswegen, weil frühere Märkte ihrerseits zu industriellen Standorten werden und danach selbst als Exporteure auftreten. Sobald dieses Stadium der Entwicklung erreicht ist, wirkt der Zins so unheilvoll wie in der Vergangenheit.

Kapitalzinsen und Wachstum

Was seit Mitte der siebziger Jahre passiert, läßt sich auf bündige Weise in einem stark vereinfachten Beispiel zusammenfassen. Nehmen wir an, daß die gesamte Volkswirtschaft nur aus 100 Menschen bestehe, von denen 80 arbeiten, d. h. Leistung erbringen, während 20 Kapitaleigner sind. Zu Anfang der Entwicklung mögen die Leistungsträger genau 100 Einheiten produzieren, wovon sie selbst 80 behalten, während sie 20 an die Kapitaleigner abführen. Diese Situation entspricht im Prinzip der Mitte der siebziger Jahre. Alle Mitglieder der Volkswirtschaft verfügten demnach zu dieser Zeit über ein Einkommen im Werte von 1.

Wie wird die Lage gegen Mitte der neunziger Jahre, d. h. zwanzig Jahre später, aussehen, wenn das volkswirtschaftliche Wachstum hinter den Zinsen zurückbleibt? Nehmen wir an, daß die Wirtschaft in beiden Jahrzehnten im Schnitt um reale 1,5 % wuchs, während der reale Zins bei 4 % lag. Dann produzieren die Leistungsträger der Wirtschaft nach zwanzig Jahren nicht mehr 100, sondern 135 Einheiten. Die Kapitaleigner aber verfügen am Ende der beiden Jahrzehnte über mehr als das Doppelte – statt auf 20 erheben sie Anspruch auf 44 Einheiten.[118] Für die Leistung bleiben deshalb nur 91 Einheiten übrig. Das Verhältnis von Leistung zum leistungslos erworbenen Vermögen hat sich damit merklich verschlechtert. Die Leistung wird nur mit 91/80stel, d. h. mit 114 % ihres ursprünglichen Wertes belohnt. Sie hat lediglich 14 % hinzugewonnen, ob-

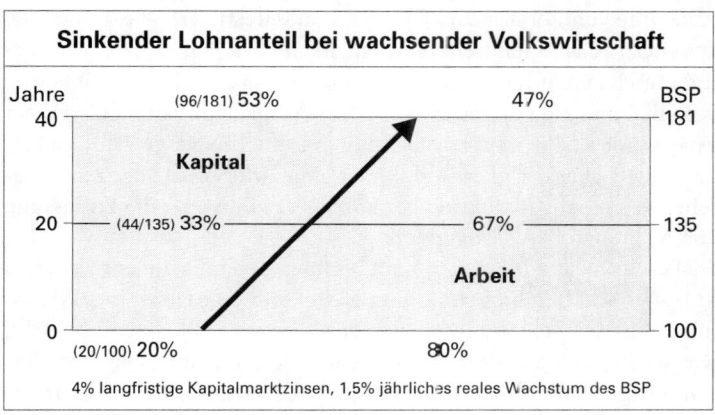

wohl die Wirtschaft in dieser Zeit um ganze 35 %, d. h. um mehr als ein Drittel gewachsen ist.

In Wahrheit täuscht auch diese Rechnung noch über das wirkliche Ausmaß der Verschiebung hinweg. Hätte sich das Kapital nämlich nicht auf Kosten der Leistung bereichert, dann müßte das Verhältnis 80 / 20 weiterhin gelten. Da das Bruttosozialprodukt sich nun auf 135 Einheiten vermehrt hat, hätte die Leistung einen Anspruch auf 108 Einheiten und das Vermögen auf 27. Tatsächlich erhält die Leistung aber statt 108 Einheiten nur 91 – sie steht also nach 20 Jahren mit bloßen 84 % ihrer ursprünglichen Kaufkraft da. *Relativ zu der um ein Drittel gewachsenen Volkswirtschaft hat sich ihr Anteil nahezu um ein Fünftel verringert!*

Dieser Rückgang der Kaufkraft hat in den entwickelten Volkswirtschaften, z. B. in den USA, nachweisbar stattgefunden. Das durchschnittliche Einkommen aller industriell Beschäftigten unterhalb der Managerebene ist dort seit der Mitte der siebziger Jahre um etwa 20 % gesunken,[119] also ziemlich genau um den gleichen Betrag, der sich aus unserem Gesetz der Zinsdifferenz ergibt (genauer: dem Gesetz der divergierenden Raten von Zinsen und Wirtschaftswachstum).

Das Schrumpfen der Kaufkraft muß sich allerdings nicht in einer

Abnahme von Löhnen und Gehältern manifestieren, wie dies in den USA der Fall ist. Eine weitere Möglichkeit besteht darin, die zur Verfügung stehende Lohnmasse auf eine kleinere Zahl von Köpfen zu verteilen und die übrigen in die Arbeitslosigkeit zu entlassen. Dieser Weg wurde und wird in Europa, z. B. in Deutschland, gewählt. In beiden Fällen ist es das gleiche makroökonomische Gesetz der Zinsdifferenz, welches die Reduktion der Löhne erzwingt oder die Entlassung von Millionen Beschäftigten.

Diesem Zwang ist nicht zu entkommen – gerade die entwickelten Volkswirtschaften stoßen ja notwendig an die Grenzen des Wachstums. Mit der Zeit tendiert dieses daher gegen Null – wenn es nicht, wie das Beispiel der ältesten Industrienation, England, zeigt, irgendwann sogar Negativwerte annimmt. Andererseits strebt der für das Vermögen gezahlte Zins keineswegs gegen Null, weil das Kapital andernfalls in den Streik geht und über den Geldfluß die Realwirtschaft aus dem Gleichgewicht bringt (vgl. *Kapital: Methoden der Erpressung*. S. 132 f.). So tritt das makroökonomische Gesetz der Zinsdifferenz unter den Bedingungen des Systems unausweichlich in Kraft und führt eine zunehmende Entwertung der Leistung herbei. Dies ist der reale Hintergrund für die beiden Motivationsketten, die oben dargestellt wurden:

A. *Leistung → Erfolg (geringe Einkommenssteigerung) → Steigerung der Leistung etc..*

B. *Vermögen → größerer Erfolg (große Einkommenssteigerung) → mehr Vermögen etc.*

Der Übergang von der ersten zur zweiten stellt weit mehr als nur eine psychologische Realität dar. Er spiegelt das tatsächliche Geschehen in der heutigen kapitalistischen Wirtschaft. Sobald diese nicht länger wächst oder wachsen kann oder ihr Wachstum auch nur hinter den Zinsen zurückbleibt, zählt die Leistung zunehmend weniger.

Das Gesetz vom progressiv ausgehöhlten Konsum

Der abnehmende Anteil der Leistung am Volksvermögen hat unmittelbare Auswirkungen auf die Realwirtschaft – obwohl diese wächst, nimmt das Einkommen der breiten Bevölkerung ab und daher auch ihre Nachfrage nach Konsumartikeln. Denn eine Minderheit von Kapitaleignern verfügt zwar über dementsprechend mehr Geld – die Kaufkraft hat sich ja von der Mehrheit zu einer Minderheit hin verlagert. Aber wer ohnehin schon mehr als genug konsumieren kann, wird nicht das Doppelte für seinen Konsum ausgeben, auch wenn er über das doppelte Geld verfügt.[120] Die Konzentration der Kaufkraft in weniger Händen hat daher für die inländische Wirtschaft gravierende Folgen. Denn diese steht und fällt mit dem Massenkonsum, d. h. mit dem Einkommen einer Bevölkerungsmehrheit. Der Rückgang der Massenkaufkraft stellt deshalb eine wachsende Bedrohung der inländischen Wirtschaft dar. Entweder läßt man es zu, daß die inländische Wirtschaft ausgehöhlt wird, weil die Masse der Konsumenten über immer weniger Mittel verfügt, oder das fehlende Geld muß auf andere Weise bereitgestellt werden. In den USA wird der Konsument dazu animiert, sich privat zu verschulden. »Die private Verschuldung, angetrieben durch die Angebote ›billigen Geldes‹, erreichte vier Billionen Dollar«, bemerkt Paul Kennedy – die gleiche astronomische Höhe wie die Staatsschulden in ihrer Gesamtheit.[121] Auch die letzteren verfolgen überwiegend den Zweck, die inländische Nachfrage trotz sinkender Kaufkraft aufrechtzuerhalten. Eine Politik zunehmender Staatsausgaben und der damit einhergehenden Verschuldung bot sich als einziges Mittel an, »to cheat the devil of ineffective demand«, wie es der US-amerikanische Ökonom Paul Samuelson formuliert.[122] In den USA wie in Deutschland *muß* sich der Staat verschulden, wenn die Kaufkraft der Bevölkerungsmehrheit erodiert und dadurch die Basis der inländischen Wirtschaft in Gefahr gerät. Aber das Problem, das durch diese Maßnahme gelöst werden soll, wird langfristig nur weiter verschärft, weil die Vermögen durch die Verschuldung noch schneller wachsen, so daß der Anteil des Kuchens, der für die Leistung bleibt, immer dürftiger wird. Denn das Gesetz der progressiv schwindenden Kaufkraft bewirkt eine genaue Umkehrung der ursprünglichen Tendenz. Solange das Wachstum der Wirtschaft wenigstens die gleiche Höhe erreicht wie die an das Kapital gezahlten Zinsen, kommt es zu einer anteiligen Belohnung der Leistung. Die allgemeine Kaufkraft nimmt zu, die Bevölkerung wird immer reicher, dem Konsum scheinen keine Grenzen gesetzt. Aber sobald die Rate der Zinsen die Rate des Wachstums überschreitet, kommt es zu einer fortschreitenden Verarmung der Massen, auf einmal treten die bis dahin verdeckten Widersprüche des Systems in Erscheinung.

Ohnmächtige Lösungsversuche

> *Im Mittelalter* jammerten die Menschen, wenn sie den *Zehnten*, also ein Zehntel ihres Einkommens oder ihrer Erzeugnisse, an den Feudalherrn abliefern mußten. *Heute* entfällt *mehr als ein Drittel* im Preis der Güter und Dienstleistungen auf den Kapitaldienst für die Geld- und Sachkapitalbesitzer. Daß es den meisten – jedenfalls hier bei uns – trotzdem wirtschaftlich bessergeht als im Mittelalter, verdanken wir der industriellen Revolution, der zunehmenden Automatisierung der Wirtschaft, einem ungeheuer großen Raubbau an den vorhandenen Rohstoffen und der Ausbeutung der Dritten Welt.   *Margrit Kennedy* [123]

Bis heute wurden keine wirksamen Mittel friedlicher Art gefunden, um das Gesetz der Zinsdifferenz zu neutralisieren. Da Zinsen immer von den einen empfangen und von den anderen bezahlt werden müssen, wäre es sinnlos, die ganze Bevölkerung gleichmäßig zum Empfänger von Zinsen zu machen – alle müßten dann ebenso auch die Zinsen bezahlen. Dadurch ergibt sich ein Nullsummenspiel, das niemandem einen Gewinn verschafft. Doch wäre auch die Vorstellung kaum vernünftiger, daß automatisierte Betriebe von einer ganzen Bevölkerung durch gleiche Beiträge zuerst finanziert werden und der Ertrag in Gestalt von Zinsen dann später an sie zurückfließt. Denn diese Zinsen müssen ja in den Preisen enthalten sein. Alle Konsumenten würden daher durch die Preise um den gleichen Betrag ärmer werden, den sie in Gestalt von Zinsen wieder einnehmen dürfen. Auch dies ist ein Nullsummenspiel – genau wie die Volksaktien, von denen heute so viel die Rede ist.[124]

Man sollte sich endlich offen eingestehen, daß die Entstehung von Ungleichheit durch den Mechanismus der Zinsen sich durch keine vorläufigen Maßnahmen wirklich eindämmen läßt. Zwar suchen Gesellschaften nach verschiedenen Mitteln, um sie auf friedlichem Weg zu korrigieren, aber diese Versuche sind bisher sämtlich gescheitert. Progressive Einkommens- sowie Vermögenssteuern könnten zwar die Zunahme von Ungleichheit theoretisch begrenzen, doch ist leicht zu begründen, warum sie sich auf Dauer nur schwer oder unvollständig durchsetzen lassen. Der Staat gerät dadurch nämlich in einen Konflikt mit sich selbst. Wenn er mit der linken Hand das Kapital mit dem Zucker der Zinsen lockt, während er in der rechten die Peitsche der Steuern schwingt, hebt er mit der einen Maßnahme die Wirkung der anderen auf. Natürlich fordert das Kapital, wenn es durch Vermögenssteuern gedrückt wird, noch höhere Zinsen – damit aber bleibt alles beim alten. Im übrigen sieht sich der Staat gerade dann zur Einschränkung solcher Steuern gezwungen, wenn das Kapital mächtiger wird. Anders gesagt, er kommt gegen die bestehende Ungleichheit um so weniger an, je weiter sich diese bereits zu entwickeln vermochte. Genau dieser Zustand staatlicher Ohnmacht ist gegenwärtig erreicht.

Neben Vermögenssteuern setzt der Staat auch die Besteuerung von Erbschaften ein, um der Begünstigung leistungsloser Einkommen entgegenzuwirken. Zweifellos würde die Erbschaftssteuer eine gerechte und auch sehr wirksame Maßnahme darstellen. Sie läßt zwar die Anhäufung beliebig großer Vermögen innerhalb der Lebenszeit eines Individuums zu, aber gestattet sie nicht darüber hinaus. Radikal eingesetzt würde sie dafür sorgen, daß alle Vermögen nach dem Tod ihres Besitzers der Allgemeinheit zufallen. Die Anhäufung großer Vermögen zur Lebzeit eines Menschen wäre dadurch nicht in Frage gestellt. Der Erwerb großer Reichtümer kann ja durchaus im Einklang mit dem Prinzip der persönlichen Leistung erfolgen, und zwar dann, wenn sie der Einschätzung dieser Leistung durch die Allgemeinheit entspricht. Ärzte oder Filmschauspieler, die ein vielfach höheres Einkommen beziehen als ein einfacher Arbeiter, können sich dabei auf die Bewertung ihrer Leistungen durch die Allgemeinheit berufen (sofern ihr hohes Einkommen nicht auf einer durch Monopole gesicherten Stellung beruht, sondern die entsprechende Nachfrage aus freien Stücken erfolgt). Aus ganz den gleichen Gründen kann eine radikale Besteuerung der Erbschaft gerade mit dem Prinzip der persönlichen Leistung gerechtfertigt werden. Söhnen, Töchtern oder anderen nahen Verwandten wird das Erbe genau aus dem Grund vorenthalten, daß sie dafür in der Regel nicht die geringste Leistung erbrachten. Genaugenommen ist das Prinzip der persönlichen Leistung *nur* mit einem derart radikalen Zugriff auf das Erbe verträglich. Sobald man den Transfer von Vermögen an Menschen zuläßt, die dafür keinerlei Leistung erbrachten, stellt man nicht nur die Gleichheit der Chancen in Frage, sondern ebenso auch das Leistungsprinzip selbst.

Andererseits ist es leicht einzusehen, warum sich weder in der Vergangenheit noch in unserer Zeit eine so radikale Lösung durchsetzen ließ. Würde man die Erbschaftssteuer in ihrer radikalen Form praktizieren, dann dürfte kein Bauernhof, keine Villa, kein Grundbesitz über Generationen hinweg in der Hand ein und derselben Familie bleiben. Auch Schenkungen wären unmöglich, weil der Beschenkte auch dadurch in den Genuß von Vermögen gelangt, das er nicht durch eigene Leistung erwarb. Historisch gibt es nur eine kleine Zahl von Gesellschaften, die derart radikale Maßnahmen ergriffen, z. B. dadurch, daß sie den gemeinsamen Besitz in jeder Generation neu verteilten.[125] Gewöhnlich wurde und wird die Besteuerung des Erbes nur in stark gemilderter Form angewendet. Dies führt in der Praxis dazu, daß gerade die großen Vermögen über ausreichende Mittel und Wege verfügen, der Erbschaftssteuer ganz oder teilweise zu entkommen.

Japan – das erzwungene Sparen

In höherem Maße als alle vorausgehenden vorindustriellen Gesellschaften ist die industrielle Zivilisation vor das Dilemma gestellt, einerseits auf Kapital in großer Menge angewiesen zu sein, sich andererseits aber der Konzentration der Vermögen entgegenstemmen zu müssen. Ihr Kapitalbedarf ist immens, weil der technische Fortschritt auf gewaltigen Investitionen beruht, die nur mit erspartem Geld möglich sind, andererseits aber ist ein industrieller Staat in höherem Maße auf die Teilung der Arbeit angewiesen als irgendein Staat zuvor. Die Teilung der Arbeit kann aber auf Dauer nur funktionieren, wenn sie auf einem Fundament der Solidarität aufruht (vgl. Kapitel *Der gebändigte Wettbewerb*, S. 73 ff.) – gerade dieses jedoch wird durch zunehmende Ungleichheit und die dadurch bedingte Aushöhlung des Leistungsprinzips unterhöhlt. Unter den Bedingungen der Zinswirtschaft scheint eine grundsätzliche Lösung dieses Widerspruchs kaum möglich zu sein, dennoch unterscheiden sich Staaten deutlich darin, welchen Erfolg sie mit vorläufigen Maßnahmen erreichen. Das bemerkenswerteste Beispiel für halbwegs gelungene Strategien liefert Japan. Nirgendwo sonst existiert außerhalb des kommunistischen China ein gleich geringer Unterschied in den Einkommen. Die oberen 20 % der Bevölkerung verdienen im Schnitt nur 2,9mal soviel wie das untere Fünftel. Dieses Verhältnis liegt bei 9,1 für die Vereinigten Staaten und bei etwa sechs für die Bundesrepublik Deutschland, während es in Frankreich und England den Faktor 10 erreicht.[126]

Der relative Erfolg der Japaner im Kampf gegen soziale Ungleichheit beruht wesentlich darauf, daß sie sich nicht auf die Theorie des selbstregulierenden Gleichgewichtes verließen, sondern die entsprechenden Maßnahmen ergriffen, um einerseits der Industrie des Landes das nötige Kapital zu verschaffen, andererseits die Konzentration der Vermögen von vornherein einzudämmen. Diese Maßnahmen bestanden in einer gezielten Lenkung der Wirtschaft. Ihr Ziel, der Industrie große Mengen an billigem Kapital zur Verfügung zu stellen, erreichte die japanische Regierung, indem sie die Bevölkerung zum Sparen anhielt. Sie hatte mit dieser Politik einen größeren Erfolg als irgendein anderes Land. *In Japan allein, einem Land, dessen Bürger nur zwei Prozent der Weltbevölkerung bilden, entstehen Sparguthaben, deren Wert insgesamt 50 % allen weltweit gesparten Geldes ausmacht!*

Einer reichlich naiven Auffassung zufolge hängt dies mit der Natur der Japaner zusammen, so als wären sie mit einer besonderen Sparneigung auf die Welt gekommen. Derartige Erklärungen sind ebenso oberflächlich wie überflüssig, denn es gibt sehr wohl unmittelbar zwingende Gründe dafür, daß die Japaner bis heute so sparsam sind – *sie können nicht anders.* Schon während des Krieges hatte die Regierung durch eine Vielzahl von Maßnahmen die Möglichkeiten des Konsums drastisch beschränkt, nach dem Kriege betrieb sie in systematischer Weise eine ähnliche Politik, um auf diese Weise eine hohe Sparquote aufrechtzuerhalten. Vor allem wurde und wird der Import ausländischer Güter bis heute stark eingeschränkt. Bis 1963 war es gewöhnlichen Japanern gesetzlich verboten, Ferien im Ausland zu machen, danach diente eine Vielzahl von weniger auffälligen Maßnahmen dem gleichen Zweck. Einerseits waren und sind die Tarife auf den japanischen Fluglinien im internationalen Vergleich stark überhöht, andererseits wurde das Volumen internationaler Flugverbindungen vergleichsweise niedrig gehalten. Obwohl die Japaner beinahe doppelt so wohlhabend sind wie die Briten, erreicht ihre Reisefreudigkeit gerade den vierten Teil. Würden sie soviel reisen wie diese, dann lägen ihre jährlichen Ausgaben um 60 Milliarden Dollar höher, anders gesagt, sie hätten ihren jährlichen Handelsüberschuß damit halbiert.

Im Inland wurde der Konsum nicht weniger drastisch beschränkt, vor allem durch die künstliche Verknappung von Land, die den Erwerb eines Eigenheims für die meisten Japaner bis heute praktisch unmöglich macht. Die sich daraus weiter ergebende Enge des typischen japanischen Hauses erlegt dem Konsum von vornherein große Einschränkungen auf. Zieht man außerdem in Betracht, daß Supermärkte am Rande der Städte bis vor kurzem aufgrund rechtlicher Bestimmungen gar nicht aufkommen konnten, so wird deutlich, warum die »Natur« der Japaner so sehr dem Sparen zuneigt. Diese Neigung wurde ihnen von oben durch entsprechende Maßnahmen nahegelegt.[127]

Aber nicht allein bei der Versorgung der Wirtschaft mit dem nötigen Kapital hat die japanische Bürokratie aktiv die Richtung bestimmt – mit gleicher Entschiedenheit ist sie auch im Hinblick auf die Gefahr sozialer Ungleichheit vorgegangen. Denn die bemerkenswerte Gleichheit der Einkommen, die dem ganzen Land inzwischen einen gleichmäßig hohen Lebensstandard beschert, ist in Japan eine historisch junge Erscheinung. Vor dem Ende des Zweiten Weltkriegs gab es dort den Kapitalismus der sogenannten Zaibatsu, d. h. der großen Konzerne, die sich im Besitz einzelner Familien befanden (Mitsui, Mitsubishi, Sumitomo usw.). Bedenkt man, daß der Reichtum der Familie Mitsui den der sagenhaft reichen Rockefeller noch übertraf, so läßt sich die damalige Konzentration der Vermögen ermessen, denn die amerikanische Wirtschaft war jedenfalls um ein Vielfaches stärker als die japanische. Der Reichtum der japanischen High-Society hatte so phantastische Ausmaße erreicht wie heute der Reichtum der Milliardäre in den USA oder anderen Staaten. Unmittelbar mit Beginn der Nachkriegszeit sorgten japanische Reformatoren (mit der willkommenen Beihilfe der amerikanischen Besatzer) dafür, daß diese Familien enteignet wurden. Mitsui, Mitsubishi etc. existieren zwar immer noch unter den gleichen Namen, rechtlich aber befinden sie sich nun im Besitz befreundeter Betriebe und Banken. Die ursprüngliche Konzentration des privaten Besitzes wurde völlig zerschlagen.

Zur gleichen Zeit wurden Maßnahmen ergriffen, um eine neuerliche Konzentration zu verhindern,[128] z. B. dadurch, daß Dividenden in diesem System nur eine unbedeutende Rolle spielen. In der Regel werden die Aktienbündel großer Konzerne zwischen den ihnen angehörenden Unternehmen selbst ausgetauscht. So kauft etwa der Betrieb A die Aktien eines befreundeten Betriebes B, während B oft in gleicher Höhe die Aktien von A erwirbt, so daß bei diesen Geschäften für beide nicht einmal Ausgaben entstehen. In einem derartigen System sind die Firmen vorrangig an möglichst großem Wachstum interessiert, denn dieses kommt den Beschäftigten als Zuwachs an Arbeitsplätzen unmittelbar zugute, während Dividenden entweder sinnlos sind (wenn etwa befreundete Betriebe sie aneinander auszahlen) oder nur den Profit betriebsferner Besitzer vermehren. Zieht man dabei in Betracht, daß in Japan Betriebe nur de jure den Aktionären gehören, während sie de facto im Besitz der lebenslang in ihnen beschäftigten Menschen sind, dann leuchtet die Betonung der Arbeitsplätze zusätzlich ein. Das Ziel, der Unternehmen billiges Geld zur Verfügung zu stellen, ohne daß dies zu einer übermäßigen Konzentration der Vermögen und damit zu sozialen Spannungen führt, haben die Japaner zweifellos besser verwirklicht als irgendein anderer Staat, sehr viel besser jedenfalls als die USA oder Europa. Erst heute, da Japan ein technologisch führender Industriestaat ist, wird die hohe Sparrate seiner Bevölkerung zu einem Problem. Um den Übergang von der bisherigen Konzentration auf den Export zum Konsum im eigenen Lande zu finden und der Wirtschaft dadurch neuen Auftrieb zu geben, müßte die Bevölkerung heute sehr viel weniger sparen und sehr viel mehr konsumieren. Forciertes Sparen ist heilsam zu Beginn einer industriellen Entwicklung, aber es droht die Ökonomie in einer Deflation zu ersticken, wenn es auf hohem Niveau der Entwicklung fortgesetzt wird. 1997 sparten die japanischen Haushalte 22 % ihrer Einkommen, im Vergleich zu 13 % in Deutschland und 5 % in den USA. Der lange Zeit von oben verordnete Konsumverzicht hält weiterhin an und wird heute zu einer akuten Bedrohung für die japanische Wirtschaft.

Enteignungen und die Mechanik der Zinsen

Japan hat das Dilemma von Kapitalbedarf und Konzentration der Vermögen zwar sehr effektiv, aber nur mit Hilfe von Maßnahmen zu entschärfen vermocht, die demokratisch nie einer Abstimmung unterlagen. In Staaten wie der Bundesrepublik Deutschland hat die Sozialpartnerschaft eine lange Zeit für den Ausgleich der Interessen gesorgt, aber Konsens und Solidarität, die dieser Institution zugrunde lagen, sind seit Ende der achtziger Jahre in Auflösung begriffen. Daraus erwachsen Gefahren, die sich notwendig zuspitzen müssen, wenn dem Staat das Geld ausgeht, um die Arbeitslosen auch weiterhin in bisheriger Form zu unterstützen. Eine Wiederholung Weimarer Zustände scheint heute noch in weiter Ferne zu liegen, aber nur deshalb, weil der Staat es sich vorläufig noch leisten kann, wirkliche Armut durch sein Eingreifen zu mildern.

Sobald diese Hilfe nicht länger möglich sein wird und die krasse Armut großer Bevölkerungsteile in einen schroffen Gegensatz zum unverminderten oder noch wachsenden Reichtum von Minderheiten gerät, nimmt das Potential sozialer Spannungen unweigerlich zu. Das Ergebnis einer derartigen Entwicklung war bisher immer die politische Radikalisierung und schließlich der Ausbruch nackter Gewalt. Schon die Geschichte des Mittelalters ist von gewaltsamen Enteignungen geprägt. Sehr oft waren die Juden davor betroffen – ihnen hatte man das verhaßte Entleihen von Kapital gegen Zins zugeschoben. Solche Enteignungen wurden entweder vom Staat selbst vorgenommen, der in der Gestalt eines präpotenten Herrschers auftrat, oder von einer Meute raubgieriger Bürger. Der Preis, der für diese »Lösung« des Problems der sozialen Ungleichheit bezahlt werden mußte, wurde in Blut und Verbrechen entrichtet. Enteignungen führten regelmäßig zur Vernichtung von Existenzen und zum Mord an anderen Menschen. Diese mußten mit ihrem Leben für die Mechanik der Zinsen büßen.

Man sollte sich dabei vor Augen führen, daß diese Mechanik auch dann zu sozialen Verheerungen führt, wenn keinerlei persönliche Bosheit im Spiel ist. Sind die Ampeln einer Kreuzung falsch eingestellt, weil die Grünphasen sich überschneiden, kommt es unausweichlich zu Unfällen, obwohl die davor Betroffenen keine persönliche Schuld trifft. Auch die Konzentration des Kapitals läßt sich nicht einfach mit der bösen Absicht von Kapitalisten begründen. Würden wir zu den Glücklichen gehören, denen eine Erbschaft oder ein Lottogewinn Millionen zugespielt hat, so wäre es ein Akt der Vernunft, dieses überschüssige Geld anderen leihweise zur Verfügung zu stellen, und zwar gegen Zinsen, weil wir es andernfalls ebensogut in einem Tresor aufheben könnten. Wenn man uns zusätzlich belehrt, daß es sogar unsere Pflicht sei, das Geld auf diese Weise in den monetären Kreislauf einzubringen, so kann uns diese Handlung zusätzlich noch ein gutes Gewissen bescheren.

Es ist wichtig, die subjektive Schuldlosigkeit der Akteure zumindest am Anfang dieser Entwicklung hervorzuheben. Eine Gesellschaft kann ihre Institutionen mit besten Absichten planen und nach einiger Zeit dennoch entdecken, daß sie sozialen Haß und Mißtrauen erzeugen. Genau diese Wirkung wird seit Jahrhunderten von der Institution der Zinsen erzeugt, weil diese eine Zunahme der Vermögen ohne Leistung ermöglichen.

Die drei Funktionen des Geldes

Aber die Mechanik der Zinsen, die aus einer Markt- unweigerlich eine Machtwirtschaft – nämlich den Kapitalismus – hervorgehen läßt, ist kein Verhängnis. Man kann die Besitzer von Vermögen durchaus durch entsprechende Belohnung dazu bewegen, anderen ihr Geld leihweise zur Verfügung zu stellen, ohne daß daraus notwendig die Akkumulation von Geld und Macht in den Händen weniger folgt. Dazu bedarf es allerdings der Reform unseres Geldsystems, weil dieses in seiner jetzigen Gestalt aus der Vergangenheit stammt. Heute wie damals ist dieses System mit drei unterschiedlichen Funktionen belastet. Es dient zur gleichen Zeit als ein Mittel des Tausches, der Wertbewahrung und des Kredites.

Gäbe es nur das Geld in der Funktion als ein Mittel zum Tausch von Gütern und Leistungen, so blieben uns die genannten Probleme erspart. Diese stellen sich erst mit seinen zwei weiteren Funktionen ein, nämlich mit seiner gleichzeitigen Verwendung als Wertbewahrungs- und als Kreditmittel. Es leuchtet ein, warum gerade das Geld so vorzüglich zur Aufbewahrung von Werten geeignet ist. Güter und Leistungen sind entweder vergänglich oder an bestimmte Orte gebunden. Das Geld dagegen besteht aus Metall oder Scheinen oder auch aus Ziffern auf einem Bankkonto, die praktisch keinem physikalischen Verfall ausgesetzt sind. Überdies läßt sich Geld augenblicklich mobilisieren und von einem Ort an den anderen bringen – heute noch zusätzlich mit den Mitteln der elektronischen Übertragung von Daten. Aufgrund dieser besonderen Eigenschaften hat das Geld außer seinem ursprünglichen Zweck, als Mittel des Tausches zu dienen, überall auch diese zweite Funktion übernommen. Genau dies ist der Grund, warum es so gern in Schließfächern und Tresoren gehortet und dadurch dem Tausch, seiner elementaren Funktion, entzogen wird.

Durch Hortung wird das Geld aber nicht nur dem Tausch entzogen, so daß es für den Kreislauf der Güter und Leistungen nicht zur Verfügung steht, sondern es gerät auch seine dritte Funktion in Mitleidenschaft, nämlich die Aufgabe, als ein Kreditmittel zu dienen. Aller Fortschritt der industriellen Zivilisation wird letztlich durch die Funktion des Geldes als Kreditmittel begründet. Die Funktion der Wertbewahrung, die lediglich der privaten Bequemlichkeit dient, steht daher im Widerspruch sowohl zur Tausch- wie zur Kreditfunktion des Geldes, weil sie diese beiden für die Gesellschaft unerläßlichen Funktionen des Geldes behindert. Anders gesagt, die Funktion der Wertbewahrung, die nur der privaten Bequemlichkeit dient, ist im Gegensatz zur Tausch- und Kreditfunktion sozial schädlich.

Das Geldsystem in seiner gegenwärtigen Form vermag diesen Widerspruch nur dadurch zu lösen, daß es die drei Funktionen in einer Stufe anordnet. Durch einen entsprechenden Anreiz sorgt es dafür, daß Geld neben dem Tausch nicht zur Wertbewahrung, sondern als Kreditmittel eingesetzt wird:

Geld

Tauschmittel	Wertbewahrungsmittel	Kreditmittel
		Wertsteigerung durch Zinsen
Werterhaltung	*Werterhaltung*	

Die Stufe, die das Geld als Kreditmittel von seinen beiden Funktionen als Tausch- und Wertbewahrungsmittel absetzt, spielt hier die entscheidende Rolle. Das Geld läßt sich in seiner dritten Funktion nur mobilisieren, wenn es als Kredit seinem Inhaber gegenüber der Wertbewahrung einen besonderen Vorteil verschafft. Dieser Vorteil wird im heutigen Geldsystem durch die Zinsen bewirkt. Ohne die dadurch gesicherte finanzielle Belohnung würde und wird das Geld sofort in seine zweite Funktion abgestuft, d. h. es dient als Mittel der Werterhaltung und wird ganz einfach gehortet. Allerdings reicht der Anreiz bei niedrigen Zinsen nicht aus und muß bei geringem Geldbesitz und unsicheren Bankverhältnissen überhaupt nicht zur Wirkung gelangen. So wird etwa angenommen, daß bis zu einem Drittel der deutschen Notenbestände in osteuropäischen Ländern von Privatleuten als Reserve gehortet wird – also sich durchaus nicht im Umlauf befindet.[129] Im Falle eines Mißtrauens gegen die DM würde dieses Reservegeld blitzschnell auf den deutschen Markt gelangen und dort eine Inflation gewaltigen Ausmaßes erzeugen.

Die längst fällige Geldreform

Die Aufgabe eines veränderten Geldsystems kann nur darin bestehen, seine sozial schädlichen Funktionen aufzuheben und dabei seine sozial nützlichen Eigenschaften zu wahren oder weiter zu stärken. Mit anderen Worten, die Funktion des Geldes als Mittel zur Wertbewahrung darf nicht an das sozial schädliche Horten gebunden sein, man muß sie an seine Verwendung als Kreditmittel koppeln. Der Anreiz, Geld für Kredite zur Verfügung zu stellen, darf andererseits nicht aus Zinsen bestehen, deren langfristig schädliche Wirkungen alle Vorteile des Systems in den Schatten stellen. Daraus folgt, daß die Stufe zur dritten Funktion zwar unverzichtbar ist, aber die Wertsteigerung nicht durch Zinsen bewirkt werden darf. Offenbar lassen sich beide Forderungen nur dadurch in Einklang bringen, daß man die Funktionen I und II nach unten versetzt. Das Geld als Tauschmittel oder als Mittel zur Wertbewahrung muß sozusagen dem Verschleiß unterliegen – genauso wie dies bei den im Umlauf befindlichen Gütern der Fall ist.

Geld

Tauschmittel	Wertbewahrungsmittel	Kreditmittel
		Wertsteigerung
		⇓
Werterhaltung	*Werterhaltung*	*Werterhaltung*
⇓	⇓	
(Wertminderung)	*Wertminderung*	

Diese technische Änderung läßt den Anreiz für die Kreditvergabe in vollem Umfang bestehen, weil das Geld ja nur dann seinen Wert beibehält, wenn es als Kredit eingesetzt wird. Wer sein Geld leihweise zur Verfügung stellt, wird daher relativ, d. h. im Verhältnis zu jenen, die es nur aufbewahren, genauso wie vorher belohnt. Umgekehrt erleidet nun derjenige einen Verlust, der das umlaufende Geld nicht schnell genug für den Tausch einsetzt, d. h., es durch Hortung zur Wertbewahrung verwendet. Für den einzelnen tritt eine Wertminderung also tatsächlich nur dann ein, wenn er sein Geld zu lange oder in zu großen Mengen dem Tausch entzieht. Beim Tausch selbst wird das

Geld schnell abgestoßen und unterliegt daher keiner Wertminderung (diese ist daher oben in Klammern gesetzt).

Der Verschleiß des Geldes mag seltsam erscheinen, aber technisch ist der Vorgang ziemlich problemlos. Die Notenbank verwirklicht ihn dadurch, daß sie Geldscheine (vor allem von höherem Wert) unangekündigt und in irregulären Abständen für ungültig erklärt und ihren Umtausch innerhalb einer bestimmten Frist zur Auflage macht. Dabei berechnet sie eine Gebühr in Prozenten des Wertes. Die Folge dieser Maßnahme ist leicht vorherzusehen. Jeder hat ein Interesse daran, sein Geld in den Umlauf zu bringen, statt es unbenutzt zu verwahren. Hortet er Scheine, so geht er das Risiko ein, sie unter Verlust einzulösen.

Es leuchtet ein, daß das Geld als Tauschmittel dadurch nicht etwa der Inflation ausgesetzt wird. Seine Menge bleibt ja konstant, auch wenn alte durch neue Scheine abgelöst werden. Es steht eben nur unter dem Zwang, im Verkehr zu bleiben und damit seiner eigentlichen Funktion als Tauschmittel zu dienen. Von neuem ist das Geld Allgemeingut, das nicht wie heute privatem Belieben ausgesetzt ist, weil jeder es dem Kreislauf entziehen kann, ohne Sanktionen befürchten zu müssen. Während die sozial schädliche Funktion des Geldes beseitigt wird, bleibt seine Verwendung als Kreditmittel gewahrt. Kredit- und Aufbewahrungsfunktion fallen im neuen System zusammen, so wie im alten Tausch- und Aufbewahrungsfunktion, aber die Funktion als Kreditmittel ist jetzt neu definiert. Denn die wundersame Vermehrung des Geldes durch Zinsen ist aufgehoben – und gleichzeitig auch die fundamentale Ungerechtigkeit, die bis dahin mit dem Geldsystem unlösbar verbunden erschien.

Durch eine solche Reform wird das Geld auf die gleiche Ebene wie alle anderen physikalischen Gegenstände gestellt. Weder ein Sack Mehl noch ein Haus oder ein Grundstück können sich selbsttätig vermehren. Im besten Fall erhalten sie ihren Wert. Wenn aus einem Sack Mehl tatsächlich zwei Säcke werden oder ein Haus durch einen Zubau erweitert wird, dann steckt immer menschliche Arbeit darin. Nur weil Geld eine abstrakte Größe ist, konnte man übersehen, daß auch den Zinsen immer die menschliche Arbeit zugrunde liegt. Wenn die einen Zinsen erhalten, müssen diese von anderen durch Arbeit erwirtschaftet werden. Oder anders gesagt, wenn sich das leistungslose

Vermögen vermehrt, wird die Leistung dafür im Gegenteil stärker belastet. Geld besitzt ebensowenig die Kraft der Vermehrung wie irgendein anderer Gegenstand.

Die Reform des Geldes würde dieses ausschließlich auf seine sozial nützlichen Funktionen beschränken. Denn das neue Geldsystem kennt nur noch die beiden Funktionen von Tausch und Kredit, wobei der letztere mit der Werterhaltung zusammenfällt:

Geld

Tauschmittel	Kreditmittel
	Werterhaltung
(Wertminderung)	

Der Gütertausch erfährt im neuen System zweifellos eine starke Belebung, weil ein unmittelbarer Anreiz für die Beschleunigung des Geldumlaufes besteht. Andererseits lohnt es sich für die Besitzer überschüssigen Geldes genauso wie früher, ihr Geld anderen als Kredit zur Verfügung zu stellen. Nur unter dieser Voraussetzung bleibt ja ihr Geld in voller Höhe erhalten.[130] Wirksamer als Vermögens- und Erbschaftssteuern verhindert diese einfache Herabstufung der ursprünglich drei Funktionen des Geldes die bedrohliche Zinsvermehrung des Geldes und die daraus entstehenden Folgen für die Gesellschaft.

Flankierende Maßnahmen

Zinsen sollten allerdings nicht generell abgeschafft werden. Eine solche Reform würde das Kind mit dem Bade ausschütten, da von Zinsen unterschiedliche Wirkungen ausgehen. Während der permanente Zinsstrom, der von einer Mehrheit zu einer Minderheit fließt, jede Volkswirtschaft auf Dauer zerstört, kommt dem Zins als Lenkungsinstrument für sozial sinnvolle Investitionen eine große und unverzichtbare Bedeutung zu (vgl. *Anhang: Das kapitalistische Geldsystem*, S. 297 ff.). Es ist daher unsinnig, Zinsen generell zu verdammen und ihre Abschaffung zu verlangen.

Aber auch die Einführung einer Steuer auf umlaufendes Geld und die dadurch mögliche Beseitigung der Zinsen auf gespartes Vermögen löst keinesfalls alle Probleme. Ohne begleitende Maßnahmen würde man den Prozeß wachsender Ungleichheit zwar wesentlich einschränken, da mit dem Zins auch sein hauptsächlicher Multiplikator entfällt, aber man würde ihn keinesfalls stoppen. Solange knappe Güter vorhanden sind (und das ist in jeder Gesellschaft der Fall), steht dem Vermögen die Möglichkeit offen, seine Veranlagung in anderen, nichtmonetären Bereichen zu suchen. Manche dieser Bereiche stellen allerdings nur scheinbar eine Gefahr dar. Würden die Vermögen z. B. in Häusern investieren, so wäre damit der Wirtschaft gedient, weil das daraus entstehende vergrößerte Angebot die Preise sogleich sinken und die Renditen fallen ließe – Häuser wären dann eben kein knappes Gut mehr –, und das gleiche gilt für sämtliche Güter, deren Vermehrung eine Aufhebung ihrer Knappheit bewirkt. Aber es gilt nicht für Güter, die entweder gar nicht oder nur unter größten Kosten vermehrt werden können. Dazu gehören Grundstücke, Öl, in vielen Staaten auch schon das Trinkwasser etc. Wenn das Vermögen ungehindert in unvermehrbare Güter investieren und seine Renditen festlegen kann, so ist auch hier die Entwicklung in Richtung wachsender Ungleichheit vorgezeichnet. Dennoch sollte man derartige Ausweichmöglichkeiten nicht überschätzen. Kein moderner demokratisch verfaßter Staat kann es sich langfristig leisten, einer Minderheit die uneingeschränkte Verfügung über Güter zu überlassen, welche die Interessen einer Mehrheit elementar in Mitleidenschaft ziehen. Die Regierungen demokratischer Staaten werden mit den Stimmen der Bevölkerungsmehrheit gewählt, sie sehen sich daher gezwungen, die Verfügung einer Minderheit über ein knappes öffentliches Gut immer erneut einzuschränken – anders gesagt, sie müssen für Grundstückspreise angemessene Grenzen festlegen.[131] Deshalb stehen der Rendite in diesem Bereich jedenfalls viel größere Hürden entgegen als bei der Mechanik von Zins und Zinseszinsen. Dies gilt auch für andere von Natur knappe Güter, die für die physische Existenz der Bevölkerung eine unmittelbare Bedeutung besitzen, also für Wasser, Öl, Energie usw. Es gilt natürlich in ungleich geringerem Maße für Güter des Luxus, wie Juwelen, Gold, Schmuck oder Kunstwerke. Auch hier handelt es sich zwar um knappe und teilweise sogar um sehr seltene Güter, da diese aber für das elementare Interesse einer Mehrheit kaum von Bedeutung sind, stößt die Veranlagung von Vermögen hier selten auf Hindernisse. Dennoch dürften sich daraus kaum ernsthafte Gefahren ergeben. Der Wert von Luxusgütern ist in hohem Grade psychologisch bestimmt und kann daher zu bestimmten Zeiten ebenso in die Höhe schießen, wie er in anderen in den Keller sinkt. Das Ausweichen der großen Vermögen in diesen Bereich kommt daher als mögliche Ursache für eine wachsende Ungleichheit viel weniger in Betracht.

Historischer Rückblick

Die wesentlichen noch aus der vorindustriellen Vergangenheit ererbten Probleme des Geldsystems lassen sich durch diese einfache Reform beseitigen, so die galoppierende Verschuldung von Staat, Unternehmen und Privatpersonen und die spiegelbildlich damit erfolgende Konzentration der Vermögen. Der ganze Apparat von Maßnahmen zur Begrenzung der sozialen Ungleichheit: Vermögens- und Erbschaftssteuern wäre weitgehend überflüssig. Warum hat sich diese im Prinzip so einfache Reform bisher dennoch nur ausnahmsweise durchsetzen lassen?[132] Ein Rückblick auf die Vergangenheit klärt dieses Rätsel ebenso auf wie die Vorausschau auf künftige Perspektiven.

Die Hindernisse, auf denen eine Reform dieser Art in der Vergangenheit stoßen mußte, liegen ziemlich deutlich zutage. In früheren Zeiten waren Entwertungen des umlaufenden Geldes die Regel. Durch keine Maßnahme konnte ein Fürst so schnell die eigene Kasse füllen wie durch Verfälschungen der Gold- oder Silbermünzen mit unedlen Metallen. Derartige Bereicherungen der politischen Macht auf Kosten der Bürger führten zu ernsten Störungen der Güterwirtschaft, da die nominellen Werte der Münzen sich im Laufe der Zeit immer stärker von den tatsächlichen unterschieden.[133] So kam es dazu, daß die Bürger gleich auf zweifache Weise unter Zinsen zu leiden hatten. Einerseits freiwillig, sofern sie Kredite aufnahmen und sich dadurch verschuldeten, anderseits unfreiwillig durch den Tribut, den die politische

Macht ihnen gegen ihren Willen aufzwang. Denn dadurch, daß die Regierung die Münzen verschlechterte, erhob sie einen Tribut in Gestalt von Silber und Gold. In der Vergangenheit war daher jede Art der Entwertung des Geldes mit dem Odium der Ausbeutung verbunden.

Aber selbst wenn die Verheerungen der Geldentwertung der Reform nicht im Wege gestanden hätten, wäre diese an den damaligen technischen Voraussetzungen gescheitert. Denn es war praktisch unmöglich, das Geld in seinen beiden Funktionen als Tausch- und Kreditmittel voneinander zu trennen, indem man nur das umlaufende Bargeld dem »Verschleiß« aussetzte, aber das entliehene Geld davon ausnahm. Früher gab es nur Münzen, denen man nicht ansehen konnte, ob sie für den Konsum oder für den Kredit dienen sollten. Hätte man für eine gezielte Entwertung des umlaufenden Geldes gesorgt, so wäre davon automatisch auch das entliehene Geld betroffen gewesen – der ganze Eingriff wäre dadurch vereitelt worden. Aus diesen technischen Gründen war eine wirksame Strategie gegen die Mechanik der Zinsen während der längsten Zeit, da das Geldsystem existiert, von vornherein ausgeschlossen. Es blieb bei moralischen Protesten, die zeitweise auch zu Verboten des Zinsnehmens führten. Aber dies war natürlich keine wirkliche Lösung, da die Wirtschaft ohne geliehenes Geld auch in früheren Zeiten nicht auszukommen vermochte. So wurden Minderheiten – in Europa vor allem die Juden – dazu verdammt, jene Geschäfte des Teufels zu übernehmen, ohne welche auch Christen nun einmal nicht auskommen konnten.

Die technischen Voraussetzungen der Reform

Erst das moderne Bankensystem hat die technischen Voraussetzungen für Maßnahmen gegen das Unheil der Zinsen geschaffen. Für Banken ist die Unterscheidung von Spar- und Konsumgeld (Kredit- und Tauschgeld) mühelos durchführbar.[134] Alles für den Konsum bestimmte Geld, bare Münzen und Scheine ebenso wie das unbare Geld der Girokonten, wird dem »Verschleiß« ausgesetzt, d. h. durch prozentuale Gebühren in den Umlauf getrieben. Beim Bargeld werden die Abgaben jedesmal dann erhoben, wenn die Bank einen Umtausch in neue Scheine verordnet. Vor allem solche von höherem Wert (500 oder 1000 DM) müssen in Umlauf gehalten werden, da hier die größte Gefahr der Hortung besteht. Am einfachsten läßt sich die Belastung der Girokonten durchführen. Mit wachsendem Anteil des bargeldlosen Verkehrs wird daher das neue System auch zunehmend einfacher. In einer völlig bargeldlos funktionierenden Wirtschaft würde das Geld durch prozentuale Abgaben einerseits in dauerndem Fluß gehalten, andererseits auf die Sparkonten abgeleitet, wo es von allen Gebühren befreit ist.

Es ist wichtig, den prinzipiellen Gegensatz dieser Maßnahmen zu einer Inflation im Auge zu behalten. Wie auch immer das Verhältnis von barem zu unbarem Geld in Zukunft aussehen mag, die prozentualen Abgaben haben mit einer Inflation nicht das geringste gemein.[135] Denn die Wertminderung durch Gebühren, die sich dieses System zunutze macht, unterscheidet sich grundsätzlich von einer Vermehrung der Geldmenge, wie sie eine Notenbank dadurch bewirkt, daß sie die gesamte Menge des umlaufenden Geldes erhöht. Geld wird keinesfalls inflationär vermehrt, sondern lediglich alte durch neue Scheine ersetzt, wobei diejenigen, die zu einem bestimmten Termin im Besitz größerer Scheine sind, einen prozentuellen Verlust in Höhe der von ihnen gehorteten Menge erleiden. Man mag auch diesen Verlust als ungerecht werten, nur sollte man nicht vergessen, daß er im Vergleich zu den sozialen Schäden, die das Geldsystem in seiner bisherigen Form anzurichten vermochte, von vernachlässigenswerter Geringfügigkeit ist. Am wenigsten betroffen sind diejenigen, die alles Geld für den Konsum ausgeben und daher selten über größere Mengen an Geld, geschweige denn über Geldscheine von großem Wert verfügen. Wer anderseits überschüssiges Geld besitzt, kann es durch den Transfer auf ein Sparkonto regelmäßig in Sicherheit bringen.

Künftige Perspektiven

> [Neutrales Geld] könnte der beste Regulator der Um-
> laufgeschwindigkeit des Geldes sein, die der verwir-
> rendste Faktor in der Stabilisierung des Preisniveaus
> ist. Bei richtiger Anwendung könnte es uns tatsächlich
> binnen weniger Wochen aus der Krise heraushelfen.
>
> *Irving Fisher (ehemals bedeutendster*
> *Geldtheoretiker der Vereinigten Staaten)*[136]

Die Aussichten für eine Verwirklichung dieser ebenso einfachen wie grundlegenden Reform müssen vorläufig als äußerst gering eingeschätzt werden, und zwar aus zwei unterschiedlichen, aber gleich schwerwiegenden Gründen. Acht Zehntel der Bevölkerung in einem Industriestaat wie Deutschland gehören zu den Nettozahlern von Zinsen, d. h., sie leiden unter dem gegenwärtigen Geldsystem, während nur ein Zehntel davon profitiert und ein weiteres davon weder Vor- noch Nachteile hat.[137] Aber diese überwältigende Mehrheit von 80 % ist über die Wirkungen des Zinssystems kaum informiert und schon gar nicht über mögliche Reformen, welche die Umverteilung von der Leistung zum Geld aufheben könnten. Doch selbst wenn diese Mehrheit über größeres Wissen verfügen würde, müßte sich daraus noch kein wirksames Handeln ergeben. Gewöhnlich setzen sich jene, die von einer Reform profitieren, nur mäßig für diese ein, während im Gegenteil alle von ihr ungünstig Betroffenen die Stimme lautstark erheben. Da die Abschaffung der Zinsen gerade jene Schicht um ihre gewohnten Vorteile bringt, welche politisch wie ökonomisch den größten Einfluß besitzt, ist mit einer Gegenkampagne zu rechnen, die jeden Versuch einer Reform im Keime erstickt. Denn Reformen, die gar zu einschneidend erscheinen, werden in der Regel nur dann in Erwägung gezogen, wenn Katastrophen die Bereitschaft zu einem grundsätzlichen Umdenken erzeugen. Kein Geringerer als John Maynard Keynes sprach die Hoffnung aus, daß der Grenznutzen des Kapitals gegen Null gehen möge »for a little reflection will show what enormous social changes would result from a gradual disappearance of a rate of return on accumulated wealth. A man would still be free to accumulate his earned income with a view to spending

it at a later date. But his accumulation would not grow.«[138] Und er sah
sehr wohl, daß die von Silvio Gesell vorgeschlagene Reform ein Weg
zu diesem Ziel sein könnte. »Thus those reformers, who look for a
remedy by creating artificial carrying-costs for money through the
device of requiring ... currency to be periodically stamped at a pre-
scribed cost in order to retain its quality as money ... have been on
the right track.«[139] Aber er hütete sich, diese vernünftige Reform, die
zu seiner Zeit keine Aussicht auf Verwirklichung besaß, mehr als bei-
läufig zu erwähnen.

Die Anzeichen mehren sich allerdings, daß die Katastrophe, die ein
grundlegendes Umdenken ermöglichen könnte, nicht allzu fern liegt.
Inzwischen strebt die Verschuldung der Staaten und die damit ein-
hergehende Konzentration der Vermögen weltweit einer kritischen
Grenze zu, die durch die Globalisierung des Geldverkehrs und die dadurch bewirkte Instabilität sehr bald zu explosiven Zuständen führen
könnten. Wir sahen, daß die Konzentration der Vermögen regelmäßig durch gesellschaftliche Krisen rückgängig gemacht wird, entweder durch Kriege und Währungsreformen oder, wie in den Vereinigten Staaten, durch ökonomische Zusammenbrüche wie am Ende der
zwanziger Jahre. Dieser Zyklus von Aufbau und Zerstörung der großen Vermögen scheint ebenso zum Kapitalismus zu gehören wie der
klassische Konjunkturzyklus. Anders gesagt, auf eine zunehmende
soziale Ungleichheit folgt regelmäßig deren mehr oder weniger gewaltsame Einebnung. Es ist zu hoffen, daß das Ende dieser zyklischen
Bewegung diesmal ohne die Verwüstungen eines Krieges stattfindet –
z. B. »nur« durch einen die Wirtschaft mehr oder weniger stark er-
schütternden Crash. In diesem Fall könnte die Bereitschaft zu einer
Reform alle Kreise erfassen.[140]

Teil III. Die Verantwortung dankt ab – Krieg gegen die Natur

Die Geschichte der industriellen Revolution schlägt gleich zu Beginn eine für die Folgezeit immer wieder typische Bahn ein. Während sich die Stellung der in den neugegründeten Fabriken beschäftigten Arbeiter zu Beginn des 19. Jahrhunderts verschlechterte, gewannen deren Besitzer zunehmend an Einfluß, Vermögen und Macht. Unternehmer, die mit kleinen Betrieben und geringen Mitteln begannen, erwarben in kurzer Zeit große Vermögen. Profite bewegten sich nicht in der Höhe von 100 %, sondern konnten in astronomische Höhe bis zu 1000 und mehr Prozenten hochschnellen.[141] Trat die Regierung nicht als ausgleichende Instanz in Erscheinung, dann nahmen die daraus erwachsenden sozialen Gegensätze notwendig immer mehr zu. Klassische Beobachter des industriellen Kapitalismus wie der Graf von Saint-Simon (1760–1825), Charles Fourier (1772–1837), Robert Owen (1771–1858) und Joseph Proudhon (1809–1865) leiteten daraus die Notwendigkeit einer Einschränkung des privaten Besitzes ab. Karl Marx ging in seinen Forderungen darüber noch hinaus. Da er in der privaten Verfügung über die Produktionsmittel die eigentliche Ursache für Ausbeutung und Elend sah, bestand seine Lösung der sozialen Probleme in der Kollektivierung des Eigentums. Würden alle Menschen den gleichen Anteil an den vorhandenen Reichtümern besitzen, dann könne es per Definition keine Ausbeutung mehr geben.

Diese Theorie ist logisch befriedigend – wie kann ein Mensch einem anderen etwas nehmen, wenn beide gleichermaßen dessen Besitzer sind? Psychologisch allerdings sind die Auswirkungen dieser Theorie nicht weniger als verheerend – wenn alles jedem gehört, ist jede Verantwortung abgeschafft. Die furchtbare Gleichgültigkeit gegen den öffentlichen Besitz hatte in Rußland zur Folge, daß ein großer Teil der jährlichen Ernte verdarb und die in den Fabriken benötigten Maschinen ohne Pflege dahinrosteten. Dies war das unmittelbare Ergebnis einer Demotivierung durch den Mangel an Verantwortlichkeit. Mit seiner Forderung nach der Aufhebung des Privateigentums hat Marx, wohl ohne sich dieser Folgen bewußt zu sein, großes Unheil gestiftet.[142] Seine Lehre hat ein soziales System ins Leben gerufen, dessen Ausbeutung von Mensch und Natur insgesamt kaum weniger ausgeprägt war als im Kapitalismus, während andererseits die Leistungen dieses Systems sehr viel geringer waren.

Der theoretische Mißgriff beruht auf einer falschen Beurteilung der eigentlichen Ursachen des Kapitalismus. Marx gab der Institution des Privateigentums die Schuld an den Mißständen, aber das private Eigentum spornt die Leistungen des reichen Fabrikanten ebenso an wie die eines Bauern mit wenigen Hektar Land oder eines Arbeiters, der nur ein winziges Haus besitzt. Die Möglichkeit, einem Garten, dem eigenen Haus oder irgendeinem persönlichen Gegenstand die eigene Pflege, Fürsorge oder auch Liebe zukommen zu lassen, ist für den Menschen ebenso wichtig wie der gleiche Bezug zu Frau oder Kindern. Auch im Hinblick auf Frauen und Kinder hat es bekanntlich Versuche der Kollektivierung gegeben, aber stets mit ähnlich verheerenden Auswirkungen. Heute genießen alle erwachsenen Mitglieder einer Familie die gleichen Rechte, daher können sie juristisch ebensowenig als Privateigentum gelten wie irgendwelche anderen Menschen (im Gegensatz etwa zur Rechtsauffassung in römischer Zeit). Dennoch sind sich diese zwischenmenschlichen Bindungen und die Fürsorge dem Besitz gegenüber in wesentlicher Hinsicht durchaus ähnlich: Beide gründen auf der Verantwortung. Dies ist der Kern des Privateigentums, auf dem seine positive soziale Wirkung beruht, nicht die negative Abgrenzung gegen die Ansprüche anderer, die auch in den Begriffen von »Besitz« und »privatem Eigentum« liegt. Die Überlegenheit des Privateigentums über alle anderen Formen des Besitzes beruht auf der Verantwortung, zu welcher der Eigentümer dadurch verpflichtet wird und sich von sich aus verpflichtet fühlt.

Die Verantwortung ist der Kern eines sozial wünschenswerten Verhaltens, dagegen sollte das persönliche Eigentum kein Prinzip an sich, sondern nur Instrument sein, um eine solche Verantwortung zu fördern. Dazu bildet es aber nicht einmal eine notwendige Voraussetzung. Gerade in der entwickelten Marktwirtschaft spielt das Eigentum an den »Mitteln der Produktion« nur noch eine untergeordnete Rolle. Anders als zu Zeiten von Marx befinden sich große Unternehmen bekanntlich nur noch ausnahmsweise im Besitz einzelner Individuen. Manager vertreten die Interessen von Aktieneigentümern, die ihnen oft nur als anonyme Schar gegenübertreten. Gewöhnlich sind weder die Manager noch die übrigen Beschäftigten des Unternehmens durch persönlichen Besitz an diesem beteiligt. Alle, angefangen vom Hilfsarbeiter bis zum Topmanager, sind nur die Verwalter von Produktionsanlagen, die ihnen von anderen leihweise überlassen werden.

Dennoch sind westliche Unternehmen deswegen nicht identisch mit den Betrieben des ehemaligen kommunistischen Lagers, obwohl auch diese von den dort Beschäftigten nur auf Abruf verwaltet wurden. Der Unterschied liegt eben nicht in der Frage des Eigentums, sondern im Grad der Verantwortung. Auch wenn westliche Manager in der Regel nicht mehr die Besitzer der Unternehmen sind, spielen sie trotzdem eine wesentlich andere Rolle als die früheren Betriebsfunktionäre des Ostens. Während diese weitgehend nur als Befehlsempfänger einer zentralen Planungsbehörde fungierten, können und sollen westliche Manager ihre Entscheidungen aus eigener Verantwortung treffen. Denn Mitarbeit, Einsatz und Motivation beruhen vorrangig auf dieser Möglichkeit, eigene Verantwortung wahrzunehmen. Das persönliche Eigentum kann dabei sehr förderlich sein, aber es leistet nur eine Hilfsfunktion. Es ist sozial genau in dem Maße bedeutsam, wie es die Verantwortung mobilisiert, und in dem Maße schädlich, wie es der Verantwortung hinderlich ist. Die Bedrohung durch den neuen Kapitalismus geht nicht vom persönlichen Eigentum an sich aus, sondern von dessen zunehmender Unverantwortlichkeit.

Die Sabotage der Verantwortung

Die industrielle Marktwirtschaft verdankt ihre globalen Erfolge nicht nur, wie eine oberflächliche Beobachtung dies vortäuschen könnte, der Erfindung von immer neuen, immer stärkeren Maschinen, sondern vor allem einer überaus wirksamen menschlichen Organisation, die diese Maschinen sinnvoll einzusetzen vermochte. Wir sahen, daß die Teilung der Arbeit die wohl größte Erfindung zur Potenzierung menschlicher Leistungen ist. Aber diese Erfindung ist durchaus ein zweischneidiges Schwert. Während sie die Leistung erhöht, beschränkt sie zugleich die Verantwortung. Konnte der traditionelle Handwerker noch eine ganze Kommode herstellen, so war der Arbeiter in den neuen Fabriken nur noch für einen verschwindend kleinen Ablauf innerhalb eines langen Produktionsprozesses zuständig. Wer nur noch dafür verantwortlich ist, die Spitze einer Nadel mit richtiger Rundung zu schleifen, hat es schwer, den sozialen Nutzen seiner Tätigkeit einzusehen. Er ist sich zudem bewußt, daß Tausende anderer Arbeiter ihn dabei ersetzen können. Marx hat die Reduktion von Menschen auf bloße Funktionen eindringlich als Entfremdung beschrieben. Seine scharfsinnige Diagnose ist auch hier der Therapie überlegen. Denn die Entfremdung läßt sich wohl kaum durch eine Veränderung der Eigentumsverhältnisse überwinden, schon gar nicht durch die Beseitigung des persönlichen Eigentums, sondern nur durch eine andere Gliederung von Arbeit, die dem einzelnen einen größeren Überblick und ein erhöhtes Maß von Verantwortung verschafft. Die Abschaffung der routinemäßigen Arbeit durch Automation und künstliche Intelligenz ist einer der Wege, auf denen eine menschlichere Arbeit erreicht werden kann.[143]

Dieser möglichen Verbesserung der Situation in den Betrieben steht allerdings eine Entwicklung entgegen, welche die soziale Verantwortung zwischen den Staaten ebenso wie innerhalb von ihnen vermindert. Zwischen ihnen geht die Teilung der Arbeit mehr und mehr in den ungebändigten Wettbewerb über, wie er in Teil I dargestellt wurde. Innerhalb dieser Staaten aber führt das neuerliche Erstarken des Kapitalismus zu einer Privilegierung der großen Vermögen auf Kosten der Leistung – diese Entwicklung wurde im zweiten Teil beschrieben.

Teil III dieses Buches beschreibt den Verlust der Verantwortung in einem dritten Bereich – nicht gegenüber Menschen, sondern gegenüber dem für sie alle gemeinsamen Lebensraum: der Natur. Der von der industriellen Zivilisation auf die Natur ausgehende Schaden ist

Gegenstand einer weltweiten Debatte und in vielen hervorragenden Publikationen eindringlich dargestellt. Hier geht es nicht darum, bekannte Tatsachen erneut darzustellen, sondern deren ökonomische Ursachen zu erhellen. Nicht die industrielle Zivilisation als solche ist mit der Natur unverträglich, sondern eine kapitalistische Ökonomie, welche private Interessen zum Schaden statt zum Wohl der Allgemeinheit einsetzt. Auf einem schrumpfenden Globus ist diese Allgemeinheit inzwischen nicht mehr und nicht weniger als die Weltgemeinschaft in ihrer Gesamtheit.

Nulltarif der Natur

> Mit dem Wachstum der Wirtschaft verstärkt sich der Druck auf die natürlichen Systeme und Ressourcen der Erde. Zwischen 1950 und 1997 hat sich der Verbrauch von Nutzholz verdreifacht, von Papier versechsfacht, die Fangerträge aus der Fischerei fast verfünffacht, der Getreideverbrauch fast verdreifacht und der Verbrauch fossiler Brennstoffe fast vervierfacht. Die Verschmutzung von Luft und Gewässern ist um ein Vielfaches angestiegen. Die traurige Wahrheit ist, daß die Wirtschaft immer weiter wächst, aber das Ökosystem, von dem sie abhängig ist, nicht weiter wachsen kann.
>
> *Lester R. Brown* [144]

Entsprechend der heutigen Konvention, den Wohlstand der Staaten an ihrem Bruttosozialprodukt zu bemessen, haben wir eine optimistische Statistik gezeigt (vgl. Anmerkung 64). Aber es ist längst kein Geheimnis mehr, daß das BSP auch noch in einer Welt zunehmen kann, die für Menschen kaum noch bewohnbar ist. In den Vereinigten Staaten ist die Hälfte aller Grundwasservorkommen mit Pestizidrückständen, Nitraten aus Gülleüberdüngung und anderen schädlichen Rückständen verseucht – eine Vergiftung, die praktisch nicht mehr zu beseitigen ist. [145] Diese Naturvernichtung wird in den Berechnungen des BSP nicht etwa als Negativposten eingesetzt, den man gegen die Steigerung der Getreideerträge und Schweinemast aufrechnen muß, sondern sie erscheint im Gegenteil als positiver

Eintrag im BSP, da man etwaige Abwehrmaßnahmen, zum Beispiel komplexe Reinigungsanlagen für verschmutzte Grundwasservorkommen, als Investitionen auf der Habenseite des BSP vermerkt. So kommt es aufgrund der gegenwärtigen Berechnungen des BSP dazu, daß eine zunehmende Zerstörung der Natur als Ausweitung unseres »Wohlstands« erscheint!

Die dadurch bewirkte Illusion einer Steigerung der volkswirtschaftlichen Leistung ist besonders gefährlich, weil sie das Ausmaß der tatsächlichen Bedrohung verschleiert. »Keine noch so perfektionierte Aufbereitung des aus Flüssen und Talsperren stammenden ›Oberflächenwassers‹ kann heute noch alle Schadstoffe erfassen und entfernen. Es geht ja nicht nur um Schwermetalle und weit über tausend organisch-chemische Industrierückstände ... Niemand kann abschätzen, wie viele überhaupt noch nicht erfaßte, womöglich erst durch Folgereaktionen in der chemischen Brühe unserer Flüsse entstandene Schadstoffmoleküle darüber hinaus noch in unserem Trinkwasser enthalten sein mögen.«[146]

Ebenso dramatisch ist die Situation in vielen Entwicklungsländern. Auch wenn in einigen von ihnen das BSP hohe Zuwächse verzeichnet, muß dies keineswegs eine Zunahme an Wohlstand bedeuten, selbst wenn wir davon ausgehen würden, daß das entstehende Einkommen einigermaßen gerecht der Bevölkerung als Ganzes zugute kommt. Studien über Indonesien oder Mexiko, die das ausgewiesene Wachstum der Wirtschaft mit den Verlusten durch Abholzung der tropischen Regenwälder und die Verkarstung weiter Gebiete verrechnen, deuten auf einen realen Rückgang des Wohlstands, weil der gegenwärtige Konsum mit der Erschöpfung der natürlichen Ressourcen erkauft wird. Illusorische Einkommensgewinne gehen so mit andauernden Wohlstands*verlusten* einher.[147]

Vor hundert Jahren, als die Natur noch unerschöpflich erschien, mochte es sinnvoll erscheinen, den Wohlstand mit der Summe der durch menschliche Arbeit erzeugten Güter zu identifizieren. Inzwischen liegt darin eine gefährliche Irreführung. Materieller Wohlstand besteht einerseits in den Apparaten, womit der Mensch sein physisches Leben erleichtert. Er drückt, wenn man es abstrakt formulieren will, den Grad der Befreiung von physischen Zwängen aus.

Aber Wohlstand besteht ebenso in der Bewahrung einer natürlichen Umwelt, die auch noch später die für die Erhaltung dieser materiellen Basis erforderlichen Energien und Rohstoffe liefert. Und vor allem besteht Wohlstand in einem Lebensraum, der auch in Zukunft so beschaffen sein muß, daß der Mensch sich in ihm wohl fühlen kann. Solange die Vermehrung der Produktion der umgebenden Natur keinerlei Schaden zufügt, bedeutet die Zunahme des BSP einen reinen Gewinn, sobald aber die Natur geplündert und durch Gifte geschädigt oder ihr Gleichgewicht ernsthaft bedroht wird, ist die Produktion nur noch der eine von zwei Posten in einem Saldo, auf dessen Negativseite man die Verluste abschreiben muß. Einige von diesen, zu denen das Artensterben, die Vernichtung der Wälder und die Vergiftung von Wasser und Luft gehören, lassen sich entweder gar nicht oder nur über einen Zeitraum von Generationen rückgängig machen. Sie laufen daher praktisch auf eine bleibende Zerstörung der Lebensgrundlagen hinaus.

Die Entwicklungs- und Schwellenländer rechtfertigen diese Zerstörung mit der Notwendigkeit ihres industriellen Aufbaus, die bereits industrialisierten Staaten mit der Forderung nach Wettbewerbsfähigkeit. Gemäß dieser Strategie können die ökologischen Sünden der anderen nur dadurch beantwortet werden, daß man selbst sie durch noch größere Ausbeutung der Natur überbietet. Der auf diese Weise entfesselte Wettbewerb verschafft aber jedem einzelnen Staat immer nur einen vorübergehenden Vorteil, alle zusammen werden dadurch zusehends ärmer. Der ungebändigte Wettbewerb bewirkt den Ruin des Planeten und damit letztlich Armut für alle.

Dabei handeln die Protagonisten dieses Systems sehr oft gegen die eigene bessere Einsicht. Nirgendwo dürfte das Bewußtsein für den unverantwortlichen Umgang mit den natürlichen Lebensgrundlagen so stark entwickelt sein wie in den Vereinigten Staaten. In keinem anderen Land ist jedenfalls ein amtierender Vizepräsident (Al Gore) zu finden, der mit gleicher Offenheit und umfassender Information sowohl die globale Situation wie auch die Versäumnisse im eigenen Lande beleuchtet.[148] Derselbe Politiker hat aber im Namen der Vereinigten Staaten die Rolle eines Verhinderers auf der Umweltkonferenz von Kioto gespielt. Persönliches Wissen und Einsicht sind eines, der Zwang eines Systems, in dem jeder Staat Einbußen an eigener Macht befürchtet, wenn er sich auf kostspielige Verpflichtungen einläßt, ist offensichtlich etwas ganz anderes.

Naturzerstörung und die Privatisierung der sozialen Verantwortung

> Derweil nimmt das Ausmaß der Unternehmenskriminalität ständig zu, vor allem die Umweltdelikte häufen sich. Rechtsexperten sprechen bereits von der »organisierten Unverantwortlichkeit« in großen Betrieben.
>
> *Der Spiegel*, 13/98

Entscheidend für die Zerstörung der Natur im modernen Kapitalismus ist die Streuung von Verantwortung auf eine Vielzahl von Trägern ohne entsprechende soziale Koordination. An und für sich muß man die Streuung von Verantwortung auf eine Vielzahl von Menschen durchaus als positive Entwicklung begrüßen. Indem die moderne industrielle Gesellschaft viele einzelne politisch und ökonomisch an der Verantwortung teilhaben ließ, hat sie diese zur Mitarbeit mobilisiert und dadurch die Voraussetzung für den einzigartigen historischen Erfolg der freien Marktwirtschaften geschaffen. Die Mobilisierung der einzelnen und deren Befreiung aus den Fesseln der Tradition wurde ja vor allem dadurch ermöglicht, daß die Wirtschaft nun einer Vielzahl von Menschen auf den verschiedensten Gebieten die Freiheit zu selbständigem Handeln gewährte. Dies wiederum hatte eine Demokratisierung der Mitsprache und der Entscheidungen auf allen Ebenen zur Folge.

Aber diese größere Freiheit ist notwendig an bestimmte Bedingungen geknüpft. Solange privates Handeln sich an den Zielen der Gesellschaft orientiert und von dieser entsprechend gelenkt wird, kann sie nur positiv wirken. Aber in dem Augenblick, wo die einzelnen ihr Handeln nur noch an den eigenen Interessen ausrichten, wird die gleiche Freiheit, die der Gesellschaft vorher so großen Nutzen verschaffte, zu einer akuten Gefahr. Denn private Zwecke können den

Zielen der Gesellschaft diametral entgegengesetzt sein – und zwar selbst dann, wenn jeder der privaten Akteure diese Ziele ohne weiteres als gut und sogar notwendig anerkennt.

Der hier bestehende Widerspruch ist allgegenwärtig. Man wird kaum annehmen dürfen, daß ein deutscher Industrieller, ein Politiker oder ein Gewerkschafter die Verseuchung der bestehenden Süßwasserreserven für unproblematisch oder gar wünschenswert hält. Das gesellschaftliche Ziel, auch weiterhin für unverdorbenes Trinkwasser zu sorgen, wird praktisch von jedem geteilt. Dennoch ist zur Genüge bekannt, daß viele Konzerne alle Hebel des Lobbyismus bewegen, um Einschränkungen ihres Wasserbedarfs oder höhere Auflagen bei seiner Reinigung zu verhindern. Immer wieder werden selbst renommierte Betriebe bei Nacht- und Nebelaktionen ertappt, in denen schwer belastetes Wasser in Elbe oder Rhein abgeleitet wird. Ein Unrechtsbewußtsein scheint dabei in vielen Fällen zu fehlen, weil die Täter davon überzeugt sind, daß die Reinhaltung des Wassers oder überhaupt die Sorge für die Natur *nicht zu ihrer Verantwortung* zählt. Denn diese sehen sie ausschließlich in der Erzeugung von Produkten und der Maximierung ihrer Gewinne. Wenn es ihnen daher im Hinblick auf diese privaten Zwecke richtig erscheint, öffentliche Güter wie Wasser, Luft oder Wälder zu schädigen, dann haben sie wenige oder gar keine Hemmungen, dies auch zu tun.

Es wäre sicher wenig gerecht, das eingeschränkte Bewußtsein für die eigene Verantwortung nur bei den Unternehmern zu suchen. Gewerkschafter beziehen oft eine genau gleiche Haltung. Sie haben ihre speziellen Zwecke und ihre Verantwortung als die der Erhaltung von Arbeitsplätzen bestimmt. Ihre Mitglieder erwarten, daß sie sich für diesen Zweck engagieren. Die Natur liegt außerhalb ihrer Zuständigkeit. Wenn sie für die Erhaltung von Arbeitsplätzen zerstört werden muß, anders gesagt, wenn die nächste Generation für die Sünden der heutigen zur Kasse gebeten wird, dann ist das eine Sorge, die sie nichts angeht. Diese Blindheit für alle gesellschaftlich belangvollen Bereiche, die nicht in den engen Bereich der eigenen Aufgaben fallen, ist das Kennzeichen einer hochkomplexen Gesellschaft der Arbeitsteilung, in der sich der Bezug auf gemeinsame Ziele aufzulösen beginnt. Wenn dies geschieht, beginnen die privaten Interessen sowohl gegeneinander zu arbeiten wie gegen die Ziele der Öffentlichkeit. Nirgendwo wird dies so deutlich wie im ausbeuterischen Umgang mit der Natur, und nirgendwo ist auch die Absurdität einer vermeintlichen Selbstregulierung der privaten Interessen so offenkundig. Denn die hochkomplexe und fortgeschrittene industrielle Zivilisation hat eine so große Macht der Naturbeherrschung erlangt, daß sie einem gefährlichen Pulverfaß gleicht, sollte ihr die Bändigung der von ihr selbst entfesselten Kräfte mißlingen.

Vom Anfang und Ende der Produktion

Der Kapitalismus betont die Verantwortung der Privaten – nur um dem Allgemeinwohl gegenüber die Verantwortungslosigkeit durchzusetzen. Dies ist kennzeichnend für den Umgang mit den Rohstoffen ebenso wie für den mit dem Müll, sozusagen den beiden Endphasen der industriellen Erzeugung. Wie eng der Horizont angesichts schwindender Energie- und Rohstoffreserven tatsächlich ist, hat der Club of Rome schon 1972 mit der Arbeit *Die Grenzen des Wachstums* und danach der Council on Environmental Quality (im Auftrag von Präsident Carter) schon 1980 mit seinem Bericht *Global 2000* deutlich gemacht. Die Ergebnisse, zu denen eine ganze Heerschar von Wissenschaftlern großer amerikanischer Universitäten und staatlicher Forschungsinstituten in *Global 2000* gelangte, sind im höchsten Grad alarmierend, obwohl die Autoren von absichtlich günstigen Voraussetzungen ausgingen. Bis heute sind diese Voraussagen im wesentlichen unwidersprochen. Daran vermag auch die Tatsache nichts zu ändern, daß einige an eine wundersame Vermehrung der Rohstoffe glauben,[149] weil deren Preise inzwischen zumindest teilweise dramatisch gesunken sind, wie in letzter Zeit z. B. der Ölpreis.[150]

Allen düsteren Prognosen zum Trotz wird der Raubbau in gewohnter Art fortgesetzt, weltweit schreiten die Verringerung der Süßwasserreserven, die Abholzung der Wälder und die Ausbeutung der Rohstoffe unvermindert voran. Dabei hatten die Autoren von *Global 2000* den Gegensatz zwischen den Statistiken des BSP und

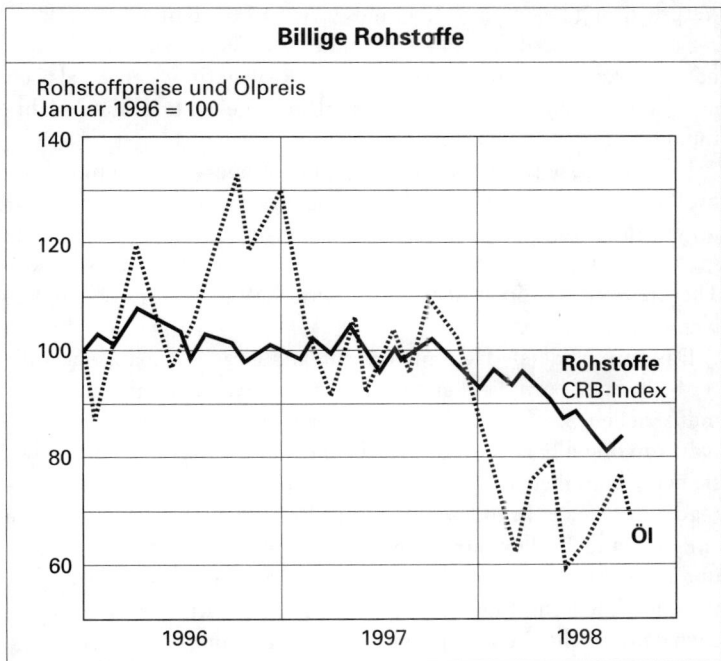

Billige Rohstoffe

Rohstoffpreise und Ölpreis
Januar 1996 = 100

Quelle: Datastream

dem tatsächlichen Wohlstand ausdrücklich festgestellt. »Trotz eines
größeren materiellen Outputs werden die Menschen auf der Welt [im
Jahre 2000] in vieler Hinsicht ärmer sein, als sie es heute sind.« Diese
Warnung hat sich inzwischen bestätigt. Das Gefälle zwischen Arm
und Reich ist nicht nur zwischen den Staaten weiter gewachsen, sondern nimmt auch in ihrem Inneren zu. Gegenüber den dadurch wachsenden Spannungen betont der Bericht ausdrücklich die Verpflichtung aller Staaten auf die gemeinsamen Ziele der Menschheit: »Die
erforderlichen Veränderungen gehen weit über die Möglichkeiten
und Verantwortlichkeiten dieser oder jener einzelnen Nation hinaus.
Es muß eine neue Ära der Zusammenarbeit und der gegenseitigen

Verpflichtung beginnen.« Aber dieser Aufruf blieb ungehört. Zwanzig Jahre zuvor, auf dem Höhepunkt der sozialen Marktwirtschaften, hätte er vermutlich mehr Aussicht auf Realisierung gehabt als seit dem neuerlichen Erstarken des Kapitalismus gegen Ende dieses Jahrhunderts.

Dennoch scheint die Erschöpfung der Rohstoffe nicht einmal das größte Problem zu sein. Bei ausreichendem Optimismus könnten wir immerhin hoffen, viele Rohstoffe zu ersetzen und alternative Energien in ausreichendem Umfang zu produzieren. Zumindest in der Theorie wäre eine Solar-Wasserstoffwirtschaft imstande, unsere Probleme zu lösen.

Das entscheidende Hemmnis für die industrielle Expansion in ihrer bisherigen Form liegt an anderer Stelle – weniger am Anfang des industriellen Stoffwechsels als an seinem Ende. In quantitativ beinahe unvorstellbarem Maße gibt die industrielle Produktion, wie wir sie heute betreiben, ihre Ausscheidungsstoffe an die Natur ab und leitet damit eine wachsende Zahl unumkehrbarer Zerstörungsvorgänge ein. Die industrielle Ökonomie, dazu bestimmt, größeren Reichtum und vermehrte Sicherheit für den Menschen zu schaffen, belastet Natur und Gesellschaft mit einer Potenzierung des Risikos. Alle Anzeichen deuten schon jetzt darauf hin, daß Reichtum und Sicherheit unwiderruflich in Zerstörung und Unsicherheit übergehen, falls wir die industrielle Produktion in ihrer bisherigen Form in die übrige Welt oder auch nur in das Riesenreich China verpflanzen.

Die industrielle Zivilisation in ihrer heutigen Form ist nicht verallgemeinerungsfähig

Diese Drohung steht in merkwürdigem Gegensatz zur Propaganda, wie sie von öffentlichen Medien, Wirtschaft und Staat betrieben wird. Im letzten Jahrzehnt vor der Jahrtausendwende wird die Globalisierung der industriellen Zivilisation von einem Trommelfeuer des Optimismus begleitet. Reichtum für alle, offene Märkte bis nach Szetschwan und Ulan Bator. Millionen, vielleicht Milliarden von Autos für Chinesen und Inder. Die global tätigen Unternehmen verkünden den planetarischen Markt, der die Aussicht auf fabelhafte Gewinne verheißt. Sie werden in ihrer Propaganda aber auch von Idealisten bestärkt, die den lange benachteiligten Völkern der Dritten Welt eine Verbesserung ihrer materiellen Lage verheißen. In der Industrialisierung des ganzen Planeten sehen sie einen notwendigen Schritt in Richtung auf eine mögliche weltweite Überwindung der Armut. Aber natürlich sind es längst nicht nur wirtschaftlich interessierte oder auch idealistisch denkende Kreise im Westen, die eine globale Industrialisierung begrüßen. Diese Hoffnung hat inzwischen auf die betroffenen Völker selbst übergegriffen. Einige von ihnen scheinen vom Fieber des Aufbruchs erfaßt. Wie früher die Völker Europas sind nun auch sie bereit, furchtbare Entbehrungen auf sich zu nehmen, um so das Fundament für einen künftigen Wohlstand zu legen.

Den wenigsten ist dabei bewußt, daß die Geschichte nur selten Wiederholungen kennt. Denn die Bedingungen, unter denen Industrialisierung gegenwärtig stattfindet, unterscheiden sich grundlegend von jenen in der ersten Hälfte des 19. Jahrhunderts. Das für den Fortschritt ausgebeutete »Menschenmaterial« in den Fabriken von Manchester hat nach zwei, drei Generationen eine vollständige Metamorphose erlebt. Im mitteleuropäischen Sozialstaat rückte der Arbeiter zum gleichwertigen Bürger auf. Zum ersten Mal erwarb er Wohlstand, wurde materiell unabhängig. Eine derartige Entwicklung scheint für die heute noch in Armut lebenden restlichen vier Milliarden der Menschheit so gut wie ausgeschlossen zu sein. Denn gerade wenn es gelänge, mit Hilfe gewaltiger Investitionen ein Riesenland wie China in kürzester Zeit so stark zu industrialisieren, wie es Japan oder Deutschland schon heute sind, würden sich daraus für die Welt insgesamt die düstersten Perspektiven ergeben. Denn anders als am Anfang der industriellen Revolution vor zweihundert Jahren wird das Wachstum der chinesischen Industrien schon jetzt von einer massiven Bedrohung der Lebensgrundlagen begleitet. Dadurch könnten alle Versprechungen von Reichtum und Sicherheit in kürzester Frist hinfällig werden. Anders gesagt, unter den gegenwärtigen Bedingungen von Produktion und Konsum ist eine Industrialisierung des chinesischen Riesenreichs nach westlichem Vorbild ein Unheil für den gesamten Planeten.

So stehen wir am Ende dieses Jahrtausends vor einer einzigartigen Situation. Gerade ein rasanter Erfolg bei der Industrialisierung des Globus wäre eine Garantie auf die Selbstzerstörung. Die Welt steht vor einem Dilemma. Entweder läßt sie es zu, daß die industrielle Zivilisation, der sie ihren bisherigen Reichtum verdankt, die Grundlagen menschlicher Existenz gefährdet, oder sie leitet radikale Änderungen zum Zweck ihrer Nachhaltigkeit ein.

Die Kosten der Industrialisierung

Seit Beginn der industriellen Revolution gehören Licht und Schatten zu ihrer steten Begleitung. Die Nutzprodukte, womit sie ihre Versprechungen einlöst, stehen im Licht unserer Aufmerksamkeit, der Müll wurde ins Dunkel verdrängt, obwohl er schon immer als unvermeidliches Gegenstück existierte. Denn der Müll ist die häßliche Kehrseite der Produktion, so wie die Ausscheidungen des Körpers das natürliche Endprodukt der aufgenommenen Nahrung sind. Zwischen beiden besteht allerdings ein entscheidender Unterschied. Die Natur hat ein Gleichgewicht hergestellt, indem sie Tausende von Organismen zu dem alleinigen Zweck »erfand«, die Ausscheidungen anderer Organismen zu verwerten und dadurch unschädlich zu machen. Strenggenommen ist Müll in der Natur deshalb unbekannt, weil der Abfall der einen stets die Lebensgrundlage für andere ist. Und auch menschliche Gemeinschaften haben vor Aufkommen der industriellen Erzeugung so gut wie keinen Müll produziert. Überwiegend wurden Güter aus natürlichem Material hergestellt. Sie gelangten in den Kreislauf der Natur zurück, ohne dabei bleibende Spuren zu hinterlassen.

Der Müll ist somit eine Erfindung der industriellen Zivilisation. Zum ersten Mal in der Geschichte des Globus sammeln sich an dessen Oberfläche und in der ihn umgebenden atmosphärischen Hülle nicht nur mit jedem Tag neue Stoffe an, sondern diese addieren sich zu dem bereits existierenden Müll aus vergangenen Jahrzehnten und Jahren, so daß die Gesamtmenge ständig wächst, ohne durch gegenläufige Prozesse wieder beseitigt zu werden. So bringt der expansive industrielle Apparat mit jedem Tag größere Mengen an Ausscheidungs-produkten hervor, die den Planeten bleibend verändern. Dieser Pro-zeß ist einzigartig und ohne natürlichen Abschluß, weil die Natur die Entstehung solcher Stoffe nicht vorsah und daher keine Strategien zu ihrem Abbau entwickelt hat. Wird er nicht zur rechten Zeit unterbro-chen, so ist sein *erzwungenes* Ende logisch vorprogrammiert. So wie ein steter Zulauf unweigerlich dazu führt, daß ein Gefäß irgendwann überläuft, muß auch das Gleichgewicht der Natur über kurz oder lang zusammenbrechen, wenn die Menge an Schadstoffen permanent wächst. An eine unbegrenzte Erzeugung von Müll ist in einem be-grenzten System nicht zu denken.

Schon heute verschlingt die sichere Verwahrung eines anschwel-lenden Stroms von giftigem, häßlichem und größtenteils unverwert-barem Abfall immer mehr Mittel, die man logischerweise den Kosten der Produktion hinzurechnen muß. Oder anders gesagt, die Kosten-wahrheit des BSP müßte notwendig dazu führen, daß die Entsorgung des Mülls als Negativposten erscheint. Was dies bedeutet, läßt sich leicht absehen. Bei vielen Produkten ist sehr leicht der magische Punkt erreicht, an dem die Kosten für die Entsorgung des Mülls den finanziellen Gewinn überschreiten, den man durch ihre Verwendung verbucht. Dieser magische Punkt scheint in einigen Bereichen wie beispielsweise in der Atomindustrie (Schnelle Brüter) schon heute erreicht. Nutz- und Schadenskosten heben sich auf, sofern die Scha-denskosten den Nutzen nicht sogar übertreffen. Wenn das BSP diese Kosten als Negativposten einbezieht, ist es trotz stark zunehmender industrieller Aktivitäten um nichts größer geworden oder hat sogar abgenommen. Wie absurd die heutige Berechnung des BSP ist, läßt sich an dem Beispiel identischer Nutz- und Schadenskosten beson-ders eindringlich demonstrieren. Nach heutiger Berechnung ist der Zuwachs des BSP in diesem Fall nicht etwa gleich Null, sondern springt im Gegenteil auf *den doppelten Betrag in die Höhe*, weil die Entsorgung als positive Leistung verbucht wird. Eine Gesellschaft, die kurz vor dem Zusammenbruch steht, weil die Vor- und Nachteile der materiellen Produktion sich annullieren, könnte sich noch im letzten Moment mit dem Scheintriumph eines unvergleichlich hohen Bruttosozialprodukts täuschen!

Der Pferdefuß der globalen Expansion

So angenehm es zweifellos ist, die glänzende Fassade der Gütererzeugung unabhängig von der häßlichen Kehrseite wachsender Müllberge zu betrachten – die immer mehr ansteigenden Kosten gestatten uns diese verschleiernde Sicht schon heute nicht mehr. Bisher war der schöne Schein um so leichter zu wahren, als der Abfall der reichen Nationen in den ärmsten Ländern der Welt deponiert werden konnte, sobald ihre eigene Aufnahmefähigkeit sich erschöpfte. Aber der weltweite Widerstand gegen die planetarische Verschiebung der Gifte ist schon heute schwer überwindbar – sobald die in Asien neu entstehenden Zentren der Industrie ihrerseits Müll in potentiell gestiegener Menge erzeugen, wird er noch weiter anwachsen. Alte Industrieländer wie Deutschland oder Italien verfügen praktisch über keine weiteren Lager für die Abfallstoffe von Industrie und Konsum, obwohl diese Jahr um Jahr immer noch in gleich hohen Mengen anfallen. Eine halbe Tonne pro Jahr für den durchschnittlichen Europäer oder Japaner, das ist der gegenwärtige Ausstoß an größtenteils nicht abbaufähigen Stoffen im privaten Bereich. Er liegt in den Vereinigten Staaten etwa doppelt so hoch,[151] und überall nimmt er immer noch zu, obwohl die Zahl verfügbarer Deponien zurückgeht und viele von ihnen das Grundwasser gefährden (in Deutschland geht von ungefähr 50000 Müllagerstätten eine Gefahr für das Grundwasser aus). Diese Gifte sind das Ergebnis eines Konsums, der das Wegwerfen zur Pflicht erhebt, um den Absatz neuer Güter zu steigern.

Gifte, die im Laufe der industriellen Prozesse selbst anfallen, stellen eine noch größere Belastung dar. Diese sogenannten »Gefahrenstoffe« entsprechen in etwa der Menge des Hausmülls – die Gesamtmenge an Müll pro Person wird dadurch demnach verdoppelt. Die Entsorgung der Gefahrenstoffe ist ein akutes Problem. In den reichen Industrienationen werden an die 100000 chemische Stoffe in größeren Mengen verwendet, Jahr um Jahr kommen einige Tausend neue hinzu. Nur die wenigsten wurden im Hinblick auf ihre toxischen Wirkungen genau untersucht. Was die möglichen Auswirkungen einer Kombination solcher Stoffe betrifft, so *kann* uns darüber gar nichts bekannt sein, weil die Zahl solcher Kombinationen praktisch grenzenlos ist. Inzwischen geht auch in den Schwellenländern die Zahl der in der Produktion verwendeten chemischen Stoffe in die Zehntausende – Stoffe, die entweder vor wenigen Jahren nicht existierten oder sich auf wenige hundert beschränkten. Dabei werden synthetische Stoffe sowie Verpackungen in den neu industrialisierenden Ländern von Anfang an in großer Menge verwendet, wodurch eine ständig wachsende Lawine von Schadstoffen in Bewegung gerät. All dies geschieht unter dem Druck beschleunigten Wandels. Die Produktzyklen werden verkürzt, die Modelle entsprechend schneller gewechselt und in Abfall verwandelt. Am sichtbarsten für die internationale Beobachtung ist dabei der Anteil, der in die Atmosphäre gelangt. Viele große Städte in China liegen schon heute unter Smogglocken begraben und sind daher von Satelliten aus nicht länger zu sehen. Die Vergiftung der atmosphärischen Hülle breitet sich in beschleunigtem Tempo aus, weil das Land zur Erzeugung von Energie vor allem die reichlich vorhandene minderwertige Kohle benutzt. Die industrielle Zivilisation in ihrer gegenwärtigen Form läuft Gefahr, an ihren Ausscheidungsstoffen zu ersticken.

Besonderes Aufsehen erregt die Zunahme von CO_2 in der Lufthülle der Erde, man sollte sich aber bewußt sein, daß die Belastung durch die übrigen Schadstoffe völlig ausreicht, um die Dramatik der Situation zu erhellen. Die besondere Schwierigkeit des CO_2-Problems liegt jedenfalls darin, daß ein wissenschaftliches Modell für den Zusammenhang mit einem möglichen Anstieg der Temperaturen bislang nicht gefunden wurde und angesichts der Komplexität der Prozesse möglicherweise auch nie hergestellt werden wird. Dadurch aber wird das Problem selbst nicht entschärft. Bevor skandinavische Seen sich über Nacht in biologisch tote Senken verwandelten, existierten ebensowenig wissenschaftliche Modelle und Voraussagen für diesen Vorgang. Überhaupt scheint der Zusammenbruch biologischer Gleichgewichte meist ohne spektakuläre Vorwarnung stattzufinden. Denn die Übergänge finden selten in klar erkennbaren Stufen statt, die eine ebenso graduelle Abwehr erlauben – in der Regel treten sie als plötzliches »Umkippen« in Erscheinung. Wird eine kritische Schwelle der Belastungen überschritten, dann erfolgt ein Quantensprung vom Zustand organischen Lebens hin zu einem Zustand der totalen biologischen

Desorganisation. Die Tatsache, daß die bisherigen Modelle zur Erklärung des Klimaverlaufs nicht beweiskräftig sind und niemand daher mit Sicherheit sagen kann, wie eine Verdoppelung der CO_2-Konzentration sich tatsächlich auswirken wird, nehmen diesem Anstieg nichts von seiner Bedrohlichkeit.

Das Gesetz der Naturzerstörung im ungebändigten Kapitalismus

Die Vernichtung der Natur durch den Menschen ist historisch nicht neu. In einigen Gebieten der Erde wie z. B. in Mesopotamien wurde Landwirtschaft auf zerstörerische Weise betrieben, durch Versalzung und übermäßiges Auslaugen der Böden sind dadurch Teile der Erde für den Menschen weitgehend verlorengegangen. Auch die Landwirtschaft war schon auf das Prinzip der Nachhaltigkeit angewiesen, wenn der Boden auf Dauer bewirtschaftet werden sollte. In noch viel höherem Maße gilt die Forderung der Nachhaltigkeit aber für die industrielle Ökonomie, da ihre Eingriffe ungleich tiefer und langfristiger sind als die jeder anderen Wirtschaft in der Vergangenheit. Die Mißachtung dieses Prinzips durch die industrielle Zivilisation in ihrer heutigen Form läuft deshalb ganz einfach darauf hinaus, daß diese ihr zeitlich begrenztes Überleben selbst vorprogrammiert. Einerseits schöpft sie aus der Natur permanent ein mengenmäßig begrenztes Reservoir an Rohstoffen ab, andererseits entläßt sie hochgiftige Stoffe, zu deren Abbau die Natur keine Mechanismen entwickelt hat.

Dabei ist die industrielle Technologie durchaus nicht von vornherein auf Raub und Vergiftung der Natur angelegt. Wenn sie diese in den 200 Jahren ihres Bestehens recht unbekümmert betrieb, dann hängt dies in erster Linie damit zusammen, daß schädliche Folgen erst im Anschluß an ihre großen Erfolge auftraten. Erst die außerordentliche Expansion der industriellen Zivilisation in diesem Jahrhundert hat für alle erkennbar gemacht, daß Industrialisierung eine bedeutende Chance für die Menschheit darstellt – und andererseits eine Gefahr, die nicht weniger als ihre Existenz in Frage zu stellen droht.

Diese Entwicklung ist nicht der Technik an sich anzulasten, die im Gegenteil auch die Mittel bereitstellt, um die Gefahren zu bändigen. Technik an sich kann niemals gefährlicher sein als ihre Verwendung im Dienste eines bestimmten Wirtschaftssystems. Solange dieses dem Ziel des sozialen Nutzens gehorcht, werden die Fortschritte der Technologie von vornherein danach befragt, ob sie diesem Ziel dienen oder ihm im Gegenteil hinderlich sind. Natürlich wird man auf diese Frage nicht in jedem Fall eine eindeutige Antwort erhalten, aber stets wird es nach einiger Zeit möglich sein, die sozialen Kosten gegen den Nutzen abzuwägen. Technologischer und sozialer Fortschritt bleiben so aneinander gekoppelt, und man darf sicher sein, daß eine Technologie, welche die Grundlagen menschlichen Lebens zerstört, keine Chancen bekommt. Im System des neuen Kapitalismus darf man sich auf diese Abwägung von Kosten und Nutzen aber nicht länger verlassen. Zur Bändigung der Technik im Sinne ihres dauerhaften Nutzens für die Gesellschaft zählt vor allem die Nachhaltigkeit. Aber allen gegenteiligen Beteuerungen zum Trotz gehören die Verschwendung der Rohstoffe und die Vergiftung der Natur zu den systemeigenen Merkmalen einer Wirtschaftsform, die sich vom sozialen Nutzen immer weiter entfernt und statt dessen den Vorrang privater Interessen betont. Im Hinblick auf den modernen Kapitalismus ist es keinesfalls übertrieben, von einem Gesetz der Naturzerstörung zu reden. Dabei wird der Ausverkauf der Natur vor allem auf dreifache Art betrieben: durch geringe Lebenserwartung für die Produkte, durch Werbung und durch den Wettbewerb.

Ermunterung zum Verschleiß

Jede Industriegesellschaft wird unausweichlich mit dem Problem konfrontiert, daß Angebot und Nachfrage auseinanderklaffen: Irgendwann kommt es zu einer Sättigung des Bedarfs. Auch wenn ein Haushalt statt eines einzigen Fernsehgeräts deren zwei oder drei erwirbt, läßt sich der Bedarf nur bis zu einer gewissen Grenze ausweiten. Die Fernsehindustrie, die zu Anfang große Kapazitäten aufbaut und dabei viele Arbeitsplätze erzeugt, sieht sich später zur Reduktion dieser Kapazitäten genötigt und damit auch zu einem Abbau der Arbeitsplätze. Vielleicht hat sie das Glück, im Ausland noch offene Märkte zu finden, aber damit wird das Problem nur auf die Ebene der Weltwirtschaft verlagert. Denn auch dort tritt die Sättigung des Bedarfs zwangsläufig ein, weil entweder die nötige Kaufkraft fehlt oder immer mehr Staaten ihre eigenen Industrien aufbauen.

Es handelt sich hier um ein Problem grundsätzlicher Art, das immer erneut Instabilitäten verursacht. Kapazitäten werden ausgeweitet, weil die Märkte zu Anfang ein bestimmtes Produkt in gewaltigen Mengen aufsaugen. Danach werden sie dann in einem Prozeß der Schrumpfung wieder vernichtet, wobei es durch die Entlassungen zu sozialen Spannungen kommt. Jede Industriegesellschaft ist dadurch vor ein Dilemma gestellt. Die Deckung des Bedarfs, die Erhaltung der Arbeitsplätze und die Bewahrung der Natur sind drei wesentliche Ziele der Wirtschaft. Aber sie stehen miteinander durchaus nicht in Harmonie. Ist der Bedarf gedeckt, so schwinden die Arbeitsplätze. Will man diese trotzdem bewahren, ist man zu einer Ökonomie der Verschwendung genötigt – mit allen sich daraus ergebenden Folgen. Eine der Möglichkeiten, die Verschwendung zu stimulieren, besteht in der Herabsetzung der Lebensdauer für die Produkte.

Der Kapitalismus als sozial ungebändigte Vorherrschaft privater Interessen orientiert sich an der Perspektive kurzfristigen Gewinns – ganz gleich wie schädlich die langfristigen Wirkungen sind. Eine Verdoppelung des Absatzes kann man etwa dadurch erreichen, daß ein Gerät mit einer durchschnittlichen Lebenserwartung von zehn Jahren nur fünf Jahre seinen Dienst versieht. Nicht nur der private Profit steigt auf diese Weise, sondern es können Arbeitsplätze erhalten und möglicherweise sogar neue geschaffen werden. Die gerade lebende Generation kann demnach von einer derartigen Politik durchaus profitieren. Die Verlierer sind die kommenden Generationen, die statt nutzbarer Rohstoffe nur noch Müll besitzen, so wie die heutigen Bewohner Mesopotamiens Wüste und versalzene Böden vorfinden, wo es einst üppige Kornkammern gab.

Natürlich läßt sich der Einbau von Schwachstellen mit der Aufgabe, das Versagen technischer Geräte bald nach Ablauf der Garantiezeit herbeizuführen, nur in den seltensten Fällen beweisen, dagegen stehen Funktion und Aufgabe der Werbung zweifelsfrei fest. Sie besteht vor allem in der Überredung zum Konsum ohne Rücksicht auf dessen Folgen. Die sozial nützliche Funktion, den Kunden sachgerecht zu informieren, ist bestenfalls Nebensache, in der Mehrheit der Fälle läßt sie sich nicht einmal im Ansatz erkennen.

Zu den heute offen eingestandenen Zielen der Werbung gehört die Konditionierung des Kunden. Dieser wird überredet, das Modell vom letzten oder vorletzten Jahr bedenkenlos auf den Müll zu werfen, sobald ihm ein neues vorgesetzt wird, das aufgrund noch so geringer technischer Modifikationen oder auch bloßer Änderungen des Designs als »modern« hingestellt wird. Dabei wird die Überredung des Kunden als eine legitime Verkaufsstrategie hingestellt und sogar als Verwirklichung von »Freiheit« gepriesen, obwohl die Gesellschaft als Ganzes aufgrund ihrer Folgen die eigene Freiheit zunehmend verliert.

Denn der Preis, den die Gesellschaft für die künstliche Steigerung der Nachfrage bezahlt, ist exorbitant. Berge von Müll wären niemals angehäuft worden, wenn man die Langfristigkeit der Produkte, ihre Wiederherstellbarkeit und Wiederverwertung von vornherein als vorrangiges Ziel eingestuft hätte. Mit einem ungleich geringeren Maß an Raubbau an der Natur läßt sich ein gleiches Niveau des Wohlstands erreichen. Aber die Werbung im Dienste eines privaten und keineswegs sozialen Profits hat die Verschwendung als Ziel der industriellen Zivilisation definiert. Nicht nur daß man einen objektiv unsinnigen Verschleiß in eine Aura von Fortschritt und Überlegenheit hüllt (Männlichkeit, sexuelle Stimulation, kulturelle Beweihräucherung), das System hat den Menschen überdies dazu gebracht, den permanenten Erwerb und Verschleiß materieller Produkte als Lebenszweck an sich zu betrachten – wenn nicht gar als das vorrangige Lebensziel überhaupt.

Dämmt der Wettbewerb die Verschwendung ein?

> The record of oil prices since 1973 proves that ... the effect of multiplying energy costs twelve- to fifteen-fold in six years, was not to diminish energy use but to make it more efficient, while encouraging massive investment in new and environmentally dubious sources of irreplaceable fossil fuel. These in turn would lower the price again and encourage more wasteful use.
>
> *Eric Hobsbawm* [152]

Viele Ökonomen sind allerdings überzeugt, daß die moderne Wirtschaft den verschwenderischen Umgang mit der Natur durchaus nicht begünstigen würde. Auch in diesem Punkt berufen sie sich gern auf das Eingreifen einer unsichtbar wirkenden Hand. Diese sorge dafür, daß es im Interesse jedes einzelnen Unternehmens liege, Rohstoffe und Energie so sparsam wie möglich einzusetzen, weil es dadurch die Preise für seine Produkte herabsetzen kann und dementsprechend größere Gewinne erzielt.

Zweifellos trifft dies in gewissem Umfang auch zu. Die Kräfte des Wettbewerbs wirken in Richtung eines sparsamen Umgangs mit den Ressourcen. Dies ist einer der Gründe, warum staatliche Unternehmen, die mit den Mitteln der Steuerzahler großzügig wirtschaften können, so oft in weit höherem Maße Verschwendung betreiben als Unternehmen in privatem Besitz. Dies ist auch einer der Gründe, warum die Entwicklung von künstlichen Stoffen als Ersatz für teure und seltene Rohstoffe gerade in den freien Marktwirtschaften energisch betrieben wird. Oberflächlich gesehen, scheint die Wirtschaft von sich aus jene Kräfte zu mobilisieren, die der Verschwendung entgegenwirken.

Leider stößt diese Selbstregulierung aber auf zwei ihr entgegengesetzte Tendenzen, welche ihre positive Wirkung weitgehend aufheben. Zum einen sind die industriell entwickelten Staaten ökonomisch und militärisch so mächtig, daß sie die Lieferanten von Rohstoffen gegeneinander auszuspielen vermögen. Viele der Staaten der Dritten Welt sind überdies so hoch gegenüber dem Westen verschuldet, daß ihnen nur noch der Ausverkauf ihrer natürlichen Reichtümer Einkommen verschafft. Auch ohne ausländischen Druck sorgt daher der Wettbewerb unter den Ärmsten dafür, daß die Natur zu Ausverkaufspreisen auf den Weltmarkt gelangt. Bei vielen Produkten ist schon aus diesem Grund der Preis der Rohstoffe im Verhältnis zu den gesamten Kosten so unerheblich,[153] daß der sparsame Umgang mit den Ressourcen den Betrieben nur noch einen vernachlässigenswert geringen Wettbewerbsvorteil verschafft. So wird am Ende dieses Jahrhunderts die Natur praktisch zum Nulltarif abgebaut, obwohl sich der Mensch das erste Mal in seiner Geschichte mit der Tatsache konfrontiert sieht, daß die Natur nicht nur endlich ist, sondern durch seine Eingriffe mit der Vernichtung bedroht.

Im Hinblick auf die Verschwendung übt der Wettbewerb im modernen Kapitalismus zwei einander entgegengesetzte Wirkungen aus. Einerseits sind die Unternehmen im Sinne billiger Produktion daran interessiert, die für das Produkt notwendigen Stoffe sparsam zu verwenden, jedenfalls soweit deren Preise bei der Produktion eine Rolle spielen. Andererseits sind sie aber im Gegenteil daran interessiert, daß ihre Produkte *in möglichst großer Zahl* auf den Markt gelangen. Dabei ist für sie verständlicherweise das Schicksal eines einmal verkauften Produkts ohne Belang. Je schneller dieses durch ein neues Produkt ersetzt werden kann, ohne daß sie dadurch den Argwohn des Konsumenten erwecken, um so besser für sie. Die Unternehmen folgen daher einer doppelten Strategie. *Auf seiten der Produktion* scheuen sie keine Anstrengungen, um die Verschwendung einzugrenzen (sofern dies mit einer Senkung der Kosten verbunden ist), *auf seiten des Verkaufs* unternehmen sie aber umgekehrt alles, um die Verschwendung zu fördern. Denn jetzt geht es ihnen darum, die entstandenen Fertigprodukte möglichst unbegrenzt zu verkaufen. Sparsamkeit ist für Unternehmen daher immer nur ein vorläufiges Mittel zum Zweck – dieser selbst besteht in der Negation aller Sparsamkeit, d. h. in einem möglichst großen Verkauf. Es ist der maximale Absatz eigener Güter als letzter und endgültiger Zweck des Produktionsprozesses, der alle vorausgehende Sparsamkeit im Endeffekt völlig zunichte macht. Die Gesamtwirkung des heutigen Wirtschaftssystems besteht nicht in der Schonung von Rohstoffen und Energie,[154] sondern in ihrer Verschwendung und Transformation in Berge von Müll.

Die Macht privater Interessen

Der Widerstand gegen diese Entwicklung geht einzig von der betroffenen Bevölkerung aus, die ihr Gebiet auf dem Weg über staatliche Gesetze vor Schaden bewahrt. Solange die Industriestaaten dazu reich genug waren, konnten auch sie dem Schutz der Natur eine besondere Bedeutung zumessen. Seit dieser Reichtum bedroht ist, geraten private Interessen zunehmend in Konflikt mit den Rechten und der Verantwortung einer Bevölkerung gegenüber dem von ihr bewohnten Lebensraum. Man muß sich dabei vor Augen halten, daß diese Verantwortung auch in der Vergangenheit immer wieder außer Kraft gesetzt wurde, so von nomadisierenden Stämmen, die eine Politik der verbrannten Erde betrieben. Die Nomaden hatten dabei kaum etwas zu verlieren. Sie brauchten ja nur einige Meilen weiterzuziehen, um einen neuen noch unverdorbenen Lebensraum zu gewinnen. Heute sind die transnationalen Konzerne mit den Nomaden darin vergleichbar, daß sie jeweils diejenigen Standorte aufsuchen, wo für sie die geringsten Verpflichtungen gegenüber Mensch und Natur anfallen. In den Staaten der Dritten Welt kann dies sehr wohl eine Politik der verbrannten Erde bedeuten.[155]

Der Grund für diese Entwicklung liegt in einer zunehmenden Zersplitterung von Zuständigkeit und Verantwortung. Während des größeren Teils des 19. Jahrhunderts wurden industrielle Betriebe von Unternehmern geführt, die zugleich deren Besitzer und Manager waren. Die Verantwortung für die Führung und die Finanzierung lag daher in der Regel in einer Hand. Seit Beginn dieses Jahrhunderts trifft dies nur noch auf Betriebe von kleiner und allenfalls von mittlerer Größe zu. Großbetriebe oder gar internationale Konzerne sind im Besitz von Aktionären und werden in deren Auftrag von bestellten Managern geführt. Die dadurch bewirkte Verteilung von Verantwortung und Zuständigkeit auf Menschen in den verschiedensten Gebieten der Erde, deren Interessen mit dem Ort der Produktion durchaus nicht verknüpft sein müssen, hat weitreichende Folgen. Für die Geldgeber ist das Unternehmen nur eine Kuh, die möglichst viel Milch geben soll. Sie fragen nicht weiter danach, wo und wie der Profit erwirtschaftet wird, vorausgesetzt, er fällt in entsprechender Höhe an.

Dementsprechend kennen auch die von den Geldgebern beauftragten Manager nur den einzigen Imperativ, das entliehene Kapital mit Zinsen zurückzuzahlen und darüber hinaus noch so viel Gewinn zu erbringen, daß die ganze Mühe der Produktion sich überhaupt lohnt. In seinem ganzen Handeln und Planen ist das Unternehmen permanent diesem doppelten Druck ausgesetzt. Denn im Hintergrund stehen Gerichtswesen und Polizei, um der Rückzahlung Nachdruck zu verleihen, falls das Unternehmen seine Verpflichtungen nicht einhalten kann.

Demgegenüber ist der Druck, der von einer verletzten Umwelt ausgeht, vergleichsweise gering. Die Natur verkarstet nicht von heute auf morgen, das Grundwasser wird nur allmählich vergiftet, die Wälder werden stückweise abgeholzt oder sterben im Verlauf von Jahrzehnten. Auch die Landschaft ist erst nach Generationen zubetoniert oder durch häßliche Gebäude entstellt. Der Unterschied in der Brisanz der Wirkungen könnte kaum größer ausfallen. Während der Zeithorizont des Unternehmens kaum mehr als fünf Jahre umfaßt und falsche Strategien es augenblicklich in den Bankrott führen können, gehen von einem falschen Handeln gegenüber öffentlichen Gütern wie der Natur selten unmittelbar dramatische Folgen aus. Kein Wunder, daß sich das private Interesse nach Kräften von öffentlichen Rücksichten zu befreien versucht.

Diese Loslösung der Verantwortung vom Standort der Produktion wird durch die Aufsplitterung der Zuständigkeiten zweifellos stark gefördert. Oft wissen die Geldgeber nicht einmal, wo ihr Vermögen angelegt ist; die Verwalter der Fonds kennen nur Namen und Leistungsdaten; andererseits sind die Manager nur auswechselbare Angestellte ohne dauerhaften Bezug zum Ort ihres Einsatzes. Mit Ausnahme der vor Ort rekrutierten Arbeiterschaft können alle Beteiligten eines Konzerns aus anderen Staaten gebürtig und sogar in anderen Staaten ansässig sein. Das moderne Industrieunternehmen wird damit zu einer von Fremden in die Landschaft gesetzten Maschine, die für eine bestimmte Zeit einen maximalen Output zu erwirtschaften hat. Die Wirkungen solcher Produktionsmaschinen auf Mensch und Natur gelten dann nur noch als lästige Kostenfaktoren.

MAI

Anders als die naiven Verfechter des Neoliberalismus glauben, stehen private Interessen leider durchaus nicht in Harmonie mit den Zielen der Allgemeinheit. Die Streuung der Verantwortung in der arbeitsteiligen Gesellschaft hat vielmehr eine wachsende Kluft von privatem und öffentlichem Interesse erzeugt. Während die Gesellschaft als Ganze für ihren Fortbestand an einem sparsamen Umgang mit der Natur größtes Interesse hat, kann das einzelne Unternehmen seinen Gewinn in der Regel durch eine dieser Forderung genau entgegengesetzte Politik am stärksten erhöhen.

Dieser Gegensatz würde sich weiter verschärfen, sollte es der OECD gelingen, den internationalen Konzernen die gesetzliche Grundlage für eine staatlich unbehinderte ökonomische Aktivität zu verschaffen. Das MAI (Multilateral Agreement on Investments) könnte schon bald privaten Interessen überall auf der Erde einen uneingeschränkten Zugang zu allen Ressourcen des Globus verschaffen. Ausländische Investoren wären nicht nur den Inländern gleichgestellt, sondern alle besonderen Regeln, die diese zum Schutz ihres eigenen Lebensraums aufgestellt haben, wären in der Folge anfechtbar und in Frage gestellt – zugunsten der jeweils niedrigsten Standards.

Das Multilateral Agreement on Investments ist der bislang radikalste Versuch, die Entscheidung über das eigene Schicksal aus der Hand von Staaten in die von Individuen und privaten Korporationen zu legen. De facto wird dadurch die Souveränität einer Bevölkerung in bezug auf das von ihr bewohnte Gebiet auf ein Minimum reduziert. Offenbar hat dieser in weitgehend heimlichen Verhandlungen unternommene Versuch durchaus Chancen, mit ökonomischem und politischem Druck realisiert zu werden. Aber er ist zur gleichen Zeit unsinnig und gefährlich. Denn dieselben Staaten, die eifersüchtig und beharrlich auf ihrer militärischen Souveränität beharren, werden es sicher nicht zulassen, daß ihnen ihre ökonomische Selbstbestimmung genommen wird. Im gegenwärtigen Stadium eines verschärften Wettbewerbs, der die Staaten nicht auf Kooperation, sondern Kampf vorbereitet, ist es einfach undenkbar, daß China oder andere Teile Asiens ihre Souveränität durch private Interessen aushöhlen lassen. Wir sahen, daß sie im Gegenteil alles unternehmen, um die eigene Unabhängigkeit zu stärken. Hinter dem Rücken der Staaten und ihrer Menschen wird mit dem MAI der Versuch zu einer ökonomischen Vereinigung der Welt unternommen, der nur mit ihrem Einverständnis Erfolg haben kann, nämlich dann, wenn die privaten Interessen für alle sichtbar im Einklang mit denen der Bevölkerungsmehrheiten stehen. Gegenwärtig besteht ein derartiger Einklang nicht einmal mehr in den Industriestaaten des Westens.

Teil IV. Die Zukunft des Kapitalismus: Triumph oder Ende?

Fragt man nach der Zukunft jenes wirtschaftlichen Systems, das die demokratische Mitarbeit der einzelnen mobilisierte und dadurch den Aufbau einer industriellen Zivilisation von unvergleichlich hohem Lebensstandard bewirkte, so ist die Antwort unzweifelhaft. Nur die demokratische Marktwirtschaft hat eine Zukunft. Jedes System, das Mitarbeit und Entscheidung durch eine umfassende Lenkung von oben ersetzt, tut nicht nur den Menschen Gewalt an, sondern ist eben deshalb auch weniger wirksam. Aber die freie Marktwirtschaft als ein Instrument, das sich wie die Mittel der Technik zum Nutzen oder Schaden der Gesellschaft anwenden läßt, entfaltet ihren Nutzen erst dann, wenn sie sozial orientiert ist, d. h., wenn sie den Zielen der Bevölkerungsmehrheit entspricht. In der modernen Industriegesellschaft kann dies konkret nur bedeuten, daß sie die Kaufkraft der Bevölkerung vermehrt oder sie wenigstens aufrechterhält. In dem Augenblick, da die Freiheit der Marktwirtschaft darin besteht, daß eine Minderheit ohne Einspruch durch die Gesellschaft den eigenen Reichtum vermehrt und zur gleichen Zeit den einer Bevölkerungsmehrheit reduziert, wird aus einem ökonomischen Instrument im Dienste der Allgemeinheit ein Werkzeug, das in zunehmendem Maße private im Gegensatz zu öffentlichen Interessen verfolgt.

Diese Feststellung hat nichts mit der Begünstigung eines bürokratisch ausufernden Staates zu tun (vgl. Kapitel *Verordnungswut und befohlene Unmündigkeit*, S. 265 f.). Eine Marktwirtschaft, die sozial in dem Sinne ist, daß sie einer Bevölkerung Einkommen und dadurch Kaufkraft verschafft, ist durchaus mit einer aufs Notwendige eingeschränkten Rolle des Staates verträglich. Denn dessen zentrale Aufgabe für die Gesellschaft sollte ausschließlich darin bestehen, die privaten Interessen nach Kräften zu fördern oder zu bändigen, je nachdem, ob sie der Gesellschaft dienen oder ihr schaden. Alle darüber hinausgehenden staatlichen Kompetenzen sind grundsätzlich unabhängig von dieser zentralen Funktion und können, wie nützlich sie sonst auch sein mögen, nicht durch diese gerechtfertigt werden. Dies gilt selbst für die vom Staat organisierte Kranken- und Altersfürsorge. Wenn eine soziale Ökonomie das Problem der Armut in ihrem Bereich gelöst hat, könnte sie die Verantwortung hierfür durchaus wieder an die Bürger abtreten. Nur die Versicherung für den Notfall müßte weiterhin staatlich geregelt sein. Anders gesagt, der Staat als Repräsentant der Allgemeinheit muß überall dort eine unanfechtbare Stärke besitzen, wo sein Eingreifen zum Wohl der Gesellschaft unabdingbar ist. Aber er sollte zugleich alle Funktionen abgeben, mit denen er den Bürgern jenes Maß an Verantwortung, Entscheidung oder auch Risiko abnimmt, das sie selbst tragen können. Der soziale Staat kann und sollte ein schlanker Staat sein, *vorausgesetzt, daß er nicht schwach ist* und dadurch privaten Interessen erlaubt, sich gegen öffentliche Ziele zu stellen.[156]

Ein starker Staat, der stets auf den Interessen des Allgemeinwohls besteht, wird aber gerade von jenen bekämpft, die darin eine Einschränkung privater Ziele erblicken. In dieser Sicht erhält die Wirtschaft den Rang eines Selbstzwecks. Seien es die neuesten Erfindungen der Hochtechnologie, die Zunahme des Bruttosozialprodukts oder die Erfolge der Exportwirtschaft – diese Leistungen werden an und für sich als gut und erstrebenswert hingestellt, unabhängig davon, ob sie einen gesellschaftlichen Sinn erfüllen oder auch nicht. Sie sind gut für einzelne, und das scheint sie ausreichend zu legitimieren. Aber so unbestreitbar derartige Leistungen für sich genommen auch sind, sie verfehlen dennoch den gesellschaftlichen Sinn der Ökonomie, wenn sie zwar den Reichtum für eine Minderheit steigern, aber zur gleichen Zeit auch die Arbeitslosigkeit einer Mehrheit, die dadurch an Kaufkraft verliert.

Deshalb ist die Frage nach der Zukunft des Kapitalismus durchaus berechtigt. Denn Kapitalismus ist nichts anderes als ein Mißverständnis und Mißbrauch der Marktwirtschaft – statt die Freiheit des einzelnen für das Allgemeinwohl zu mobilisieren, gerät sie zu diesem in Gegensatz. Der persönliche Egoismus erhält den Rang eines Prinzips und unterminiert den sozialen Sinn der Ökonomie. Im Augenblick herrscht gerade die Mode, die Gesellschaft und ihre Belange zu übersehen oder ihre Existenz schlichtweg zu leugnen, wie Margaret Thatcher dies tat, als sie auf eine entsprechende Frage erklärte, lediglich Individuen zu kennen, von einer Gesellschaft wisse sie nichts.

Margaret Thatchers Meinung über Mensch und Gesellschaft ist von kaum zu überbietender Schlichtheit. Wohl zu keinem Zeitpunkt in der Geschichte des Menschen (außer in Kriegen) waren die einzelnen auf Gedeih und Verderb so aneinandergekettet wie in der arbeitsteiligen Gesellschaft von heute. Die industrielle Zivilisation gleicht einem Uhrwerk von höchster Komplexität, das auf die kleinsten Störungen mit größter Empfindlichkeit reagiert. Werden sozialer Friede, Bereitschaft zur Zusammenarbeit und Solidarität ernsthaft erschüttert, so sind alle Leistungen der einzelnen nichts mehr wert. Die Gesellschaft zerfällt und mit ihr das komplexe Gebäude von Technologie und Wirtschaft, auf dem ihr Reichtum beruht. Die Frage nach der Zukunft des Kapitalismus betrifft daher exakt die elementare Frage nach seinem Sinn und Nutzen für die Gesellschaft:

Bringt er einer Mehrheit von Menschen größeren Reichtum, oder sorgt er im Gegenteil für wachsende Armut?

Schafft er mehr Verantwortung und Freiheit, oder bringt er wachsende Abhängigkeit von den Weisungen einer Minorität?

Begünstigt er den Frieden, oder bereitet er im Gegenteil kriegerische Auseinandersetzungen vor?

An den Antworten auf diese drei Fragen entscheidet sich die Zukunft des Kapitalismus.

Wachstum und Wohlstandsschwund

Helden der Ökonomie

Auch besonnene Ökonomen sehen im Wachstum eine Art von kategorischem Imperativ, so als könnte dieser Prozeß bis ins Unendliche fortgesetzt werden. Größer und stärker zu werden gilt als deutlichster Beweis des Erfolgs – und kann tatsächlich sehr oft als ein solcher verstanden werden. Aber es ist kaum zu übersehen, daß es Grenzen des Wachstums nicht nur für Bäume und Menschen gibt, sondern ebenso für Autobahnen, Produktionszuwächse, Ausweitungen des bestellbaren Bodens etc. Solange Wachstum den Wohlstand erhöht, wird man es als sinnvoll begrüßen, aber sobald es diese Bedingung nicht länger erfüllt, geht es in pathologisches Wuchern über, wie dies bereits heute auf das permanente Wachsen des Mülls und der Vergiftung von Luft und Wasser zutrifft. Gegen eine so elementare Einsicht wird im Prinzip wohl kaum jemand Einspruch erheben. Dennoch ist von seiten der Wirtschaft so gut wie niemals zu hören, daß eine Entwicklung ihren maximalen Nutzen für die Bevölkerung schon erreicht hat und es daher sinnvoll sein könnte, diese Aktivitäten *nicht weiter* auszudehnen. Dies hat seine Gründe: Mit dem Wachstum sind so elementare Interessen verbunden, daß es wie das goldene Kalb mit unkritischem Beifall beklatscht wird.

Unter den Bedingungen unseres Wirtschaftssystems fällt es tatsächlich schwer, ein anderes Kriterium als das Wachstum zum Maßstab für den Erfolg zu machen. Wenn eine Autofirma mehr Autos oder ein Hersteller von Kameras mehr Fotoapparate erzeugt, dann gilt dies selbstverständlich als Beweis für hervorragende Leistung. Die Verantwortlichen werden in der Öffentlichkeit besonders gelobt und die Ursachen für ihren Erfolg von anderen Unternehmen schnell übernommen. Das Wachstum der Betriebe wird als der sichtbarste Ausdruck ihrer wirtschaftlichen Leistung gewertet, so wie man umgekehrt vom Schrumpfen der Produktion auf mangelnde Leistung oder auch auf Unfähigkeit der Verantwortlichen schließt. Dementsprechend ist es das erklärte Ziel wirtschaftlicher Ausbildungsstätten, alle bekannten Instrumente der Produktionssteigerung als Lehrinhalt zu vermitteln – selbstverständlich gehören hierzu sämtliche Techniken, mit denen man sich einen Vorsprung vor konkurrierenden Unternehmen verschafft, gleichgültig ob sie die Qualität der erzeugten Produkte betreffen oder Strategien zur Betäubung des kritischen Urteilsvermögens beim Konsumenten.

Aber nicht nur die künftigen Leiter eines Betriebes und seiner Abteilungen werden auf das Ziel der Produktionserhöhung verpflichtet, sondern diese Schulung erfaßt mehr oder minder sämtliche Mitglieder des Betriebes bis hin zum einfachen Arbeiter. In vielen ostasiatischen Betrieben bedient man sich dabei einer ursprünglich US-amerikanischen Erfindung.[157] Betriebshymnen werden vor Beginn der Arbeit gesungen, um die Belegschaft auf die Ziele des Unternehmens geradezu einzuschwören. Und in den ehemaligen kommunistischen Ländern wurde die Steigerung der Produktion als vorrangiges Ziel gesehen. Einfache Arbeiter rückten zu Helden des kommunistisch-leninistischen Wirtschaftssystems auf, wenn ihre Leistung über das Plansoll hinausging. Wachstum als höchstes ökonomisches Ziel stand für den Osten ebenso fest wie für den Westen.

Auch abnehmendes Wachstum kann den Erfolg beweisen

Auf den ersten Blick scheint dieses Ziel auch keiner Einschränkungen zu bedürfen, denn seine sozial nützlichen Folgen liegen offen zutage. Nur weil es jedem Unternehmen darum zu tun ist, durch höhere Qualität und geringere Preise den eigenen Absatz zu steigern, werden die Güter zugleich besser und billiger. Die Logik der Produktionssteigerung entspringt daher keineswegs nur dem Vorteil des einzelnen Unternehmens, sondern liegt ebenso im Interesse der Konsumenten. Darüber hinaus ist industrielles Wachstum der Schlüssel für den Reichtum der Staaten. Vor allem in der Zeit beginnender Industrialisierung läßt sich eine Steigerung des Wohlstands nur dadurch erhoffen, daß dieser durch eine zunehmende Produktion erwirtschaftet wird.

Es bedarf aber nur wenig Scharfsinns, um zu erkennen, daß der soziale Nutzen von Produktionssteigerungen an bestimmte Bedingungen gebunden ist. Man wird keineswegs unter allen Umständen für gut halten können, daß eine Autofabrik immer mehr Autos und ein Hersteller von Kameras immer mehr Fotoapparate erzeugt. Und es stimmt einfach nicht, daß eine ausbleibende Steigerung der Produktion oder selbst deren Rückgang auf mangelnder Leistung beruhen muß, sei es der eines Unternehmens oder seiner Beschäftigten.

Unter Umständen kann gerade das Gegenteil richtig sein – eine Abnahme des Wachstums kann als Beweis für besondere Leistungen gelten. Je erfolgreicher nämlich ein Unternehmen bei der Herstellung und dem Absatz seiner Produkte ist, um so schneller bewirkt es dadurch einen Zustand der Sättigung, der seinen Absatz immer mehr schrumpfen läßt. Nehmen wir an, daß fast alle Bürger eines wohlhabenden Landes über ein oder zwei Autos verfügen. In diesem Stadium der Entwicklung kann durchaus ein allgemeines Interesse daran bestehen, den vorhandenen Autopark nicht noch mehr zu vergrößern, weil die Ausweitung des Straßennetzes Natur und Lebensqualität noch mehr schädigen würde. Trifft diese Situation mit einer Sättigung der ausländischen Märkte zusammen, weil man dort bereits über eigene Produktionsstätten verfügt, dann beschränkt sich die Aufgabe der inländischen Erzeuger auf die Ersetzung verkehrsuntauglicher Modelle. Von einer Steigerung der Produktion kann nicht mehr die Rede sein. Sie wird im Gegenteil auf ein Minimum schrumpfen, obwohl die Autohersteller gleich leistungsfähig sind wie zuvor. Es wäre absurd, von einem Versagen der Unternehmen zu reden.

Im Gegenteil scheint besondere Vorsicht, wenn nicht Mißtrauen gegenüber denjenigen Unternehmen geboten, die trotz allgemein rückläufiger Nachfrage besondere Erfolge erzielen. Da der Bedarf objektiv schrumpft, können sie sich nur auf Kosten der Konkurrenz profilieren. Soweit dieser Erfolg auf technischer oder organisatorischer Überlegenheit beruht, ist er berechtigt und verdient volle Anerkennung. Aber in Zeiten verschärften Wettbewerbs ist eher damit zu rechnen, daß die Unternehmen sich aller Mittel bedienen, um den Absatz zu steigern, also auch solcher, die sozial keineswegs wünschenswert sind. Sehr viel öfter ist damit der Fall gegeben, daß das erfolgreiche Unternehmen, statt für sein Wachstum gelobt zu werden, von der Öffentlichkeit mit Sanktionen belegt werden müßte. Ein Vorsprung in der Betäubung des Konsumenten mit Hilfe der Werbung ist sozial ebensowenig von Nutzen wie die Ausnutzung der eigenen Größe: Ein Betrieb, der seine finanzielle Überlegenheit dazu benutzt, um mit Dumpingpreisen für seine Produkte den Markt zu erobern und eine technisch überlegene Konkurrenz abzuwürgen, hat zwar den Kampf um größeres Wachstum für sich entschieden, aber sicher nicht im Sinne der Allgemeinheit gehandelt.[158]

Noch weniger ist deren Interessen gedient, wenn der Erfolg eines Unternehmens auf einer parasitären Produktion an Billigstandorten beruht.

Die abfallende Kurve der Produktion

Irgendwann müssen produzierende Unternehmen stets damit rechnen, daß sich ihr bisheriger Erfolg nicht länger einstellen will – paradoxerweise tritt diese Situation für sie um so schneller ein, je erfolgreicher sie bis dahin gewesen sind. Als in den fünfziger Jahren das öffentliche Fernsehen in der Bundesrepublik Deutschland eingeführt wurde, stand den Produzenten auf Anhieb ein Markt zur Verfügung, der wenigstens 20 Millionen Geräte aufzunehmen vermochte – im Schnitt eines pro Haushalt. Ging man dabei von einer durchschnittlichen Lebensdauer von zehn Jahren für diese Geräte aus, dann bedeutete dies, daß alle zehn Jahre 20 Millionen hergestellt werden konnten oder pro Jahr zwei Millionen. In dieser Alternative liegt ein brisanter Gegensatz, der Grund für Überkapazitäten und Konjunkturzyklen als ein Hauptproblem der industriellen Erzeugung. Denn der Unterschied zwischen der Zahl möglicher Käufer (20 Millionen) und einer auf Dauer berechneten Produktion (zwei Millionen) ist gewaltig. Im vorliegenden Beispiel beträgt er nicht weniger als eins zu zehn.

Zu Beginn der fünfziger Jahre stand die Bundesrepublik noch am Anfang ihres wirtschaftlichen Aufschwungs. Auch wenn theoretisch 20 Millionen Menschen auf Anhieb als Käufer in Frage kamen, reichte damals eine bescheidene Produktion von zwei Millionen Geräten pro Jahr möglicherweise aus, um dem Bedarf nachzukommen. Aber in Ländern mit ausreichender Kaufkraft stellen die Unternehmen ihre Produktion von vornherein auf die Gesamtzahl möglicher Käufer ein – zumal es in der Regel billiger ist, Überkapazitäten in Kauf zu nehmen, als Anlagen, die zu klein ausgelegt wurden, später wesentlich zu vergrößern. Diese Ausrichtung auf den maximalen Bedarf wird zudem durch die kurzfristige Strategie der Unternehmen gefördert. Der Zeithorizont, innerhalb dessen sie ihre Produktionspläne entwerfen, reicht selten über fünf Jahre hinaus, meist liegt er darunter. So stellt man sich auf ein Maximum möglicher Käufer und nicht auf den späteren Zustand der Sättigung ein – im obigen Beispiel auf 20 statt nur auf zwei Millionen.

Der krasse Gegensatz zwischen einer Produktion für den kurzfristig maximalen Bedarf und der Anpassung an den späteren Zustand der Sättigung hat nachhaltige Folgen für die gesamte Ökonomie. Er wirkt sich ja nicht allein auf die Größe der materiellen Produktionsanlagen aus, sondern genauso auf die Zahl der Beschäftigten. Im Extremfall werden zu Anfang der Produktion zehnmal mehr Arbeiter benötigt als nach Verlauf einiger Jahre, wenn die Aufgabe der Produktion nur noch darin besteht, den Ersatz für bestehende Geräte zu liefern. Dies ist ein Problem, das sämtliche Bereiche der industriellen Produktion betrifft, weil in allen der Bedarf zu Anfang einer Entwicklung um ein Vielfaches größer ist als wenige Jahre danach. So stehen auch alle Industrien vor demselben Dilemma, sobald der Zustand der Sättigung eintritt. Entweder sie entlassen Arbeiter in großer Zahl und lassen kostspielige Kapazitäten ungenutzt – oder sie setzen alle nur denkbaren Mittel ein, um im bisherigen Umfang weiter zu produzieren, selbst wenn die Märkte gesättigt sind.

Das Gesetz der Überschußkapazitäten

> Unemployment remained high in most industrial nations and prices remained depressed – all because the world could produce more goods than its markets could absorb. The United States was operating far below its capacity, but so were Japan and West Germany and other major producers ... Around the world, there were simply not enough people who had the money to buy all the goods the world's economies could now produce.   *William Greider*[159]

Seit Beginn der industriellen Revolution steht die Wirtschaft unter dem Gesetz der Überkapazitäten – es ist die Peitsche, die nicht nur das Wachstum im Inneren der Staaten antreibt, sondern diese auch zu einer aggressiven Politik nach außen verleitet. Gerade die an sich so begrüßenswerte Fähigkeit freier Marktwirtschaften, auf einen Bedarf unmittelbar zu reagieren, führt regelmäßig zur Entstehung von überflüssigen Kapazitäten und Personalüberhang. Die daraus entstehenden Zwänge aber wirken unmittelbar in Richtung des Wachstums. Um ihren Beschäftigtenstand zu erhalten und ihre Anlagen auszulasten, setzen die Betriebe außerordentliche Energien dafür ein, den Rückgang der Produktion zu verhindern, auch wenn dieser natürlich oder sogar wünschenswert wäre Denn für die Gesellschaft kann kein Interesse daran bestehen, die Natur durch Verschwendung zu schädigen, sobald der Markt einmal gesättigt ist.

Überkapazitäten zwingen zum Wachstum um jeden Preis – sie sind die Achillesferse der industriellen Zivilisation seit deren Bestehen, denn sie führen zu Instabilitäten, die sich zu gefährlichen Konjunkturzyklen steigern, sobald ein anfänglicher Produktionsboom dadurch erschüttert wird, daß ein in vielen Sektoren gleichzeitig auftretender Überhang nur noch teilweise genutzt werden kann. Die gesamte Wirtschaft gerät in diesem Moment aus dem Gleichgewicht, weil ein viel zu großes Angebot von Produkten auf eine viel zu geringe Zahl von kauffähigen Konsumenten trifft. Die jüngsten Entwicklungen in Südostasien, vor allem in Südkorea, sind ein typisches Beispiel für die Verheerungen im Gefolge einer über den Bedarf hinaus forcierten Produktion. »In 1996«, resümiert die *Financial Times* am 15. Januar 1998, »overcapacity led to falling prices for the nation's main export products. Prices for computer memory chips, Korea's largest export, collapsed in a glutted global market. Earnings of chipmakers fell by 90 per cent. Cars, shipbuilding, steel and petrochemicals were also affected.«

Die dadurch entstehende Depression vernichtet große Vermögen, Beschäftigte werden zu Tausenden freigesetzt und das gesamte soziale und politische Gefüge in diesem Prozeß einer Zerreißprobe ausgeliefert.

Wachstum gegen die Natur

> Ich bin zu der Überzeugung gelangt, daß wir einen
> kühnen und unzweideutigen Schritt tun müssen: Es
> gilt, die Rettung der Umwelt zum zentralen Organisa-
> tionsprinzip unserer Zivilisation zu machen. Ob wir es
> nun einsehen oder nicht, wir befinden uns in einem
> großen Kampf um das verlorene Gleichgewicht unse-
> rer Erde.   *Al Gore* [160]

Das Problem der Überkapazitäten hat man in der Vergangenheit
durch eine restriktive Geldpolitik zu lösen versucht. Das Geld wurde
durch höheren Zins verteuert, so daß überhitzte Konjunkturen sich
abzukühlen vermochten. Aber seit der Liberalisierung des Kapitalverkehrs haben die Notenbanken auf das Zinsniveau geringen oder
gar keinen Einfluß – mit anderen Worten, der Staat ist heute noch
weniger als früher imstande, krisenhafte Entwicklungen der Wirtschaft durch finanzpolitische Maßnahmen rechtzeitig zu beenden. Im
Gegenteil, das makroökonomische Gesetz der Zinsdifferenz sorgt gegenwärtig dafür, daß der Staat sich dem privaten Druck nach Wachstum auch dann beugen muß, wenn dieses sozial zunehmend schädlicher wird (vgl. Kapitel *Das Gesetz der Zinsdifferenz zum Schaden
der Leistung*, S. 178 ff.).

So ist das Gesetz des Handelns inzwischen fast ganz auf die Wirtschaft selbst übergegangen. Diese begegnet dem Problem der gesättigten Märkte auf die bequemste und in aller Regel auch gefährlichste
Weise. Wenn die Kunden nicht länger bereit sind, bei gegebenen Preisen zu kaufen, dann müssen diese eben so lange sinken, bis sie es
tun. Derjenige, der dabei am erfolgreichsten ist, leitet die Mittel der
Konsumenten in die eigene Kasse.

Solange die Verbilligung unter Einsatz besserer Produktionsme-
thoden und weniger Energie stattfindet und die Ansprüche der Allgemeinheit dabei nicht schmälert, bleibt der soziale Sinn des Wettbewerbs durchaus gewahrt. Aber dies ist heute eher weniger der Fall als
in der Vergangenheit. In Zeiten, da große Konzerne die Belastung
durch Steuern mühelos abschütteln können und den Anteil der Arbeit zugunsten des Kapitals immer mehr einschränken, droht die Na-

tur zur letzten Front im Krieg um die Senkung der Produktions-
kosten zu werden. Neue Techniken der Herstellung und künstliche
Rohstoffe zu entwickeln, ist teuer. Ein viel einfacher Weg zur
Verbilligung der Produkte besteht darin, die Preise für Rohstoffe
und Energie künstlich niedrig zu halten. Politisch und ökonomisch
potente Mächte erreichen dies durch einen entsprechenden Druck auf
schwächere Länder. So sind die großen Unternehmen über Organisationen wie den IWF maßgeblich daran beteiligt, für niedrige oder sogar sinkende Rohstoffpreise zu sorgen – so als würden deren Vorräte
mit der Zeit größer werden, statt, wie dies tatsächlich geschieht, in
atemberaubendem Tempo abzunehmen. Der geringe Anteil der Roh-
stoff- und Energiekosten am Gesamtwert vieler Produkte hängt jedenfalls auch mit den niedrigen Preisen zusammen, die man dafür an
die Produzenten der Rohstoffe bezahlt. Natur *darf* nichts wert sein,
weil eine kapitalistische Wirtschaft andernfalls die Preise nicht entsprechend zu reduzieren vermag.

Angesichts solcher Fakten ist es kein Wunder, daß der Ausverkauf
der Natur zum Zwecke von Wachstum und Wettbewerb gegen Ende
des 20. Jahrhunderts ein bedrohliches Tempo erreicht, zugleich entfernen sich das Vorgehen der politisch-ökonomischen Macht und die
Erkenntnisse der Wissenschaftler mehr und mehr voneinander. Praktisch alle ernstzunehmenden Wissenschaftler sind sich darüber einig,
daß der Spielraum für die Vergiftung und Ausbeutung der Natur immer enger wird. Aber nur wenige Politiker wie etwa Al Gore oder
Kurt Biedenkopf haben öffentlich die Überzeugung vertreten, daß
das gegenwärtige Wirtschaftssystem nicht verallgemeinerungsfähig
sei. Die Mehrheit der Politiker zieht es vor, zu diesem Thema keine
oder die falsche Meinung zu haben. Denn der eingespielte Mechanismus der kapitalistischen Wirtschaft ist stark genug, um die warnen-
den Stimmen mit lautem Propagandageschrei zu übertönen. Eine
Partei, die sich erlaubt, die Wahrheit zu sagen, wird auch von den Medien als regierungsunfähig verschrien. Wahrheit hat im Einklang mit
den herrschenden Interessen zu stehen, andernfalls zieht man es vor,
sie als tabu zu erklären. Aber die Probleme werden dadurch nicht gelöst, sondern nur aufgeschoben – und sie werden mit jedem Tag gefährlicher.

Wachstum im Interesse der Beschäftigten

Am Ende des Jahrhunderts nimmt die Ausbeutung der Natur derart dramatische Formen an, daß die Lebensgrundlage der Menschheit dadurch in Frage gerät, der aggressive Wirtschaftskampf belastet überdies den Frieden zwischen den Staaten und verschärft in ihrem Inneren das Ausmaß der sozialen Spannungen. Dennoch wird Wachstum allgemein als Imperativ hingestellt. Nur die wenigsten wagen dieses Ziel in Zweifel zu stellen. Das Problem der Überkapazitäten erklärt, warum das Wachstum für die industrielle Zivilisation zu einem Zwang werden konnte. Es wird begreiflich, warum es ohne grundlegende Änderungen in der Struktur der heutigen Wirtschaft durchaus möglich erscheint, daß sich diese Zivilisation und mit ihr die Menschheit zu Tode wachsen.

Denn die Hauptakteure des wirtschaftlichen Geschehens sind am Wachstum unmittelbar interessiert. Die industriell Beschäftigten, die Unternehmensleiter, die Investoren und auch der Staat werden durch Wachstum gestärkt und durch sein Gegenteil zum Teil schwer geschädigt.

Seit Marx ist es üblich, in erster Linie das Kapital für die negativen Begleiterscheinungen der industriellen Zivilisation verantwortlich zu machen. Aber es liegt auf der Hand, daß jeder Rückgang der industriellen Produktion die Arbeiter am stärksten in Mitleidenschaft zieht – zumindest solange Industrien noch auf menschlicher Arbeit statt auf automatisierten Maschinen beruhen. Besonders in Zeiten, da Löhne niedrig und soziale Absicherungen nicht oder nur unzureichend vorhanden sind, wird ein Rückgang der Produktion für sie zur existentiellen Bedrohung. Wie wir sahen, sind periodische Produktionsrückgänge aber durchaus normal, ja unausweichlich, weil die Unternehmen sich meist auf den maximalen Bedarf einstellen – sie sind also gezwungen, den Kapazitätsüberschuß später entsprechend einzuschränken. Wollen sie dieser Zwangslage entkommen, die sie zur Entlassung ihrer Beschäftigten treibt, bleibt ihnen keine andere Wahl als das Wachstum. Vom Standpunkt der Beschäftigten aus gesehen sind begreiflicherweise sämtliche Maßnahmen gut, die der Sicherheit ihrer Anstellung dienen.

Manchmal treten dabei Konflikte offen zutage, so wenn die Beschäftigten sich für die Aufrechterhaltung der Produktion in Rüstungsbetrieben einsetzen. Einige von ihnen werden dabei gegen ihr Gewissen angekämpft haben. Aber in den meisten Fällen sind ihnen die Strategien der Unternehmen gar nicht oder nur in Umrissen vertraut – schon deshalb, weil man sie darüber im allgemeinen im unklaren läßt. Die Auswirkungen, die von einer Produktionssteigerung um jeden Preis ausgehen, *können* den Beschäftigten oft gar nicht bekannt sein. Sie fordern Arbeit, weil davon ihr Wohlergehen abhängt oder gar die eigene Existenz. Das Unrecht kommt nicht durch ihr Verhalten, sondern durch ein System in die Welt, das ihnen kaum ein anderes Verhalten erlaubt.

Wachstum als Politik der Konzerne

Wachstum liegt im elementaren Interesse der Arbeiter, aber ebenso in dem der Unternehmen. Bei diesen handelt es sich bekanntlich um Organisationen, deren Erfolg sich an ihrem Gewinn bemißt. Der Gewinn aber hängt in der Regel unmittelbar mit dem Produktionsvolumen zusammen. Es ist daher verständlich, daß Unternehmen, die ausschließlich dem eigenen Interesse folgen, keine andere Politik als die des permanenten Wachstums anstreben Jede Einschränkung der Produktion, mag sie auch auf der Sättigung der Märkte beruhen, also auf einem natürlichen und unabwendbaren Prozeß, ist in ihren Augen ein Unglück und wird dementsprechend als Versagen gewertet.

Zeitweise sind dabei die Interessen der Unternehmer identisch mit denen der in den Unternehmen beschäftigten Menschen. Beide wollen eine Ausweitung der Produktion. die Unternehmensführung braucht diese für den Gewinn, die Beschäftigten für die Erhöhung von Gehältern und Löhnen. Aber in einem gesättigten Markt und einer Situation des verschärften Wettbewerbs kann dieses Einverständnis zerfallen und einem zunehmenden Gegensatz der Interessen weichen. Denn eine deutliche Reduzierung der Kosten läßt sich in diesem Fall oft nur noch auf dem Wege der Automation oder durch eine Herstellung in Billiglohnländern erzielen, also dadurch, daß die

Beschäftigten »abgebaut« werden. In dieser Lage spitzt sich der Konflikt zwischen den Unternehmen und den in ihnen beschäftigten Menschen zu. Zahlte sich das Wachstum der Produktion bis dahin auch für die arbeitende Bevölkerung aus (und wurde daher von den Gewerkschaften nach Kräften gefördert), so kann es auf einmal auch ohne jeden Gewinn der Bevölkerungsmehrheit stattfinden. Diese sieht sich in die Arbeitslosigkeit abgedrängt – trotz einer immer noch wachsenden Wirtschaft und einem zunehmenden Reichtum bei Unternehmern und Investoren.

Die Kleinen, die stets gefressen werden

Allerdings wäre es unzutreffend, die Unternehmen insgesamt über ein und denselben Kamm zu scheren, so als könnte bei ihnen von einem einheitlichen Interesse die Rede sein. Mittelständische Firmen mit bis zu 500 Beschäftigten geben in Deutschland und Frankreich etwa zwei Dritteln aller Erwerbstätigen Arbeit. Sie unterliegen dem Zwang zur Expansion in viel geringerem Maße als die großen Konzerne. Ihr Produktionsvolumen ist von vornherein relativ klein, überwiegend besteht ihre Aufgabe darin, das Funktionieren einer Wirtschaft im *Status quo* zu gewährleisten – d. h., sie produzieren gerade soviel, wie dem gewohnheitsmäßigen Bedarf eines begrenzten Gebiets entspricht. Natürlich erregt auch ein mittelständischer Betrieb die öffentliche Aufmerksamkeit im besonderen Maße, wenn es ihm gelingt, seine Produktion stark zu erhöhen, aber die große Mehrzahl solcher Betriebe nimmt in erster Linie die Aufgabe wahr, einen durchschnittlichen Bedarf zu bedienen. Diese Unternehmen haben daher zwei vorrangige Interessen. Um weiterhin ausgelastet zu bleiben, dürfen einerseits ihre eigenen Kosten nicht steigen, andererseits muß eine gleichbleibende Nachfrage gewährleistet sein. Deshalb darf es erstens zu keiner Erhöhung ihrer Steuerlast kommen, weil sich dadurch ihre Kosten erhöhen. Zweitens muß die Kaufkraft der Bevölkerung mindestens in gleicher Höhe gesichert sein, weil sich sonst die Nachfrage nach ihren Produkten verringert.

Beide Forderungen bringen sie heute in deutlichen Gegensatz zu den transnationalen Konzernen. Die Steuerlast in Deutschland ist im Vergleich zu anderen Staaten sehr hoch. Etwa 60 Prozent des einbehaltenen Gewinns gehen in Form von Körperschafts-, Gewerbe- und Vermögenssteuer an den Staat. Aber diese hohe Belastung trifft inzwischen fast nur noch die Unternehmen, die nicht ins Ausland ausweichen können. Etliche Großkonzerne zahlen in Deutschland praktisch keine Körperschaftssteuer mehr. Sie melden ihre Verluste in Deutschland, während sie ihre Gewinne im steuergünstigen Ausland ausweisen. Damit aber schaden sie den mittelständischen Unternehmen, deren *relative* Steuerlast sich dadurch erhöht.

Die übermächtige Stellung der transnationalen Konzerne schwächt die mittelständischen Unternehmen aber noch auf eine weitere Art. Während die kleinen und mittleren Unternehmen die Löhne in voller Höhe entrichten und dadurch die Kaufkraft des Landes erhalten, betreiben große Konzerne durch die Auslagerung in Billigstandorte eine parasitäre Produktion, welche die inländische Kaufkraft zwar abschöpft, aber immer weniger durch die Zahlung inländischer Löhne gleichzeitig auch erzeugt. Dies führt dazu, daß die mittelständischen Unternehmen nicht nur für die hohen Löhne aufkommen, die von den großen Konzernen beim Verkauf der eigenen Produkte abgeschöpft werden, sie müssen zusätzlich noch die abnehmende Kaufkraft ihrer Kunden hinnehmen, die aufgrund reduzierter Löhne und Entlassungen bei den Großunternehmen entsteht.

So geraten die Interessen der großen Konzerne in immer größeren Gegensatz zu denen der mittelständischen Unternehmen. Ein Wachstum, das auf Kosten der Kaufkraft stattfindet, kann nicht im Interesse der letzteren liegen.

Wachstum im Interesse des Staates

Die drei goldenen Dekaden nach dem Ende des Zweiten Weltkriegs waren von einer weitgehenden Übereinstimmung der Interessen von Beschäftigten und Unternehmern geprägt. Beide wollten das Wachstum, weil auch beide davon profitierten. In einer Situation des Aufbaus ist das industrielle Wachstum ein Motor des Fortschritts – ähnlich wie heute in den Entwicklungs- und Schwellenländern, die nur auf diese Weise eine Chance auf größeren Wohlstand besitzen. Der Staat konnte sich daher auf die Mehrheit der Bevölkerung stützen, wenn er seinerseits eine konsequente Politik des Wachstums betrieb. Angesichts eines Steuersystems, das seine größten Einnahmen den Abgaben der abhängig Beschäftigten verdankt, war eine solche Politik auch die Voraussetzung für gefüllte Kassen des Staates und damit natürlich auch eine Voraussetzung für die sozialen Systeme der Alters- und Krankenversorgung. Wachstum erhielt die Beschäftigung und damit den Wohlstand des Landes.

Aber schon damals war es vorherzusehen, daß diese Politik des Aufbaus sich nicht beliebig lange fortsetzen ließ. Einerseits entstehen überall auf der Welt neue industrielle Zentren, welche die Verkaufsanteile bestehender Anbieter notwendig einschränken, andererseits geht der Bedarf im eigenen Land ebenso zwangsläufig zurück – auch wenn man diesen Prozeß durch den ständigen Wechsel der Produkte nach Möglichkeit aufzuhalten versucht. Der Staat gerät dadurch in eine schwierige Lage. Noch bis vor wenigen Jahrzehnten konnte die Ideologie des Wachstums mit gutem Grund als Synonym für Fortschritt und Wohlstand gelten. Aus dieser Zeit stammt der Maßstab, der heute zu ihrer Bewertung verwendet wird: das Bruttosozialprodukt. Nimmt dieses zu, so geht es einem Land gut, stagniert es oder nimmt es gar ab, dann wird dies mit Schwäche und Verfall gleichgesetzt. Aber diese Bewertung hat nur einen Sinn im Hinblick auf industriell wenig entwickelte Staaten, sie verliert ihren Sinn und droht umgekehrt zum Indikator für eine pathologische Entwicklung zu werden, wenn man sie auf industriell voll entwickelte Staaten anwendet. Eine Wachstumsrate von 10 % in einem Entwicklungsland wie etwa Papua-Neuguinea kann aus der Gründung einiger weniger großer Unternehmen und einer bescheidenen Erweiterung des Straßennetzes bestehen. In einem Land wie der Bundesrepublik Deutschland müssen Tausende von Unternehmen geschaffen und die Landschaft mit Straßen großflächig versiegelt werden, um auf den gleichen Prozentsatz zu kommen. Ist ein Staat industriell stark oder sogar überentwickelt (weil er sich darauf eingestellt hat, auch für viele andere Gebiete außerhalb seiner Grenzen zu produzieren), so kann ein weiteres

Wachstum die völlige Vernichtung seiner natürlichen Umwelt bedeuten.

Umgekehrt darf fehlendes Wachstum nicht mit einer Abnahme des Wohlstands gleichgesetzt werden, da dieser mit einer gleichbleibenden Versorgung von Gütern voll und ganz gewährleistet ist. Obwohl es üblich ist, eine derartige Wirtschaft als stagnierend zu diskreditieren, braucht es den Menschen dabei keineswegs schlechter zu gehen. Gleichbleibender Wohlstand kann sogar in Verbindung mit einem Rückgang der Produktion eintreten, dann nämlich, wenn anfängliche Überkapazitäten auf den Dauerbedarf eingestellt werden. Solange nur garantiert ist, daß das Produktionsaufkommen und die erwirtschafteten Einkommen nicht sinken, wird sogar ein Nettogewinn dadurch erzielt, daß der Staat weniger Devisen für den Zukauf von Rohstoffen und Energie aufbringen muß und die Natur und die Umwelt daher geringer belastet.

Allerdings: die Natur mag zwar viele Fürsprecher haben, aber nur wenige von ihnen besitzen entscheidenden Einfluß. Großer Druck geht hingegen von den Unternehmern aus, die stets eine Unterstützung von seiten des Staates verlangen, wenn die Nachfrage stagniert und ein verschärfter Wettbewerb herrscht. Das Prestige des Wachstums ist international immer noch so unumstritten (zumal es den Entwicklungs- und Schwellenländern echte Vorteile verschafft), daß Steigerungen der industriellen Produktion, die zu einem Anstieg des BSP führen, alle diesbezüglichen Ausgaben des Staates zu rechtfertigen scheinen. Der Staat tritt daher für Steuererleichterungen der Großunternehmen ein oder sieht über deren Steuerflucht großzügig hinweg – mit der Folge, daß deren Anteil am Steueraufkommen immer weiter zurückgeht. Er macht Abstriche beim Schutz der Arbeit – mit der Folge, daß ein erreichter Standard wieder abgebaut wird. Er stellt gewaltige Subventionen für Betriebsgründungen zur Verfügung – mit der Folge, daß es die abhängig Beschäftigten sind, die mit ihren Steuern die Kassen der Privatwirtschaft füllen. Und nicht zuletzt verringert er die Sanktionen für Umweltverbrechen oder verwässert die Bestimmungen zum Schutz der Natur – mit der Folge, daß diese in den Dienst privaten Profits gestellt wird.

Mit all diesen Maßnahmen aber gerät er zunehmend ins Zwielicht.

Denn sie kommen zwar immer noch dem Wachstum zugute und erhöhen daher international das Prestige eines Landes, aber die arbeitende Bevölkerung, mit deren Steuern er seine Geschenke größtenteils finanziert, hat kaum noch Vorteile davon. Sie wird aus den Produktionsprozessen entlassen, ihr Durchschnittseinkommen sinkt. Die staatliche Wachstumspolitik ist für die Bevölkerungsmehrheit nutzlos geworden.

Das kapitalgetriebene Wachstum

Dennoch ist Wachstum immer noch der Imperativ politischen Handelns. Nach wie vor dient das BSP als Erfolgsausweis, an dem sich der internationale Vergleich orientiert. Auch industriell gesättigte Staaten lassen sich von interessierten Kreisen einreden, daß Wachstum ihr Beschäftigungs- und Schuldenproblem zu lösen vermag. Wie fadenscheinig dergleichen Argumente inzwischen sind, haben wir oben zu zeigen versucht. Dennoch halten Staaten auch dann noch am Fetisch des Wachstums fest, wenn alle Argumente versagen. Was treibt sie an? Warum handeln sie so offensichtlich gegen ihr eigenes Interesse? Warum betreiben sie auch dann noch das Wachstum, wenn dieses weder die Kassen des Staates füllt, noch der Mehrheit der Bevölkerung einen Nutzen verschafft?

Diese Frage lenkt uns zurück auf die Eigenart des Kapitalismus, in diesem Fall auf den Übergang von einer Gesellschaft, welche die Leistung belohnt, zu einer, welche in zunehmendem Maße das Vermögen auf Kosten der Leistung begünstigt. Eine aus der Kontrolle geratene Geldwirtschaft korrumpiert eine Marktwirtschaft, die auf der Gleichheit der Chancen, der Belohnung von Leistung und der Mobilisierung der Talente beruht. Die Folgen dieser Entwicklung gehen aber noch weit über die Aushöhlung des Leistungsprinzips hinaus. Der Übergang von der Marktwirtschaft zur Machtwirtschaft des Kapitals *zwingt* die Staaten gegen ihr eigenes Interesse zu handeln. Er ist die unmittelbare Ursache für die Explosion der Schulden und die rücksichtslose Ausbeutung der Natur im Dienste des Wachstums, und er ist eine mittelbare Ursache für den Abbau der Arbeitsplätze.

Denn die Konkurrenz der billigen Arbeit in Entwicklungs- und Schwellenländern bildet die Grundlage des parasitären Handels, der die hohen Renditen der dort getätigten Investitionen ermöglicht.

Um keine Mißverständnisse aufkommen zu lassen: Die modernen Industriegesellschaften sind auf Kapital angewiesen. Die Besitzer von Vermögen erweisen daher der Wirtschaft durchaus keinen Gefallen, wenn sie ihr dieses leihweise zur Verfügung stellen – das für Investitionen zur Verfügung gestellte Kapital ist vielmehr die notwendige Grundlage für das Funktionieren moderner Wirtschaften. So betrachtet sind die »Kapitalisten« alles andere als die Feinde der Wirtschaft. Ihre Funktion ist unerläßlich – ohne geliehenes Geld würde nur eine völlig statische Ökonomie funktionieren – und auch diese nur unter der Voraussetzung, daß die vorhandenen Anlagen zu Anfang einmal finanziert worden sind.

Und dennoch ist es richtig, neben dem aggressiven Wettbewerb und der Privatisierung der sozialen Verantwortung in der leistungslosen Vermehrung des Kapitals ein zentrales Übel der Wirtschaft zu sehen. Jedes Wirtschaftssystem, das die Ansammlung großer Geldvermögen in wenigen Händen erlaubt, ist instabil und wird mit zunehmender Konzentration des Geldes immer noch instabiler, weil die Ansprüche des Kapitals die übrige Wirtschaft immer stärker belasten.

Wir sahen, daß die Last des Kapitals allenfalls dem Wachstum der Wirtschaft entsprechen darf, andernfalls sorgt das makroökonomische Gesetz der Zinsdifferenz für eine zunehmende Abnahme der Kaufkraft bei der Bevölkerungsmehrheit (vgl. Kapitel *Das Gesetz der Zinsdifferenz*, S. 178 ff.). Liegt das reale Wachstum z. B. bei 3 %, so darf auch dem Kapital nur ein Zuwachs von drei Prozent Zinsen zufließen. Werden statt dessen 5 % reale Zinsen geboten, so wird entweder die Schuldenlast der Unternehmen mit jedem Jahr größer oder es müssen andere, z. B. die Beschäftigten, dafür bezahlen – eine Umverteilung von der Leistung zum Kapital. Heute finden beide Prozesse gleichzeitig statt, denn ähnlich wie der Staat sind auch die Unternehmen hoch verschuldet.[161] Die Umverteilung der Einkommen setzte schon zu Anfang der siebziger Jahre ein, als die realen (langfristigen Kapitalmarkt-)Zinsen dem Wachstum davonzulaufen begannen. Während die Zinsen, grob gerechnet, in der Zeit zwischen 1950 und 1995 einen durchschnittlichen Wert von 4 % aufwiesen, fiel das reale Wachstum von 8,5 auf 1,8 %.

Seit Mitte der siebziger Jahre wird die Realwirtschaft in zunehmendem Maße von der Geldwirtschaft ausgequetscht. Durchschnittlich besteht heute der Preis jedes Konsumartikels zu einem Drittel aus Zinsen, die an das Kapital zu entrichten sind.[162] Die einzige vordergründige Chance, die Verschuldung der Unternehmen und die Umverteilung von der Leistung zum Kapital nicht noch mehr anschwellen zu lassen,[163] liegt daher in größerem Wachstum. Auch wenn in den industriell bereits hoch entwickelten Staaten Wachstum effektiv auf eine immer größere und schließlich untragbare Belastung von Mensch und Natur hinausläuft, scheint es das einzige Mittel zu sein, um ohne eine grundlegende Korrektur des Systems den Anteil der Leistung zugunsten des Kapitals nicht noch mehr einzuschränken.

Der Wachstumszwang

Denn andernfalls tritt das Kapital in den Streik. Im globalisierten Geldverkehr ist dies zu jeder Zeit möglich. Wenn es im Inland keine ausreichenden Zinsen erhält, wandert das Kapital in die industrialisierenden Länder mit den höchsten Raten des Wachstums aus, wo es durch entsprechend hohe Zinsen belohnt wird. Die Drohung eines derartigen Streiks ist real, weil der größte Teil aller Unternehmen mit bedeutenden Anteilen von Fremdkapital finanziert ist. Wenn dieses in andere Länder abströmt, sinken die Kurse, die Bilanzen der Unternehmen stimmen nicht mehr. Ein allgemeiner Niedergang der inländischen Wirtschaft ist die Folge. Im gegebenen Wirtschaftssystem *müssen* deswegen die inländischen Zinsen hoch genug sein, um einen Abfluß des Kapitals zu verhindern. Dies aber heißt, daß auf die Wirtschaft ein massiver Druck ausgeübt wird, entweder zu wachsen, um die Zinslast wenigstens teilweise aufzufangen, oder die Einkommen von der Leistung zum Geld umzuverteilen.

Aufgrund dieser Tatsache ist es nicht richtig, von einem Wachstums*bedürfnis* in den hoch entwickelten Staaten zu sprechen, diese sehen sich vielmehr einem Wachstums*zwang* ausgesetzt, weil die Zinslast für die aufgenommenen Schulden einen immer größeren Teil ihres Staatshaushaltes ausmacht. Um diese Last zu verringern oder auch nur zu begrenzen, setzen sie auf eine reale Vergrößerung ihrer Wirtschaftsleistung – sie verschafft ihnen ein höheres Steueraufkommen und mildert dadurch den Druck der Schulden. In einem dauernden Wettrennen müssen sich auch die industriell schon voll entwickelten Staaten den am schnellsten wachsenden Wirtschaften anpassen, obwohl das quantitative Wachstum bei ihnen ganz andere Folgen als in einem Entwicklungs- oder Schwellenland ausübt, nämlich in zunehmendem Maße Zerstörung Und diese Politik ist um so unheilvoller, weil sie letztlich aussichtslos ist: Das Wettrennen zwischen Schulden und Wachstum ist auf die Dauer nicht zu gewinnen. Die Mechanik der Zinsen sorgt verläßlich dafür, daß die Schulden noch schneller sind.

Die Folgen für Geld- und Realwirtschaft

Letztlich sind daher in diesem Rennen alle Verlierer, ausgenommen eine politisch und ökonomisch überaus einflußreiche Minderheit von Besitzern großer Vermögen. Daß der verschuldete Staat und die verschuldeten Unternehmen zu den Verlierern gehören, ist einzusehen. Sie können das Wettrennen zwischen Wachstum und Zinsen unmöglich gewinnen, weil die Raten für quantitatives Wachstum in industriell gesättigten Staaten auf Dauer zwangsläufig gegen Null abfallen. Dies ist ja die Ursache dafür, daß sich das Kapital das Ventil eines ungehinderten Abflusses über den ganzen Globus erzwang – überall dorthin, wo die Vermehrung der physischen Gütererzeugung weiterhin auch einer Vermehrung der Vermögen verspricht. Aber in langfristiger Perspektive droht gerade die Liberalisierung des Geldverkehrs die industriell entwickelten Staaten zu Verlierern zu machen, und zwar gleich in doppelter Hinsicht. Einerseits können sie den langfristigen Kapitalmarktzins nicht länger an der realen Entwicklung der Wirtschaft ausrichten, sondern müssen ihn nach oben hin anpassen, um das Kapital am Abfluß zu hindern – mit all den negativen Folgen, die vorher beschrieben wurden. Andererseits sind aber auch die Wirkungen des Kapitaltransfers auf die Realwirtschaft des eigenen Landes auf Dauer keineswegs günstig. Überträgt man nämlich die monetären Bewegungen in den Fluß physischer Güter, dann laufen die Investitionen im Ausland auf die Lieferung von Fabriken, Anlagen, Werkzeugmaschinen etc. hinaus. Soweit dadurch die Gastländer die Möglichkeit zur Vorortproduktion erhalten, kann man diesen Prozeß nur begrüßen, da er eine gerechtere Verteilung der Produktion und damit des Reichtums bewirkt. Da es aber im Interesse der Anleger liegt, zumindest in Entwicklungs- und Schwellenländern über die Vorortproduktion hinaus die ungleich rentablere parasitäre Produktion zu betreiben, sind die Folgen für die alten Industrienationen im höchsten Grade gefährlich. Denn mit ihren Billigprodukten bedrängen die im Ausland lokalisierten und mit westlichem Kapital finanzierten Fabriken nun die westlichen Märkte bzw. definieren die neuen Standards für Weltmarktpreise. Auf diese Weise höhlen sie die industrielle Basis der alten Industrieländer von unten nach oben hin aus. Gegenwärtig werden in Asien und an anderen Standorten jene Produktionsstätten errichtet, welche die industrielle *Rückentwicklung* der alten Industriestaaten bewirken (vgl. oben: substitutiver oder Ersetzungshandel).[164]

Natürlich ist eine derartige Entwicklung auf seiten der Industrienationen weder beabsichtigt noch gar als Ziel formuliert. Weder die westlichen Anleger noch die in ihrem Auftrag handelnden transnationalen Konzerne oder gar die Regierungen westlicher Staaten streben sie wissentlich an. Es sind die unvorhergesehenen Wirkungen eines falsch geplanten Systems, das den Akteuren nun mechanisch die Regeln vorschreibt und ihnen dabei die Rolle von Marionetten zuweisen.

Überschußkapazitäten und Deflation

Die kapitalistische Güterwirtschaft neigt von sich aus zum Ungleichgewicht. Immer wieder produziert sie jene Überkapazitäten, die dann zum Wachstum um jeden Preis antreiben – andernfalls müßten Kapazitäten stillgelegt, Arbeiter entlassen und Reichtum vernichtet werden. Dieser typische Konstruktionsfehler übt auf der Seite der produzierenden Güterwirtschaft die gleichen Wirkungen aus wie der Druck des Vermögens auf seiten der Geldwirtschaft. Beide zusammen sind dafür verantwortlich, daß die kapitalistische Wirtschaft kein Gleichgewicht kennt, sondern nur die permanente und schließlich pathologische Ausdehnung.

Aber selbst der Prozeß der permanenten Expansion (wie er im großen und ganzen schon seit zwei Jahrhunderten anhält) ist den stärksten Schwankungen ausgesetzt. Immer wieder treten so große Überkapazitäten auf, daß sich alle Versuche als vergeblich erweisen, mit den Mitteln der Werbung, des öffentlichen Konsums oder der Steuernachlässe, die Nachfrage künstlich in Schwung zu bringen. Wenn eine heftige Konjunktur zunächst die verschiedensten Sektoren erfaßt, so daß sich simultan in vielen Bereichen überschüssige Produktionskapazitäten bilden, dann gerät die gesamte Wirtschaft später in eine Sackgasse.[165] Auf einmal stellt sie Güter im Überfluß her, die sich nicht länger absetzen lassen. Um nicht auf ihnen sitzenzubleiben, beginnen die Unternehmen einander mit Preisnachlässen zu unterbieten. Zu diesem Zweck müssen sie natürlich Kosten abbauen – was sich am leichtesten bei den Löhnen durchführen läßt. Dies aber hat für die gesamte Wirtschaft zur Folge, daß die Kaufkraft nun sinkt und ein noch größerer Anteil von Waren nicht mehr abgesetzt werden kann. Die Unternehmer sind daher zu weiteren Preisnachlässen gezwungen – jetzt beginnt sich die Spirale der Abwärtsbewegung zu drehen, die schnell in einen sich selbst verstärkenden Prozeß übergeht. Spätestens wenn diese Phase erreicht ist, ändert sich das psychologische Klima in der Wirtschaft grundlegend. Das Vertrauen in den Aufstieg, die Aussicht auf steigenden Reichtum, die in der Phase des Aufschwungs alle Kräfte beflügelt hatten, sind jäh beendet. An Investitionen ist nicht länger zu denken. Bei fallenden Preisen und schrumpfender Kaufkraft scheint die ökonomische Zukunft völlig verdunkelt. Zum ersten Mal sind nun aber auch die Aussichten für das Kapital überaus düster, denn der Zins, den es bis dahin künstlich hochzutreiben vermochte, droht in dieser extremen Situation tatsächlich gegen Null abzusinken. Wenn die Notenbank sich zurückhält und keine Inflation mit dem Druck neuer Banknoten erzeugt, gehen die Vermögenden dazu über, wachsende Teile ihrer Ersparnisse zu horten und damit dem Verkehr zu entziehen. Dadurch aber wird die Deflation nun auch von der Geldseite her erst recht angeheizt. Es kommt zu einer sprunghaften Beschleunigung der Deflation. Die Ungleichgewichte in der Geld- und in der Realwirtschaft verstärken sich gegenseitig.[166]

Die gegenwärtige Situation der Weltwirtschaft ist durch relative Überkapazitäten in vielen Bereichen charakterisiert. Mit den Mitteln westlicher Anleger haben einige asiatische Länder ein gewaltiges Potential aufgebaut, das gegen die schon bestehenden Kapazitäten nur mit sehr niedrigen Preisen ankommen konnte. Inzwischen haben die Anleger sich weitgehend zurückgezogen, aus Angst, daß bei diesem Preiskampf die von ihnen erwartete Rendite nicht mehr erzielt werden könnte. Dadurch haben sie einen teilweisen Zusammenbruch der Wirtschaft in mehreren asiatischen Ländern bewirkt und nebenbei einen Teil der Industrien ganz einfach vernichtet – ganze Anlagen und Industriekomplexe rotten aus Mangel an Mitteln vor sich hin. Dennoch wurde der Druck der Überkapazitäten durch diesen brutalen Einschnitt nur unwesentlich gemildert. Damit die Wirtschaft in diesen Ländern nun überhaupt zu überleben vermag, muß sie nun *um jeden Preis* exportieren, und zwar möglichst noch *viel mehr* exportieren, um bei gesunkenen Preisen einen auch nur annähernd gleichen Gewinn zu erzielen. Nimmt man hinzu, daß der Kurs der Währungen in den asiatischen Schwellenländern sehr stark gefallen ist, so ist damit zu rechnen, daß von dieser Offensive bald ein ungeheurer Druck auf die alten Industrieländer ausgehen wird. Eine Entwicklung, die schon 1991/92 begann, wird durch die Asienkrise beschleunigt und droht in einem globalen Preissturz zu enden.[167]

Konjunkturzyklen können sich als kleinere Abschwünge in einer sonst ungebrochenen Aufwärtsbewegung manifestieren oder als weltwirtschaftliche Einbrüche, die das politische und soziale Klima von Grund aus erschüttern. Die großen Zusammenbrüche pflegen dadurch gekennzeichnet zu sein, daß die von der Geldwirtschaft ausgehenden Zwänge die Realwirtschaft vollends aus dem Gleichgewicht werfen. Auch die größten Überhänge in der Realwirtschaft sind für

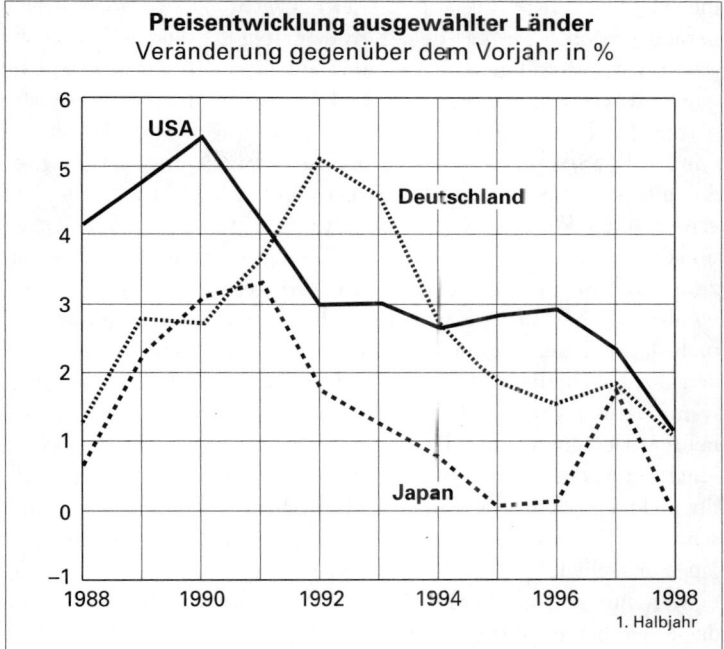

Preisentwicklung ausgewählter Länder
Veränderung gegenüber dem Vorjahr in %

Quelle: OECD

sich genommen keine ausreichende Ursache, um den Zusammenbruch einer Wirtschaft herbeizuführen – sie bedeuten ja ein Zuviel an produktiven Mitteln, also das Gegenteil eines Mangels. Die japanische Industrie zum Beispiel ist die zweitstärkste der Welt, sie ist zugleich eine der technologisch und strukturell am höchsten entwickelten. Damit ist sie zweifellos auch eine der gesündesten Volkswirtschaften. Dies gilt auch noch unter dem Vorbehalt, daß der Export nach asiatischen Ländern in letzter Zeit stark geschwächt worden ist und daher nur noch eine teilweise Auslastung der bestehenden Produktionskapazitäten stattfindet.

Dennoch ist die japanische Realwirtschaft in akuter Gefahr, weil die Geldwirtschaft aus dem Gleichgewicht zu geraten droht. Paradoxerweise ist es gerade der große Erfolg der japanischen Wirtschaft in der Vergangenheit, der nun zur Ursache für die gegenwärtigen Schwierigkeiten des Landes wird. Jahre hindurch bescherten die gewaltigen Handelsüberschüsse dem Land eine wahre Schwemme von Geld. So teilten die Banken links und rechts ziemlich sorglos Kredite aus, von denen sich viele heute als faul, d. h. als uneinbringlich, erweisen. Banken brechen zusammen, das Vertrauen des Vermögens und der Sparer in die Sicherheit ihres Geldes ist ernsthaft erschüttert, zumal sich in jüngster Zeit auch die Versprechungen ausländischer Fonds auf große Erträge als trügerisch herausgestellt haben. Immer mehr Japaner ziehen es in dieser Situation vor, ihr Geld von den Banken abzuheben, um es zu Haus in Tresoren zu speichern.[168] Aber auch wenn sie es nicht von den Banken abheben, wirkt sich ihr Sparen heute verhängnisvoll für die japanische Wirtschaft aus. Um die Wirtschaft zu beleben, müßten sie konsumieren – statt dessen halten sie ihr Geld zurück und verhindern dadurch den ökonomischen Aufschwung. Der Abrutsch in eine deflationäre Entwicklung könnte von Japan ausgehen.[169]

Man muß sich darüber im klaren sein, daß es gegen die beiden Übel des Kapitalismus, die zyklische Überkapazität in der Realwirtschaft und die Hortungen in der Geldwirtschaft, bis heute keine wirksame Medizin gibt, zumal wenn beide bei stark rückläufigem Zins einander verstärken. Ein entschiedenes Eingreifen des Staates, wie es die Regierung Obuchi im November 1998 ankündigte, kann auf dem Wege der Steuersenkung und durch öffentliche Investitionen den Konsum ankurbeln – aber dies führt notwendig dazu, daß der Staat seine Schulden weiter vermehrt –, dadurch wachsen aber die Vermögen und mit ihnen die Ungleichheit. Der entscheidende Grund für die langfristige Unwirksamkeit dieser Therapie besteht aber darin, daß man durch solche Maßnahmen das Problem nur in die Zukunft verschiebt. Einerseits wird durch die wachsende Verschuldung das Vertrauen der Sparer in die Zahlungsfähigkeit ihres Staates zunehmend erschüttert (der Zins muß also steigen, wenn die Sparer nicht ins Ausland ausweichen sollen), andererseits werden die Überkapazitäten nicht gekappt, sondern durch die Stimulation des Konsums künstlich aufrechterhalten. Man bereitet den Boden für die nächste und noch stärkere Krise.

Nach so vielen Fehlschlägen wird man endlich einsehen müssen, daß der Fehler im System selbst liegt und dem blinden Vertrauen auf Gleichgewichte, die es nicht gibt. Nur die Kontrolle der Investitionen durch von der Allgemeinheit beauftragte Organe kann das Ungleichgewicht in der Realwirtschaft begrenzen. Und nur eine grundsätzliche Reform des Geldsystems kann die Drohung aufheben, die davon heute auf die reale Wirtschaft ausgeht.

Der Vormarsch der Technokraten

Kapitalismus ist Marktwirtschaft in korrumpierter Gestalt mit sozial schädlichem Wettbewerb, privatisierter Verantwortung und einer fortschreitenden Abwertung von Leistung. Er erzwingt Strategien wie ein ökonomisch für die Mehrheit der Bevölkerung unsinniges und für die Natur des Globus insgesamt lebensbedrohliches Wachstum, auch wenn die Proteste dagegen zunehmend lauter werden. Die Kehrseite dieser Entwicklung ist ein Zerbröckeln der Demokratie und ein schleichender Übergang zum Überwachungsstaat. Schon immer war dies die Antwort privilegierter Minderheiten auf die wachsende soziale Unzufriedenheit einer Mehrheit. Denn ein System, das zwar Minderheiten bereichert, aber eine Mehrheit zunehmend ärmer macht, läßt sich auf Dauer nur mit Repression aufrechterhalten.

Repression und Unterdrückung stellen freilich nicht die einzige Bedrohung für moderne Gesellschaften dar. Die Aushöhlung von Mitbestimmung und Demokratie ist sehr wohl auch mit weitgehendem Einverständnis der Bevölkerung möglich. Japan ist das typische Beispiel einer modernen Technokratie, die in ökonomischer Hinsicht unzweifelhaft dem Wohl der Bevölkerungsmehrheit dient und dabei größere Erfolge verzeichnen konnte und immer noch kann als die Staaten des Westens. In Japan und anderen vom Konfuzianismus geprägten Staaten Ostasiens konnte von einer Ausbeutung der Mehrheit durch Minderheiten, die ihre Macht ständig vergrößern, bis vor kurzem noch keine Rede sein. Im Gegenteil verdankten die herrschenden Eliten ihre unangefochtene Stellung dem Verzicht auf einen Großteil jener materiellen Privilegien, die sich die sogenannten Eliten des Westens so großzügig zuerkennen. Aber der soziale Friede, den sich insbesondere Japan dadurch erhält, wird mit einem engen nationalen Egoismus nach außen und der politischen Entmündigung der Bevölkerung nach innen erkauft. So schlägt der Vormarsch der Technokraten in Ost und West unterschiedliche Richtungen ein. Im Westen wird er mit sozialer Repression einhergehen müssen, weil er gegen wachsende innere Spannungen kämpft, in Japan brauchte die Technokratie sich nicht zu rechtfertigen. Die Bevölkerung wurde dort mit steigendem Reichtum beschwichtigt.

Die technokratische Machtergreifung

Aber ist die Aushöhlung der Demokratie durch die Herrschaft der Technokraten nicht ein notwendiger Vorgang für eine Gesellschaft, die ihr Schicksal von einer hochkomplexen Technologie abhängig macht? Von einigen Wissenschaftlern wie Schumpeter, Jean-Marie Guéhenno oder Danilo Zolo wird eine solche Entwicklung in der Tat für unabwendbar gehalten. Sie sind überzeugt, daß die Logik der modernen, hochtechnologischen Staaten eine wirkliche Mitbestimmung der Bürger praktisch unmöglich mache, da so viele Probleme ihren Horizont zwangsläufig überschreiten.

Die Gründe für diese Auffassung sind keineswegs von der Hand zu weisen. Der moderne Industriestaat ist eine Gesellschaft des Risikos. Insgesamt ist der Apparat von Produktion und Verteilung inzwischen derart komplex, daß nur noch Experten befähigt sind, sein reibungsloses Funktionieren zu garantieren. Man *darf* dem Bürger nicht einmal die Möglichkeit lassen, dazwischenzureden oder gar nach Belieben hineinzupfuschen. Denn Komplexität heißt Verletzbarkeit, Katastrophe und mögliches Chaos. Man denke nur an die existentielle Abhängigkeit eines modernen Industriestaates von der regelmäßigen Versorgung mit Elektrizität oder Öl! Das gesamte Wirtschaftsleben ist von Lähmung bedroht, wenn aufgrund politischer Unruhen in den ölproduzierenden Staaten die Fördertürme ihren Betrieb einstellen,

Terroristen Leitungen kappen, die Raffinerien keinen Strom mehr beziehen oder das Dienstpersonal streikt. Aber auch eine starke Wechselkursschwankung, die den Export um zweistellige Prozente vermindert, oder ein spekulatives Drücken der Aktienkurse kann Erschütterungen im gesamten Wirtschaftsgefüge bewirken – mit unabsehbaren Folgen für die arbeitenden Menschen. Die Symbiose von Mensch und Wirtschaft in der modernen industrieller Zivilisation unterliegt so großen, so existentiellen Gefahren, daß die Folger falscher Entscheidungen kaum abschätzbar sind.

Argumente wie diese werden zusätzlich durch den Hinweis auf die Betriebe als elementare Zellen des Fachwissens gestützt. In einem Betrieb wird es als selbstverständlich erachtet, daß nur Experten über Produktionsabläufe entscheiden. Müsse dies nicht in viel höherem Maße auch auf den Staat zutreffen, in dem sich unzählige Produktionsabläufe von höchster Komplexität abspielen? Innerhalb seiner Grenzen wie auch im zwischenstaatlichen Verkehr seien nur Experten imstande, ein reibungsloses Funktionieren aufrechtzuerhalten. Daher habe die zunehmende Komplexität staatlicher Funktionen auch notwendig zur Folge, daß Bürokratien als die Sammelbecken des dazu nötigen Fachwissens immer mehr Entscheidungen übernehmen.[170]

Skeptiker wie Schumpeter oder die neueren Kritiker der Demokratie sind sicher im Recht, wenn sie die außerordentliche Bedeutung des Expertenwissens für das Funktionieren moderner Industriegesellschaften betonen. Die Ansammlung von Entscheidungsbefugnissen in den Händen von Bürokratien ist eine unabwendbare Begleiterscheinung der zunehmenden Komplexität industrieller Gesellschaften. Wer sie aufheben will, nimmt in Kauf, daß diese wieder auf das Niveau von Agrargesellschaften zurückfallen.

Der Fall Japan – eine nationale Technokratie

Unter allen zeitgenössischen Industriestaaten haben sich die Japaner am weitesten dem Modell der Technokratie angenähert. Das Land wird de facto wie ein großer Betrieb geführt, und zwar bis vor kurzem wie ein äußerst erfolgreicher – ebenso rational, ebenso effizient, ebenso einseitig auf die Erfüllung bestimmter Zielvorgaben gerichtet, wobei Reibungsverluste soweit wie möglich zu minimieren sind.[171] Ein Betrieb ist nicht demokratisch, denn sein Ziel, die Maximierung des Profits, ist ihm von außen vorgegeben – jedes Mitglied des Betriebes, das an diesem Ziel Zweifel vorbrächte, wäre augenblicklich disqualifiziert. Ein Betrieb läßt daher über seine grundsätzlichen Zwecke auch keine Diskussionen zu, geschweige denn Abstimmungen, sie sind ebenso vorgegeben wie die Dogmen einer religiösen Organisation. Dies gilt für alle Mitglieder eines Betriebes – für den einfachen Arbeiter ebenso wie für die Manager an der Spitze. Die letzteren werden ausgebildet, ihr gesammeltes Fachwissen rational einzusetzen, um das vorgegebene Ziel zu erreichen. Für die Manager der Japan AG besteht dieses Ziel in dem maximalen Profit für die nationale Gemeinschaft. Anders gesagt, der Profit dient hier tatsächlich dem Zweck, den Adam Smith und Jeremy Bentham als Ziel der Ökonomie definierten, nämlich dem größtmöglichen materiellen Glück für eine maximale Anzahl von Menschen. Hierdurch wird die Bereitschaft der Japaner erklärt, den Technokraten an der Spitze ihres Landes beinahe widerspruchslos zu folgen. Denn im Gegensatz zu den Managern westlicher Betriebe, die völlig im Recht zu sein glauben, wenn sie sich schwindelhafte Gagen genehmigen, leben die Manager der Japan AG äußerst bescheiden. Nicht ihr eigener Profit oder der ihrer Geldgeber steht im Vordergrund, sondern der einer Bevölkerungsmehrheit. Ihre Macht und ihr Einfluß beruhen wesentlich darauf, daß beide nicht der persönlichen Bereicherung dienen. Der bewußte Verzicht auf die materielle Belohnung und die daraus resultierende Ungleichheit zieht sich von oben nach unten durch die gesamte Nachkriegsgesellschaft in Japan.[172]

Entmündigung der Bürger durch die Technokratie

> Tatsächlich kommt ... die Bezeichnung ›autoritäre Bürokratie‹ dem japanischen Gemeinwesen wohl am nächsten. Die öffentliche Autoritätsstruktur und Gesellschaft ... werden im populären Denken vermengt und bilden den Kern der ›japanischen Kultur‹. Staat, Gesellschaft und Kultur in einer einzigen, großartigen Verbindung wirken auf die meisten Japaner ein wie eine umfassende Naturerscheinung, eine unentrinnbare Kraft. *Karel van Wolferen*[173]

Aber auch eine wohlwollende Technokratie entmündigt die Bürger, weil sie den Anspruch erhebt, das nationale Ziel und die Wege, die dahin führen, zum Wohl der Bürger, aber ohne deren Mitsprache oder gar Einspruch festlegen zu können. In Japan ist der mündige Bürger – das Ideal der europäischen Aufklärung – nie zum Vorbild für die politische Tradition geworden. In diesem Land, wie in den anderen konfuzianisch geprägten Staaten, gibt es die Elite der Wissenden und die Masse derer, die sich den Wissenden anvertrauen. Dieses jahrhundertealte System funktionierte stets dann am besten, wenn sich die Elite an zwei Bedingungen hielt – sie durfte nicht erblich sein oder auf besondere materielle Vorrechte pochen. Die erste dieser beiden Bedingungen verschafft ihr eine Art von demokratischer Herkunft. Jeder hat grundsätzlich den gleichen Zugang zu dieser Elite, gleichgültig ob er im alten China erfolgreich die Prüfungen der Han-Akademie bestand oder im Japan von heute das Aufnahmeexamen an die Universität Tokio (Todai). Die zweite Bedingung des Verzichtes auf besondere materielle Privilegien ist psychologisch wohl ebenso wichtig. Solange die Elite bewußt einen bescheidenen Lebensstil pflegt, kann sie mit großer Kraft der Überzeugung den Anspruch erheben, allein für das Wohl des Landes tätig zu sein.

Dennoch ist das japanische System durchaus nicht nur auf Vertrauen begründet, so als würde eine Mehrheit blindlings daran glauben, daß die Experten an der Spitze des Landes für dieses wohl schon das Richtige tun. Vertrauen und ein entsprechender Druck, der ein solches Vertrauen auch bei jenen herstellt, die sich schwer überzeugen lassen, sind kaum voneinander zu trennen. Jedem Beobachter fällt auf, wie ungern Japaner sich auf ein Gespräch über Dinge einlassen, die nicht unmittelbar zu ihrem Lebensumfeld gehören. Auch im Westen gibt es eine Tendenz, eigenes Denken mit dem Argument zu verdrängen, daß nur dem Fachmann das Recht auf eine Meinung zustehe. Aber im Westen ist auch eine Tradition der Aufklärung entstanden, die jedem Bürger nicht nur das Recht zugesteht, sondern geradezu die Pflicht auferlegt, über die großen Fragen von Zweck und Weg der Gesellschaft eigene Vorstellungen zu entwickeln. Die demokratische Wahl ist nichts anderes als eine formale Gelegenheit, diese Vorstellungen in Gestalt eines Votums öffentlich zu bekunden.

In Japan hat diese Tradition keinen Boden, der durchschnittliche Japaner gerät in Verlegenheit, wenn man ihn nach Dingen befragt, die nur Leute wissen können und dürfen, die dazu sozial legitimiert sind. Von einem Ladenbesitzer erwartet man, daß er schlechthin alles weiß, was mit der Führung seines Geschäftes zusammenhängt, von diesem Wissen und seinem perfekten Gebrauch im Dienste des Kunden stammt die soziale Achtung in den Augen der anderen. Aber ein Ladenbesitzer, der sich anmaßt, über Dinge Bescheid zu wissen oder gar eine abweichende Meinung zu äußern, die in den Wissensbereich der Bürokraten an der Spitze des Staates gehören, erhebt den Anspruch, ein anderer zu sein als er ist, und gerät dadurch in die Rolle eines aufsässigen Außenseiters – die schlimmste Rolle, die ein Mensch in einem konfuzianischen Land wie Japan einnehmen kann.[174] Diese Haltung hat weitreichende Konsequenzen, die sich unter anderem im Verhalten der öffentlichen Medien äußern. Im Westen besteht deren wichtigste Funktion in der Kontrolle der Macht, in Japan haben sie dieser zu dienen. Aufgrund der komplexen Struktur der Macht, wie sie in dem fernöstlichen Land ausgeübt wird, heißt dies zwar keinesfalls, daß sie der Regierungspartei oder gar der Opposition nach dem Munde reden. Im Gegenteil hängen sie oft Skandale von Politikern und Parteien an die große Glocke und fügen diesen dadurch bedeutenden Schaden zu. Tabu ist für sie aber die wirkliche Macht im Land, die Technokratie, die auch den Parteien die Richtung vorgibt. Verglichen mit den besten Erzeugnissen der westlichen Presselandschaft sind japanische Zeitungen unglaublich langweilig.

In einem technokratisch geführten Staat wird eben auch das Denken reglementiert. Für die japanischen Medien scheint es zum guten Ton zu gehören, das Denken über Staat, Gesellschaft und nationale Ziele denen zu überlassen, die aufgrund ihrer Stellung dazu befugt sind. Die Stärke Europas (und der Vereinigten Staaten als eines Ablegers der europäischen Kultur) liegt dagegen in ihrem einzigartigen Reichtum an verschiedenen Denk- und Lebensentwürfen, ein Reichtum, der sich schon äußerlich in der Vielgestalt seiner Bauwerke und menschengestalteten Landschaften bekundet. Die japanische Technokratie hat mit großem Erfolg im Sinne der materiellen Wohlfahrt des Landes gehandelt, aber um den Preis der politischen Entmündigung seiner Bürger – und einer in vielen Bereichen erschreckenden Einförmigkeit.[175]

Technokratie in den Staaten des Westens

Auch in den Staaten des Westens sind viele Techniker und Ökonomen von der Notwendigkeit überzeugt, dem Laien die Mitsprache zu entziehen. Zweifellos haben aber auch viele andere Menschen für die Entwicklung zur technokratischen Oligarchie durchaus offene Ohren. Sie haben den perfekt organisierten Staat vor Augen, in dem sämtliche Entscheidungen in der Hand von kompetenten Fachleuten liegen. Die Bevormundung durch Bürokratien scheint kein wirklicher Nachteil zu sein, wenn sie ein Maximum an Sicherheit bietet. In der Vision vom perfekten Staat sind alle Bereiche so vollkommen durchorganisiert, daß schlechterdings nichts mehr schiefgehen kann.

Zweifellos begünstigt die Entstehung der modernen industriellen Zivilisation die Phantasien vom perfekt geordneten Staat, der mit Tausenden von Verordnungen und einer allgegenwärtigen Bürokratie für einen störungsfreien Ablauf aller Funktionen und die Minimierung des Risikos sorgt. Die heutigen Nachfahren Campanellas setzen dessen Utopie vom perfekt organisierten Sonnenstaat in die Gegenwart fort, indem sie den Faktor Mensch dadurch berechenbar machen, daß alle Funktionen bis ins Detail festgelegt werden. Es ist

kein Zufall, daß sich auch Wissenschaftler im damaligen Ostblock für
die Systemtheorie eines Niklas Luhmann zu begeistern vermochten
und die in dieser Theorie als unausweichlich hingestellte Verplanung
des Menschen.

Aber die Theoretiker des technokratischen Staates sind auf einem
Auge mit Blindheit geschlagen. In ihrem Bemühen, die Gesellschaft
als eine Art Maschine zu planen, in der nichts mehr schiefgehen kann,
übersehen sie, daß auf Dauer gerade das Wichtigste »schiefgehen«
muß. Technokraten sorgen zwar für das richtige Funktionieren der
großen Staats- und Industriemaschinerie, nur für den Menschen sorgen sie nicht – dieser tritt nur noch als Statist in Erscheinung. Denn
zwischen dem sozial sinnvollen Einsatz der Fachleute und einer Tech-.
nokratie besteht der gleiche Gegensatz wie zwischen einer Ökonomie
für die Gesellschaft und einer Gesellschaft für die Ökonomie. Nur Experten vermögen das sachgemäße Funktionieren bestehender Institutionen zu garantieren, aber Experten dürfen nicht darüber entscheiden, ob und wieweit diese Institutionen dem Zweck und dem Wohl der
Gesellschaft überhaupt dienlich sind. Wenn die Strompolitik durch
Stromkonzerne diktiert wird, die Atompolitik durch die Atomlobbies,
die Wirtschaftspolitik durch die Unternehmer, dann geben diejenigen
die sozialen Zwecke vor, die nur die Mittel bereitstellen sollen, sie
zu verwirklichen. Statt im Auftrag der Allgemeinheit die ihnen an-
vertrauten Institutionen kompetent zu verwalten, definiert eine Oligarchie die eigene Tätigkeit als Ziel der Gesellschaft.

Die Grenze zwischen kompetenter Verwaltung und einer Herrschaft der Technokraten ist in der Theorie klar definiert, auch wenn sie
in der Praxis immer neu bestimmt werden muß. Denn jede Bürokratie, ganz gleich ob staatlicher oder privater Natur, funktioniert immer
auch als eine Quelle der Macht und besitzt daher die Tendenz, die
eigenen Befugnisse auszuweiten. Solange sie ihr Expertenwissen für
die tägliche Überwachung und Wartung der industriellen Megamaschine einsetzt, handelt sie ihrem Auftrag gemäß, denn in der hochkomplexen industriellen Gesellschaft sind die mit einem inkompeten-
ten Einspruch von Laien verbundenen Risiken einfach zu groß. Aber
die Bürokratien und ihre Fachleute tendieren dazu, ihre Befugnisse zu
überschreiten. Über die Wartung und Überwachung der industriellen

Megamaschine hinaus eignen sie sich auch noch die Planung der Zukunft an. Die Atom- und Elektrizitätsindustrie, die Lobbies der Unternehmer und andere mächtige öffentliche oder private Verbände verwenden ihren Einfluß dazu, die Weichen der Politik langfristig zu stellen, wozu sie aufgrund ihrer großen finanziellen Macht durchaus in der Lage sind.[176] Auch wenn sie ihre eigene Rolle nach außen sorgfältig kaschieren, können sie die Optionen der Politik so weit bestimmen, daß deren Entscheidungsspielraum auf ein Minimum eingeengt wird. Stets sind sie bemüht, auf Zielvorstellungen nach ihrem Interesse Einfluß zu nehmen und Druck auf Parlamente und Ausschüsse auszuüben. So verwandeln sie eine Demokratie, in der mündige Bürger die Ziele und Zwecke der Gesellschaft festlegen, in einen Verwaltungsstaat, wo bestehende Institutionen die Rolle und Rechte von Selbstzwecken übernehmen. Die Parteien verkümmern zu Handlangern des techno-ökonomischen Apparats, wobei ihre Aufgabe vorrangig darauf reduziert wird, dessen Interessen den Bürgern schmackhaft zu machen.

Verordnungswut und befohlene Unmündigkeit

Ob Ost oder West, die Herrschaft der Technokraten läuft auf eine Ausschaltung der Bürger bei der Bestimmung der nationalen Zwecke und Wege hinaus. Die Technokratie erkennt nur sich selbst eine ausreichende Kompetenz zu und versucht das demokratische Votum zu beeinflussen, wenn nicht zu umgehen. In diesem Sinne wird der industrielle Staat so organisiert, daß in allen seinen Bereichen Experten das letzte Wort behalten. Dabei kann das Regime der Technokraten, wie dies in Japan der Fall ist, weitgehend informell sein, d. h., auf persönlich übermittelten Weisungen beruhen, oder sich auf Unmengen von schriftlich fixierten Gesetzen und Bestimmungen stützen, wie dies der westlichen Tradition entspricht. Wenn der Überblick des einzelnen über die relevanten Bestimmungen von vornherein unmöglich ist, wird er dadurch zwangsläufig zum Statisten für eine allmächtige Bürokratie degradiert. Man denke zum Beispiel daran, welche Hürden in Deutschland zu überwinden sind, wenn jemand die Selb-

ständigkeit wählt. Er muß sich zunächst einmal dem Studium der
dafür vorgesehenen Verordnungen widmen.

Das Arbeitsschutzrecht mit allen wichtigen, »aushangpflichtigen«
Vorschriften umfaßt allein 314 Seiten bedruckten Papiers (ohne Einführung und Sachregister, ohne Kommentare). Das Arbeitsförde-
rungsgesetz mitsamt den einschlägigen Verordnungen umfaßt 359
Seiten. Das Einkommensteuerrecht (reine Gesetzestexte, ohne Einführung, Tabellen, Sachregister, ohne Kommentare) macht 510 Seiten
bedruckten Papiers aus. Das Sozialgesetzbuch umfaßt 1533 bedruckte
Seiten, die wichtigen Gesetze und Verordnungen zum Schutze der
Umwelt 850, das Körperschaftssteuergesetz mitsamt seinen Neben-
gesetzen 637 Druckseiten. Das Baugesetzbuch schließlich, in dem sich
ein Betriebsgründer ebenfalls auskennen muß, beläuft sich auf abermals 1731 Seiten.

Auch auf diese Weise kann eine Bürokratie die Entmündigung der
Bürger bewirken. Denn so sinnvoll und notwendig es ist, Mindestbe-
stimmungen des Umweltschutzes und der sozialen Spielregeln fest-
zulegen, alle Regeln darüber hinaus ersticken die Initiative vor Ort
und setzen den Obrigkeitsstaat an die Stelle einer lebendigen Demokratie. Aber die staatliche Regulierungswut lähmt nicht nur die demokratische Mitwirkung der Bürger, sie stellt außerdem eine enorme
volkswirtschaftliche Belastung dar, da es eines aufgeblähten Apparats
von Beratern und Rechtsinstanzen bedarf, um die Regeln zu interpre-
tieren und ihre Einhaltung zu überwachen. »Der Stadtstaat Hamburg
muß eine höhere Zahl von Richtern beschäftigen als ganz England.
Deutschland benötigt etwa ebenso viele Richter wie die dreimal größeren Vereinigten Staaten.«[177]

So wie die soziale Verantwortung zu den guten Erbschaften einer
spezifisch deutschen Tradition gehört, so liegt andererseits in der
Verordnungswut auf Kosten der Freiheit eine spezifisch deutsche Gefahr. Sie läßt sich nur durch stete Überprüfung und Abschaffung
überflüssiger Erlässe rückgängig machen – und durch die nachträg-
liche Beseitigung von Bürokratien, die ihre eigenen Interessen weit
stärker als das der Allgemeinheit fördern.

Die gefährliche Gleichsetzung
von Industriestaat und Demokratie

Das japanische Beispiel beweist, daß sich ökonomisch erfolgreiche Staaten keineswegs im tieferen Verständnis des Wortes demokratisch entwickeln müssen. Sie müssen es gerade dann um so weniger, wenn sie besonderen Wert auf ihre soziale Verantwortung legen. Unter diesen Umständen sind die Bürger durchaus bereit, Abstriche von ihrer Freiheit in Kauf zu nehmen. Das japanische Modell hat sich nicht nur in den konfuzianisch geprägten Staaten Ostasiens auszubreiten vermocht, sondern besitzt im gesamten asiatischen Raum eine große Anziehungskraft. Die westliche Überzeugung, daß die Einbindung immer größerer Bevölkerungsteile in den Produktionsprozeß unweigerlich zum Erstarken der Demokratie führt, ist nicht mehr als ein Mythos.[178]

Diese Beobachtungen werden durch die politischen Zustände in den Staaten des Westens zusätzlich bestätigt. Auch in westlichen Staaten ist die Demokratie ja durchaus nicht so sicher und unumkehrbar verankert, wie eine Zweckpropaganda dies so gerne behauptet. Denn Freiheit und Mitbestimmung sind nie ein *Besitz*, den man wie eine Ware erwirbt und dann auf die Dauer sein eigen nennt. Tatsächlich können beide unter einer monarchischen Regierung durchaus in stärkerem Maße verbreitet sein als in einer Demokratie, die zwar alle formalen Merkmale einer solchen aufweist, aber die Mitsprache des Bürgers de facto auf ein Minimum reduziert. Man wird zwar behaupten dürfen, daß die äußeren Formen der Demokratie die *Voraussetzung* für eine maximale Mitsprache und Freiheit der Bürger sind, aber das Vorhandensein dieser äußeren Formen allein sagt kaum etwas darüber aus, ob und in welchem Umfang ihnen konkrete Inhalte entsprechen. Denn ein demokratischer Ritus kann durchaus als Attrappe für eine Autokratie privilegierter Schichten herhalten. Worte wie Freiheit und Mitbestimmung lassen sich in einer Akklamationsdemokratie widerstandslos als Leerformeln verwenden, der man sich zum Zweck der Propaganda bedient.

Akklamationsdemokratien

Es gibt deutliche Hinweise dafür, daß sich auch im Westen Technokratien unter dem Deckmantel von Akklamationsdemokratien entwickeln. Das wohl offenkundigste Warnsignal ist ein anhaltender Rückgang der Beteiligung an den Wahlen. Der Wählerschwund besagt ja nichts anderes, als daß der einzelne immer weniger davon überzeugt ist, auf die Entscheidungen der Politik tatsächlich Einfluß zu nehmen. Nichtbeteiligung ist ein eindeutiges Votum für das Versagen der Demokratie, denn letztlich beruht der Unterschied zu undemokratischen Regierungsformen ausschließlich auf dem Glauben des einzelnen an die Wirksamkeit der eigenen Stimme. In dem Augenblick, da der Bürger diesen Glauben verliert, macht es keinen Unterschied, ob er in einer formalen Demokratie oder in einem Obrigkeitsstaat lebt. Er geht ohnehin davon aus, daß »die da oben« die Entscheidungen treffen.

In ihrer Meinung von der Bedeutungslosigkeit der eigenen Stimme unterliegen die Wähler durchaus keiner Illusion. Eine objektive Rechtfertigung liegt in dem auffallenden Faktum, daß die Programme der Großparteien einander immer ähnlicher werden. Vorerst ist dieser Trend in den USA am deutlichsten zu erkennen. Die Regierung Clinton hat die Politik der Republikaner weitgehend übernommen – und konnte aus diesem Grund die Unterstützung jener ökonomischen Interessenverbände gewinnen, die bis dahin auf seiten der letzteren standen. Es sind die mächtigen Vertreter des industriellen und militärischen Apparats, die inzwischen ihre Interessen gegenüber *beiden* Großparteien durchsetzen. De facto wird dadurch die Politik der Vereinigten Staaten viel weniger durch den Wähler als über die Grenzen der Parteien hinweg durch die Interessen einer Oligarchie dekretiert. Denn es ist klar, daß eine derartige Gleichschaltung der Programme jeden wirklichen Einfluß der Bevölkerungsmehrheit auf die amerikanische Politik von vornherein unterbindet. Die Verdrängung der Wähler aus den Entscheidungsprozessen findet natürlich nicht über Dekrete oder diktatorische Maßnahmen statt, die unmittelbaren Protest hervorrufen würden, sondern auf indirekte, aber deshalb um so wirksamere Weise – die möglichen politischen Alternativen werden von vornherein radikal eingeschränkt. Durch finanzielle Unterstützungen bzw. den Entzug solcher Mittel sorgen die Lobbies dafür, daß nur die ihnen genehmen Kandidaten und deren Programme die Hürden eines extrem teuren Wahlkampfes überwinden. Dadurch wird die Stimmabgabe der Bürger zu einem Scheinritual, dessen Aufgabe vorrangig darin besteht, Entscheidungen, die von oben bereits festgesetzt wurden, nachträglich zu beklatschen. In einer »Akklamationsdemokratie« ist es kein Wunder, daß sich die Bürger dem Abstimmungsritual in Massen entziehen.

Selbstenteignung der Mehrheit?

Ein weiterer Hinweis auf die Bedrohung der Demokratie geht von der Verschärfung der sozialen Gegensätze aus. Es ist kaum anzunehmen, daß eine entscheidungsbefugte Bevölkerungsmehrheit durch ihre Stimmabgabe freiwillig dafür sorgt, daß ihr eigener Lebensstandard systematisch geschmälert wird, wenn sie gleichzeitig mit ansehen muß, daß der Reichtum einer Minderheit wächst. Die Mehrheit würde in diesem Fall bewußt gegen ihre eigenen finanziellen Interessen entscheiden – ein Verhalten, das rational kaum zu begründen ist und in seiner Art einmalig wäre. Unter normalen Bedingungen kommt es praktisch nicht vor, daß öffentliche oder private Interessenverbände widerstandslos auf ihre eigenen Vorteile verzichten, noch viel weniger wird man dies von einer Bevölkerungsmehrheit erwarten. Genau dieser einmalige Vorgang findet aber gegenwärtig in den führenden Industriestaaten des Westens statt. In den USA wie auch in Deutschland findet sich eine Mehrheit der Bevölkerung scheinbar widerstandslos damit ab, daß ihr Lebensstandard sinkt, *während zur gleichen Zeit der Reichtum des Landes insgesamt zunimmt (und dabei überwiegend in den Taschen einer Minderheit von maximal 20 % Begünstigter verschwindet).* In einer funktionierenden Demokratie ist dieser Vorgang unmöglich, während er in einer Demokratie von teilweise nur noch formalem Charakter durchaus zu erwarten ist. Die Anomalie, daß eine Mehrheit für eine Politik stimmt, die ihre Interessen mißachtet, läßt sich ohne Schwierigkeit dadurch erklären, daß die angebotenen Alternativen ihr gar keine andere Möglichkeit lassen. Um an der Macht zu bleiben bzw. sie zu erlangen, beugen sich die Parteien den Forderungen einer ökonomisch-politischen Technokratie, die ihnen nur im Falle des Wohlverhaltens Unterstützung gewährt.

Panem et circenses

Mitbestimmung ist mehr als eine philanthropische Forderung. Sie ist ein elementares Bedürfnis des einzelnen, um sich als vollwertiges Mitglied einer Gesellschaft begreifen zu können. Im Gegensatz dazu bringt Entmündigung ein überwältigendes Gefühl der Daseinsenge und Nutzlosigkeit hervor, die von der Technokratie mit allen ihr zur Verfügung stehenden Mitteln der Beschwichtigung eingedämmt werden muß. Zu diesen gehört einerseits ein demokratisches Scheinritual – man richtet eine Fassade der Mitsprache auf, um der rationalen Auflehnung weniger Angriffsflächen zu bieten. Viel wichtiger als die Beschwichtigung der Vernunft aber ist die Einwirkung auf die *Gefühle*. Der entmündigte Mensch wird ruhiggestellt, indem man das Bewußtsein seiner Ohnmacht auf harmlosen Gebieten durch Illusionen von Macht kompensiert. Panem et circenses (Brot und Spiele) dienen dazu, um aus mündigen Menschen infantile Massen zu machen. In diesem Sinne ist der moderne Hedonismus eine direkte Folge der faktischen Entmündigung und Ohnmacht des einzelnen.[179] Je weniger Verantwortung man ihm im öffentlichen Bereich als Staatsbürger zugesteht, um so größeren Spielraum muß man ihm auf solchen Gebieten einräumen, die für das Funktionieren der industriellen Megamaschine keine Bedeutung besitzen. Die unechte Freiheit, welche die Interessen des Apparats unberührt läßt, wird zur großen Errungenschaft umgedeutet und als Mittel zur Selbstverwirklichung hochstilisiert. Man darf die Frisur von Irokesen tragen, die verrücktesten Meinungen in öffentlichen Talkshows sekretieren und den Geschlechtsakt in jeder Variante und in kurzfristig wechselnder Besetzung ausführen – die tolle Freiheit ersetzt die echte von Verantwortung und Mitarbeit. Die sexuelle Befreiung – zunächst ein notwendiger Aufstand gegen die spießbürgerliche Moral – ist inzwischen zum bevorzugten Instrument der privaten Betäubung von Bürgern geworden, deren aktive Mitsprache im öffentlichen Bereich nicht mehr erwünscht ist. Welches Ausmaß der Prozeß der Infantilisierung inzwischen erreicht hat, läßt sich unter anderem daran erkennen, daß ein moderner ›Philosoph‹ unlängst verkünden konnte, für ihn sei die Sexualität gleichbedeutend mit Gott.[180]

Andererseits darf es als glücklicher Umstand gelten, daß die Politik der Betäubung durch endlosen Konsum und einen entfesselten Hedonismus auch für die Technokratie nicht ohne Gefahr ist. Das Bedürfnis nach echter Freiheit, nach Mitsprache also und nach Verantwortung, läßt sich mit Erfolg nur so lange abwehren, wie Konsum und hedonistischer Rausch in jedermanns Reichweite stehen. Sobald dies nicht länger der Fall ist, weil die Wirtschaftskraft nachläßt, setzt ein jähes Erwachen ein. Der entmündigte Bürger fühlt sich doppelt betrogen – auf einmal soll er auch noch auf seine Placebos verzichten. Vor diesem Hintergrund sollte man den neuen Radikalismus als eine von unten ausgehende Rebellion begreifen, die gewaltsam das Recht auf Mitsprache fordert.[181] Nicht ohne Grund pflegen ihre Führer den forschen und den brutalen Ton – er ist ein Aufschrei gegen Entmündigung. Daß Gewalt und Empörung schlechte Ratgeber sind und in aller Regel den Ausgangspunkt für eine viel radikalere Entmündigung bilden, lehrt die Geschichte. Aber sie gibt auch klar zu erkennen, daß sich der Radikalismus nur abwenden läßt, wenn die gemäßigten Kräfte begreifen, daß ein Gemeinwesen mit menschlichem Antlitz immer nur dann besteht, wenn man dem einzelnen Rechte gibt, statt sie ihm schrittweise zu nehmen. Die Gesellschaft als Maschine ist auf die Dauer nicht lebensfähig.

Die äußere Attacke auf die Demokratie

Die Gefährdung der Demokratie von innen ist besonders brisant, weil sie durch äußere Faktoren zusätzlich verstärkt wird. In einem aufsehenerregenden Buch hat der französische Politikwissenschaftler Jean-Marie Guéhenno geradezu vom *Ende der Demokratie* gesprochen.

Seiner Überzeugung zufolge geht von den internationalen Konzernen eine Gefahr für die Selbstbestimmung der Staaten aus.

Private ökonomische Organisationen, die transnationalen Konzerne, setzen die Selbstbestimmung vor Ort außer Kraft. Sie müssen dabei keinen direkten Druck auf die Politiker oder Parlamente eines Landes ausüben. Es genügt die bloße Drohung, einem Land den Rükken zu kehren, sofern ihnen die Löhne und Steuern zu hoch sind. Da bei globalem Wettbewerb alle Löhne und Steuern der hochentwickelten Staaten weit über dem Niveau der aufholenden Länder liegen, hängt die Definition, welche Löhne und Steuern zu hoch sind, ausschließlich von den Maßstäben der Unternehmen ab. Ohne demokratisch legitimiert zu sein und ohne eine Stimme im Parlament zu besitzen, entscheiden transnationale Konzerne damit effektiv über die lokalen Bedingungen eines Landes. Auch wenn die Selbstbestimmung der Bürger formal fortbesteht, wird sie de facto ausgehöhlt, da Löhne, Arbeitsbedingungen, Umweltschutz, Steuern etc. nun Diktaten von außen gehorchen. Demokratie als Verantwortung von Menschen für das Territorium, auf dem sie leben, wird einer schleichenden Aushöhlung unterworfen.

Diese Aushöhlung der Selbstbestimmung macht aber nicht bei Löhnen, Steuern, Umweltschutz etc. halt. Sofern ihr nicht rechtzeitig Einhalt geboten wird, muß sie das Fundament des politischen Systems selbst angreifen. Denn es können kaum Zweifel daran bestehen, daß global tätige Unternehmen zu einer Förderung jener Regime und Staaten tendieren, die im Inneren mit polizeistaatlichen Mitteln vorgehen. Während die Bevölkerung westlicher Staaten ihren Politikern den Auftrag erteilt, gegen politische Unterdrückung und die Verletzung der Menschenrechte zu protestieren, läuft die Investitionspolitik der Konzerne indirekt darauf hinaus, solche Unterdrückung zu fördern, wo immer sie stabile Verhältnisse schafft und für ein Potential an billigen und gefügigen Arbeitskräften sorgt. Der Druck, womit die Konzerne auf die betreffenden Staaten einwirken, damit sie die Sicherheit der Investitionen wenn nötig durch innere Repression garantieren, steht in direktem Gegensatz zu jener rituellen Forderung nach Demokratie, wie westliche Politiker sie regelmäßig erheben.

Dies ist durchaus zu verstehen – vom Standpunkt der Konzerne sind die Vorzüge demokratisch verfaßter Staaten eben keineswegs evident. Es trifft zwar zu, daß Demokratie mit sozialer Verantwortung die Mitarbeit ihrer Bürger in höherem Grade zu motivieren vermögen. Deshalb sind die politischen Verhältnisse dort weniger durch innere Spannungen bedroht, und das Eigentum wird respektiert. Aber diese Vorteile der Demokratie sind nicht ohne Kosten zu haben. Sie verschlingen gewaltige Mittel für soziale Verpflichtungen, die in Gestalt von Lohnnebenkosten und Steuern aufgebracht werden müssen. Solche Abgabenlasten aber schmälern den Gewinn und die Renditen der Eigentümer. Staaten wie Singapur, Südkorea oder China bieten sich als ideale Standorte gerade deswegen an, weil sie ein hohes Maß an Sicherheit bieten, *ohne* die Unternehmen dafür zur Kasse zu bitten. Es herrscht politische Unfreiheit, die dennoch keinen sozialen Aufruhr befürchten läßt, weil die dort praktizierte ökonomische Freizügigkeit sehr viel mehr Motivation und wirtschaftlichen Elan bewirkt als in den wirtschaftlich gesättigten Staaten des Westens.

So ist zu begreifen, daß aus der Sicht der Konzerne der ideale Wirtschaftsstandort durchaus alle Merkmale eines Polizeistaates aufweisen kann. Unantastbarkeit des Eigentums wird garantiert, eine arbeitswillige und opferbereite Arbeiterschaft steht den Unternehmen zur freien Verfügung, und überdies fallen die höchsten Renditen an. Selbst wenn derartige Staaten nicht über genügend Kaufkraft verfügen, um mehr als einen Bruchteil der produzierten Waren im eigenen Land abzunehmen – das trifft etwa auf kleinere Länder wie Singapur, Thailand oder Malaysia zu –, erscheinen sie den Unternehmen doch besonders geeignet, um als Standorte für ausgelagerte Produktionsstätten zu dienen. Dadurch wird ein neuer Maßstab für die Bewertung politischer Verfassungen hergestellt – man setzt sie in Relation zum privaten Gewinn. *Der Staat als politische Ordnung eines Gemeinwesens zum größtmöglichen Nutzen seiner Bürger wird auf ein Vehikel zum größtmöglichen Nutzen des Kapitals reduziert.*

In dieser Situation ist Zynismus gegenüber den Forderungen nach Menschenrechten und Demokratie eine zwangsläufige Folge. Weder die Politiker aus den westlichen Demokratien noch die von ihnen demokratisch vertretenen Bürger, am allerwenigsten aber die Menschen derjenigen Länder, in denen diese rituellen Beschwörungen vorgebracht werden, nehmen das Gesagte noch ernst. Sie wissen, daß die Chefs der großen Unternehmen, jene, welche die wirkliche Macht besitzen, hinter den Kulissen beifällig nicken, wenn Gewerkschaften verboten, Streiks mit Polizeigewalt unterdrückt und die Rechte der arbeitenden Menschen auf minimalem Niveau eingefroren werden. Dieser Zynismus ist aber noch vergleichsweise harmlos gegenüber den langfristigen Auswirkungen, die sich aus einer derartigen Politik für die Staaten des Westens selbst ergeben. Man darf sich nichts vormachen: Wenn die Bedingungen für Investitionen und hohe Gewinne in Polizeistaaten gleich günstig sind wie in entwickelten Demokratien (oder sie sogar übertreffen), dann wird die Standortwahl der transnationalen Konzerne solche Länder eindeutig vorziehen und anderen Staaten eine schrittweise Annäherung an diesen Standard aufzwingen. Es nützt dann wenig, daß die historischen Tatsachen die Vorzüge gefestigter Demokratien unmißverständlich belegen. Mögen demokratische Mitarbeit und sozialer Zusammenhalt ein Ausmaß von langfristiger Stabilität garantieren, wie es in politisch repressiven Regimen auf Dauer nie zu erreichen ist, solche Argumente haben wenig Bedeutung für Unternehmen, deren Entscheidungshorizont durchschnittlich unter fünf Jahren liegt. Die Standortwahl ist von vornherein festgelegt, wenn innerhalb dieser Frist die besseren Voraussetzungen für hohe Renditen in einem Polizeistaat gegeben sind. Transnationale Konzerne folgen ihren besonderen privaten Interessen. Welche Konsequenzen sich langfristig aus ihrem Handeln ergeben, ist ihnen wohl in den meisten Fällen nicht einmal bewußt. Die Staaten des Westens sind dadurch allerdings einem Druck ausgesetzt, der sehr schnell den Verlust ihrer in zweihundert Jahren mühevoll errungenen Freiheiten herbeiführen könnte.

Selbstaufgabe und Selbstbehauptung

Dabei scheint die Gefährdung der Demokratie in den Staaten des Westens letztlich gefährlicher zu sein als der gleiche Vorgang in den Staaten Ostasiens. Im Westen führt die Akklamationsdemokratie ebenso in die Unfreiheit wie in Japan die Herrschaft der Bürokraten, aber die Aushöhlung des Leistungsprinzips und die damit verbundene Verschärfung der sozialen Gegensätze bereiten darüber hinaus den Boden für künftige soziale Revolutionen. Während das fernöstliche Reich eine paternalistische Technokratie entwickelt hat, die mit dosierten materiellen Wohltaten einen Zustand politischer Betäubung erzeugt, entstehen in den Staaten des Westens seit den achtziger Jahren neokapitalistische Technokratien, die auf den politischen Aufruhr zusteuern.

Eine besondere Rolle bei dieser Entwicklung spielen die großen Konzerne. Große Unternehmen werden in Zukunft an Bedeutung zunehmen, weil die Investitionen in die Hochtechnologie immer größere Mittel verschlingen, und diese nur noch von den größten Unternehmen aufgebracht werden können. Diese Tendenz ist global. Große Konzerne haben sich daher in Japan, Südkorea und China genauso entwickelt wie in den Ländern des Westens. Japanische Unternehmen machen sich den Faktor der Größe noch zusätzlich dadurch zunutze, daß sie sich in Unternehmensgruppen (Keiretsu) organisieren. Dennoch besteht ein wichtiger Unterschied. Während die herrschende japanische Bürokratie noch bis vor kurzem die großen Unternehmen vorbehaltlos in den Dienst des eigenen Landes einzubinden verstand, läßt sich dies von westlichen Konzernen nicht länger behaupten. Diese entziehen sich vielmehr mit wachsendem Erfolg ihrer nationalen Verpflichtung, d. h. der Verantwortung gegenüber den Menschen des Territoriums, in dem sie ansässig sind. Die für den Westen charakteristische Allianz zwischen Technokratie und Kapital hat heute zur Folge, daß die Politik der großen Konzerne mehr und mehr in Konflikt zu den Interessen ihrer Herkunftsstaaten gerät. Mit westlichem Kapital entstehen überall auf der Welt neue Zentren der industriellen Entwicklung, die ihre Tätigkeit keineswegs auf die Vorortproduktion beschränken. Auf Drängen nicht nur der betreffenden Länder, sondern vor allem der westlichen Anleger selbst entwickeln sie sich zu Plattformen einer Verdrängung, die den Industrien in westlichen Ländern schweren Schaden zufügt und niedrigere Standards für Preise, Löhne, Umwelt etc. einführt. Eine Bevölkerungsminderheit in den westlichen Ländern bereichert sich so, indem sie das eigene Kapital zum Schaden einer Mehrheit einsetzt. Der Aufstieg des Fernen Ostens hängt keineswegs nur mit dessen eigener Stärke zusammen, sondern auch mit der inneren Schwäche der westlichen Staaten – ihrer Unfähigkeit, den ökonomischen Egoismus privater Kräfte den Zielen der Gesellschaft unterzuordnen.

Die äußere Front:
Krieg oder Frieden zwischen den Staaten?

> The accessibility of highly destructive weaponry and explosives today is such that the usual state monopoly of armaments in developed societies can no longer be taken for granted … The world of the third millenium will therefore almost certainly continue to be one of violent politics and violent political changes.
>
> *Eric Hobsbawm*

Die Erosion der Marktwirtschaft durch den Kapitalismus läßt aggressive Kräfte erstarken. Zwischen den Staaten tritt ein ungebändigter Wettbewerb an die Stelle einer internationalen Teilung der Arbeit und läßt die Spannungen wachsen. Innerhalb der Staaten sorgen die Aushöhlung des Leistungsprinzips und die Konzentration von Reichtum in immer weniger Händen für ein wachsendes Konfliktpotential. Die Frage nach der Zukunft des Kapitalismus wird daher zur Frage nach Krieg oder Frieden – nicht anders als schon in den vergangenen zweihundert Jahren. Staaten sind in der Vergangenheit aggressiv nach außen geworden, wenn sie ihre inneren Probleme nicht länger zu meistern vermochten, oder sie machten innere Erschütterungen aufgrund von kriegerischen Verwicklungen nach außen durch. Die über zweihundertjährige Geschichte des Kapitalismus ist einerseits ein Triumph: Seine technischen Leistungen haben zu einer geschichtlich einmaligen Erhöhung des Wohlstands geführt, besonders gegen Ende des 19. Jahrhunderts und ein zweites Mal im Zeitraum zwischen den sechziger bis achtziger Jahren des 20. Jahrhunderts. Aber sie ist ein Drama von weltgeschichtlich einmaligem Ausmaß, sobald man die dunkle Seite dieser Entwicklung betrachtet. Auf die koloniale Aggression gegen die industriell unentwickelten Staaten folgte in zwei globalen Kriegen die Aggression der industriell entwickelten Staaten gegeneinander. Wird sich dieses Muster angesichts des heute zu beobachtenden Rückfalls in den Kapitalismus pur wiederholen?

Das heutige Panorama zeigt eine wesentliche Verschiebung der Macht im Vergleich zu den vorausgehenden zweihundert Jahren. Staaten als Träger der ökonomischen Macht haben nur in Asien ihre Stärke bewahrt, im Westen dagegen haben die großen Konzerne einen Teil der staatlichen Macht übernommen. Die staatliche Souveränität ist damit zugunsten privater ökonomischer Organisationen eingeschränkt worden. So stellt sich die Frage nach den Perspektiven von Krieg und Frieden vor dem Hintergrund dieser Machtverschiebung. Wie viele Divisionen können internationale Konzerne mobilisieren?

Wie viele Divisionen hat der internationale Konzern?

Auf die Frage nach Krieg oder Frieden wird man kaum eine befriedigende Antwort erhalten, solange die Rolle der Hauptakteure des gegenwärtigen Wirtschaftsgeschehens, der internationalen Konzerne, dabei unberücksichtigt bleibt. Am Ende des 20. Jahrhunderts sind die größten Konzerne ökonomisch mächtiger als kleinere Staaten, zusammengenommen sind sie mächtiger als die größten. Werden die Konzerne nun auch zu Militärmächten aufrücken und über Krieg und Frieden bestimmen?

In der Vergangenheit traten in der Regel ethnische Gruppen oder Länder als Aggressoren auf. Nur sie waren aufgrund ihrer ökonomischen Macht zu einer entsprechenden militärischen Aufrüstung fähig. Ökonomische und militärische Macht waren daher eng aneinander gekoppelt, auch wenn ihre Verbindung keineswegs zwangsläufig ist – wie etwa die Entwicklung von Japan und Westdeutschland nach dem Kriege beweist. Auch ökonomisch mächtige Staaten können ihre militärische Rüstung auf einem niedrigen Niveau einfrieren. Wenn sie dies tun, so geht dies allerdings (wie im Fall der im Krieg besiegten Mächte Japan und Deutschland) auf besondere Umstände zurück.

Denn in der Regel nutzen Staaten ihre wirtschaftliche Stärke auch im Sinne der militärischen Macht, während diese ihnen umgekehrt den Zugang zu wirtschaftlichen Vorteilen verschafft. Es ergibt sich daher die Frage, ob und inwieweit die stark gewachsene ökonomische Potenz der großen Konzerne sich auch militärisch zu manifestieren vermag. Werden die transnational tätigen Unternehmen, die nach Meinung vieler Beobachter mehr und mehr in die Fußstapfen der Nationalstaaten treten, diesen auch darin folgen, daß sie als bewaffnete Mächte auftreten?

Zunächst ist festzustellen, daß die großen Konzerne ihre Aktivitäten längst über den ökonomischen Bereich hinaus ausgedehnt haben. Viele große japanische Unternehmen treten als Sponsoren des Sports in Erscheinung, wobei die von ihnen unterstützten Vereine sozusagen zur Firma gehören und wie diese selbst nationale Bedeutung genießen. Yomiuri, Chunichi und Hanshin sind nicht nur Konkurrenten im ökonomischen Sinn, sondern treten gegeneinander zudem als Baseballvereine an (Yomiuri Giants, Chunichi Dragons, Hanshin Tigers). Offensichtlich hat der Sport nichts mit der Erzeugung von Transistoren oder Werkzeugmaschinen zu tun, aber dies hindert japanische Unternehmen durchaus nicht, sich tatkräftig in ihm zu engagieren – ebenso wie sie als Sponsoren für kulturelle Aktivitäten auftreten, indem sie Konzerte, Opernvorstellungen, Ausstellungen bedeutender Maler etc. betreuen und fördern. Diese Ausweitung der Funktionen ist nicht auf Japan beschränkt, sondern ist ebenso bezeichnend für die großen Konzerne Europas und der Vereinigten Staaten. Die großen Unternehmen unterstützen den Sport, weil dieser die Massen erreicht und daher eine besonders wirksame Form der Werbung darstellt, aber sie treten zunehmend auch als Sponsoren in jenen Bereichen auf, die bis dahin zur Domäne des Staates zählten. In der Aidshilfe, bei der Erhaltung von Altersheimen oder Schulen, bei der Förderung der Forschung an den Universitäten und natürlich auch bei der Subventionierung von Theatern und Ausstellungen tauchen immer häufiger die Namen privater Unternehmen als Geldgeber auf.

Das Engagement der Unternehmen ist für sich genommen nur zu begrüßen, sieht man es allerdings im Zusammenhang mit dem gleichzeitigen Verfall der staatlichen Hilfeleistung, so ist es eher ein beängstigendes Signal. Die Allgemeinheit (repräsentiert durch den Staat) zieht sich aus Mangel an Mitteln zurück, private Unternehmen treten in ihre Fußstapfen. Indem sie an die Allgemeinheit immer weniger Steuern abgeben, haben die Konzerne diesen Wandel aktiv herbeigeführt – und sich dadurch große Vorteile verschafft. Statt Abgaben in der Form von Steuern an die Öffentlichkeit zu entrichten – gezwungenermaßen und ohne jeden werbewirksamen Effekt –, können sie nun freiwillig Beträge nach eigenem Gutdünken vergeben. Aus einer Verpflichtung der Öffentlichkeit gegenüber werden großmütig verteilte Geschenke.

Warum sollen die Konzerne am Ende dieser Entwicklung nicht auch militärische Macht übernehmen, wenn sie schon jetzt schrittweise in so viele andere Tätigkeitsbereiche des Staates eindringen? Ökonomische Argumente scheinen jedenfalls nicht dagegen zu sprechen. Die größten Konzerne verfügen über Budgets, die denen kleiner bis mittelgroßer Staaten vergleichbar sind. Sie sind daher durchaus in der Lage, die Last militärischer Ausgaben zu tragen. Wenn es stimmt, daß ökonomische Stärke eine hinreichende Bedingung für die Übernahme militärischer Macht ist, dann könnten transnationale Konzerne in Zukunft eine doppelte Rolle spielen: als ökonomische Giganten und militärische Großmächte.

Die Macht der internationalen Konzerne

Zweifellos sind Megakonzerne ökonomisch bestens gerüstet, um auch als militärische Mächte die Rolle der Nationalstaaten zu übernehmen. Dennoch muß man die Frage nach ihrer militärischen Rolle nur mit hinreichender Deutlichkeit stellen, um ihre Abwegigkeit zu erkennen. Wir können mit Sicherheit davon ausgehen, daß die militärische Macht auch in Zukunft außerhalb ihrer Reichweite bleibt, selbst wenn sie ihre Tätigkeit wie bisher auf eine Vielzahl nichtökonomischer Bereiche ausdehnen. So groß und mächtig die Konzerne auch werden, die Vorstellung, daß sie als bewaffnete Mächte die bisherigen Staaten ersetzen, ist schlechthin absurd.

Selbstverständlich gilt dies nicht für die Fähigkeit der Konzerne, mit bewaffnetem Schutz aufzutreten. Große Unternehmen können ihre Niederlassungen von Wachdiensten absichern lassen – vor allem in Ländern der Dritten Welt machen sie von dieser Möglichkeit schon heute ausgiebig Gebrauch. Aber zwischen privater Sicherung und militärischer Macht bestehen grundsätzliche Unterschiede, die sich im Fall der Konzerne als unaufhebbar erweisen. Und dieser Unterschied ist nicht etwa von zufälliger Art, sondern im Wesen der Konzerne begründet: Militärische Macht setzt mehr als nur ökonomische Stärke voraus – sie ist in erster Linie territorial definiert.[182]

Hier liegt der entscheidende Gegensatz. Die Bewaffnung von Staaten beruht auf deren Bezug zu einem Gebiet. Sie dient der eigenen und der Bevölkerung der umliegenden Staaten als ein Signal, um das besondere Verfügungsrecht und die ausschließliche Verantwortung für ein bestimmtes Territorium zu demonstrieren. Den umliegenden Ländern wird auf diese Weise bedeutet, daß ein bestimmtes Gebiet unverletzbar sei und niemand anders als die dort heimischen Menschen einen begründeten Anspruch darauf besitzen. Die Verbindung von Territorium und bewaffneter Macht ist deshalb zentral. Das Territorium ist Voraussetzung für die militärische Macht. Wo diese Voraussetzung fehlt, können allenfalls militärische Schutzfunktionen gegenüber speziellen Objekten ausgeübt werden.

Genau diese Voraussetzung aber fehlt den transnationalen Konzernen – statt territorial definiert zu sein, haben sie sich im Gegenteil von ihren Bindungen an bestimmte Territorien weitgehend gelöst. Ihre Niederlassungen sind weltweit gestreut, feste Beziehungen können daher weder zu bestimmten Gebieten noch zu den dort heimischen Menschen entstehen. Unter Umständen ist ihnen gestattet, ihre Anlagen auf fremdem Gebiet durch Wachtruppen schützen zu lassen, aber darüber hinausreichende Machtansprüche erregen den Widerstand – ebenso wie etwa die militärischen Stützpunkte fremder Staaten, wenn sie Besetzung und Herrschaft bezwecken. Denn gerade die Bindungslosigkeit der Konzerne schließt ihre Identifizierung mit einem Territorium aus und damit auch die Übernahme von militärischer Macht. So zahlreich die Kompetenzen sein mögen, die sich die großen Unternehmen aneignen, die militärische Kompetenz, die alle anderen weit übertrifft und sie letztlich real und symbolisch zusammenfaßt, wird auch in Zukunft ein Vorrecht der Staaten und Regionen sein. Gerade in entscheidender Hinsicht werden die großen ökonomischen Organisationen *nicht* in die Fußstapfen der Nationalstaaten treten.

Internationale Konzerne als Wirtschaftsführer – Regionen als Militärmächte

Das modische Gerede vom Zerfall der nationalen Staaten wird dadurch in die richtige Perspektive gerückt. Die Zukunft der industriellen Zivilisation wird auch unter einem Regime des Kapitalismus nicht darin bestehen, daß private Wirtschaftsorganisationen die Staaten in ihrer Rolle als militärische Mächte ablösen. Es ist zwar wahr, daß die Nation eine historisch junge Erscheinung ist – weil sie eine bestimmte, in der Regel sprachliche, ethnische oder religiöse Definition von Zusammengehörigkeit einschließt. Aber der Zusammenhang zwischen Lebensraum und Bevölkerung reicht an den Beginn der Menschheit zurück. Die Ausübung von Hoheit und Macht war nicht ausschließlich, aber immer vorrangig auf den Besitz eines Territoriums als Lebensgrundlage begründet.

Dennoch wird niemand bestreiten, daß die Konzerne am Ende dieses Jahrhunderts ein außerordentliches Maß an Macht zu erringen vermochten und aktiv auf das Schicksal der Welt Einfluß nehmen. Hieraus ergibt sich ein Paradox, das für die Entwicklung von Staat und Wirtschaft zu Beginn des neuen Jahrtausends bezeichnend sein wird. Die Konzerne sind zur gleichen Zeit im Besitz sehr großer Macht und sind doch in wesentlicher Hinsicht zur Ohnmacht verdammt. Militärische Stärke ist ihnen entzogen und wird auch in Zukunft außerhalb ihrer Reichweite liegen. Die neuen Großmächte der Finanz, des Handels und der Produktion werden auf das Wohl der Völker einen tiefreichenden Einfluß ausüben, aber dieser wird sich letztlich nur vorübergehend auswirken – genau wie dies ein halbes Jahrtausend zuvor auf die Hanse zutraf, die damals eine vergleichbare ökonomische Großmacht war. Zweifellos werden nicht nur die Staaten der Dritten Welt, sondern selbst die mächtigen Staaten des Westens durch die Konzerne geschwächt, weil ein großer Teil ihrer Bevölkerung dem internationalen Lohnwettbewerb ausgesetzt ist, die Arbeit verliert oder diese nur bei geringerer Entlohnung bewahren kann – eine Entwicklung mit schwerwiegenden Folgen für die öffentliche Finanz, das soziale System und die politische Stabilität. Aber selbst wenn diese Staaten den größten Belastungen ausgesetzt sind und ihr soziales System faktisch zusammenbricht, bleibt ihnen dennoch die militärische Hoheit, die eine völlige Beherrschung durch äußere Kräfte verhindert. Rußland, das nach dem Zusammenbruch der kommunistischen Diktatur eine weitgehende Zerstörung seiner Wirtschaft erlitt, bleibt weiterhin Nuklearmacht – und es ist schon jetzt abzusehen, daß es irgendwann erneut einen eigenen Weg einschlagen wird. Aber nicht nur Rußland, auch die anderen Staaten und Regionen bleiben letzte Entscheidungsträger, weil die militärische Macht vom Territorium nicht zu trennen ist. Sie können zerfallen oder sich zu größeren Einheiten zusammenschließen – in ferner Zukunft vielleicht zu einem einzigen Weltstaat, aber sie können als letzte Bezugspunkte der politischen Macht durch keine anderen Instanzen abgelöst werden.

Der weltliche Arm der Konzerne

Mächtige Institutionen müssen allerdings nicht unbedingt auch militärisch gerüstet sein. Das wohl bekannteste Beispiel liefert die christliche Kirche, die während des Mittelalters im Unterschied zu den damaligen Fürsten ihre Herrschaft nicht auf den Besitz von Ländern begründete – jedenfalls trat sie nur ausnahmsweise als Territorialmacht in Erscheinung. Die Kirche war daher auf die weltliche Macht angewiesen, wann immer sie ihre Forderungen mit Gewalt durchsetzen wollte. Auch die transnationalen Konzerne können ihre Forderungen nicht als territoriale Mächte durchsetzen, sondern müssen sich zu diesem Zweck der existierenden Staaten bedienen. Sie tun dies vor allem über internationale Organisationen wie den IWF, die Weltbank und die WHO, hinter denen die ökonomische und militärische Macht der führenden Staaten steht. Der Vergleich der Kirche mit ökonomischen Organisationen mag für die letzteren etwas zu schmeichelhaft sein, aber er trifft doch insoweit zu, daß die transnationalen Konzerne ihre Forderungen nicht nur mit Hilfe des weltlichen Arms durchsetzen, sondern sich dazu auch einer Art von religiöser Propaganda bedienen: der Lehre von der allein seligmachenden Wirkung eines uneingeschränkten Güter- und Kapitalverkehrs.

Auch Konzerne können keine eigenen Divisionen mobilisieren, und dennoch sind sie überaus erfolgreich in ihrer Politik, die Staaten in den Dienst ihrer Interessen zu spannen. Woher nehmen sie diese Macht? In der Antwort auf diese Frage liegt der Schlüssel für die Entwicklung des Kapitalismus zu Ende des 20. Jahrhunderts. Denn es ist von vornherein klar, daß zwischen einem Teil der Bevölkerung in den westlichen Staaten und den Konzernen eine Übereinstimmung der Interessen besteht, andernfalls würden diese Staaten sich kaum damit abfinden, daß ihre Souveränität und Befugnisse durch die Konzerne so stark beschnitten werden. Wir haben bereits gesehen, worauf diese Identität der Interessen beruht. Eine Bevölkerungsminderheit, und zwar gerade die reichste und politisch einflußreichste in den westlichen Staaten, bezieht bedeutende ökonomische Vorteile aus der Politik der Konzerne. Sie tritt als deren Kapitalgeber auf und ist daher an ihrer Stärkung unmittelbar interessiert – selbst wenn dies zu Lasten der Bevölkerungsmehrheit geschieht. Daher wäre es völlig unrichtig, in den Staaten hilflose Opfer einer gegen sie gerichteten Politik der Konzerne zu sehen. Im Gegenteil, diese Politik wird von einer Minderheit durch ihre Lobbies gegenüber den eigenen Regierungen und gegenüber den Interessen der Mehrheit aktiv unterstützt und durchgesetzt. Der weltliche Arm der Konzerne, das sind jene Privilegierten, denen die Strategie der Konzerne finanzielle Vorteile verschafft.

Durch internationale Konzerne
zu einer friedlicheren Welt?

> Britain stood for as much of the status quo as could be
> preserved, Germany for its change – inevitably, even if
> not intentionally, at Britain's expense. Under the cir-
> cumstances, and given the economic rivalry between
> the two countries' industries, it was not surprising that
> Great Britain found herself considering Germany as
> the most probable and dangerous of potential adver-
> saries.   *Eric Hobsbawm zum Ausbruch des*
> *Ersten Weltkrieges* [183]

Wird die Verschärfung der inneren Spannungen wenigstens nach
außen durch eine Verringerung des Konfliktpotentials wettgemacht?
Immerhin könnte gerade der zunehmenden internationalen Verflechtung der Wirtschaft eine besondere Bedeutung für die Erhaltung
des Friedens zukommen. Gerade weil die transnationalen Konzerne
vaterlandslose Gesellen sind, deren Besitz weltweit verstreut ist,
kann es nicht ihrem Interesse entsprechen, ihr Eigentum durch Krieg
der Gefahr der Zerstörung preiszugeben. Im Unterschied zu wirtschaftlich miteinander konkurrierenden Staaten, die sich durch militärische Aktionen oft gewaltige Vorteile verschafften, vernichten
Konzerne durch einen Krieg zugleich beides: die Konkurrenz und die
eigenen Investitionen. Eine weltgeschichtlich neuartige Situation
wäre daher durchaus denkbar. Die zunehmende Globalisierung der
Ökonomie könnte ein Grund dafür sein, daß wirtschaftlich verur-
sachte Kriege – nach Marx die Mehrzahl aller Kriege schlechthin – im
Zeitalter der transnationalen Konzerne an Wahrscheinlichkeit ein-
büßen. Dies würde den Übergang zu einer Weltordnung bedeuten,
welche die Bedeutung von Kriegen als Mittel für nationale Bereicherung stark reduziert. In dem Augenblick, da die großen Wirtschaftsblöcke – die USA, China, Europa und Rußland – im jeweils andern Bereich mit Tausenden Unternehmen vertreten sind, brauchte die Welt
weniger Angst zu haben, daß es zwischen ihnen zu einem militärischen Schlagabtausch kommt.

Die Befürworter einer globalen Verflechtung wären mit dieser Ansicht sicher im Recht, falls die gegenseitige Abhängigkeit eine echte internationale Teilung der Arbeit zur Folge hätte. Denn diese wäre dann auf einem Fundament gegenseitiger Solidarität fest begründet – die kooperierenden Staaten würden politisch wie sozial allmählich zu größeren territorialen Einheiten zusammenwachsen. Leider kann von einer solchen Entwicklung heute durchaus nicht die Rede sein. Wir haben gesehen, daß der neuerlich auflebende Kapitalismus im Gegenteil die internationale Teilung der Arbeit zunehmend durch aggressiven Wettbewerb unterminiert. In diesem Zusammenhang sollte daran erinnert werden, daß eine ähnliche Entwicklung schon einmal, nämlich vor einem dreiviertel Jahrhundert stattfand. In den Jahrzehnten zwischen 1875 und 1913 hatte die Teilung der Arbeit zwischen den europäischen Industriegroßmächten große Fortschritte gemacht, dennoch empfanden sich die Staaten Europas vor allem als Konkurrenten, die einander gegenseitig die Chance auf weiteren Aufstieg beschnitten (vgl. Kapitel *Der Vorsprung der industriell führenden Macht*, S. 97 f.). Ökonomisch war die Welt damals nahezu ebenso stark verflochten wie am Ende dieses Jahrhunderts. Dennoch hat dieser Umstand den Ausbruch des bis dahin schrecklichsten Krieges in der Geschichte der Menschheit nicht zu verhindern vermocht.

Kriege für die Erbeutung von Menschen

In einer Welt der neuerlich verschärften Konkurrenz zwischen den Staaten sind die Ursachen möglicher Kriege heute genauso vorhanden wie in der Vergangenheit. Soziale Unzufriedenheit sorgt aber gleichzeitig dafür, daß das Konfliktpotential in ihrem Inneren wächst. Ruhe wird daher zur ersten Bürgerpflicht, damit die Sicherheit der Investitionen garantiert werden kann. Aber Ruhe ist in den Zeiten eines galoppierenden Arbeitsschwunds noch weniger zu erwarten als im ersten Jahrzehnt dieses Jahrhunderts, als es einer Mehrheit der Bevölkerung in den Staaten Europas um vieles besser ging als zuvor. Die Gründe für mögliche Kriege sind also durchaus nicht abgeschwächt worden, sondern könnten in neuer Bedrohlichkeit in Erscheinung treten. Dennoch bestehen bedeutsame Unterschiede zu damals. Bestimmte Ursachen für den Krieg, die jahrhundertelang eine entscheidende Rolle spielten, haben in unserer Zeit an Bedeutung völlig verloren – so die Erbeutung von Menschen.

Aus ökonomischer Sicht wurden Kriege weitgehend in zweifacher Absicht geführt: Entweder wollte man dadurch Menschen als Arbeitstiere gewinnen oder es ging um den Erwerb von Rohstoffen (einschließlich Land). Jahrhunderte hindurch spielte die erste Art des vorkapitalistischen Krieges eine dominierende Rolle. Die Landwirtschaft Griechenlands wie die von Rom war auf der Arbeit von Sklaven begründet – im Schnitt mußten vier Sklaven für die Erhaltung eines einzigen freien Griechen aufkommen. Dieselbe Abhängigkeit von der Zwangsarbeit galt für die Baumwollwirtschaft des US-amerikanischen Südens bis zur Mitte des 19. Jahrhunderts. Dort allerdings war das Zahlenverhältnis von Sklaven zu Freien für die ersteren noch um einiges ungünstiger. Ganze Völker wurden verschleppt und unterjocht, damit man sie als lebende Maschinen auf Plantagen und in Bergwerken einsetzen konnte. Führend im Sklavenhandel war England. Am jährlichen transatlantischen Transport von etwa 60000 Afrikanern war es mit einem Anteil um 40 % beteiligt. Die »Lebendware« brachte einen Gewinn von etwa 12 % nach Abzug der 15–20 Toten, die auf je hundert von ihnen bei einem Transport zugrunde gingen. In diesem Holocaust zu ökonomischen Zwecken verloren Hunderttausende ihr Leben.[184]

Der Krieg zum Zweck der Erbeutung von Menschen dürfte endgültig der Vergangenheit angehören – nicht weil die Menschen moralisch höher entwickelt wären und aus diesem Grund die Versklavung des Nächsten nicht länger ertragen, sondern wohl eher aus einem recht prosaischen Grund. Inzwischen wurden Maschinen erfunden, welche die gleichen Arbeiten billiger und meist auch wirksamer ausführen können.

Seit Beginn des 19. Jahrhunderts wird der Mensch durch die Maschine ersetzt. Längst wird die Baumwolle auf den Plantagen von Texas und Arizona nicht mehr von Menschen, sondern von Maschinen geerntet. Die eigentliche Revolution hat sich aber erst in den vergangenen zwanzig Jahren ereignet. Außerordentliche Fortschritte der Technologie haben zur Automatisierung ganzer Fabrikationsabläufe geführt, zur gleichen Zeit leitet der Siegeszug der künstlichen Intelligenz die Ersetzung der Büroarbeit ein. Dadurch ist der Wert der von Menschen verrichteten physischen Arbeit genauso wie der aller bloß routineartigen geistigen Tätigkeit kontinuierlich gesunken. Als Arbeitstier für stereotype Verrichtungen wird der Mensch nicht länger gebraucht. Dies ist der letztlich entscheidende Grund für das Ende von Kriegen, die seine Erbeutung bezwecken.

Kriege für die Erbeutung von Rohstoffen

Um so aktueller ist der typisch kapitalistische Krieg zur Beschaffung von Rohstoffen, durch die der Fortbestand der Maschine und deren Nutzung gesichert wird. Betrachtet man das verfügbare Land gleichfalls als Rohstoff und schließt in diese Kategorie auch Aggressionen mit ein, die unter dem Schlagwort der Beschaffung von »Lebensraum« ausgeübt wurden, dann dienten die meisten Kriege der vergangenen zweihundert Jahre dem Ziel, Rohstoffe zu beschaffen oder gegen andere Staaten zu sichern. Dieses Motiv lag dem japanischen Überfall auf Pearl Harbor zugrunde, nachdem die Embargopolitik Englands und der USA das fernöstliche Land von der Versorgung mit Öl abschnitt. Aber auch der Golfkrieg gegen den Irak oder die Scharmützel im Südchinesischen Meer um die Spratley-Inseln zählen zu den Kämpfen um Rohstoffe. Die Spannungen zwischen den nahöstlichen islamischen Staaten und selbst noch die schleppenden Friedensverhandlungen mit Israel hängen nicht zum wenigsten von den Auseinandersetzungen um die knappe Ressource »Süßwasser« ab.

Bis heute hat die weltweite Suche nach neuen Rohstofflagern auch deren Preise niedrig gehalten, um so mehr als die Anbieter gegeneinander ausgespielt werden konnten. Die Großmächte haben ihr politisches Gewicht und die Drohung mit militärischer Macht eingesetzt, um sich die Rohstoffe zu günstigen Preisen verfügbar zu halten. Diese Politik wurde in Mittelamerika und im Nahen Osten befolgt, aber sie beherrscht ebenso die Maßnahmen gegenüber einem Staat wie Zaire mit seinen bedeutenden Kobalt- und Kupfervorkommen. Und es ist kaum zu übersehen, daß die Politik der Vereinigten Staaten gegenüber Afghanistan auf den freien Zugang zu den bedeutenden Ölvorkommen in Kasachstan zielt, die nach Erschöpfung der Lager des Nahen Ostens die größte Weltreserve darstellen. Den Staaten ist also das Problem der begrenzten Rohstoffreserven ganz deutlich bewußt – mögen sie die entsprechenden Warnungen auch offiziell ignorieren oder als übertrieben hinstellen, weil sie der staatlich geförderten Politik des Wachstums im Wege stehen. Schon 1972 hatte der Club of Rome in seiner Veröffentlichung »Die Grenzen des Wachstums« vor der Erschöpfung der Rohstoffe gewarnt.

Die Manipulationen zur Sicherung der Rohstoffzufuhr erhöhen das Kriegsrisiko. Denn die künstliche Eindämmung der Preise durch politisch-militärischen Druck vermehrt ja nicht die Menge der Vorräte, sondern führt nur um so schneller zu ihrer Erschöpfung. Wir wissen, daß diese nur in begrenzter Menge vorhanden sind und daß sie gegen Ende des zweiten Jahrtausends in wachsendem Tempo aufgebraucht werden. Eine besondere Verantwortung für den beschleunigten Verbrauch der Ressourcen tragen die hochindustrialisierten Staaten. Wachstum können sie am leichtesten durch eine billige Produktion erreichen, diese wiederum läßt sich besonders leicht durch Niedrigpreise für Energie und Rohstoffe erzielen. Die reichen Länder betreiben daher Verschwendung aus Angst. Sie fürchten, andernfalls ihren bisherigen Lebensstandard aufgeben zu müssen. Darüber hinaus steigt aber auch der weltweite Bedarf, da überall neue Zentren der Industrialisierung entstehen. So hat ein globales Wettrennen um die noch verfügbaren Reserven begonnen. Es könnte für den Weltfrieden noch viel gefährlicher sein als die Kriege, die in der Vergangenheit um die menschliche Arbeit geführt worden sind.

Zusätzlich wird die Lage dadurch verschärft, daß die neu industrialisierenden Staaten jeden Verzicht als Zumutung empfinden – eine Reaktion, die wir angesichts ihrer bisherigen Armut als verständlich ansehen müssen. Heute bietet sich diesen Ländern zum ersten Male die Chance auf einen Reichtum, in dessen Besitz die wohlhabenden Staaten des Westens seit beinahe zweihundert Jahren sind. Ein Verteilungskampf um die Reserven ist daher abzusehen, der die Wogen der nationalen Erregung in den Schwellen- und Entwicklungsländern noch mehr aufpeitschen wird als in den Staaten des Westens.

Nukleare Rüstung und die Zukunft des Krieges

Dennoch scheinen Vergangenheit und Zukunft heute wie durch einen roten Strich voneinander getrennt. Zwar sind die möglichen Gründe für einen Krieg heute genauso vorhanden wie früher, Aggression und Kriegsbereitschaft des Menschen sind nicht weniger virulent als in der Vergangenheit. An den Ursachen für mögliche Kriege hat sich daher kaum etwas geändert. Der grundlegende Unterschied, der unserer Zeit eine einzigartige Stellung gegenüber der gesamten Vergangenheit verschafft, liegt vielmehr in deren radikal veränderten Wirkungen. Kriege werden geführt, solange eine begründete Aussicht besteht, sie zu gewinnen, andernfalls sind sie Akte des Wahnsinns.

Aber genau hier liegt die Schwelle, die der Mensch zu Beginn des 21. Jahrhunderts zum ersten Mal in seiner Geschichte hinter sich ließ. Die Aussicht, große Kriege in Zukunft noch zu gewinnen, besteht nicht mehr. Wir leben in einer Zeit, die den militärischen Sieg ebenso fürchten muß wie die Niederlage, weil der Einsatz von Nuklearwaffen zwischen Staaten, die gleichermaßen in ihrem Besitz sind, weder Sieger noch Besiegte, sondern statt dessen einen Planeten zurückläßt, der für Menschen großflächig unbewohnbar sein wird. Etwas Vergleichbares hat es in der Vergangenheit niemals gegeben. Die militärische Eroberung machte selbst dann noch Sinn, wenn sie auch dem Sieger große Verluste zufügte – immerhin erhielten die Überlebenden freie Verfügung über die Beute.

In einer nuklear gerüsteten Welt ist die Tradition »sinnvoller« Siege beendet. Waffen, die den Angreifer ebenso wie dessen Opfer vernichten, bezeichnen zugleich den Triumph einer Technik und deren endgültige Nutzlosigkeit. Kriege, die mit Aussicht auf Sieg und Gewinn geführt werden, kommen nur noch zwischen konventionell gerüsteten Staaten oder zwischen diesen und Nuklearmächten in Frage. China etwa könnte sich die ölreichen Gründe um die Spratley-Inseln aneignen, die USA ihre dominierende Politik gegenüber Lateinamerika fortsetzen, Europa könnte gegenüber den schwachen Staaten Nordafrikas eine ähnliche Rolle spielen. Aber der Schlagabtausch zwischen nuklear hochgerüsteten Mächten kann allenfalls als Ergebnis eines technologischen Unfalls auftreten oder als Akt menschlichen Wahnsinns – eine Möglichkeit, mit der allerdings durchaus zu rechnen ist, falls sich der Kreis der Atommächte weiterhin ausweitet.

Die Einmaligkeit der historischen Situation an der Schwelle zum dritten Jahrtausend besteht demnach weniger darin, daß die Ökonomie heute keinen Anlaß zu Kriegen gäbe – die Erschöpfung der Rohstoffe deutet eher auf das Gegenteil hin. Sie ist schon gar nicht darin zu sehen, daß menschliche Vernunft sich endlich durchgesetzt hätte. Die Einzigartigkeit unserer Situation beruht vielmehr auf einem Fortschritt der Technik, der den Einsatz der Technik unmöglich macht. Der Krieg als rationales Kalkül zur Durchsetzung ökonomischer Zwecke gehört der Geschichte bis zum Ende des 2. Jahrtausends an. Mit dem Beginn des Zeitalters der Hochtechnologie beschwört jeder Waffengang die Gefahr einer Eskalation, die wenn nicht zur totalen Auslöschung des Menschen, so doch zur großflächigen Vernichtung seines bisherigen Lebensraums führt.[185]

Die Unangreifbarkeit der Regionen

Die Technik hat den großen Krieg unmöglich gemacht, durch die Technik wird daher auch das Verhältnis der Staaten und Völker langfristig auf eine neue Basis gestellt. Seit dem 15. Jahrhundert, als die Welt durch die von Europa ausgehenden Eroberungen plötzlich zu schrumpfen begann, ist das Zusammenleben auf dem Planeten von globalen Auseinandersetzungen geprägt. Ihre Überlegenheit in der Technik der Waffen erlaubte den Völkern Europas alle übrigen in die politische und ökonomische Abhängigkeit zu zwingen. Als dann die Welt zu Beginn des 20. Jahrhunderts unter den Stärksten aufgeteilt war – den Völkern Europas und der Vereinigten Staaten –, richteten sie die Aggression gegen sich selbst. Aber die beiden Kriege unter den technologisch am höchsten entwickelten Staaten führten zu keiner Entscheidung, sondern zu einer nur noch größeren Beschleunigung in der Entwicklung von Waffen. Seit diese das Potential der möglichen Auslöschung allen Lebens auf dem Planeten erreichten, kann es eine militärische Entscheidung zwischen den Blöcken nicht länger geben. Das Zeitalter der Eroberung, das im 15. Jahrhundert begann, ist wohl endgültig zu einem Abschluß gelangt.

Dieser Bruch mit der bisherigen Geschichte ist für die weitere Entwicklung der kapitalistischen Ordnung von größter Bedeutung. Denn diese beruhte wesentlich auf der aggressiven Erschließung von Märkten, d. h. der Möglichkeit, dadurch das weitere Wachstum der eigenen Industrien zu ermöglichen. Großbritannien konnte einen zunehmenden Teil seiner Bevölkerung aus der Landwirtschaft abziehen und im industriellen Bereich einsetzen, weil es immer größere Teile seines Nahrungsbedarfs aus den Kolonien bezog und diese dafür mit seinen Industrieprodukten versorgte. Dies war eine Teilung der Arbeit, die unter militärischem Druck durchgesetzt wurde. Und auf gleiche Weise wurde China dazu gezwungen, englischen Händlern als Absatzgebiet für den profitablen Handel mit Opium zu dienen. Auch heute noch müssen sich schwächere Länder den ökonomischen Diktaten der starken beugen, so etwa die Staaten des afrikanischen Kontinents den Handelsbedingungen der großen Wirtschaftsmächte. Aber in Asien sind bereits neue Zentren der ökonomisch-militärischen Macht entstanden, die sehr bald ebenso unangreifbar sein werden wie heute schon Rußland oder die USA. Das nuklear gerüstete China braucht nicht zu befürchten, daß es von fremden Mächten jemals wieder den gleichen militärischen Demütigungen ausgesetzt sein könnte, die es von seiten des Westens im 19. Jahrhundert erlitt. Ebensowenig besteht die Gefahr, daß ein profitsüchtiger ausländischer Kapitalismus seine Wirtschaft ausbeuten könnte. Zwar sind die großen Wirtschaftsblöcke heute sehr stark miteinander verflochten, deshalb ist die Gefahr, daß ein lokaler Zusammenbruch die gesamte Weltwirtschaft in Mitleidenschaft zieht, nicht geringer als etwa gegen Ende der zwanziger Jahre, aber diese Verflechtung läßt sich nicht länger *erzwingen*. Sie kann von jedem souveränen Wirtschaftsblock – wenn auch nicht von einzelnen Nationen – in dem Maße ausgeweitet oder eingeschränkt werden, wie dies dem eigenen Vorteil am bestem entspricht.

Genau hierin liegt der große Unterschied zur Vergangenheit. In den letzten zweihundert Jahren war die Stärke des Kapitalismus unlösbar mit militärischer Drohung verbunden. Kanonenboote erschienen irgendwann vor der Küste eines Landes – so 1854 vor Edo, der damaligen Hauptstadt von Tokugawa-Japan –, um diesem klarzumachen, daß es sich im Sinne des Fortschritts und anderer Ideale für den Import westlicher Waren zu öffnen habe. Ein ähnlicher militärischer Druck zur Durchsetzung ökonomischer Ziele wird noch eine Zeitlang gegenüber Nationen ausgeübt werden, die keinen größeren politischen Blöcken angehören, aber er ist auf diese kleinen Staaten beschränkt. Zwischen den großen Blöcken kommt er nicht länger in Frage. Der Kapitalismus als Form der Ausbeutung unter den Völkern wird ein zahnloser Tiger sein, sobald er sich seines wirksamsten Instruments, der Waffen, nicht länger zu bedienen vermag.[186]

Perspektiven des Handelskrieges

Der Kampf mit militärischen Mitteln hat keine Zukunft, weil er die Zukunft selbst aufheben würde, aber der Kampf mit den Mitteln der Ökonomie – Handelsfriktionen und Handelskriege – ist in vollem Gange und droht in naher Zukunft an Schärfe zuzunehmen. Dieser Kampf geht heute weniger von Staaten aus – wir sahen, daß die staatliche Verdrängung nur noch eine unbedeutende Rolle spielt. Seine Hauptakteure sind in unserer Zeit die großen internationalen Konzerne.

Es ist in Mode, diese für einige der größten Übel unserer Zeit verantwortlich zu machen. Eine pauschale Verurteilung der großen privaten Unternehmen wäre aber durchaus verfehlt. Es ist sinnvoll, daß die Produkte der Hochtechnologie, zumal wenn sie in Massen gefertigt werden, von global operierenden Konzernen hergestellt werden – nur diese arbeiten mit ausreichendem Gewinn, um die außerordentlich gestiegenen Investitionen in Forschung und Entwicklung bezahlen zu können. Die Entstehung internationaler Konzerne ist daher letztlich eine ökonomisch angemessene und daher auch zwangsläufige Reaktion auf die Explosion der Kosten in der Hochtechnologie. Ihr Aufkommen an sich verdient daher keine Kritik, ihre Tätigkeit kann eine Quelle des Wohlstands sein. Bedenklich und gefährlich ist nur die Entwicklung in ihrer bisherigen Form.

Mehr und mehr gerieten die Staaten in die Abhängigkeit privater Organisationen – dies hat zur Entstehung von globalen Ungleichgewichten geführt, wie sie auch für die Machtausübung mit militärischen Mitteln in den vergangenen zweihundert Jahren kennzeichnend waren.

Auch hier muß es zu einem Umdenken kommen, der dem Verzicht auf die Macht der Waffen entspricht. Der Vergleich ist durchaus angemessen, denn die ökonomische Herrschaft kann so drückend und kostspielig sein wie die Unterwerfung mit Waffengewalt. Eine Weltgesellschaft, die den Frieden erhalten will, darf sich in Zukunft auch keine Handelskriege erlauben. Sie muß mit dem Problem fertig werden, daß die größten Konzerne inzwischen die gleiche finanzielle Macht wie Staaten mittlerer Größe besitzen.

Die Lösung für dieses Problem ist im Prinzip schon bekannt – es beruht auf dem Übergang zu einer Gesellschaft der Information im eigentlichen Sinne des Wortes. Staaten wie etwa China haben die Tätigkeit ausländischer Konzerne mit aller Entschiedenheit in den Dienst ihrer eigenen Entwicklung gestellt. Sie akzeptieren die Ansiedlung und Produktion der Konzerne, vorausgesetzt, daß diese technisches Wissen ins eigene Land übertragen und dabei soweit wie irgend möglich chinesische Rohstoffe und Arbeit bei der Herstellung eingesetzt werden. Die überlegenen Leistungen internationaler Konzerne werden genutzt, aber in einer Vorortproduktion, die eine primäre Kaufkraft erzeugt und das industrielle Niveau des eigenen Wirtschaftsraums nicht nur erhält, sondern fördert. Statt fertiger Güter (einschließlich der in ihnen enthaltenen Arbeit) bieten Konzerne Wissen und Können an. Die Güter selbst werden vor Ort erzeugt. So stellt das Prinzip der Vorortproduktion den Handel mit physischen Gütern soweit irgend möglich auf den Austausch mit Information um. Eine parasitäre Produktion, welche die Erzeugung von Kaufkraft und ihre Abschöpfung auf verschiedene Länder verteilt, gehört damit der Vergangenheit an.

Der Übergang zu einer Gesellschaft der Information, die vor allem Wissen und nur in begrenztem Maße Güter und Arbeit austauscht, begünstigt zur gleichen Zeit eine weitere langfristig wünschenswerte Entwicklung. Kleine Staaten sind dadurch genötigt, sich mit anderen zu größeren Einheiten zusammenzuschließen, weil die Vorortproduktion nur für größere Wirtschaftsräume lohnend durchgeführt werden kann. Genau diese Tendenz ist für das Ende dieses Jahrhunderts bezeichnend. AFTA (ASEAN Free Trade Area), EU, NAFTA und Mercosur[187] sind die Namen von Wirtschaftszonen, die eine ausreichende Größe besitzen, um die materielle Produktion im eigenen Bereich gewährleisten zu können. Sie nutzen die Angebote privater Großunternehmen aus aller Welt, aber als Lieferanten von Wissen und Können. Anders als im Krieg der Verdrängung mit gleichartigen Gütern wird ihre eigene wirtschaftliche Souveränität und Handlungsfreiheit dadurch gestärkt, statt wie bisher beeinträchtigt zu werden. Wenn das Prinzip weitgehender Vorortproduktion sich in der künftigen Informationsgesellschaft durchgesetzt haben wird,[188] dann bleibt auch das eigenständige Sozialgefüge der großen Wirtschaftsblöcke erhalten, nicht einmal die innerhalb ihrer Grenzen geltenden Preise und Kosten werden von außen in Frage gestellt.[189]

Das Prinzip der Vorortproduktion verbunden mit einem weltweiten Austausch der Informationen entschärft die Auswüchse eines asozialen Kapitalismus, der die Bedürfnisse privater Organisationen über die berechtigten Ansprüche der Gesellschaften stellt. Aber zunächst ist diese Aussicht auf einen künftigen Handelsfrieden nicht mehr als eine Hoffnung. Lassen sich die Spielregeln der Ökonomie, so wie sie sind, weiterhin fortsetzen?

Keine Zukunft für den Kapitalismus

Die Hauptübel des Kapitalismus haben sich ebenso in der Realwirtschaft wie an der Basis der Geldwirtschaft eingenistet. Sie treten mit einer Zwangsläufigkeit in Erscheinung, die dazu berechtigt, in ihnen ökonomische »Gesetze« zu sehen. In der Realwirtschaft sind es die Gesetze

> vom Konflikt zwischen Wettbewerb und internationaler Teilung der Arbeit und (darauf beruhend) von der indirekten Verteuerung der Produktion sowie das Gesetz der Überschußkapazitäten.

In der Geldwirtschaft sind es die Gesetze

*der Zinsdifferenz zum Schaden der Leistung und (darauf beru-
hend) vom progressiv ausgehöhlten Konsum.*
Auch die Auswirkungen auf Natur und Gesellschaft haben eine ge-
setzhafte Wirkung. Die Fehler in den Systemen der Real- und der
Geldwirtschaft äußern sich als Gesetz der Naturzerstörung und in
einer langfristigen Erschütterung der Demokratien.

Letztlich liegt der kapitalistischen Fehlentwicklung die Störung des
Verhältnisses von öffentlichem und privatem Interesse zugrunde.
Der Mißbrauch der Marktwirtschaft zum Vorteil von Minderheiten
ist gleichbedeutend mit der Begünstigung zinsvermehrter Einkommen gegenüber dem Talent und der Leistung. Er ist verantwortlich
für die Förderung privater Interessen selbst dann noch, wenn diese
zum Interesse der Öffentlichkeit in diametralem Gegensatz stehen.
Dieser Mißbrauch läßt die Ausbeutung der Natur auch um den Preis
zu, daß künftige Generationen einen leeren und vergifteten Globus
vorfinden. Er verhindert eine echte internationale Teilung der Arbeit
und führt statt dessen einen Wettbewerb der Verdrängung herbei, der
den Gegensatz zwischen Arm und Reich auf dem Globus erhöht und
damit die internationalen Spannungen verschärft. Aber der Kapitalismus vermehrt zur gleichen Zeit die Unruhe in den entwickelten Staaten, weil er die Kaufkraft für eine in die Arbeitslosigkeit abgedrängte
Bevölkerungsmehrheit zunehmend schwächt. Diese wird anfällig für
die Parolen der Demagogen – eine Gefahr, der die Technokraten ihrerseits mit einer Manipulation der politischen Institutionen begegnen. So ergibt sich der Mißbrauch der Politik aus dem Mißbrauch der
Ökonomie. Der Kapitalismus *darf* keine Zukunft haben.

Müssen wir also eine neue Blaupause für die künftige Gesellschaft
entwerfen – eine Ideologie, die endlich allen Zweifel und alle Unsi-
cherheiten beseitigt und das Rezept für die künftige ideale Gesellschaft und den glücklichen Menschen festschreibt? Wir haben
Grund, uns vor derartigen Schlußfolgerungen zu hüten, denn Ideologen und Ideologien haben in der Vergangenheit genug Unheil bewirkt. Nur wenige lassen sich heute noch davon überzeugen, daß gesellschaftliche Fragen der Politik, der Ökonomie oder des Rechts ein
für allemal mit Patentrezepten gelöst werden können. Wer uns einreden will, daß es nur dieser oder jener entscheidenden Maßnahme be-

darf, um ein für allemal die Armut aufzuheben, den Krieg abzuschaffen oder eine Gesellschaft der ewigen Harmonie zu begründen, hat weniger unsere Sympathie als unser Lächeln verdient. Die Bedingungen für Mensch und Gesellschaft sind in dauerndem Fluß, schon deswegen sind alle konkreten Utopien zum Scheitern verdammt, die ihre institutionellen Formen dauerhaft festschreiben wollen. Aber es ist eines, die messianischen Rezepte der Ideologen zurückweisen, und ein anderes, nach den Antworten auf die anstehenden Probleme zu suchen. Ein Wirtschaftssystem, das die Gerechtigkeit aufgrund bestimmter Mechanismen für alle Zeit garantiert, wird es nie geben. Aber Möglichkeiten, gegen wachsende Ungerechtigkeit anzukämpfen und sie zu begrenzen, gibt es zu jeder Zeit. Ihre Notwendigkeit tritt um so mehr hervor, je schwerwiegender die mit einer ökonomischen Fehlentwicklung verbundenen Folgen sind. Der Sieg des ungebändigten Wettbewerbs über die internationale Teilung der Arbeit begünstigt den Terror der hoffnungslos Armen, auch wenn der große Krieg heute weniger wahrscheinlich als in der Vergangenheit ist. Die Aushöhlung der Leistung stellt die Errungenschaften einer zweihundertjährigen Entwicklung in Frage, die vor allem auf der Mobilisierung der Leistung beruhte. Die Privatisierung der Verantwortung hebt nicht nur die Verfügung der Menschen über das von ihnen bewohnte Territorium auf, sie macht zudem jede gesellschaftliche Verpflichtung gegenüber Natur und Umwelt zunichte. Diese Übel sind unvermeidlich, wenn eine Wirtschaft statt im Dienst der Gesellschaft zu stehen, diese umgekehrt in ihre Botmäßigkeit zwingt. Eine Marktwirtschaft *für* die Gesellschaft, die in diesem Sinne die Bezeichnung »sozial« verdient, vertritt das Interesse der Allgemeinheit und stellt immer noch die beste Grundlage dar, um über eine internationale Teilung der Arbeit für eine gerechtere Verteilung des Reichtums und damit eine friedliche Kooperation der Völker zu sorgen. Eine freie und soziale Marktwirtschaft als Mittel der demokratischen Entfaltung privater Initiativen ist immer noch das erfolgreichste Instrument für die menschliche Wohlfahrt, der Kapitalismus als Mobilisierung der privaten *gegen* das Interesse der Öffentlichkeit hat uns dagegen das Fürchten gelehrt – er ist das in der bisherigen Geschichte des Menschen wohl mächtigste Instrument der Zerstörung.

Anhang: Das kapitalistische Geldsystem

Das kapitalistische Geldsystem besteht aus zwei weitgehend voneinander unabhängigen Zyklen, die tatsächlich auch völlig isoliert auftreten können: *dem Zyklus des umlaufenden Geldes* (Bargeld und
Sichtguthaben), der den Kreislauf der Güter zugleich ermöglicht und
widerspiegelt, und *dem Zyklus des überschüssigen Geldes*, bei dem
die einen ihr Geld den anderen leihweise überlassen, so daß den Ansprüchen der einen die Schulden der anderen in gleicher Höhe entsprechen.

Das umlaufende Geld –
der erste Zyklus des Geldsystems

In modernen Wirtschaften kommt das Geld immer nur aus einer einzigen Quelle: die Notenbank hat das Privileg, Geld zu drucken und
über die Geschäftsbanken an die Wirtschaft weiterzureichen. Soll das
Verhältnis von Leistung und Geld, d. h. der Preis für die Leistungen,
unverändert bleiben, dann erfordert jeder Zuwachs an Leistung eine
entsprechende Zunahme an umlaufendem Geld. Genau in diesem
Fall ist die Ausgabe von Geld auch gedeckt – eben durch den ihr entsprechenden Zuwachs an volkswirtschaftlicher Leistung. Theoretisch
könnte die Notenbank ihr Geld daher an Bürger und Staat verschenken, so wie dies zu Beginn der Währungsreform am 21. Juni 1948
auch tatsächlich in gewissem Umfang geschah.[190]

In der Praxis hat sich in Deutschland ein anderes Vorgehen entwik-
kelt, wohl vorrangig aus dem Grund, weil die Notenbank zwei gegen-
sätzliche Aufgaben wahrnimmt. Wenn die Leistung der Geldmenge
sozusagen davonläuft, muß sie Geld an die Wirtschaft abgeben, wenn
aber umgekehrt die volkswirtschaftliche Leistung schrumpft (und die
Geldmenge daher über diese hinausschießt), muß sie umlaufendes

Geld auch wieder aus der Wirtschaft herausnehmen können, nur so kann sie ja die Konstanz der Preise bewahren. Aber so leicht es auch ist, Geld zu verschenken, so schwer dürfte es sein, dem Bürger einmal geschenktes Geld wieder zu nehmen. Das tatsächliche Vorgehen der Notenbank verfolgt daher den Zweck, Geld auf einfache Weise aus der Wirtschaft wieder abziehen zu können.

Dies erreicht die Bundesbank dadurch, daß sie die von ihr erzeugten Noten und Münzen gegen gleichwertige Sicherheiten der verschiedensten Art abgibt. Diese Sicherheiten oder Pfänder können aus fremdem Geld (Devisen), aus Gold, aus Wertpapieren (hinter denen Sachwerte stehen) oder auch aus Geldforderungen (Wechseln) bestehen. Nur eines ist logisch und faktisch ausgeschlossen, daß sie aus Bargeld bestehen, denn offenkundig wäre es sinnlos, Bargeld gegen Bargeld zu geben. Gegenwärtig wird etwa ein Viertel des von der Bundesbank an die Wirtschaft abgegebenen Geldes durch direkte Ankäufe von Gold, Devisen oder Wertpapieren gesichert (Offenmarktgeschäfte). Die restlichen drei Viertel werden zu etwa 70 % gegen kurzfristig angenommene Wertpapiere (Wertpapierpensionsgeschäfte) und zu rund 30 % gegen die Einreichung von Wechseln (Diskontgeschäfte) abgewickelt. Sogenannte Lombardkredite spielen heute nur noch eine geringfügige Rolle, da sie weniger als ein Prozent ausmachen.[191]

Dem gesamten von der Notenbank produzierten Geld entspricht daher einerseits eine gleichwertige volkswirtschaftliche Leistung. Darin besteht die wirkliche Deckung des abgegebenen Geldes – weil dessen vorrangiger Sinn ja darin besteht, die Zirkulation dieser Leistung monetär zu ermöglichen. Aber es entspricht ihr zusätzlich noch die Gesamtheit der bei der Bundesbank hinterlegten und ebenfalls wertgleichen Sicherheiten. Durch diese Sicherheiten und die für die Ausgabe von neuem Geld erhobenen Zinsen ist es der Notenbank möglich, den Strom neuen Geldes, der sich in die Wirtschaft ergießt, nicht nur zu regeln, sondern zur Not auch umzukehren, d. h., vorhandenes Geld bei einem Schrumpfen der Wirtschaft aus dieser auch wieder herauszunehmen.[192] So ist ein System der *doppelten Deckung* des umlaufenden Geldes entstanden, das in gewisser Weise die noch bis zum Endes des Zweiten Weltkrieges und darüber hinaus bestehende Golddeckung fortsetzt, aber ebensowenig wie diese ökonomisch notwendig ist – und jedenfalls nicht deren Vorteile besitzt.[193]

Der Zyklus des überflüssigen Geldes

Wie unterscheidet sich der Zyklus des umlaufenden Geldes vom Zyklus des überschüssigen Geldes? Ein wesentlicher Unterschied der beiden Zyklen muß augenblicklich ins Auge fallen. Die Menge des umlaufenden Geldes ist durch die entsprechende Menge der in der Wirtschaft getauschten Güter und Leistungen begrenzt. Sofern eine Wirtschaft nicht in die Inflation abgleitet, kann die Geldmenge daher niemals schneller als die Leistung der Wirtschaft zunehmen. Da diese grundsätzlich endlich ist, muß auch die umlaufende Geldmenge einen endlichen Wert besitzen. Tatsächlich ist dieser auch ziemlich genau bestimmbar (1995 lag er bei 237,5 Milliarden DM[194]).

Der Zyklus der Ansprüche auf Leistungen und Güter, wie er durch das private Sparen und die ihm entsprechenden Schulden entsteht, weist dagegen eine nach oben hin offene Grenze auf. Das ersparte Vermögen kann im Prinzip endlos wachsen und ebenso die ihm entsprechenden Schulden. Laut Bundesbank betrugen die gesamten Geldvermögen aller Sektoren Ende 1995 insgesamt 7703 Milliarden DM[195], also das Zweiunddreißigfache des vorhandenen Bargelds. Diese Schere öffnet sich zunehmend weiter – zu Beginn der Nachkriegszeit in den fünfziger Jahren war der Unterschied noch gering. Wird der Zyklus nicht an irgendeiner Stelle durch äußere Eingriffe begrenzt, so wird der Gegensatz immer schärfer und führt irgendwann zum Kollaps des Wirtschaftssystems. Ein anschauliches Beispiel für diesen nach oben unbegrenzten Prozeß ist die Zunahme eines Pfennigs, wenn die Mechanik von Zins und Zinseszinsen voll zur Wirkung gelangt. Ein Pfennig, der zu Beginn unserer Zeitrechnung mit 5 % Zinsen angelegt worden wäre, hätte bis zum Jahr 296 ein Vermögen von einem Kilogramm Gold erbracht. Anno 1466 wäre daraus eine Goldkugel im Gewicht unserer Erde geworden, die sich im Jahr 1990 aufgrund der exponentiellen Wirkung der Zinseszinsen zu 134 Milliarden Goldkugeln im Gewicht unserer Erde vervielfältigt hätte![196] Der Zyklus der Ansprüche und Schulden kann also wachsen und wachsen, ohne dabei durch die vorhandene Menge an volkswirtschaftlicher Leistung begrenzt zu sein. In einer modernen Industriewirtschaft läuft dies konkret darauf hinaus, daß sich die Ansprüche einer Minderheit auf einen zunehmend größeren Teil der von der Mehrheit erwirtschafteten Güter erstrecken. Denn die einmal vorhandenen Ansprüche lassen sich grundsätzlich nicht aufheben oder gar rückgängig machen. Um dies zu beweisen, muß man nicht erst an die Milliarden goldener Planeten denken, die ihren Ursprung einem einzigen Pfennig verdanken. Es ist völlig ausreichend, die Situation eines einzigen vermögenden Sparers ins Auge zu fassen. Da die von ihm gesparten und anderen leihweise zur Verfügung gestellten Mittel für ihn *überflüssiges* Geld sind, d. h., für seinen Konsum nicht benötigt werden, befindet sich der vermögende Sparer in der gleichen Situation wie vorher, wenn ihm jemand das geliehene Geld mit Zinsen zurückzahlt. Er legt die Summe (plus Zinsen) gleich wieder von neuem an – und ebenso verhält sich die Gesamtheit vermögender Sparer[197] – die Schulden haben sich nur auf andere Schultern verlagert. Die konzentrierten Vermögen nehmen daher nicht ab, sondern können immer nur wachsen – jedenfalls bis zu dem Zeitpunkt, da Kriege, Bürgerkriege oder ein Zusammenbruch des Finanzsystems den Prozeß gewaltsam beenden. In einer Geldwirtschaft läuft dies notwendig darauf hinaus, daß ein immer größerer Teil des umlaufenden Geldes in Gestalt von Zinsen an die Besitzer der Ansprüche abgeführt werden muß.

Die Fiktion vom Vermögen als Geld

Aber der Unterschied zwischen den beiden Zyklen reicht noch weiter – in Wahrheit ist der Zyklus vom überschüssigen Geld gar kein Geld! Diese Tatsache kann auch der Laie den Zahlen der Statistik entnehmen. Wie oben schon ausgeführt, betrug die gesamte Summe der Geldvermögen Ende 1995 das Zweiunddreißigfache des gesamten von der Notenbank bis dahin an die Wirtschaft abgegebenen Bargelds.

Ließe sich das gesparte oder sonstwie angelegte Vermögen tatsächlich in Geld umwandeln, dann müßte das Zweiunddreißigfache der vorhandenen Geldmenge jederzeit abrufbar und deshalb vorhanden sein. Da dies nicht der Fall ist, kann die Summe von 7703 Milliarden DM, die Ende 1995 das gesamte Geldvermögen ausmachte, kein in der Wirtschaft umlaufendes und daher aus dieser auch wieder in gleicher Höhe zu entnehmendes Geld sein. Dies gilt auch für die in der oben genannten Summe enthaltenen 35 Prozent (2675 Milliarden DM) Bankeinlagen, die immerhin noch mehr als das Zehnfache der vorhandenen Bargeldmenge ausmachen. Auch das Geld, das die Sparer den Geschäftsbanken überlassen, verwandelt sich augenblicklich in etwas anderes, das selbst kein Geld im üblichen Sinne mehr ist. Die Einlagen bei den Banken werden nämlich von diesen so schnell wie nur möglich an Kreditnehmer weitergegeben, die sie überwiegend in Sachwerte umsetzen (Anlagen, Rohstoffe etc.). Das Geld ist also in Sachgütern eingefroren – es hat sich in virtuelles oder Scheingeld verwandelt. Seinen Nutzen für die Sparer beweist dieses Scheingeld dadurch, daß es einen Teil des umlaufenden Bargelds (d. h. des durch die Sachgüter erwirtschafteten Gewinns) in Gestalt von Zinsen an die Sparer zurückfließen läßt. Erst die Zinsen als ein dem Bargeldzyklus entnommener Teil sind wieder richtiges Geld, aber dieses richtige Geld macht nur einen verschwindenden Bruchteil der gesparten Summe aus, die sich in Scheingeld verwandelt hat.

Allerdings wird der Sparer über diese Tatsache im unklaren gelassen. Denn das ganze System kann nur funktionieren, wenn die Fiktion aufrecht bleibt, daß das gesparte Scheingeld mit wirklichem Geld insofern identisch ist, daß man es jederzeit als solches abrufen kann (natürlich im Rahmen der vereinbarten Fristen). Zur Aufrechterhaltung dieser Fiktion dienen einerseits der Rückfluß der Zinsen, andererseits die Kassenbestände der Banken, die sich 1995 auf ca. 40 Milliarden DM beliefen. Diese allein sind wirkliches Geld, das die Kunden tatsächlich jederzeit abheben können, aber 40 Milliarden DM Kassenbestände machen offensichtlich nur einen Bruchteil der insgesamt 2675 gesparten Milliarden aus.

Unter normalen Umständen funktioniert dies System durchaus zufriedenstellend. Im Rahmen der Fälligkeiten kann jeder beliebige

Sparer zu jeder beliebigen Zeit außer seinen Zinsen auch das der Bank überlassene Kapital abrufen. Solange sich die Zugänge an Bankeinlagen und die Abhebung von Bargeld einigermaßen die Waage halten, ist daher für jeden einzelnen Sparer die Fiktion, sein Vermögen bestehe aus abrufbarem Geld, durchaus real – obwohl sie zur gleichen Zeit im Hinblick auf die Gesamtheit der Sparer eine offenkundige Illusion ist.

Wie der zweite Zyklus den ersten bedroht

Und genau dies ist der Punkt, an dem es zu einer potentiell explosiven Berührung der beiden Zyklen kommt. Unter bestimmten Umständen kann die Fiktion vom Vermögen als Geld schlagartig zusammenbrechen. Wenn eine Krise der Weltwirtschaft das Vertrauen der Sparer in das Bankensystem und die Wirtschaft von einem Tag auf den anderen erschüttert – wie dies in der Vergangenheit in Deutschland mehrfach der Fall war und sich gegenwärtig in Rußland ereignet –, werden sie schlagartig ihr Geld aus den Banken abzuziehen versuchen. Spätestens in diesem Augenblick zeigt sich, daß das Geld gar nicht vorhanden ist, weil es längst in Sachgüter (oder auch Löhne für Arbeit etc.) transformiert worden ist. Da die Geschäftsbanken nur über einen Bruchteil des für die Rückwandlung in Geld nötigen Bargelds verfügen, muß nun die Notenbank augenblicklich mit dem Drucken beginnen, jedenfalls dann, wenn sie (wie in Deutschland) gesetzlich verpflichtet ist, den Sparern ihr Geld auszuzahlen. In einer Krise müßte die Bundesbank also mehr als das Zehnfache der vorhandenen Geldmenge drucken und an die Sparer verteilen. Eine Hyperinflation mit einer neunzigprozentigen Entwertung des Geldes wäre die Folge – für Wirtschaft und Gesellschaft eine Talfahrt ins Chaos. Natürlich kann man die Möglichkeit, dieses Geld abzuheben, von vornherein unterbinden, aber dann würden die Sparer den Banken kein Vertrauen mehr schenken und ihnen daher auch kein Geld überlassen. So muß das System zwangsläufig mit der Gefahr des eigenen Zusammenbruchs rechnen. Der erste Zyklus ist unter heutigen Bedingungen niemals stabil und ungefährdet. Die Gefahr eines Kollapses der

Geldwirtschaft in Zeiten der Krise hängt wie ein Damoklesschwert über der Wirtschaft. Sie bedroht diese auch, wenn die Realwirtschaft wie in Japan eine der stärksten der Welt und durchaus gesund ist.

Der Schnittpunkt der beiden Zyklen

Auch in einer zinslosen Wirtschaft, welche bestehende Vermögen erhält, aber nicht ohne Leistung anwachsen läßt, besteht das Problem der zwei Zyklen, von denen nur der erste aus wirklichem Geld (Bar- und Giralgeld) besteht. Aber wenn die permanente Selbstalimentierung der Vermögen einmal beseitigt ist, dann ist der Druck vom Geldsystem genommen und seine Anfälligkeit gegen Krisen wesentlich reduziert. Worin besteht dieser Druck?

Der zweite Zyklus aus Ansprüchen und den ihnen entsprechenden Schulden kann im Prinzip unendlich aufgebläht werden, obwohl die gesamtwirtschaftliche Leistung nicht oder nur in unbedeutendem Umfang steigt. So wie in vielen Agrargesellschaften ein immer größerer Teil des bebaubaren Landes von der Mehrheit in die Hände einer Minorität von wenigen Großgrundbesitzern gelangte, erwirbt das anschwellende Vermögen in einer Industriegesellschaft Ansprüche auf einen wachsenden Teil des nationalen Erbes. Aufgrund der Mechanik der Zinsen vollzieht sich dieser Prozeß weitgehend automatisch – ganz einfach deshalb, weil Menschen, die schon aufgrund ihres vorhandenen Vermögens überflüssiges Geld besitzen, noch mehr Überfluß haben, wenn sich dieses durch Zinsen vermehrt – und so weiter. In der Regel werden daher die Zinsen für die Bedienung bestehender Ansprüche selbst zum Ausgangspunkt neuer Ansprüche, d.h., sie werden gespart und bringen dadurch den stetig wachsenden Berg der Schulden hervor. Konkret ist die Belastung der Mehrheit durch die Ansprüche einer Minderheit daran zu erkennen, daß bereits heute der Preis eines Produktes im Schnitt zu einem Drittel aus Zinsen besteht (vgl. Kapitel *Kapital frißt Leistung auf*, S. 166 ff., sowie Anmerkung 162).

Theoretisch wäre es zwar denkbar, daß niemand dieses neu angebotene Geld akzeptiert, so daß daraus auch keine neuen Ansprüche und Schulden erwachsen. Würde das Geld den Marktkräften ebenso unterliegen, wie dies für andere Güter gilt, dann müßte bei einem Zustand der Sättigung der Zins gegen Null gehen. Niemand wäre bereit, gegen Zinsen weiteres Geld anzunehmen und sich zu verschulden. Die Zunahme der Vermögen wäre daher an dieser Stelle gekappt. Auch der zweite Zyklus der Ansprüche und Schulden hätte dann eine natürliche Grenze.

Doch die Möglichkeit einer Grenze ergibt sich nur dann, wenn man den zweiten Zyklus unabhängig vom ersten betrachtet. Tatsächlich aber kommt es aufgrund der Berührung der beiden Zyklen zu einer Wechselwirkung. Es treten nun die Zwänge in Kraft, denen der erste Zyklus des umlaufenden Geldes ausgesetzt ist – dieser erste Zyklus aber läßt die Möglichkeit einfach nicht zu, daß das neu angebotene Geld nicht akzeptiert wird.

Denn bei dem Geld, das aus den vorhandenen Ansprüchen in Gestalt von Zinsen erwächst, handelt es sich für die Besitzer großer Vermögen ja um *überflüssige* Mittel, die eben deshalb nicht in den Konsum und damit in den normalen Kreislauf des Geldes gelangen. So besteht die Gefahr, daß sie dem Kreislauf des Geldes überhaupt nicht zugeführt werden – sie werden dann zu Hause verwahrt und in Tresoren versteckt. Damit aber wird der erste Zyklus den schwersten Erschütterungen unterworfen. Denn das Verhältnis zwischen Geld und Leistung stimmt ja nicht länger, wenn Teile der vorhandenen Geldmenge aus dieser entfernt und gehortet werden, statt durch ihre Bewegung als Fundament für den Kreislauf der Güter zu dienen. Deflationen mit all ihren an früherer Stelle geschilderten Auswirkungen sind in diesem Fall die unausbleibliche Folge.[198] Um dies zu vermeiden, ist die Allgemeinheit de facto gezwungen, das Geld, womit sie die vorhandenen Ansprüche bedient, wiederum als gespartes Geld und damit als neuen Anspruch zu akzeptieren. Denn nur in diesem Fall ist das Geld weiter im Kreislauf aktiv. So handelt sie sich, ob sie will oder nicht, das Übel stetig wachsender Ansprüche einer Minderheit ein, denen die ebenso stark anwachsenden Schulden bei einer Mehrheit entsprechen. Solange das Wirtschaftswachstum die Zunahme der Zinsen übertrifft – das gilt für junge Wirtschaften in der Regel –, fällt dies nicht weiter auf. Aber sobald dies nicht länger der

Fall ist, sorgt der Mechanismus von Zinsen und Umverteilung für wachsende soziale Ungleichgewichte, deren dramatisches Ende in der Geschichte des Kapitalismus Kriege und Revolutionen waren.

Muß das Geld für Kredite
von den privaten Vermögen kommen?

Es ist völlig klar, welchen Ursachen der erste Zyklus seinen Ursprung verdankt. Jede Wirtschaft, die über das elementare Stadium eines direkten Naturalientausches hinausgelangt ist, sieht sich auf ein generelles Tauschmittel, d. h. auf Geld, angewiesen, um einen reibungslosen Güter- und Leistungstausch vorzunehmen. Die Verwendung von Geld ist daher eine universale Erscheinung, die bei einem bestimmten Niveau der Entwicklung mit Notwendigkeit auftritt. Aber gilt dies auch für den zweiten Zyklus der wachsenden Ansprüche und Schulden? Zunächst ist festzustellen, daß die Entstehung des zweiten Zyklus nicht in einer Vervollkommnung des Wirtschaftssystems seine Ursache hat, sondern im Gegenteil auf dessen Unvollkommenheiten beruht. Damit gewisse Menschen Geld an andere ausleihen können, müssen sie über *überflüssige* Mittel verfügen,[199] das umlaufende Geld muß also so ungleich verteilt sein, daß einige Menschen davon um einiges mehr besitzen als für die Befriedigung ihrer Bedürfnisse nötig ist. Ansprüche und Schulden erzeugen nicht nur die Ungleichheit, sie haben in dieser auch ihren Ursprung.

Dennoch erfüllen sie auch einen elementaren ökonomischen Sinn. Das für bestimmte Individuen überflüssige und daher nicht für den Konsum verwendete Geld steht anderen zur Verfügung, die es – in Schumpeters Worten – für »neue Kombinationen«[200], d. h. für Investitionen in neue Produkte, Produktionsverfahren usw. verwenden und damit den technologischen Fortschritt ermöglichen. Die Verlagerung dieses Geldes aus dem Konsum- in den Investitionsgüterbereich vernichtet Leistung, die andernfalls bei der Herstellung der betreffenden Gebrauchsgüter eingesetzt worden wäre, aber sie erzeugt zur gleichen Zeit Leistung im Bereich der Investitionen, d. h., sie ersetzt einen Teil der vorhandenen durch neue, in der Regel produktivere

Leistung – in dieser Verlagerung der Mittel und Leistungen besteht die positive Funktion des Sparens in der kapitalistischen Wirtschaft.

Damit ist aber gesagt, daß alle neuen Leistungen niemals aus dem Nichts entstehen, also schon gar nicht mit einem Anwerfen der Notenpresse finanziert werden können.[201] Gedrucktes Geld erhöht nicht die vorhandene Leistung, sondern stellt diese nur in ein verändertes Verhältnis zum Geld. Oder anders gesagt, Kredite, die statt von den Sparern von der Notenbank kommen, rufen nur Inflationen hervor (vgl. Kapitel *Kredite und Schulden,* S. 149 ff.). Geld für Investitionen darf daher niemals dem ersten, sondern nur dem zweiten Zyklus entstammen.

Ist diese Feststellung Anlaß zur Resignation? Bedeutet sie, daß materieller Fortschritt notwendig mit wachsender Ungleichheit im Inneren einer Gesellschaft erkauft wird? Müßte man diese Frage bejahen, so würde alle Steigerung des Wohlstands irgendwann in sozialer Instabilität enden, denn der zweite Zyklus kennt, wie wir sahen, keine nach oben hin geschlossene Grenze. Er strebt auf eine Zerstörung des Gleichgewichts hin.

Aber an diesem Punkt ist eine wichtige Unterscheidung zu treffen. Auch wenn es wahr ist, daß alles Geld für Investitionen notwendig aus den Rücklagen der Wirtschaftsteilnehmer kommt, so bedeutet dies keinesfalls, daß der Zins deswegen notwendig sei. Denn Zinsen und Sparen haben an und für sich nichts miteinander zu tun, auch wenn die geltende Wirtschaftsordnung diesen Eindruck erweckt. Sicher wird niemand ohne ersichtlichen Vorteil sein Geld leihweise anderen überlassen, aber dieser Vorteil kann durchaus unterschiedlicher Art sein. Er kann in einer Belohnung, sprich in Zinsen bestehen oder daraus, daß aus einer anderen Verwendung im Gegenteil Kosten entstehen. Das gegenwärtige System befolgt den ersten Weg einer Belohnung durch Zinsen und nimmt damit in Kauf, daß sich das Verhältnis von Arm zu Reich immer weiter in Richtung zum Reichtum verschiebt. Im Kapitel *Die längst fällige Geldreform* (S. 194 ff.) wurde der zweite mögliche Weg beschrieben. Hier wird die Bereitstellung von überflüssigem Geld dadurch erreicht, daß dessen Hortung Kosten erzeugt und Sparen daher zur gewinnbringenden Alternative wird. Dieser Weg vermeidet ein Anwachsen von Vermögen, dem keine Leistung entspricht. Der Wirtschaft wird das für ihr Funktionieren lebenswichtige Kapital zur Verfügung gestellt, ohne daß dies auf Kosten des gesellschaftlichen Friedens geschieht.

Dennoch wäre es falsch, generell eine Abschaffung der Zinsen zu fordern. Die Habenzinsen sind das Problem, also der sich ständig verbreiternde Geldstrom, der von einer Mehrheit zu einer Minderheit fließt. Die Sollzinsen dagegen sorgen für die Lenkung der Investitionen und üben dadurch eine gesellschaftlich unverzichtbare Aufgabe aus. Denn solche Zinsen leiten die vorhandene Leistung auf jene Gebiete um, wo sie den größeren Mehrwert erzeugt. Der auf die Kreditsumme aufgeschlagene Zins zwingt die Kreditnehmer, neue Projekte nur dann zu verwirklichen, wenn sie einen in Geld ausdrückbaren Mehrwert versprechen. Dieser Zins ist nicht nur wünschenswert, er ist sogar unverzichtbar. Er sorgt nämlich dafür, daß der in einer Gesellschaft zur Verfügung stehende Reichtum, d. h. deren Arbeit, Leistungen und Güter, vorrangig so genutzt werden, daß dabei ein Nutzen für die Allgemeinheit entsteht. Das Problem der Zinsen ist deshalb nicht ganz so einfach, wie es manche Befürworter einer zinsfreien Geldwirtschaft sehen. So schädlich die an das Vermögen abfließenden Zinsen für das soziale Gleichgewicht sind, so nützlich ist der Zins für die Kreditnahme (vorausgesetzt daß seine Höhe die Belastbarkeit der Wirtschaft nicht überschreitet).

Die Wirkung der Zinsen in Zeiten der Inflation

Inflation geht immer gegen die Schwachen.
Hans Tietmeyer[202]

Die Zinsen üben im gegenwärtigen Geldsystem noch eine zusätzlich schädliche Wirkung aus, die in Zeiten der Inflation fühlbar wird. Eine galoppierende Geldentwertung ist für die Wirtschaft verheerend, auch große Vermögen können vernichtet werden – allerdings steht ihren Besitzern im Gegensatz zu der Mehrheit der kleinen Sparer die Möglichkeit offen, ihr Geld rechtzeitig in Sachwerte wie Grundbesitz, Gold usw. zu retten und ihren Besitz dadurch weitgehend zu erhalten. Zeiten einer gemäßigten Inflation aber sind für die großen Vermögen geradezu ein Gewinn, denn sie sorgen für eine Umverteilung von der Arbeit zum Kapital. Das folgende Beispiel verdeutlicht die Wirksamkeit dieses Mechanismus.

Nehmen wir an, daß die Inflation 3 % beträgt und es den Beschäftigten gelingt, eine Erhöhung ihres Jahreseinkommens AE_1 um den gleichen Prozentsatz durchzusetzen. Für den Fall, daß das durchschnittliche Jahreseinkommen AE_1 bis dahin 100000 DM betrug, erhalten sie nun 3000 DM mehr, ihr neues Jahreseinkommen AE_2 beträgt daher insgesamt 103000 DM – gerade genug, um die Inflation auszugleichen.

Eine Wirtschaft, in der das Einkommen aus Arbeit gegenüber dem leistungslosen Einkommen aus Kapital nicht benachteiligt wird, dürfte auch dieses nur um p Prozent, in unserem Beispiel also maximal um 3 %, steigen lassen. Wer also zuvor Einkünfte aus Kapital in der Höhe von 100000 DM pro Jahr bezog (KE_1), dürfte nun ebenfalls nur ein um 3 % erhöhtes Jahreseinkommen KE_2 von 103000 DM beziehen. Da es sich bei seinem Kapitaleinkommen KE_1 um die Zinsen z_1 auf das Kapital K handelt, kann die Zunahme des Kapitaleinkommens in der Praxis aber nur über eine Erhöhung der Zinsen von z_1 auf z_2 erfolgen. Wenn das neue Kapitaleinkommen KE_2 im Endergebnis nicht über 3 % hinausgehen soll, dann darf der alte Zins z_1 nur um p/100, d. h. in unserem Fall um 3 %, aufgestockt werden:

$$\text{I)}\ z_2 = z_1 + z_1 \frac{p}{100}$$

Belief sich der alte Kapitalmarktzins z_1 z. B. auf 6 %, so dürfte der neue Kapitalmarktzins z_2 nur ganz unwesentlich steigen, nämlich von 6 auf 6,18 %, sofern das Kapital nicht auf Kosten der Leistung zunehmen soll.

In diesem Fall bleibt das Gleichgewicht zwischen den Einkommen aus Kapital und aus Leistung gewahrt. Ein Beschäftigter, der zuvor 100000 DM im Jahr verdient hatte, erhält nunmehr um 3000 DM mehr, aber auch der Besitzer von Kapital nimmt bei einem von 6 auf 6,18 % gestiegenen Zinssatz nun insgesamt 103000 DM an Zinsen ein. Sowohl das Einkommen aus Leistung wie das Einkommen aus Kapital haben den Verlust durch die Inflation exakt wettgemacht.

Dieser theoretische Gleichschritt kommt aber praktisch nicht vor. Denn tatsächlich entspricht der Anstieg der Kapitaleinkommen nicht der obigen Formel, sondern der folgenden, welche den Vermögenden einen Bonus ganz anderer Art beschert:

$$\text{II)}\ z_2 = z_1 + p$$

Statt von 6 auf 6,18 % zuzunehmen, springen Kapitalzinsen von 6 auf ganze 9 % in die Höhe.

Auf den ersten Blick scheint dies durch die inflationäre Entwicklung auch durchaus gerechtfertigt zu sein. Denn p gleicht ja die Entwertung des Kapitals aus, d. h. der Basis, aus der die Zinsen entstehen. Wenn jemand 1 666 666 DM auf seinem Konto hatte, die ihm bei einem sechsprozentigen Zinssatz 100 000 DM verschafften, so genügt zwar eine Erhöhung auf 6,18 % Zinsen, damit er ein Einkommen von 103 000 DM bezieht, aber sobald er das Kapital selbst abhebt, muß er einen empfindlichen Verlust einstecken, weil die Entwertung sein Vermögen um 3 %, d. h. um etwa 50 000 DM, verringert hat. Um diesen Verlust auszugleichen, verlangt der Kapitaleigner deshalb einen Anstieg der Zinsen von 6 auf 9 und nicht von 6 auf 6,18 %.

Diese Forderung ist unabweisbar, sofern es sich bei den Gläubigern um kleinere Sparer handelt, die ihr Geld zeitweise auf der Bank in Sicherheit bringen und damit rechnen, später einen Betrag mit zumindest identischer Kaufkraft wieder abheben zu können. Nur Formel II garantiert ihnen die Möglichkeit, einen Betrag mit wenigstens gleicher Kaufkraft zurückzuerhalten. Aber auf die großen Vermögen trifft diese Einschränkung nicht zu. Wer über Kapital verfügt, das den Umfang seines Konsums um ein Vielfaches übertrifft, kann sein Geld zwar verschiedenartig anlegen, aber nicht auf die Veranlagung überhaupt verzichten. Seine Einnahmen kommen in jedem Fall durch Zinsen zustande – nur auf diese muß daher die Bedingung gleichbleibender Kaufkraft zutreffen. Die Situation der großen Vermögen entspricht damit im wesentlichen dem Charakter der Spareinlagen in ihrer Gesamtheit. Wir sahen, daß diese insgesamt nie zurückgezahlt, d. h. in Geld transformiert werden können – und zwar aus dem einfachen Grunde, weil die umlaufende Geldmenge nur einen Bruchteil der auf den Banken deponierten Geldvermögen ausmacht.

Die großen Vermögen würden daher durchaus auf ihre Kosten kommen, wenn sie gemäß Formel I nur 6,18 % erhalten. Solange sie auf unbegrenzte Zeit mit einem inflationsbereinigten Einkommen rechnen können, fügt ihnen die Inflation keinen wirklichen Schaden zu. Unter den Bedingungen des herrschenden Geldsystems aber sind sie nicht nur gegen Schaden gesichert, sondern profitieren im Gegenteil davon, daß für sie die gleiche Behandlung gilt wie für die kleinen Sparer. Die Tatsache, daß auch die großen Vermögen statt 6,18 ganze 9 % erhalten, bedeutet nicht weniger, als daß ihnen Inflationen einen wahren Geldsegen bescheren. Die Formel II verschafft ihnen einen exorbitanten Gewinn. Während all jene, die ihr Geld durch Leistung erwirtschaften müssen, ihr Einkommen lediglich von 100 000 auf 103 000 DM erhöhen, steigt das Kapitaleinkommen von 100 000 auf 109 000 DM an, d. h., es wächst statt um 3000 um ganze 9000 DM an – der Kapitalbesitzer erhält gleich den *dreifachen* Zuwachs. Dies entspricht einer rasanten Umverteilung von der Leistung zum Kapital.[203]

Anmerkungen

Sämtliche benutzten gedruckten Quellen werden hier nur verkürzt zitiert. Die vollständigen bibliographischen Angaben finden sich im Literaturverzeichnis.

1 Vgl. Lester R. Brown in *Die Zukunft des Wachstums* (Worldwatch Institute Report; S. 13)

2 Vgl. Eric Hobsbawm, *The Age of Empire*; S. 320.

3 Vgl. Kirkpatrick Sale: *Résistances américaines aux nouvelles technologies*, in: Le Monde diplomatique, Februar 1997; S. 27.

4 Der Begriff der Sozialen Marktwirtschaft stammt von dem Soziologen und Sozialökonom Alfred Müller-Armack (1901–1978), der unter Erhard als Staatssekretär für Europäische Angelegenheiten tätig war. Es ging ihm darum, »das Prinzip der Freiheit auf dem Markte mit dem des sozialen Ausgleichs zu verbinden« (*Wirtschaftsordnung und Wirtschaftspolitik*, Bd. 4, 2; Bern 1976; S. 237).

5 Die fundamentalistische Kritik ist gewöhnlich dadurch charakterisiert, daß sie das eine Übel durch ein anderes, nicht minder großes, ersetzt. Im Falle von Kapitalismus und Marktwirtschaft ist es um so leichter, in eine fundamentalistische Kritik zu verfallen, als sich beide nicht als polare Gegensätze voneinander abheben lassen – in der Praxis bilden sie die Varianten in einem Kontinuum (ebenso wie dies auf den Unterschied zwischen einer sozial nützlichen von einer für die Gesellschaft schädlichen Technik zutrifft). Manchen fällt es schwer einzusehen, daß soziale Institutionen zwar Zwecken gehorchen, die sich eindeutig als gesellschaftlich »gut« oder »schlecht« beurteilen lassen, aber selbst durch fließende Übergänge miteinander verbunden sind. Dies gilt z. B. auch für eine Institution wie den Staat, der, wie wir wissen, einerseits Leviathan, andererseits Repräsentant der Allgemeinheit sein kann und gewöhnlich beide Aspekte in unterschiedlichem Grade aufweist. Als Leviathan ist er eine Instanz, die, statt die Allgemeinheit zu repräsentieren, sie seinen Zwecken rücksichtslos opfert. Aber daraus zu schließen, daß man den Staat überhaupt, nämlich auch als Repräsentanten der Allgemeinheit, abschaffen müsse, ist der größtmögliche aller Irrtümer (bekanntlich hat Marx auch in diesem Punkt der Utopie zugeneigt, d. h. dem logischen Entweder-Oder, das sich auf menschliche Institutionen nun einmal nicht anwenden läßt).

6 Le Monde diplomatique, März 1997; S. 2.

7 Helmut Creutz: *Das Geldsyndrom*; S. 214.

8 Vgl. *Global 2000*, Frankfurt a. M. 1981; S. 68.

9 Daraus zieht William Knoke (*Bold New World*; S. 89 ff.) den reichlich seltsamen Schluß, daß es ein Rohstoffproblem gar nicht gebe.

10 Wuppertaler Institut für Klima, Umwelt, Energie: *Zukunftsfähiges Deutschland*, Basel 1996; S. 80.

11 Diese schematische Darstellung entspricht dem Zustand des Modells an seinem Höhepunkt vor zwanzig Jahren. Inzwischen haben sich im einzelnen viele Änderungen ergeben. Vgl. Jenner: *Nippon – eine untergehende Sonne?*, Bern 1997.

12 Wettlauf ins 21. Jahrhundert, Berlin 1998; S. 372.

13 Hierzu vgl. Klaus von Dohnanyi: *Im Joch des Profits?*, Stuttgart 1997.

14 Zu dieser Orientierung am japanischen Modell gehören erzwungenes Sparen und die Kontrolle der Kapitalflüsse. Investitionen wurden staatlich gelenkt und ihr schneller Abzug eingeschränkt.

15 Die oberen 20 % verdienen in Japan nur dreimal soviel wie die unteren 20 % der Bevölkerung. In Deutschland beträgt dieses Verhältnis sechs zu eins, in den Vereinigten Staaten neun zu eins (Taichi Sakaiya, *What is Japan? Contradictions and Transformations*, New York 1993; S. 7).

16 Vgl. Financial Times, 15. Januar 1998: »Korea enjoyed an investment-led economic boom in 1994–95, but at a cost. The chaebol, always heavily reliant on borrowing, now had huge debts – four times equity on average – and excess production capacity ... Foreign loans were particularly attractive to the chaebol since they carried lower interest rates than domestic loans ...« Und die Financial Times, 13. Januar 1998: »Its [South Korea's] ambitious industrial conglomerates, or chaebol, had built their world-wide expansion plans on huge mountains of debt, from local banks and international ones. Devaluation had raised the cost of paying off foreign-currency loans. If that threatened the corporate sector's viability, it also risked undermining the domestic banking system.«

17 Fréderic F. Clairmont: *Un modèle de croissance en échec*, in: Le Monde diplomatique, Oktober 1997; S. 21.

18 Zit. nach Margrit Kennedy: *Geld ohne Zinsen und Inflation*; München 1994; S. 69. Seit 1987 hat sich die ökologische Situation dieser Staaten um einiges verschlechtert.

19 Vgl. hierzu das Zentrum-Peripherie-Modell von Johan Galtung: *Strukturelle Gewalt. Beiträge zur Friedens- und Konfliktforschung*; Reinbek 1975.

20 Hierzu die treffenden Porträts aus der *Globalisierungsfalle* von Hans-Peter Martin und Harald Schumann: *Der Verrat der Eliten: Weltmodell Brasilien*.

21 Jeffrey Henderson: *The Globalization of High Technology Production: Society, Space and Semiconductors in the Restructuring of the Modern World*; London 1989. Zit. nach William Greider, op. cit.; S. 98.

22 »Mexico remains in its worst economic crisis in decades. Mexican real wages have dropped 45 % since NAFTA. At least 28,000 small and medium-sized businesses have been wiped out since NAFTA. Mexico's foreign debt has increased by over $ 30 billion in the first three and one half years of NAFTA,

putting in perspective the so-called Peso ›bailout‹. An additional two million Mexicans are unemployed since NAFTA, in part accounting for the increased rate of immigration from Mexico to the United States under NAFTA. An estimated 40,000,000 Mexicans lived on less than $5 per day in 1996. According to a study by Mexico's National Autonomous University, three years into NAFTA, 50 % of Mexicans are considered to be ›extremely poor‹ compared to 31 % in 1993 before NAFTA« *(Testimony of Lori Wallach [Public Citizen's Global Trade Watch]: Before the International Trade Commission, May 15, 1997).*

23 Elmar Altvater: *Die Grenzen der Globalisierung;* S. 406.

24 Zur andersartigen Rolle der Gewerkschaften vgl. Jerner: *Nippon – eine untergehende Sonne?*

25 Vgl. Robert Kurz: *Der Kollaps der Modernisierung;* S. 220.

26 Zit. nach Eric Hobsbawm: *The Age of Extremes;* S. 103.

27 Der Spiegel 16/1996; S. 45.

28 Paul Bairoch: *Economics & World History;* S. 30.

29 M.L. Dertouzos: *Made in America: Regaining the Productive Edge,* Cambridge, MA 1989; S. 7. Zit. aus Paul Kennedy: *In Vorbereitung auf das 21. Jahrhundert;* S. 382.

30 Vgl. Wynne Godley: *The U.S. Balance of Payments, International Indebtedness and Economic Policy: A Policy Brief,* August 1995, zit. aus William Greider, op. cit.; S. 202.

31 Vgl. Bert Rürup: *Wohlfahrtsstaatliche Politik in der globalisierten Informationsgesellschaft,* Bonn 1998; S. 3. »Insgesamt wird geschätzt, daß die US-Wirtschaft heute ca. 30 % weniger Kapital pro Umsatzeinheit benötigt als vor 10 Jahren.« – »Neben fertigungstechnischen Rationalisierungen, Reallohnsenkungen und Entlassungen waren es insbesondere die Verminderung der Fertigungstiefe sowie die Abschmelzung der Lagerbestände, die das benötigte Kapital reduzierten.« – »Auf diese Weise wurde eine hohe Eigenkapitalrendite von derzeit durchschnittlich 25 % ... möglich.« – »Im Vergleich dazu lag ... die Eigenkapitalrendite in Deutschland mit 12,8 % ... (Werte von 1995) deutlich niedriger.«

32 Vgl. Fingleton; S. 69 ff.

33 Fingleton; S. 77 ff.

34 Ward's AutoInfoBank, Februar 1997. Für diese wie auch andere Quellen des vorliegenden Kapitels bin ich der hervorragenden Arbeit von Konrad Seitz: *Wettlauf ins 21. Jahrhundert* verpflichtet.

35 Financial Times, Survey World Car Industry, 4. Oktober 1994.

36 Quelle: American Banker, zitiert nach Asian Wall Street Journal, 10/21. Oktober 1989. Zit. aus Konrad Seitz: *Wettlauf ins 21. Jahrhundert;* S. 73 und 175.

37 Hierzu Eamonn Fingleton: *Blindside;* S. 232 ff.

38 Die Übernahme japanischer Praktiken geht übrigens so weit, daß nun auch die Belegschaften amerikanischer Unternehmen mit Kampfparolen gegen die

Handelsgegner antreten. »Beat Epson« konnte man auf den T-Shirts der Mitarbeiter von Hewlett-Packard lesen. Der Handelskrieg – die Militarisierung des ökonomischen Wettbewerbs – beginnt in den Unternehmen.

39 Die japanische Bürokratie hat die gesamte Industrie der Japan AG beinahe so wirksam unter Kontrolle wie ein westliches Unternehmen seine einzelnen Abteilungen. Zunächst ist die gesamte japanische Wirtschaft in sechs große Abteilungen aufgegliedert, nämlich die Megagruppen (Keiretsu) Mitsubishi, Sumitomo, Mitsui, Fuyo, Sanwa und Ikkan. Zu jeder von ihnen gehören Hunderte von einzelnen Großunternehmen und Tausende von Betrieben geringerer Größe. Diese überschaubare Gliederung besitzt entscheidende Vorteile. Denn strategische Planungen für die Entwicklung der japanischen Wirtschaft wie etwa die schwerpunktmäßige Förderung der Forschung in bestimmten Bereichen der Hochtechnologie oder die Stillegung von technologisch zweitrangigen Industrien können von der zentralen Bürokratie auf dem Wege der administrativen Weisungen (Gyoseishido) an wenige Adressaten weitergeleitet werden. Die weitgehend hierarchische Struktur der Unternehmensgruppen sorgt dann dafür, daß diese Weisungen bis in die entferntesten Verästelungen des japanischen Produktionsapparates weitergeleitet werden – so verläßlich wie dies in einem gutgeführten Einzelbetrieb selbstverständlich der Fall ist. Daß der Gliederung der gesamten japanischen Unternehmenslandschaft in eine überschaubare Struktur von wenigen Gruppen tatsächlich die Absicht der Technokraten zugrunde liegt, ihre Weisungen auf diese Weise leicht durchsetzen zu können, geht übrigens auch daraus hervor, daß dieselbe Bürokratie die Entstehung einer unabhängigen Schicht von Kleinunternehmern nach Kräften behindert, sofern diese *außerhalb* der bestehenden Gruppen agieren. Andererseits haben die japanischen Technokraten aus der Japan AG keineswegs eine Planwirtschaft nach kommunistischem Vorbild geschaffen, sowenig wie ein rational planender Betrieb sich deswegen am Modell einer Planwirtschaft orientiert. Der Informationsfluß findet beständig in beiden Richtungen statt, von den Industrien zur Bürokratie und von dieser zu den Industrien. Hierfür sorgt auch die für Japan kennzeichnende personelle Durchlässigkeit, die den hohen Beamten der Bürokratie nach ihrer Pensionierung leitende Posten in der Industrie verschafft (Amakudari). Im Westen kennt nur Frankreich ein ähnliches System der wechselseitigen personellen Durchdringung (Pantouflage).

40 Genau wie bei dem Übergang von der agrarischen zur industriellen Gesellschaft besteht ein Hauptproblem darin, Arbeit für die durch Automation aus den Industrien verdrängten Menschen zu finden. Die Bedingungen hierfür habe ich an anderem Orte ausgeführt, vgl. Jenner: *Die arbeitslose Gesellschaft.*

41 Bemerkenswert ist vor allem der Aufstieg Südkoreas. Dieses Land hat im Bereich der Speichertechnologie inzwischen sogar seinen Lehrmeister Japan überholt und liegt auch bei LCD-Schirmen an vorderster Linie.

42 Der Spiegel 4 / 1998; S. 165.

43 Petra Pinzler und Oliver Schumacher: *Die Angst geht um*, in: DIE ZEIT, 13. 8. 98; S. 17.

44 Der Import aus asiatischen Schwellenländern ohne Japan spielt für Europa quantitativ nur eine untergeordnete Rolle (1990 gaben die Industrieländer nicht mehr als 1,2 % ihres gemeinsamen Bruttosozialprodukts für den Import von Industriewaren aus den sogenannten Billiglohnländern aus. Vgl. Paul Krugmann: *Growing World Trade: Causes and Consequences*, in: Brooking Papers on Economic Activity, Nr. 1 (1995): 327–362. Zit. aus Altvater, op. cit.; S. 248, aber der Standard der Preise wird durch das Angebot stark verbilligter Güter für jedes auf dem Weltmarkt konkurrierende Land neu definiert. Rechnet man aber den Anteil Japans vor allem auf dem Gebiet der Hochtechnologie hinzu, so ergibt sich ein wesentlich anderes Bild.

45 Die japanische Technokratie verdient wohl am ehesten die Bezeichnung einer paternalistisch-wohlwollenden Macht aus dem Hintergrund. Als führende Elite des Landes beansprucht sie Autorität, hütet sich aber (zumindest galt dies in der Vergangenheit), besondere materielle Privilegien für sich zu fordern. Bis vor wenigen Jahren war der gesamte Beamtenapparat nahezu frei vom Verdacht der Korruption, umgekehrt war Korruption im Bereich der politischen Scheinautorität (sehr zum Vorteil der Bürokraten) durchaus endemisch. Ziel der Technokratie war es vor allem, nicht wieder jene Zustände des politischen Aufruhrs aufkommen zu lassen, wie sie ein Kapitalismus westlichen Stils in den zwanziger Jahren verursacht hatte. Man wollte vermeiden, daß es wiederum zu einer Konzentration des Reichtums bei einer Minderheit kommt, während eine Mehrheit der Bevölkerung Objekt der Ausbeutung wird. In diesem Sinne wurde die Vollbeschäftigung zum Hauptziel technokratischer Politik und nebenbei ein ganz neues System der gesicherten lebenslangen Arbeit erfunden – ein wesentlicher psychologischer Faktor für den Erfolg der Japan AG. Aus verschiedenen Gründen scheint dieses System heute in Frage gestellt – nicht zum wenigsten deshalb, weil es auf der einseitigen Ausnutzung der offenen Märkte anderer Staaten beruht und die eigene Bevölkerung in einem Zustand schwer erträglicher Unmündigkeit hält.

46 Zu den drei Arten des Handels, dem klassischen, dem substitutiven und dem Verdrängungshandel, die ich in der *Arbeitslosen Gesellschaft* unterschied, sollte der symbolische Handel noch hinzugezählt werden, da er während der längsten Zeit menschlicher Geschichte eine große Bedeutung besaß, und zwar obwohl er keinesfalls vorrangig ökonomischer Zwecken diente. Der Soziologe Marcel Mauss hat vor 75 Jahren in seinem bekannten Werk *Le Don* (Die Gabe) diesen Urtyp menschlichen Handels beschrieben.

47 Vgl. Claude Lévi-Strauss: *Les Structures élémentaires de la parenté*, Paris 1949.

48 Wie wir wissen, führt der klassische Handel bis in die heutige Zeit zur Übervorteilung und Ausbeutung der Rohstofflieferanten, weil die ökonomisch und militärisch ungleich stärkeren Produzenten von industriellen Gütern, die »terms of trade«, d. h. die Preise, festsetzen können.

49 1990 entfielen nur noch 11 % des Weltexports auf mineralische Rohstoffe, da-
    gegen 60 % auf Industriegüter (sowie 10 % auf landwirtschaftliche Erzeug-
    nisse, je 6 % auf Transport und Tourismus, 7 % auf andere Dienstleistungen).
    Vgl. Dritte-Welt-Haus Bielefeld (Hrsg.): *Atlas der Weltverwicklungen*. Wup-
    pertal 1992; S. 122.
50 Paul Bairoch: *Economics & World History*; S. 168.
51 Der grundlegende Fehler des neoliberalen Wirtschaftsmodells liegt genau
    darin, daß es die Wirkungen des Handels unabhängig von dessen konkreten
    Inhalten analysiert. Im klassischen Modell von Ricardo ist dieser Fehler we-
    niger anzutreffen als in seiner neoklassischen Ausarbeitung. Immerhin hat
    Ricardo deutlich zwischen der Produktion von Wein und der von Textilien
    unterschieden und legte Wert darauf, daß sein Modell die Arbeitsteilung be-
    günstigt und den Wettbewerb entsprechend vermindert (siehe unten). Hier
    wird gezeigt, daß selbst wenn klassisches und neoklassisches Modell zu Recht
    von einem finanziellen Gewinn durch den unkontrollierten Handel ausge-
    hen, dieser kurzfristige Vorteil durch langfristige Nachteile völlig annulliert
    werden kann. Das klassische Beispiel ist das bis heute industriell unterent-
    wickelte Portugal. Kurzfristig tat es gut daran, der Lehre Ricardos zu folgen,
    langfristig ergab sich daraus ein Verzicht auf die Industrialisierung. Der Ge-
    gensatz zwischen kurz- und langfristigen Folgen wird nur sichtbar, wenn
    man die *konkreten Inhalte des Handels* untersucht, d. h., den klassischen vom
    Ersetzungs- und Verdrängungshandel unterscheidet. Diese Berücksichtigung
    der Inhalte des Handels hat immerhin dazu geführt, daß einige realistische
    Ökonomen den industriell aufholenden Ländern ein gewisses Ausmaß an
    Protektionismus zubilligen, weil es einfach eine Tatsache ist, daß ein Land,
    das am Anfang der Industrialisierung steht, anderenfalls keine Chance hätte,
    gegen die schon etablierten Giganten anzukommen. Andererseits ist es dann
    eine logische Konsequenz, daß man den Protektionismus für Länder, die *noch
    nicht* industriell wettbewerbsfähig sind, auch jenen zuzuerkennen hätte, die
    aus irgendeinem Grund *nicht länger* wettbewerbsfähig sind. Dies mag der
    Grund sein, warum die Vertreter der reinen neoliberalen Lehre im Schutz der
    eigenen Industrien ein grundsätzliches Übel erblicken und deswegen auch
    bereit sind, die Evidenz der Tatsachen zu verdrängen, zum Beispiel das offen-
    sichtliche historische Faktum, daß Japan den eigenen Aufstieg zur Industrie-
    großmacht ganz wesentlich dem systematischen Schutz seiner eigenen Indu-
    strien vor ausländischer Konkurrenz verdankte.
52 *Wettlauf in das 21. Jahrhundert*; S. 53.
53 Ulrich v. Weizsäcker: *Grenzenlos?*; S. 284. Noch deutlicher sagen es manch-
    mal Politiker aus den Entwicklungsstaaten, so der indonesische Minister für
    Infrastruktur und Entwicklung, Mr. Haharap, im September 1994: »No one
    can resist globalization – in the area of infrastructures [globalization] is like a
    war: kill or to be killed.« Aber dieses brutale Verständnis der ökonomischen
    Realität ist nicht auf Entwicklungsländer beschränkt. Konrad Seitz, ehema-
    liger Leiter des Planungsstabes im Auswärtigen Amt, manifestiert in einem

enthüllenden Interview in der *Wirtschaftswoche* über »die japanische Herausforderung und die wachsende Bedrohung des Wohlstands in Deutschland«, daß Krieg »in der Tat eine häufig gebrauchte Metapher« ist, wenn
heute »die Strategen der globalen Unternehmen vom Wettbewerb in den
Hochtechnologien sprechen. Früher wurden Kriege geführt um Territorien,
heute um Märkte. Wer Schlüsseltechnologien monopolisieren kann, braucht
keine kolonialen Eroberungen (sic).« Zit. nach Noam Chomsky: *Globalisierung im Cyberspace*; S. 48.

54 Diese Entwicklung weg von der Kooperation hin zu Wettbewerb und offenem
Kampf ergibt sich auch aus historischer Perspektive. Zu Beginn der industriellen Entwicklung, als die einen Rohstoffe erzeugten und die anderen industrielle Produkte, wäre eine echte Teilung der Arbeit noch am ehesten
möglich gewesen. Der klassische Handel mit ungleichartigen Gütern schloß
den Wettbewerb aus. Daß es trotzdem nicht zu einer bleibenden Teilung der
Arbeit gekommen ist, liegt an den ungerechten Handelsauflagen (terms of
trade). Die Rohstofferzeuger wurden so schlecht bezahlt, daß sie durch eigene
Industrialisierung ihrer Rolle so bald wie möglich zu entkommen suchten.
Anders gesagt, die damals mögliche, aber mißlungene internationale Teilung
der Arbeit hat den Prozeß der polyzentrischen Industrialisierung erst richtig
in Gang gesetzt und damit den Übergang zu jenen Formen des Handels (der
Ersetzung und der Verdrängung) ermöglicht, die nicht mehr in der Teilung
von Arbeit bestehen, sondern im Kampf um ökonomische Selbständigkeit
bzw. die größere Beute auf den Märkten des Auslands. Der größte Anteil ge-
handelter Waren besteht heute aus Gütern, die auf den Märkten, wohin sie
geliefert werden, in gleichartiger Form schon vorhanden sind. Wettbewerb
wird zum Handelskrieg zwischen Staaten, von denen jeder den eigenen Anteil auf dem Weltmarkt zu maximieren versucht. In diesem Sinne prophezeit
das Wirtschaftsmagazin The Economist den »War of the Worlds«, den Krieg
der Wirtschaftswelten (zit. aus *Kapitalismus ohne Grenzen*, DER SPIEGEL
40 / 1996; S. 130–139).

55 Vgl. Paul Kennedy: *In Vorbereitung auf das 21. Jahrhundert* (1993); Frankfurt
a. M. 1997; S. 109.

56 Frank P. Doyle: »*Changes in the Workplace: What's really going on*«, 28. 4.
1995. Zit. nach William Greider: *One world. Ready or Not*; S. 216.

57 Wenn man den Angaben von Rifkin (Rifkin: *The End of Work*; S. 175) Glauben schenken darf, dann sind allerdings die Gewinne aus Dienstleistungen
exorbitant, zum Beispiel bei der Erzeugung von Chips. Weniger als 3 % gehen an die Besitzer von Rohstoffen und Energie. 5 % an die Besitzer der Her-
stellungsanlagen und 6 % an die unspezialisierte Arbeit. Mehr als 85 % der
Kosten fließen dagegen an Produktingenieure und müssen für Patent- und
Urheberrechte aufgebracht werden. Dieses Beispiel zeigt, welche Finanz-
ströme zu den Dienstleistungen hingelenkt werden und wie ohnmächtig
demgegenüber die Rohstoff- und Energieerzeuger, aber auch die Hersteller
sind. Es besagt dennoch nichts über die reale, vor allem die künftige Macht,

die sich ebenso wie 100 Jahre zuvor im Fall Großbritanniens von den Dienstleistungen hinweg zu den Erzeugern verlagert.

58 Eine detaillierte Darstellung des Verhältnisses von primärer und sekundärer
Kaufkraft findet sich in meinem Buch *Die arbeitslose Gesellschaft*.

59 Hierzu vgl. William Greider: *One World. Ready or Not*; S. 94. Wie wenig
auch hier die angeblich selbstregulierenden Kräfte der Wirtschaft zu einem
Ausgleich zwischen den privaten und dem öffentlichen Interesse beitragen,
ist daran zu erkennen, daß die hinter den Unternehmen stehenden Aktionäre
(und Parteien, die deren Interesse vertreten) zwar staatlich verordnete Belastungen wie etwa die Lohnnebenkosten aufs schärfste bekämpfen, weil diese
ihren Profit schmälern, aber Steuern im eigenen Interesse, d. h. Subventionen, ebenso lautstark für sich in Anspruch nehmen, weil diese die eigenen
Gewinne erhöhen. Der Staat wird durchaus gefordert – aber eben nur dort,
wo er für das eigene Interesse eingespannt werden kann.

60 Zur parasitären Produktion vgl. Jenner: *Die arbeitslose Gesellschaft*. International tätige Unternehmen haben von der globalen Ausweitung ihrer Aktivitäten außerordentlich profitiert, und zwar gleich aus mehreren Gründen.
Einerseits konnten sie Verluste in Staaten mit hoher Besteuerung, Gewinne
in solchen mit niedrigen Abgaben ausweisen und vermochten dadurch den
größten Teil ihrer Steuerlast abzuschütteln. Da die Weltgemeinschaft als
ganze keine Steuern erhebt, haben sie sich auf diese Weise praktisch von den
meisten Abgaben befreit. Einen noch größeren Vorteil aber hat ihnen die parasitäre Produktionsweise verschafft, die ihnen erlaubt, die Erzeugung und
Abschöpfung von Kaufkraft nicht länger in ein und demselben Land zu betreiben. In einem Billiglohnland zahlen sie Löhne, in einem Hochlohnland
verkaufen sie ihre Produkte. Die Erzeugung von Kaufkraft bleibt damit den
mittelständischen Unternehmen überlassen, die zudem die ganze Steuerlast
tragen.

61 Vgl. Grolier 1995 *Multimedia Encyclopedia* zum Begriff »Unsichtbare
Hand«: »Although the metaphor of the invisible hand is used only once each
in The Theory of Moral Sentiments and The Wealth of Nations, the notion of
a beneficent power that drives the system to a harmonious (although un-
intended) equilibrium pervades both works. The analogy with Isaac Newton's
›equal weight of forces‹ and specifically the principle of equilibrium elabo-
rated in his third law of motion also underlies the concept of the socially beneficent role of economic freedom – the idea of markets free of government
regulation facilitating growth, prosperity, and increased social good.«

62 Diese Solidarität besteht auch nicht länger zwischen den großen Konzernen
und der Masse der kleinen und mittleren Unternehmen. In Deutschland beschäftigen die letzteren immerhin zwei Drittel aller Erwerbstätigen, sie sind
aber in der Regel finanziell zu schwach oder zu klein, um ins Ausland zu gehen. Viele von ihnen bieten überdies Waren an, die man im Ausland gleichfalls lokal und ebenso günstig erzeugt, zu einer Ausdehnung über die Grenzen besteht daher auch keinerlei Anlaß. Immer mehr geraten diese Betriebe

nun in die Lage, daß sie die gesamte Steuerlast tragen, der sich die großen Unternehmen so erfolgreich entziehen. Dies ist um so ungerechter, als der Druck auf die Löhne nicht von ihnen, den mittelständischen Unternehmen, ausging. Vielmehr hat man es gerade ihnen zu danken, daß die bisherige Kaufkraft und Lohnstruktur noch weitgehend erhalten blieben. Die Interessen der mittelständischen Unternehmen sind daher denen der internationalen Konzerne zumindest teilweise entgegengesetzt. Aber statt nach einem handlungsfähigen Staat zu rufen, der die Steuerflucht und den Verdrängungshandel begrenzt, glauben viele von ihnen im Gegenteil jener Propaganda, die den Staat als eigentliche Quelle des Übels hinstellt. So versuchen sie, im Abbau des Sozialstandards die gleichen Vorteile wie die großen Konzerne zu erringen, indem sie nun auch für sich die Reduktion von Steuern und Löhnen fordern. Sinnvolle staatliche Lenkung im Auftrag der Allgemeinheit und ein Übermaß bürokratischer Regulierung sind natürlich ganz verschiedene Dinge. (Vgl. Kapitel *Verordnungswut und befohlene Unmündigkeit*, S. 265 f.).

63 Bureau of Labor Statistics, January 29, zit. nach Altvater: *Die Grenzen der Globalisierung*; S. 328.

64 Die Statistiken belegen für die Zeit von 1950 bis 1997 eine erstaunliche Zunahme weltweiten Wohlstands. »Die Produktion von Waren und Dienstleistungen war weltweit von knapp 5 Billionen US-Dollar im Jahre 1950 auf über 29 Billionen US-Dollar im Jahre 1997 angestiegen und hat sich damit fast versechsfacht ... Dies führte zu allgemeinem wirtschaftlichen und sozialen Fortschritt. Die Lebenserwartung erhöhte sich weltweit von 47 Jahren im Jahre 1950 auf 64 Jahre im Jahre 1995. In allen Teilen der Welt sank die Analphabetenrate, und in aller Regel verbesserte sich in dieser Zeitspanne die Qualität der menschlichen Ernährung« Lester R. Brown (Worldwatch Institute Report, *Zur Lage der Welt*; S. 13). Die entscheidende Frage bleibt allerdings, *wessen* Reichtum damit gemeint ist. Denn eine rechnerische Umwandlung des Bruttosozialprodukts pro Kopf der Bevölkerung ist schon für die Industriestaaten unsinnig. Auch wenn der durch das BSP ausgewiesene Reichtum in Staaten wie Deutschland und den USA weiterhin steigt, besagt das nichts über die Situation einer Bevölkerungsmehrheit. Diese hat sich seit den drei goldenen Dekaden verschlechtert. Während in den USA das Einkommen für zwei Drittel der Bevölkerung heute geringer ist als zwei Jahrzehnte zuvor, hat sich in Deutschland die Zahl der registrierten Arbeitslosen auf über vier Millionen erhöht. Eine gleiche Tendenz ist inzwischen in den aufholenden Staaten Asiens zu verzeichnen. Seit der Krise 1997 geht das durchschnittliche Einkommen in diesen Ländern stark oder, wie in Indonesien, sogar dramatisch zurück. Der teilweise finanzbedingte Zusammenbruch der asiatischen Wirtschaften hat überdies eine ungeheure Vernichtung von Reichtum zur Folge, nämlich all jener Fabriken, die aus Mangel an Geld nicht mehr arbeiten können und nun als Wracks in der Landschaft stehen.

65 Jörg Staute: *Das Ende der Unternehmenskultur*; S. 148.

66 Le Monde Diplomatique, Oktober 1998.

67 Lutz Spenneberg in: Die Woche, 9. 8. 1996.

68 Kommission für Zukunftsfragen: *Die Entwicklung des Arbeitsmarktes, Bericht I*, Bonn 1996.

69 Helmut Creutz: *Das Geldsyndrom*; S. 214.

70 *Schreiben ist Leben.* ZEIT-Gespräch mit Arthur Miller, in: DIE ZEIT, 10. 9. 1998.

71 Lawrence Mishel, Jared Bernstein: *The State of Working America 1992–93*, Washington D.C., 1992. Zit. aus Jeremy Rifkin: *The End of Work*; S. 174.

72 In den USA besitzen 1 % der Bevölkerung 35 % allen Nettovermögens von Grundbesitz über Häuser bis zu Aktien und staatlichen Wertpapieren. Vgl. Greider: *One World. Ready or Not*; S. 417.

73 Marriner Eccles: *Beckoning Frontiers*, 1973; Zit. aus William Greider: *Secrets of the Temple*; S. 706.

74 Es war und ist eine besondere Auszeichnung der Linken, daß sie sich gegen soziale Ungerechtigkeiten auflehnen. Leider aber geht diese Haltung nicht immer mit einem geschärften Blick für die sich wandelnden Ursachen der sozialen Ungleichheit einher. Ausbeutung durch wen auch immer ist natürlich in jeder menschlichen Gesellschaft ein Problem. Aber die individuelle Ausbeutung, z. B. durch Hauseigentümer oder Unternehmer, spielt heute eine vergleichsweise verschwindende Rolle gegenüber der Ausbeutung durch ein falsch justiertes System. Wer heute ein Haus besitzt, *muß* in seinen Mieten wenigstens 70 % Zinsen verrechnen, weil er diesen Anteil ohnehin bekommen würde, wenn er sein Geld nämlich zur Bank bringt, ohne sich der Mühe eines Hausbaus zu unterziehen. Aus diesem Grund können auch Kirchen oder Gewerkschaften nur unwesentlich billigere Mieten anbieten (und nicht deswegen, weil sie genauso zu den Ausbeutern gehören). Und die phantastischen Gehälter, welche vor allem an amerikanische Manager ausgezahlt werden, sind die Belohnung der Aktionäre für die Erhöhung ihrer Rendite, d. h. für das leistungslose Einkommen aus Vermögen.

75 Vgl. Joseph Schumpeter: *Theorie der wirtschaftlichen Entwicklung*; S. 148. Schumpeter zeigt, daß die wirtschaftliche Entwicklung ohne Kredit, d. h. ohne Schulden, grundsätzlich nicht möglich sei. Dadurch wird natürlich nicht die Feststellung entkräftet, daß diese Schulden eine akute Gefahr sind, sobald die Zinsen dem realen Wachstum davonlaufen (vgl. Kapitel *Das kapitalgetriebene Wachstum*, S. 248ff.)

76 Auch die Möglichkeit von Währungsreformen und der Umstellung auf den Euro beruht auf der gleichzeitigen Umwandlung von Geld und Preisen.

77 Inflationen und Deflationen bezeichnen ein Verhältnis von Geld zu Gütern (und Leistungen). Im Prinzip können sie dadurch auf zweierlei Weise herbeigeführt werden: durch Veränderungen der Geld- oder durch Veränderungen der Gütermenge. Eine schlagartige Verminderung der zur Verfügung stehenden oder produzierten Gütermenge um die Hälfte hat also ebenso eine fünfzigprozentige Inflation zur Folge wie eine plötzliche Vermehrung der Geldmenge um die Hälfte. Da die produktive Seite der Wirtschaft sich aber nur in

Kriegszeiten schlagartig verändern kann, bleiben deren Einflüsse hier unberücksichtigt.

78 Entwertungen des Geldes (Inflationen) begünstigen im Prinzip die Besitzer von Leistung und Sachvermögen, Aufwertungen des Geldes (Deflationen) die Besitzer von Geldvermögen. Da sich das Geldvermögen in aller Regel in wenigen Händen konzentriert, profitiert im ersten Fall eine Mehrheit, im zweiten Fall eine Minderheit. Aber dieser Gegensatz tritt durchaus nicht zwangsläufig ein. Zwar scheinen Deflationen *stets* eine Umverteilung von unten nach oben zur Folge zu haben, aber bei Inflationen besteht allenfalls die *Möglichkeit*, daß sie eine Umverteilung von oben nach unten bewirken. Wenn es den Vermögensbesitzern nämlich gelingt, bei ihren Zinsforderungen einen vollen Inflationsausgleich zu erhalten, so ziehen sie aus der Inflation im Gegenteil große Vorteile (vgl. Kapitel *Die Wirkung der Zinsen in Zeiten der Inflation*, S. 307 ff.). In diesem, aber wohl auch nur in diesem Sinne hatte der Präsident der Deutschen Bundesbank, Hans Tietmeyer, recht, wenn er sagte »Inflation geht immer gegen die Schwachen« (*Stuttgarter Nachrichten*, 8. 10. 1994). Dennoch scheint es auch für die inflationsbedingte Umverteilung von oben nach unten empirische Beweise zu geben. Vgl. William Greiders Analyse der inflationären siebziger Jahre in den USA (*Secrets of the Temple*).

79 *Secrets of the Temple*; S. 100.

80 Die Konstanz im Verhältnis von Geld und Gütern ist in Wahrheit um einiges komplexer als oben dargestellt, wie daraus zu ersehen, daß z. B. im Jahr 1995 die gesamte Menge des umlaufenden Bargeldes sich auf 237,5 Milliarden DM belief, während die im Bruttosozialprodukt des gleichen Jahres ausgewiesene gesamte Menge an Gütern und Leistungen einen Wert von 3446 Milliarden DM erreichte, d. h. um etwa das 15fache über der Geldmenge lag. Das Äquivalent der Güter und Leistungen ist daher nicht die Menge des Geldes für sich genommen, sondern das Produkt aus Geldmenge mal durchschnittlichem Umlauf – was durchaus verständlich ist, da im Lauf eines Jahres Scheine und Münzen beständig von einer Hand in die andere gelangen. Daraus erhellt sich, daß Inflationen und Deflationen nicht allein durch die Vergrößerung oder Verkleinerung der Geldmenge entstehen, sondern genauso wirkungsvoll durch eine über die Norm hinausgehende Beschleunigung bzw. Verlangsamung der Umlaufgeschwindigkeit des Geldes erreicht werden können (wobei der erste Vorgang die Inflation, der zweite eine Deflation bewirkt). Da die meisten Konsumenten ihr Geld am Monatsende beziehen und dieses daher nicht schneller ausgeben können, als sie es einnehmen, spielt die Beschleunigung praktisch keine Rolle. Die eigentlich bedeutsame Rolle spielt allein die Verlangsamung des Umlaufs, weil sie in der gegenwärtigen Geldwirtschaft auf so einfache Weise durch Hortung (siehe unten) erreicht wird. Wird auch nur ein einziger Tausendmarkschein über längere Zeit zurückgehalten, so wirkt der Umlauf als Multiplikator.

81 Hierzu vgl. auch Milton Friedman: *Money Mischief*; S. 204. »Inflation is pri-

marily a monetary phenomenon that is produced by a more rapid increase in
the quantity of money than in output … Whatever may have been true for
money linked to silver or gold, with today's paper money it is governments
and governments alone that can produce excessive monetary growth, and
hence inflation.« – Dennoch ist die oft zu hörende Behauptung, Lohnerhöhungen würden Inflation bewirken, nicht völlig aus der Luft gegriffen. Angenommen, alle Arbeiter und Angestellten erhielten gleichzeitig um 10 % höhere Bezüge. Wenn sie diese zusätzlichen 10 % für den Konsum industrieller
Güter ausgeben, steht der Menge vorhandener Waren von einem Moment
auf den anderen ein um 10 % gestiegenes Geldvolumen gegenüber. Da die
Produktion auf eine so stark erhöhte Nachfrage nicht eingestellt ist, setzt eine
Preissteigerung ein, die bis an das Maximum von 10 % reichen kann. Im Verhältnis zu früher bedeutet dies eine zehnprozentige Inflation der Konsumgü-
ter. Falls die Unternehmer die Lohnerhöhungen sogleich auf die Preise abwäl-
zen – wie dies in der Regel der Fall ist, sofern den Lohnerhöhungen nicht eine
gestiegene Produktivität entspricht –, dann geht die Inflation der Preise auch
direkt von den Unternehmen aus. Aber wie dem auch sei, in beiden Fällen
wird der Anstieg der Löhne durch die Erhöhung der Preise weitgehend annul-
liert. Andererseits hat sich aber an der Gesamtmenge des umlaufenden Geldes nichts geändert. Der Anstieg der Preise und Löhne im industriellen
Bereich hat daher unausweichlich zur Folge, daß der übrigen Wirtschaft weniger Geld zur Verfügung steht. Angenommen, die im Preis um 10 % erhöhten Produkte würden von ihr nach wie vor nachgefragt. Dann ist um 10 %
weniger Geld für den Kauf in allen übrigen Bereichen vorhanden. Sollen diese
im gleichen Ausmaß wie vorher abgesetzt werden, so ist dies daher nur über
eine entsprechende Reduzierung der Preise erreichbar. Die dadurch erzwun-
gene Deflation muß in ihrem Umfang exakt dem Ausmaß der Inflation im industriellen Bereich entsprechen. Tatsächlich hat also eine Umverteilung von
diesen Bereichen zur Industrie stattgefunden. Man muß also feststellen:
Lohn- und Gehaltsforderungen, die durch höhere Produktivität nicht gedeckt
sind, üben nicht allein eine inflationäre Wirkung aus, sondern immer beides
zugleich: sie bewirken Inflation im einen und eine ihr entsprechende Deflation in anderen Bereichen. – Allerdings verläuft die normale Entwicklung
eher auf andere Weise. Viel häufiger ist der Fall, daß die übrige Wirtschaft
den Anstieg der Preise mit einer geringeren Nachfrage quittiert. Die Unternehmen sind dann gezwungen, darauf mit einer Drosselung der Produktion
und Entlassungen zu reagieren. Oder, anders gesagt, Lohn- und Gehaltserhöhungen, die nicht durch eine höhere Produktivität gerechtfertigt sind, weiten
in aller Regel nur die Arbeitslosigkeit aus. Sie sind volkswirtschaftlich genauso schädlich wie die über das Wachstum der Wirtschaft hinausgehenden
Ansprüche des Kapitals.

82 Das Zitat ist dem Aufsatz: *Wie stichhaltig sind die Einwände gegen eine Geldreform?* Zeitschrift für Sozialökonomie, 89. Folge, April 1991 entnommen.
Sehr viel Geld dürften die ehemaligen Länder des Ostblocks aufgesogen ha-

ben, wo DM-Scheine wie früher Gold als Notreserven gehortet wurden und werden. Wenn bei einer Erschütterung des Vertrauens in die DM diese Reserven plötzlich abgestoßen würden, d. h. wieder in den Umlauf gelangten, wäre damit augenblicklich eine zweistellige Inflation ausgelöst.

83 Qualitatives Wachstum ist natürlich immer möglich und auch notwendig, hiervon handelt mein nächstes Buch: *Die neue industrielle Zivilisation.*

84 Natürlich will ich hiermit nicht behaupten, daß etwa die Arbeit von Brokern und Finanzexperten keine Leistung darstelle, im Gegenteil dürfte sie an Intelligenz und Phantasie die größten Anforderungen stellen. Aber die Besitzer großer Vermögen haben es gar nicht nötig, sich mit derartigen Problemen zu befassen. Sie *kaufen* die Experten und deren Wissen.

85 Vgl. hierzu die Bemerkungen von Wolfgang Schäuble (DER SPIEGEL 18/1998; S. 25): »Dann müssen wir bei unseren Entscheidungen dem Gesichtspunkt der Wettbewerbsfähigkeit, im Zweifel sogar vor der Verteilungsgerechtigkeit, eine gewisse Priorität einräumen. Anders kann ich die Abschaffung der Vermögensteuer beim besten Willen nicht erklären. Unter dem Gesichtspunkt der Verteilungsgerechtigkeit ist die Vermögensteuerabschaffung beim besten Willen nicht zu rechtfertigen, war sie nie.« Mit anderen Worten, wir müssen es hinnehmen, daß das Kapital sich auf Kosten der Leistung bereichert, sonst ist die Wirtschaft nicht länger funktionsfähig. Aber diese Argumentation gilt bestenfalls in kurzfristiger Perspektive.

86 Dies gilt allerdings nicht für Hortungen in Ländern mit starker Inflation, wie Jugoslawien oder anderen Staaten des ehemaligen Ostblocks. Gehortete Geldscheine dienen hier als Vermögensrücklage.

87 Die Japaner verkaufen in den USA viel mehr, als sie an amerikanischen Gütern für das eigene Land brauchen können. Einen Teil ihrer gewaltigen Handelsüberschüsse verwenden sie dazu, in den USA Grundstücke und renommierte Firmen aufzukaufen. Dies ist zwar kein Beispiel für Kapitalflucht, weil es sich um einen Überschuß handelt. Die Folgen aber sind gleich, auch was die psychologische Wirkung solcher Erwerbungen betrifft.

88 John M. Keynes: *The General Theory of Employment Interest, and Money;* S. 212.

89 Tatsächlich ist eine derartige Rückzahlung in den meisten Ländern praktisch ausgeschlossen. Allein die Schulden des Staates betragen etwa in Italien 122 % des BSP, d. h., ihr Volumen übersteigt bei weitem die Gesamtheit der vorhandenen Einkommen. Warum eine derartige Rückzahlung nicht nur praktisch, sondern *prinzipiell* unmöglich ist, wird im Anhang *Das kapitalistische Geldsystem* (S. 297 ff.) begründet.

90 Aufgrund des durch den Geldumlauf bewirkten Multiplikatoreffekts. Vgl. Anmerkung 80.

91 Helmut Creutz: *Wo sind die Millionen?,* TAZ vom 30. 5. 96.

92 Unter Thatcher konnten die Schulden des Staates spürbar gesenkt werden, was vor allem durch die Privatisierung vieler Betriebe ermöglicht wurde, die sich zuvor im Besitz des Staates befanden. An der Konzentration der Vermö-

gen hat sich durch diese Maßnahme nichts geändert. Diese liegt in Großbritannien bekanntlich über dem europäischen Durchschnitt.

93 *Monatsbericht der Deutschen Bundesbank,* August 1997; S. 54.

94 Man kann natürlich durchaus die Frage stellen, ob Geld notwendig aus Leistung kommt oder Leistung nicht auch aus Geld stammen kann. Im jetzigen System verhält sich die Notenbank rein *re-aktiv.* Wenn mit dem Geld der Sparer (also mit vorhandener Leistung) getätigte Investitionen sich als erfolgreich erweisen, d. h., wenn mit besseren Verfahren mehr oder auch mit neuen Maschinen andere und wertvollere Güter produziert werden konnten und die Gesamtleistung der Volkswirtschaft sich dadurch erhöht hat, dann quittiert die Notenbank diese Erhöhung mit einer entsprechenden Ausweitung der Geldmenge, damit die Konstanz im Verhältnis zwischen Leistung und Geld gewahrt bleibt.

Dagegen könnte man den Einwand erheben, daß die Rolle der Notenbank ja keineswegs auf ein re-aktives Verhalten beschränkt sein müsse, denn die Frage nach Ei oder Henne ist auch in diesem Fall kaum zu entscheiden. Ist zunächst die Leistung vorhanden und muß dann die ihr entsprechende Geldmenge folgen, oder sollte zunächst das Geld dasein, damit dieses die entsprechende Leistung erzeugt? Anders gesagt, könnte die Notenbank nicht an die Stelle der Sparer treten, indem sie sich eben nicht nur re-aktiv verhält, sondern von sich aus das Geld für Investitionen zur Verfügung stellt und damit Leistung ermöglicht? In diesem Fall würde sie das von den Kreditnehmern verlangte Geld drucken und gegen Zins an sie weitergeben. Statt daß die Sparer aus der vorhandenen Geldmenge einen Teil für Investitionen umwidmen und die Notenbank erst nach der Ausweitung der Leistung mit einer entsprechenden Vermehrung der Geldmenge reagiert, kann sie von vornherein das nötige Geld für die Ausweitung von Gütern und Leistungen zur Verfügung stellen. Die sozial schädlichen Auswirkungen der Umverteilung wären jedenfalls in einem solchen System ausgeschlossen, da der Zins an die Notenbank fällt und damit an Staat und Allgemeinheit.

Man könnte sich sogar vorstellen, daß dies ohne Risiko möglich wäre, z. B. in der folgenden Art. Für jede Nachfrage von Geld durch die Wirtschaft würde die Notenbank (auf die bereits heute übliche Weise) gleichwertige Sicherheiten (in Gestalt von Wertpapieren) verlangen, die nach bestimmter Frist, sagen wir nach zwei Jahren, zum gleichen Betrag wieder eingelöst werden müssen. Ist dies geschehen, so liegen von seiten des Schuldners gegenüber der Notenbank keine weiteren Verpflichtungen vor. Aber auch die Notenbank besitzt danach keine weiteren Forderungen gegenüber dem Schuldner. Wenn die Investition sich gelohnt hat, weil sich die volkswirtschaftliche Leistung erhöht, dann wird die Notenbank einen Betrag in entsprechender Höhe an den Staat (d. h. an die Allgemeinheit) ausschütten. Wenn die Investition hingegen ein Fehlschlag war, dann unterbleibt diese Ausschüttung, die vorhandene Geldmenge bleibt also unverändert gegenüber dem früheren Zustand. Voraussetzung für das Funktionieren eines solchen Systems wäre

natürlich, daß bei einem Schrumpfen der Wirtschaft (wenn die Geldmenge
also über die Leistung hinausschießt) der Staat gesetzlich verpflichtet wäre,
den monetären Überhang durch Steuern etc. in vorgeschriebener Frist wieder abzubauen. Natürlich kann bei einem Fehlschlag der Investitionen die
Notenbank ihr Geld nicht direkt beim Schuldner einfordern, weil dieser
dann zur Rückzahlung kaum mehr imstande sein wird. Das System funktioniert daher nur mit einem zwischengeschalteten Bankensystem, das entsprechend hohe Zinsen von den Kreditnehmern verlangt, damit ein Polster für
den Ausgleich von fehlgeschlagenen Investitionen vorliegt. Ein solches System scheint auf den ersten Blick plausibel zu sein. Tatsächlich würde es aber
jede Wirtschaft innerhalb kürzester Zeit ruinieren – und zwar aus dem im
Text formulierten Grund. Der für Investitionen kurzfristig benötigte Betrag
überschreitet die Menge an Geld, die der durch diese Investitionen bewirkten
langfristigen Steigerung der Leistung entspricht, um ein Vielfaches. Die unausbleibliche Folge eines derartigen Vorgehens ist daher eine die gesamte
Wirtschaft ins Chaos stürzende Inflation – wie sie Staaten denn auch regelmäßig erleben, wenn sie glauben, ihren Aufschwung durch die Notenbank
finanzieren zu können.

 95 Allerdings gehen die Vermögen weit über die Schulden hinaus. Wenn jemand
     sein Geld einem anderen leihweise überläßt indem er es in einer Bank depo-
     niert, entsprechen sich Schulden und Vermögen, und das gleiche trifft zu,
     wenn er Staatsanleihen erwirbt. Wenn er dagegen Besitz an einem Unterneh-
     men in Form von Aktien übernimmt, erhält er Eigentum, ebenso wie wenn er
     ein Auto oder ein Stück Land einkauft. Solchem Vermögen entsprechen keine
     Schulden. Die Höhe der Sach- und Geldvermögen zusammen liegt daher
     noch weit über dem Ausmaß der Schulden.

 96 Natürlich kann theoretisch die Bevölkerung eines Staates Aktionär bei aus-
     ländischen Unternehmen sein und somit die Menschen anderer Staaten für
     sich arbeiten lassen. Unter diesen Umständen hätte die Volksaktie wiederum
     einen Sinn, aber eben nur unter der Voraussetzung, daß nun Ausländer die
     Zinsen erwirtschaften.

 97 Vgl. Jeremy Rifkin: *The End of Work*; S. 71.

 98 Paul Kennedy: *In Vorbereitung auf das 21. Jahrhundert*; S. 378.

 99 Siehe Anmerkung 95.

100 Hierzu William Greider: *One World. Ready or Not*; S. 309.

101 Paul Kennedy, op. cit.; S. 379. Es ist in diesem Zusammenhang zu bemerken,
     daß die dreißiger Jahre in den USA etwa die gleiche Wirkung ausübten wie die
     Kriege in Europa. Mit anderen Worten, sie führten zum Kollaps vieler Ver-
     mögen und bedeuteten so den Anfang eines neuen Zyklus ihrer neuerlichen
     schrittweisen Anhäufung.

102 Der Spiegel 13/98; S. 35.

103 Helmut Creutz: *Wo sind die Millionen?*, TAZ vom 30. 5. 96.

104 Viele Anleger stellen ihr Geld als Kredit für Auslandsinvestitionen zur Ver-
     fügung, so daß die Inlandsschulden die Zunahme der Vermögen nur teilweise

wiedergeben. Außerdem existieren gewaltige Mengen von nicht deklariertem Vermögen in den Steueroasen von Luxemburg, den Cayman-Inseln etc. Da die Steuerflucht des Kapitals gerade in den vergangenen zwei Jahrzehnten stark zunahm, liegt die wirkliche Schulden- = Vermögenkurve um einiges höher und dürfte in den letzten Jahren steil in die Höhe gegangen sein. Andererseits hat der Staat anläßlich der deutschen Vereinigung bedeutende Summen im Ausland entliehen, dieser Betrag stellt daher keine Binnenschuld und repräsentiert nicht den Zuwachs inländischer Vermögen.

105 Vgl. *Monatsberichte der Deutschen Bundesbank*, Dezember 1995, statistischer Teil; S. 16–19.

106 Asit Datta: *Welthandel und Welthunger*; S. 97.

107 Vgl. Anmerkung 162.

108 Grafik nach H. Creutz in: *Warum stößt der Sozialstaat an seine Grenzen?*; in: Sozialismus 5/98; S. 48.

109 Lawrence Mishel, Jared Bernstein: *The State of Working America 1992–93*; Washington D.C. 1992. Zit. nach Jeremy Rifkin: *The End of Work*; S. 174.

110 Die Unterminierung der staatlichen Souveränität durch internationale Konzerne hängt vor allem mit dem juristischen Statut der großen Betriebe zusammen. Dieses Problem ist natürlich von vornherein mit der Institution der Aktiengesellschaft gegeben. Mit zunehmender Konzentration der Vermögen geraten die produzierenden Unternehmen unter die unmittelbare Herrschaft des Kapitals. Aber es hat bisher durchaus wirksame Strategien gegeben, um dessen Einfluß zurückzudrängen. Mit größtem Erfolg geschah dies in Japan, wo die großen Betriebe praktisch im Besitz der darin beschäftigten Menschen sind (vgl. Jenner: *Nippon – eine untergehende Sonne?*); mit einem Erfolg, der immerhin noch bis in die achtziger Jahre vorhielt, auch in Deutschland, wo die Banken bis dahin weitgehend die Entscheidungsbefugnisse der Aktionäre vertraten und dies in der Regel langfristig und zum Wohle der Unternehmen wie der Beschäftigten taten.

111 Vgl. Kapitel *Die unheilige Allianz zwischen Schulden und Zins: Schulden – der Weg in die 20:80-Gesellschaft*, S. 153 ff.

112 Vgl. Kapitel *Die unheilige Allianz zwischen Schulden und Zins: Die exponentielle Kurve*, S. 157 f.

113 1990 widmeten die USA 63 % ihrer staatlichen Ausgaben für Forschung und Entwicklung dem militärischen Bereich, während der entsprechende Durchschnitt in der EU bei 24,3 % und in Japan bei 6,4 % lag. Der Durchschnitt für die EU überdeckt aber starke nationale Unterschiede. So gaben England und Frankreich 50 bzw. 35 % für diesen Bereich aus. Le Monde diplomatique, Februar 1994; S. 15.

114 Singapur ist das Beispiel für eine gelungene Entwicklung, dies mag auch für Malaysia gelten und selbst für das im Augenblick schwer geprüfte Südkorea. Aber ihnen steht die große Mehrheit der Staaten in Lateinamerika, in Afrika und auch in Asien (Indonesien, Philippinen, Thailand etc.) gegenüber, die dabei in die Schuldenfalle gerieten.

115 Vgl. Wouter van Dieren: *Mit der Natur rechnen*, S. 155 ff.

116 Dies trifft allerdings nicht in jedem Fall zu. Wenn ein Staat große Handelsüberschüsse besitzt, d. h. weniger importiert als er aus anderen Staaten einführt, dann kann er das Geld nur dadurch in aktuelle Güter und Leistungen
umsetzen, daß er Käufe in diesem Land tätigt, z. B. Immobilien, Unternehmen und Staatsanleihen erwirbt. Auch dies sind Investitionen, aber sie setzen
keine eigenen Exporte in Bewegung.

117 Die Haftungspflicht der Staaten, also der Steuerzahler, für die privaten
Vermögen soll jetzt auch international verankert werden. Vgl. Kapitel *MAI*,
S. 228 f..

118 Beide Werte errechnen sich gemäß der oben bereits genannten Formel, die
auch für den Zinseszins gilt: $X_n = X_0 (1 + p/100)^n$.

119 Zwischen 1973 und 1994 fielen die durchschnittlichen Bruttolöhne für alle
Beschäftigten unterhalb der Managerebene um 19 % auf nur noch 258 Dollar
– umgerechnet 380 Mark pro Woche. Zahlen aus Simon Head, *Das Ende der
Mittelklasse*, in: DIE ZEIT, 26. 4. 96. Vgl. auch die Zahlen des Bureau of Labor
Statistics, January 29, zit. nach Altvater: *Die Grenzen der Globalisierung*;
S. 328.

120 Wie wir an früherer Stelle sahen (vgl. Kapitel *Der Druck des anlagebedürfti-
gen Kapitals*, S. 169 ff.), wird das Vermögen nicht für den normalen Konsum,
sondern vor allem für Investitionen zur Verfügung gestellt – es vergrößert
also den Investitionsgüterbereich. Zur gleichen Zeit, da die Konsumenten bei
schwindendem Wachstum abhanden kommen, vermehren sich dadurch weltweit die Überkapazitäten.

121 Zitat und Zahlen für 1991 aus Paul Kennedy: *In Vorbereitung auf das 21. Jahrhundert*; S. 378.

122 Zit. aus Jeremy Rifkin: *The End of Work*; S. 37.

123 Margrit Kennedy: *Geld ohne Zinsen und Inflation*; S. 79.

124 Volksaktien in Gestalt der Beteiligung der Beschäftigten eines Betriebes an
dessen Besitz sind allerdings psychologisch durchaus sinnvoll, da sie die Verantwortung für den Betrieb stärken.

125 So wurde etwa auf Bali der gemeinsame Grundbesitz eines Dorfes je nach
Zahl der Nachkommen in jeder Generation von der Versammlung der Ältesten neu verteilt.

126 Vgl. Taichi Sakaiya: *What is Japan? Contradictions and Transformations*,
New York; S. 7.

127 Vgl. hierzu die hervorragenden Ausführungen von Fingleton, op. cit.; S. 195.

128 Einiges spricht laut Fingleton (S. 290) dafür, daß die Finanzkrise 1990–1992
von der Regierung (genauer vom Ministry of Finance) absichtlich herbeigeführt wurde, um reiche Spekulanten zu schröpfen und der Industrie zu billigem Geld zu verhelfen. Dies wäre ganz im Sinne der bisherigen Politik zur
Förderung der Gleichheit und Stimulierung des industriellen Wachstums.

129 Vgl. Anmerkung 82.

130 Natürlich verlangt dies eine technische Trennung der Spar- von den Giro-

konten, wobei die letzteren dann ausschließlich dem bargeldlosen Verkehr dienen und genau wie das Bargeld ihrer Höhe entsprechend mit geringen Gebühren belastet sind. Das auf den Sparkonten Kreditnehmern verfügbare Geld ist dagegen gebührenfrei und bleibt in vollem Umfang erhalten.

131 Vgl. die auf Henry George (1879), Silvio Gesell (1904) und Yoshito Otani (1981) zurückgehenden Vorschläge von Margrit Kennedy für eine Bodenreform (*Geld ohne Zinsen und Inflation*; S. 54). Unvermehrbare Güter sollten grundsätzlich durch den Staat nur *verpachtet* werden – so wie ja ein modernes Aktienunternehmen von seinen Besitzern den Managern und der Belegschaft auch nur zu vorläufiger Nutzung überlassen wird – sie sollten nicht zu einem dauerhaften Besitz werden können.

132 Während der Depression der dreißiger Jahre griff der Bürgermeister der Tiroler Gemeinde Wörgl die Gedanken von Silvio Gesell auf, um der Arbeitslosigkeit entgegenzuwirken. Seine »Arbeitsbestätigungsscheine«, für die er bei der Bank in gleicher Höhe Schillinge hinterlegte, mußten in jedem Monat mit einer Klebemarke in Höhe von einem Prozent ihres Nennwertes versehen werden, damit ihr Wert erhalten blieb. Da jeder die Kosten dafür sparen wollte, wurde das Geld schnell zurück in den Umlauf getrieben. Mit dieser primitiven Methode kam das Wirtschaftswunder von Wörgl zustande. Im Vergleich zu den umliegenden Gebieten war die Arbeitslosigkeit besonders gering.

133 Vgl. hierzu Milton Friedman: *Money Mischief*; S. 44.

134 Gegenwärtig ist diese Trennung noch nicht vollzogen, da die Girokonten noch beiden Zwecken dienen.

135 Im Gegenteil ist zu erwarten, daß das Geld unter diesen Bedingungen viel stabiler sein wird. Da der Anreiz für die Geldhortung entfällt, ist die Gefahr dadurch bewirkter Deflationen gebannt, andererseits besteht aber auch keine Gefahr, daß gehortete Bestände plötzlich in den Verkehr gelangen und inflationäre Schübe hervorrufen.

136 Irving Fisher: *Stamp Script*; New York 1933; S. 67. Zit. nach Margrit Kennedy: *Geld ohne Zinsen und Inflation*.

137 Vgl. Kapitel *Schulden – der Weg in die 20:80-Gesellschaft*, S. 153 ff.

138 John Maynard Keynes: *The General Theory*; S. 221.

139 Op. cit.; S. 234. Die Methode des Stempelns wurde in Wörgl angewendet. (Vgl. Anmerkung 132.) Der Umtausch von Noten ist natürlich viel weniger aufwendig.

140 Aber auch dann wird der Zweck der Reform nur unter der Bedingung erreicht, daß die Vermögen nicht ins Ausland ausweichen können. Entweder müßten alle Staaten sich gleichzeitig zu einer solchen Reform ihres Geldsystems entschließen – vorerst eine überaus unrealistische Annahme, oder die Tobin-Taxe müßte in entsprechender Höhe eingeführt werden, um zu verhindern, daß das Geld ins Ausland abströmt, um dort weiterhin ohne Leistung belohnt zu werden. Andererseits könnte der Übergang zu einer künftigen Informationsgesellschaft den Fluß der Vermögen von selbst auf ein er-

trägliches Maß begrenzen. Wie ihr Name besagt, tauscht eine solche Gesellschaft statt Güter vorrangig Informationen aus, weil sie die Erzeugung physischer Waren mit dem Prinzip der Vorortproduktion verbindet. Damit wird zumindest der parasitäre Handel unterbunden – eine Quelle hoher Renditen. Vgl. Kap. *Die äußere Front: Krieg oder Frieden zwischen den Staaten?*, S. 276 ff.

141 Vgl. Eric Hobsbawm: *The Age of Revolution*; S. 36.

142 Die Abschaffung des Privateigentums oder seine »Vergesellschaftung«, die auf dasselbe hinausläuft, ist der Kardinalfehler des Marxismus – sein eigentlicher antidemokratischer Sündenfall. Marx wurde in dieser Hinsicht von Engels beeinflußt, denn schon in einer frühen Schrift verlangt dieser die Aufhebung des Privateigentums (Umrisse zu einer Kritik der Nationalökonomie; zit. aus Alfred A. Oppolzer: *Entfremdung und Industriearbeit*; 1974; S. 106). In späteren Schriften ist dann vom »gesellschaftlichen Eigentum an den Produktionsmitteln« die Rede.

143 Die Automatisierung der Büro- und Fabrikarbeit führt auf die Dauer zu einer Lösung, die weder Marx noch andere Theoretiker der industriellen Zivilisation vorausahnen konnten – die routinemäßige Industriearbeit wird dadurch überhaupt abgeschafft – und damit auch die Ausbeutung durch diese Arbeit. In seiner Vision vom zukünftigen Menschen hatte Marx auch noch an eine andere Lösung gedacht. Morgens sollte er Jäger sein, nachmittags fischen, abends Viehzucht betreiben und nach dem Essen kritischer Kritiker sein, wie er gerade Lust hat; ohne je (ausschließlich) Jäger, Fischer, Hirt oder Kritiker zu werden (vgl. K. Marx, F. Engels: *Werke*, Gesamtausgabe; I.5, S. 22.). Es ist bemerkenswert, daß die großen japanischen Unternehmen mit der Rotation der Funktionen diese Lösung, soweit sie überhaupt praktisch zu verwirklichen ist, zur Anwendung bringen. Vgl. Jenner: *Nippon – eine untergehende Sonne?*, S. 51 ff.

144 Worldwatch Institute Report, *Zur Lage der Welt*; S. 14.

145 Vgl. Al Gore: *Wege zum Gleichgewicht*, S. 120 ff. Inzwischen wird von einer wachsenden Zahl von Fachleuten die Forderung nach einer grundlegenden Änderung des Systems aufgestellt. »Die auf Dauer einzig akzeptable Methode, sauberes Wasser für den menschlichen Gebrauch bereitzustellen, sei, das Wasser erst gar nicht zu verschmutzen« (Worldwatch Institute Report; S. 270.)

146 Hoimar v. Ditfurth: *So laßt uns denn ein Apfelbäumchen pflanzen*; S. 104.

147 Wouter van Dieren: *Mit der Natur rechnen*; S. 94 f.

148 Vgl. Al Gore: *Wege zum Gleichgewicht*.

149 Vgl. Elmar Altvater; S. 222; William Knoxe; S. 77 ff.

150 Der Spiegel 43 / 1998; S. 134

151 Vgl. Al Gore, op. cit.; S. 153 ff.

152 Eric Hobsbawm: *The Age of Extremes*; S. 570.

153 Vgl. Anmerkung 57.

154 Vgl. hierzu Sonia Shinde: *Der Schock ist programmiert. Experten erwarten im*

nächsten Jahrzehnt eine Explosion des Ölpreises (DIE ZEIT, 29. 10. 98; S. 35): »Zwar vereinbarten die Mitgliedstaaten der Organisation erdölexportierender Länder (OPEC) im Juni, die Förderung zu drosseln, um den Preisverfall auf dem Weltmarkt zu stoppen. Der Erfolg blieb indes aus. Dennoch haben sich die Verbraucher zu früh gefreut: je länger sie nämlich durch die niedrigen Preise zur Verschwendung animiert werden, desto gnadenloser wird sie der bevorstehende Preisschock erwischen.« – »Ab 2010 kann mit deutlich ansteigenden Rohölpreisen auf bis zu 60 Dollar je Faß gerechnet werden«, erklärt Peter Hofer, Ökonom beim Baseler Prognos Institut. – »Wenn China (den) Weg der Massenmotorisierung nach dem Muster der westlichen Industrienationen und Japans weitergeht und der Pro-Kopf-Verbrauch dort US-Niveau erreicht, braucht das Land 80 Millionen Barrel Öl am Tag. 1996 wurden weltweit 64 Millionen Barrel am Tag produziert«, heißt es im jüngsten *Report zur Lage der Welt* des Washingtoner Worldwatch Institute.

155 Shell scheint in Nigeria eine derartige Rolle gespielt zu haben, ähnlich die Experimente, die von Chemieunternehmen mit Pestiziden in einigen afrikanischen Staaten ausgeführt wurden.

156 Vgl. hierzu die Bemerkungen von Bert Rürup in der Frankfurter Allgemeinen Zeitung vom 29. 6. 96; S. 15: »Die soziale Marktwirtschaft braucht mithin einen starken Staat, der auch Sicherheits- und Gerechtigkeitsziele durchzusetzen vermag ... Doch er braucht kein großer Staat zu sein – er soll es sogar nicht.«

157 Für die USA bezeugt dies Herman Kahn in: *Sie werden die ersten sein*, München 1970; S. 171. Bis in die fünfziger Jahre wurde z. B. bei IBM folgendes Lied gesungen:
»Immer vorwärts, immer vorwärts!
Das ist der Geist, der uns den Ruhm gebracht hat!
Wir sind groß, wollen aber noch größer sein.
Wir können nicht irregehen, denn alle können es sehen,
Daß der Menschheit zu dienen unser Streben ist!
Unsere Erzeugnisse kennt man überall in der Welt.
Unser Ansehen funkelt wie ein Edelstein!
Wir haben uns durchgekämpft, und sicher
Harren neue Gebiete der Eroberung
Durch die immer vorwärtsstrebende IBM!«

158 Den Kampf des Giganten Microsoft gegen Apple muß man wohl nach diesem Muster verstehen.

159 William Greider: *Secrets of the Temple*; 690.

160 Al Gore: *Wege zum Gleichgewicht*; S. 267

161 Siehe Grafik S. 156.

162 *Das Geldsyndrom*; S. 107, 244.

163 Die Verschuldung der Produktionsunternehmen (einschließlich Bauwirtschaft) und des Staates lag 1993 bei 68 bzw. bei 26 %. Vgl. Creutz, op. cit.; S. 171.

164 Die Automation der Industrie stellt, wie mehrfach betont, eine echte und auch richtige Alternative zur Deindustrialisierung dar. Aber ihre Wirkung besteht heute vor allem in der Vernichtung von Arbeitsplätzen, die so lange nicht durch die Kreation neuer Arbeit aufzufangen sein wird, wie das Kapital ins Ausland strömt und daher der Gesellschaft die Mittel für die Kreation neuer Arbeit entzieht (vgl. *Die arbeitslose Gesellschaft*).

165 Vgl. auch Joseph Schumpeter: *Theorie der wirtschaftlichen Entwicklung*; S. 347.

166 Allerdings kann der Prozeß durch äußere Faktoren entscheidend gemildert werden. Überkapazitäten sind ja nur dann in *absolutem* Sinn zu verstehen, wenn es sich um einen abgeschlossenen Wirtschaftsraum handelt. Sobald jeder über ein Auto oder gar zwei verfügt, ist der Markt für Autos gesättigt, aber solange jenseits der eigenen Grenzen noch Staaten existieren, in denen nur eine Minderheit über Autos verfügt, kommen diese immer noch als potentielle Absatzgebiete in Frage. Dennoch muß sich auch in diesem Fall die Lage für die Unternehmen nicht grundlegend ändern, weil ebensogut *relative* Überkapazitäten vorhanden sein können – rämlich relativ zur vorhandenen Kaufkraft. Es nützt den großen Autokonzernen gar nichts, daß es in Afrika und weiten Teilen von Asien Milliarden von Menschen gibt, die noch keine Autos besitzen. Wenn diesen Menschen das Geld für den Kauf fehlt, kommt es zu keiner Entlastung.

167 Vgl. DER SPIEGEL 43 / 1998; S. 134

168 Laut Berliner Zeitung vom 22. 6. 98 (Birgit Marschall: *Gegen die Deflation gibt es für Japan nur ein Rezept*) hat sich der Absatz von Tresoren an Privatleute im ersten Halbjahr verdoppelt.

169 Hierzu vgl. DER SPIEGEL 43 / 1998; S. 134: »In Japan etwa ist die Deflationsspirale zweifellos in Gang gekommen. Die Wirtschaft schrumpft, die Preise sind auf breiter Front gefallen, die Entwertung aller Güter hat das Land in seine schwerste Krise gestürzt.«

170 Die Abhängigkeit vom Fachwissen ist so groß, daß nach dem Zusammenbruch Nazideutschlands ein großer Teil der alten Eliten dennoch im demokratischen Deutschland weiter beschäftigt blieb – es schien kaum möglich, ohne ihr Fachwissen auszukommen.

171 Der rationale Betrieb ist vor allem bestrebt die internen Kosten auf ein Minimum zu reduzieren. Diese Strategie setzt nicht nur eine Struktur voraus, welche eine wirksame Verpflichtung des ganzen Betriebs auf gemeinsame Unternehmensziele ermöglicht, sondern ebenso eine kluge Balance zwischen der Eigeninitiative der Mitarbeiter und ihrer Zusammenarbeit. Kooperation allein bringt nur willige Sklaven im Dienste einer zentralen Leitung hervor – ein Geburtsfehler der kommunistischen Planwirtschaften. Aber ein Übermaß an Eigeninitiative wird immer zur Gefahr, wenn diese die Zusammenarbeit der Beschäftigten und damit die Einheit des Betriebes in Frage stellt. Die japanischen Technokraten haben sich einerseits für ein System entschieden, das einen harten Wettbewerb zwischen der Unternehmen der Japan AG nicht

nur zuläßt, sondern ausdrücklich begünstigt. Die Autofirmen Honda, Nissan und Toyota stehen auf dem japanischen Markt in scharfem Wettbewerb zueinander, ebenso die führenden Hersteller elektronischer Produkte. Hier folgt Japan dem Prinzip der freien Marktwirtschaften, die sich von der Konkurrenz der Ideen den größten Nutzen für den Fortschritt verspricht. Aber die Bürokraten folgen diesem Prinzip nur bis zu dem Punkt, wo es seine Wirksamkeit einbüßt. Denn auch der Wettbewerb in einem rational geführten Betrieb stößt auf klar erkennbare Grenzen. Es kann nützlich sein, an zwei konkurrierende Abteilungen das gleiche Forschungsprojekt zu übertragen, weil der Anreiz, die richtige Lösung zuerst zu entdecken, bedeutend größere Kräfte mobilisiert, als wenn eine Abteilung ihr Tempo und auch ihre Ergebnisse ohne jeden Vergleichsmaßstab ganz allein festlegen kann. Aber im gleichen Augenblick, da einer Abteilung der Durchbruch gelingt, lassen sich unter Umständen Kosten in beträchtlicher Höhe einsparen, wenn die Leitung des Unternehmens von da an parallele Forschungen einstellt bzw. die schon vorhandenen Ergebnisse weiterleitet, damit die weitere Arbeit auf dieser Grundlage stattfinden kann. Genau dies geschieht in der Japan AG unter der Leitung der Technokratie. Diese sorgt dafür, daß es über sämtliche Forschungsvorhaben informiert bleibt, die für die Zukunft des Landes eine entscheidende Bedeutung besitzen. Wenn ein Durchbruch erfolgt, wird er zum Nutzen des Landes an andere Unternehmen weitergeleitet, damit Forschungsgelder nicht zwei- oder mehrere Male verwendet werden. Eine weitere Aufgabe der Technokratie verdient in diesem Zusammenhang besondere Aufmerksamkeit. Sie besteht in der Festlegung gemeinsamer Standards, die dann für alle japanischen Unternehmen verbindlich sind. Auf diese Weise wird gegenüber dem Ausland eine breite und wirksame Einheitsfront hergestellt. Diese ökonomische Politik ist nichts anderes als eine von oben durchgesetzte Kooperation zum Nutzen der Japan AG. Wir sahen, daß die Vereinigten Staaten die Eigenheiten des japanischen Wirtschaftssystems teilweise übernahmen.

172 Die Manager der Japan AG sind keine Figuren im Rampenlicht, wie seine Politiker, die eine eher untergeordnete Rolle spielen. Macht hat im fernöstlichen Land eine alte Tradition der Unsichtbarkeit. Die Figuren im Rampenlicht sind gewöhnlich nicht diejenigen, welche die Entscheidungen fällen. In Japan werden die mächtigsten Männer aus den tüchtigsten Absolventen der ranghöchsten Universität des Landes rekrutiert, der Universität Tokio (Todai). Der höchste Ehrgeiz jeder japanischen Familie und zugleich die größte Ehre, die ihr zuteil werden kann, ist es, einen Sohn an dieser Universität unterzubringen und ihn von da in das MoF, das Ministry of Finance, aufgenommen zu sehen. Denn die Geschicke der Japan AG werden in erster Linie von der Expertenbürokratie des Finanzministeriums geleitet, dem eigentlichen Zentrum der Macht.

173 Karel van Wolferen: *Vom Mythos der Unbesiegbaren*; S. 404.

174 Der Rang und damit das Wissen, das man legitimerweise für sich beanspruchen kann, spielen in Japan eine fundamentale Rolle. Dieser Rang trennt die

Menschen, weil er jedem eine eindeutige Stellung in der Hierarchie zuweist. Aber die Trennung durch den Rang ist durchaus keine absolute, sondern legt gewissermaßen nur den gesellschaftlichen Phänotyp fest. Denn andererseits besteht die Überzeugung von der fundamentalen Gleichheit der Menschen jenseits der gesellschaftlichen Rollen, man könnte sagen, auf der Ebene des Gefühls. Charakteristisch für diesen Unterschied ist z. B. die Tatsache, daß derselbe Firmenchef, der tagsüber ein streng protokollarisches Verhalten von seinen Untergebenen erwartet, sich am Abend bei einem Bier mit dem Chauffeur oder einem einfachen Arbeiter so zwanglos zusammenzusetzen vermag, wie das im Westen praktisch unmöglich ist. Unter dem Einfluß des Alkohols ist es dabei in Japan durchaus legitim, dem Chef die eigene Meinung sogar in grober Form mitzuteilen. Die außerordentliche Bedeutung der abendlichen Zusammenkünfte in alkoholisiertem Zustand beruht genau darauf, daß dabei die grundsätzliche Gleichheit jenseits der tagsüber geltenden Rollen momentan hergestellt wird. Wer die Rangordnung in Japan hervorhebt, ohne dabei ebenso zu betonen, daß sie von den Japanern selbst gewissermaßen als vordergründig eingestuft wird, macht sich deshalb der Oberflächlichkeit schuldig.

175 Die gesichtslose Architektur der großen Bürobauten ist ein beklemmendes Zeugnis dieser Einförmigkeit. Das individuell Herausragende wird als störend empfunden. Dies ist wohl der Grund, warum das von Frank Lloyd Wright erbaute Imperial Hotel in Tokio einem büroartigen Kasten weichen mußte.

176 Vgl. Der Spiegel 46 / 1995: *Der Staat der »Stromer«:* »Deutschland im Griff der Stromkonzerne: Die Elektrizitätsgiganten setzen auf Stromverschwendung und kassieren überhöhte Monopolpreise. Mit den Milliardengewinnen machen sie sich immer neue Branchen untertan. Wirksame Kontrolle findet nicht statt: Hunderte von Politikern sind mit gutbezahlten Posten ruhiggestellt.«

177 Verkürzt zitiert aus einem Artikel von Helmut Schmidt. Im Hinblick auf die Nöte eines Betriebsgründers fügt dieser hinzu: »Wen kann es wundern, wenn ein deutsches Unternehmen berichtete, es habe für einen Neubau bis zum Baubeginn sechs Jahre gebraucht, um alle Genehmigungen einzuholen, während es in einem parallelen Falle in Japan nur ganze sechs Wochen benötigt habe?« (DIE ZEIT, 4. 4. 97)

178 Außerhalb Japans widersprechen ihm die Tatsachen eher noch deutlicher. So hat etwa Singapur die ökonomische Mitarbeit seiner Bürger sehr wirksam zu mobilisieren vermocht, obwohl es in politischer Hinsicht ein totalitäres System ist. Die ökonomische Befreiung der einzelnen verbunden mit einer allgemeinen Erhöhung des Lebensstandards reicht völlig aus, um kollektive Energien wirksam zu bündeln und sie auch im Dienst einer Diktatur einzusetzen. Wenn das Regime außerdem auf sozialen Ausgleich bedacht ist, muß es kaum innere Proteste befürchten.

179 Eine beängstigende Infantilisierung ist auch in Japan zu bemerken, wo selbst

Studenten der renommierten Universitäten außer ihrer Fachliteratur oft nur noch Mangas (Drei-Groschen-Hefte) konsumieren. Allerdings herrscht in Japan bis heute die Einstellung vor, daß die erste Pflicht eines Menschen gegenüber den Mitmenschen in der eigenen Leistung besteht. Im Gegensatz zu der Einstellung in christlichen Ländern wird Vergnügen jedweder Art durchaus nicht an sich für schlecht gehalten, aber einem Menschen nur dann zugebilligt, wenn er zuallererst seine Verpflichtungen gegenüber der Gesellschaft erfüllt hat. Wer das Vergnügen betreibt, um diesen Verpflichtungen auszuweichen, wird als Schmarotzer betrachtet und mehr oder weniger offen verachtet.

180 Auch Rauschgifte und die wachsende Kriminalität in den Städten kommen den Bedürfnissen nach Ablenkung entgegen. Auch wenn man nicht davon ausgehen muß, daß Übel wie diese in zynischer Absicht als Betäubungsmittel eingesetzt werden, scheint die Frage nicht unberechtigt, ob in einer Technokratie mit entmündigten Bürgern die Gefahren der Selbstvernichtung und des künstlichen Rausches nicht notwendig in Erscheinung treten, weil sich die Freiheit des einzelnen nur in derart pervertierter Gestalt zu erhalten vermag. Eine wachsende Zahl von Bürgern der westlichen Staaten praktiziert Selbstzerstörung bzw. geht zur Zerstörung fremden Lebens und fremder Güter über, um sich so das Gefühl zu verschaffen, daß eigene existentielle Entscheidungen noch möglich sind. Der Aufstand gegen die Sinnlosigkeit führt zur aktiven Vernichtung jeglichen Sinns.

181 Ein weiterer Abbau des Lebens- und Sozialniveaus in den westlichen Staaten könnte also gerade diejenigen stärken, welche die Demokratie auch politisch angreifen. Schon jetzt bestehen in Frankreich (Le Pen), Italien (Fini), Österreich (Haider) und in den USA (Pat Buchanan) starke nationalistische Kräfte. In Deutschland ist diese Bewegung wohl nur deshalb bisher weitgehend unterschwellig geblieben, weil ihre Assoziation mit dem Unheil der Nazis noch zu lebendig ist. Wenn allerdings die wirtschaftliche Not, unter der bisher nur ein kleiner Teil der Bevölkerung leidet, breitere Schichten erfaßt, wird man die Greuel der Vergangenheit sehr schnell vergessen, um statt dessen ihre vermeintlichen »Errungenschaften« zu loben (z. B. die Arbeitsbeschaffung der Nazis, über die sich der Österreicher Jörg Haider bereits zustimmend äußerte).

182 Nur die Nomadengesellschaften bilden hier eine Ausnahme. Bei ihnen verband sich die militärische Stärke mit der *wandernden* Horde. Diese Macht war außerdem nicht auf ökonomische Stärke begründet, sondern vor allem auf der Beweglichkeit.

183 Eric Hobsbawm, *The Age of Empire*; S. 320.

184 Vgl. Klaus v. Dohnanyi: *Im Joch des Profits*, Stuttgart 1997; S. 114, 154.

185 Diese Annahme dürfte auch für den Fall gerechtfertigt sein, daß neue Technologien einen Erstschlag ermöglichen, der die Atomarsenale des Gegners ganz oder weitgehend ausschaltet. Die USA sind führend in der Entwicklung einer atomaren Präzisionstechnologie, die mit großer Einschlagtiefe auch un-

terirdische Atomwaffensilos vernichtet. Die präventive Aggression zur gleichzeitigen Ausschaltung des gesamten gegnerischen Potentials stellt unter diesen Voraussetzungen eine große Verlockung dar. Das Wettrennen um die waffentechnische Vormacht wird weitergehen, und solange internationale Begrenzungen sich nicht durchsetzen lassen, werden immer erneut Ungleichgewichte entstehen, die theoretisch einen Erstschlag ermöglichen würden. Selbst unter diesen Umständen aber ist es wenig wahrscheinlich, daß dem Sieger daraus bleibende Vorteile erwachsen. Gerade die Fortschritte der Großtechnologien machen moderne Gesellschaft so außerordentlich verwundbar, daß es gar keiner großen Kriege bedarf, um sie existenziell zu gefährden. Der Kleinkrieg der Terroristen kann eine moderne Industrienation auf Dauer ebenso wirksam zermürben. Mehr als alle Gesellschaften zuvor können moderne Industrienationen nur noch im Frieden überleben.

186 Auf diese Entwicklung kann das Erstarken der internationalen Konzerne langfristig nur einen geringen Einfluß ausüben. Wir sahen, daß die Konzerne grundsätzlich keine militärische Macht übernehmen können. Nicht sie, sondern territoriale Mächte bleiben daher auch in Zukunft die Souveräne, in deren Händen sich die reale Macht konzentriert. Nicht in jedem Fall sind die territorialen Souveräne freilich identisch mit den bisherigen Nationen. Es ist vielmehr damit zu rechnen, daß in Zukunft wenige große Blöcke aus einer mehr oder weniger bedeutenden Zahl verschiedener Nationen zusammenschmelzen, um größere Einheiten mit weitgehender ökonomischer und politischer Eigenständigkeit zu bilden Rußland, China, die EU und die USA zusammen mit Kanada bilden schon heute derartige unabhängige und souveräne Blöcke. Es ist zu hoffen, daß diese Blöcke sich durch die Aufnahme weiterer Staaten in Zukunft vergrößern, so daß sich dadurch umgekehrt die Zahl militärisch hochgerüsteter Staaten verringert. (Die Wahrscheinlichkeit kleiner atomarer Kriege steigt sprungartig, wenn eine Vielzahl von Ländern nuklear aufrüsten sollte. Andererseits vermögen nicht nur Länder wie der Irak und Indien durchaus nicht einzusehen, warum ihnen US-Amerikaner oder Franzosen so überlegen sein sollen, daß nur sie ein Recht auf den Besitz von Vernichtungswaffen besitzen. Eine Entschärfung dieses Problems würde der Zusammenschluß der Staaten einer Region zu größeren Blöcken sein.) Diesen Blöcken gegenüber vertreten die internationalen Konzerne private Interessen, die mehr oder weniger stark mit den Interessen der territorial definierten Blöcke zusammenfallen. Die japanischen Konzerne und die Allianzen, die diese mit ausländischen Firmen eingehen, dienen eindeutig den nationalen Interessen Japans, und eine ebenso eindeutig national ausgerichtete Politik wird von China betrieben. Das private Interesse der dortigen Konzerne und die Interessen des Staates als Vertreter der Bevölkerungsmehrheit fallen daher weitgehend zusammen. Dieser Umstand ist ein wesentlicher Faktor für den kometenartigen Aufstieg Japans wie auch für den großen Wirtschaftserfolg Chinas. Die Rolle der westlichen Konzerne ist damit nicht zu vergleichen, und zwar genau deshalb, weil die Identität privater mit öf-

fentlichen Interessen dort so weit auseinanderklafft. Dies führt nicht etwa zu einer Konfrontation der privaten Konzerne mit Nationen oder Wirtschaftsblöcken. Konzerne haben so wenig militärische Macht wie der Papst und können in dieser Hinsicht die staatliche Hoheit im Westen sowenig wie im Osten gefährden. Ihre Wirkung auf westliche Länder kann aber dennoch sehr tiefreichend sein, weil sie deren Bevölkerungen zunehmend spalten – in dem Maße, wie sie den Profitinteressen einer Minderheit dienen, entfernen sie sich von den Interessen der Bevölkerungsmehrheit. Nicht der Krieg geht von dem neuen Kapitalismus der Konzerne aus, sondern der Terror aufgrund eines Kampfes zwischen privaten und öffentlichen Interessen.

Nicht der Krieg, sondern der Terror könnte so die eigentliche Bedrohung für unsere Zukunft bilden. Denn die neue hochkomplexe industrielle Zivilisation ist gegen Störungen ihres Gleichgewichts empfindlicher als irgendeine Gesellschaft der Vergangenheit. In diesem Sinn ist sie die Risikogesellschaft schlechthin. Daher geht von sozialen Spannungen die größte Gefahr aus. Wächst der Druck über ein bestimmtes Maß hinaus, dann schlägt er in den Willen zur aktiven Zerstörung um. Zunächst werden öffentliche Einrichtungen verunstaltet, demoliert und der Aufstand an Wehrlosen erprobt. Der Umstieg auf quasimilitärische Formen des Terrors ist dann ein naheliegender Schritt, der den dafür Anfälligen in den modernen Industriegesellschaften überdies noch besonders leicht gemacht wird. So versorgt etwa das Internet die Heimterroristen kostenlos mit technischen Informationen, wie sie ihren Feind – in der Regel den Staat – wirkungsvoll zu bekämpfen vermögen. Mit diesem Wissen gerüstet, kann der Terrorist seine Angriffe bewußt gegen die neuralgischen Stellen im komplexen Gewebe der industriellen Zivilisation einsetzen. Anschläge auf Kernkraftwerke, die Vergiftung des Trinkwassers in den Metropolen, die Freisetzung von biologischen Kampfstoffen, Unterbrechungen von Hochspannungsleitungen, Erpressung durch unterschlagenes Plutonium, Bedrohung des Flugverkehrs oder der Untergrundbahnen durch eingeschleuste Bomben oder giftige Gase – diese und viele andere Terrorakte gehören zum Arsenal der modernen Bedrohung. In- und ausländische Spezialisten sorgen dafür, daß sie als technische Rezepte globale Verbreitung finden.

187 Seit 1991 bilden Argentinien, Brasilien, Paraguay und Uruguay einen gemeinsamen Handelsraum mit 200 Millionen Einwohnern, in dem die Zollschranken nahezu aufgehoben sind. Innerhalb eines halben Jahrzehnts ist der Warenstrom zwischen Argentinien und Brasilien von vier auf 14,4 Milliarden Dollar angewachsen. Der Erfolg von Mercosur übertrifft den der Nordamerikanischen Freihandelszone NAFTA.

188 Die Entwicklung zur Weltgesellschaft kann sich auf zweierlei Weise vollziehen. Entweder durch eine polyzentrische Industrialisierung – alle industrialisieren sich und stellen daher mehr und mehr gleichartige Güter her. Dann ist die Vorortproduktion eine Notwendigkeit, um den globalen Wirtschaftskrieg zu vermeiden. Oder es kommt zu einer internationalen Teilung der Ar-

beit, z. B. von der Art, daß ein Staat sich auf die Herstellung von Autos, der andere auf die Produktion von Rohstoffen, ein Dritter sich auf die Erhaltung seiner Landschaft für Touristen beschränkt. Diese Option ist nur möglich, wenn ein nichtindustrialisierter Staat an Rohstoffen und Landschaft gleichviel zu verdienen vermag wie die Industrieländer an der Hochtechnologie. Dieser zweite Weg der Entwicklung wäre im Hinblick auf die Zukunft des Planeten natürlich um vieles wünschenswerter, aber unter den gegebenen Umständen ist er als utopisch zu betrachten. Die tatsächliche Entwicklung führt eindeutig in Richtung einer polyzentrischen Industrialisierung. Vgl. Jenner: *Die arbeitslose Gesellschaft.*

189 Zur Frage möglicher und in bestimmten Grenzen unumgänglicher Preisautonomie, die den Unterschieden der Kosten entspricht (z. B. bei der Arbeit in Ländern wie Deutschland verglichen mit China), vgl. Jenner: *Die arbeitslose Gesellschaft.*

190 Am 21. Juni 1948 wurde die Reichsmark ungültig. »Jeder ›Trizonese‹, wie der Volksmund wenig später die Einwohner der drei Westzonen nannte, konnte sein Kopfgeld in Höhe von 40 Mark im Verhältnis 1:1 in die neue Deutsche Mark (DM) umtauschen (im August noch einmal 20 Mark). Firmen erhielten einen Geschäftsbetrag von 60 DM pro Arbeitnehmer, Länder und Gemeinden eine Erstausstattung in Höhe ihrer durchschnittlichen Monatseinnahmen während der letzten sechs Monate« (Wolfgang Malanowski in: DER SPIEGEL special; S. 76). Da die alte Reichsmark ihren Wert zu diesem Zeitpunkt faktisch verloren hatte, handelte es sich hier um verschenktes Geld in der neuen Währung.

191 Bei den Wertpapierpensionsgeschäften müssen die von den Banken zur Sicherheit bei der Notenbank hinterlegten Wertpapiere alle 14 Tage zum gleichen Preis (plus Zinsen) wieder zurückgekauft werden. Die bei den Diskontgeschäften eingereichten Wechsel dagegen laufen drei Monate, die Zinsen werden in diesem Fall gleich zu Beginn durch die Notenbank von dem Nennwert des Wechsels abgezogen (diskontiert), der Nominalwert ist aber nach drei Monaten in voller Höhe von den Geschäftsbanken zurückzuzahlen. Diese mehr oder weniger kurzen Laufzeiten haben den Sinn, die Notenbank nicht mit der Verwaltung und dem Risiko der hinter ihnen stehenden Leistungen oder Sachwerte zu belasten. Anders gesagt, dieses Geld muß im individuellen Fall zwar zurückgezahlt werden, weil die Bundesbank das einzelne Wertpapier schon nach 14 Tagen und den einzelnen Wechsel nach drei Monaten abstößt, aber der *Gesamtwert* der bei ihr hinterlegten Wertpapiere und Wechsel nimmt im Gleichschritt mit der dafür gedruckten Menge an Geld zu. Auch wenn die Notenbank nicht der Besitzer irgendwelcher *bestimmter* durch diese Papiere repräsentierter Sachwerte oder Leistungen ist, wird sie doch zum Eigentümer aller dieser beständig bei ihr ein- und auslaufenden Werte in ihrer Gesamtheit. Da die Diskontgeschäfte mit der Einführung des Euro entfallen sollen, bleibt danach im wesentlichen nur die Sicherung durch Sachwerte (größtenteils repräsentiert durch Wertpapiere) übrig.

192 Man könnte meinen, daß die Notenbank ohnehin keine Schwierigkeit haben
dürfte, den Strom an Geld zu begrenzen – sie braucht zu diesem Zweck ja nur
die Druckpressen anzuhalten. Tatsächlich sind die Verhältnisse jedoch ungleich komplexer. Wenn etwa die Sparer aufgrund verlorenen Vertrauens in
die Zahlungsfähigkeit der Banken die Schalter stürmen, dann ist die Notenbank gesetzlich gezwungen, die entsprechende Menge an Bargeld zur Verfügung zu stellen. Vgl. hierzu den *Anhang: Das kapitalistische Geldsystem,*
S. 297 ff.

193 Das Goldsystem besaß den unbestreitbaren Vorteil, daß man auch mit
einem wirtschaftlich wenig verläßlichen Staat in dessen Währung handeln
konnte, sofern diese durch Gold gedeckt war. Bei einem Zusammenbruch
der realen Wirtschaft konnte der betreffende Staat seine Schulden in Gold
begleichen, da dessen Wert von dem Zusammenbruch nicht tangiert war.
(Eher hatte es seinen Wert noch vergrößert, weil die Vermögenden ja oft vor
einem Zusammenbruch mit ihrem Geld noch schnell große Mengen des
Edelmetalls erwerben.) Die heute übliche Deckung durch Wertpapiere und
damit durch die Sachwerte, die ihnen entsprechen, ist aber in dieser Hinsicht
durchaus ohne Wirkung, weil der Verfall der realen Wirtschaft ja gerade die
Sachwerte trifft. Dies hat sich in der Asienkrise mit aller Deutlichkeit gezeigt. Auch solide Betriebe (etwa in Südkorea) verloren augenblicklich einen
großen Teil ihres Wertes.

194 Diese Menge muß allerdings um die etwa doppelt so große Menge an Giralgeld (Sichtguthaben) erweitert werden, die für den bargeldlosen Zahlungs-
verkehr bereitstehen.

195 Die Geldvermögen umfassen Aktien (13 %), Versicherungseinlagen (11 %),
festverzinsliche Wertpapiere (18 %), Bausparkasse (2 %), Bankeinlagen,
Sicht-, Termin- und Spareinlagen (35 %), sonstige Forderungen (18 %) und
Bargeld (3 %). Veröffentlichungen der Bundesbank, zit. nach Helmut Creutz:
Das Geldsyndrom; S. 207.

196 Beispiel aus Helmut Creutz: *Das Geldsyndrom;* S. 98, nach einer Rechnung
von Heinrich Haußmann aus Fürth. Ähnlich hatte im übrigen schon Karl
Marx in Kapital III (MEW 25, 408) geschrieben.»Ein Penny, ausgeliehen bei
der Geburt unseres Erlösers auf Zinseszins zu 5 %, würde schon jetzt zu einer
größeren Summe herangewachsen sein, als enthalten wäre in 150 Millionen
Erden, alle von gediegenem Gold.«

197 Natürlich sind nicht alle Sparer vermögend. Ein Teil von ihnen benutzt die
ausgeschütteten Zinsen für den Konsum, so daß daraus keine neuen Ansprüche erwachsen, aber die Tatsache, daß die Gesamtersparnisse z. B. in der
Bundesrepublik Deutschland mit jedem Jahr wachsen (und mit diesen die
Schulden), beweist, daß die bremsende Wirkung, die von diesen Sparern ausgeht, nur gering ist.

198 Gegenwärtig leidet Japan an den Folgen einer Hortung, die auf dem erschüt-
terten Vertrauen weiter Bevölkerungskreise in das Bankensystem beruht.
Obwohl Geld in die Wirtschaft gepumpt wird, ist eine Deflation eingetreten,

weil dieses Geld privat gehortet und in Tresoren verwahrt wird, statt den Banken für Kredite zur Verfügung zu stehen.

199 Geld, das der Altersvorsorge und dem Schutz vor Krankheiten dient, rechne ich natürlich nicht zu den überflüssigen Mitteln. Hierzu mehr im folgenden.

200 Vgl. Joseph A. Schumpeter: *Theorie der wirtschaftlichen Entwicklung*; S. 99 ff.

201 Die Volkswirtschaftslehre besteht darauf, daß Kredite keineswegs notwendig der Höhe des gesparten Geldes entsprechen. Dies trifft natürlich schon deswegen zu, weil Geld (wenn auch nicht das früher verwendete Gold) sich prinzipiell beliebig vermehren läßt – im Gegensatz zur Leistung, die bei gegebener Bevölkerungsgröße eine nicht leicht zu ändernde Größe ist. In der Theorie kann daher das Kreditvolumen auf dem Wege der multiplen Giralgeldschöpfung weit über die Einlagen der Sparer hinaus vervielfältigt werden. In der Praxis einer funktionierenden Volkswirtschaft ist diese Geldvermehrung allerdings kaum anzutreffen, weil sie der Forderung nach der Konstanz der Preise radikal widerspricht. Denn diese ist nur dann aufrechtzuerhalten, wenn die gewährten Geldkredite eben nur jenes Ausmaß an Leistung repräsentieren, das von den Sparern durch den Verzicht auf Konsum in Leistung für Investitionen umgelenkt wird. In diesem Sinne sind daher Kredite (Schulden) notwendig mit dem ersparten Vermögen identisch.

202 Aus Stuttgarter Nachrichten, 8. 10. 1994. Zum Problem einer andauernden Inflation vgl. den hervorragenden Artikel von Helmut Creutz: *Läßt sich der Geldumlauf durch eine dosierte Inflation sichern?* In: Zeitschrift für Sozialökonomie 104 / 1995.

203 Diese Überlegungen gelten nur bei einer kontinuierlichen Inflation in einigermaßen gleichbleibender und daher sozusagen vorherberechenbarer Höhe. Sehr viel anders kann die Situation aussehen, wenn eine Inflation sozusagen »ausreißt« und daher nicht länger berechenbar erscheint. Hierzu vgl. William Greider in: *Secrets of the Temple*: S. 75 ff.

Literaturverzeichnis

Abegglen, James C.; George Stalk: *Kaisha. Das Geheimnis des japanischen Erfolgs*, (1985) München 1989

Altvater, Elmar; Mahnkopf, Birgit: *Grenzen der Globalisierung*, (1996) Münster 1997

Bairoch, Paul: *Economics & World History*, (1993) Chicago 1995

Bannock, Graham: *Die unersättlichen Giganten*, Wien 1972

Baring, Arnulf: *Scheitert Deutschland?*, Stuttgart 1998

Biedenkopf, Kurt; Schmidt, Helmut, et alii: *Deutschland an der Schwelle zum 21. Jahrhundert*, Stuttgart 1997

Burstein, Daniel: *Good bye Nippon*, München 1993

Brown, Michael Barratt: *Fair Trade. Reform and Realities in the International Trading System*, London 1993

Brecher, Jeremy; Costello, Tim: *Global Village or Global Pillage*, Boston 1994

Chomsky, Noam: *The Prosperous Few And The Restless Many*, Berkeley 1993; *Necessary Illusions*, London 1989

Condliffe, J. B.: *The Commerce of Nations*, Boston 1950

Conybeare, John A.C.: *Trade Wars*, New York 1987

Coote, Belinda: *The Trade Trap. Poverty and the Global Commodity Markets*, Oxford 1992

Datta, Asit: *Welthandel und Welthunger*, München 1993

Dieren, Wouter van: *Mit der Natur rechnen*, Basel 1995

Dritte-Welt-Haus Bielefeld (Hrsg.): *Atlas der Weltverwicklungen*, Wuppertal 1992

Ditfurth, Hoimar v.: *So laßt uns denn ein Apfelbäumchen pflanzen*, Hamburg 1985

Dohnanyi, Klaus v.: *Im Joch des Profits*, Stuttgart 1997

Drucker, Peter: *Neue Management Praxis*, Düsseldorf 1974; *Caught in the Middle*, Business Week, 12. 9. 1988

Engels, Friedrich: siehe Karl Marx

Fichte, Johann G.: *Der geschloßne Handelsstaat*, (1800) Frankfurt 1960

Fingleton, Eamonn: *Blindside. Why Japan is still on the Track to overtake the US by the Year 2000*, New York 1995

Der Fischer Weltalmanach '97 Frankfurt a. M. 1996

Flassbeck, Heiner; Stremme, Marcel: *Quittung für die Tugend*, DIE ZEIT, 1. 12. 1996

Forrester, Viviane: *Der Terror der Ökonomie*, Wien 1997

Freeman, Christopher, et alii: *Unemployment and Technical Innovation*, London 1982

Friedman, Milton: *Money Mischief*, Harvest 1994

Galbraith, John K.: *Gesellschaft im Überfluß*, (1958) München 1970

Galtung, Johan: *Strukturelle Gewalt. Beiträge zur Friedens- und Konfliktforschung*, Reinbek 1975

George, Susan: *Wie die anderen sterben. Die wahren Ursachen des Welthungers*, Wuppertal 1981

Global 2000 (1980) Washington 1981

Goldsmith, Edward: *Nouvelle jeunesse des comptoirs coloniaux*, in: Le Monde Diplomatique, März 1996

Goldsmith, James: *Die Falle ... und wie wir ihr entrinnen können*, Holm 1996

Gore, Al: *Wege zum Gleichgewicht*, (1992) Frankfurt a. M. 1994

Greider, William: *Secrets of the Temple. How the Federal Reserve runs the Country*, (1987) New York 1989; *One World. Ready or Not*, New York 1997

Guéhenno, Jean-Marie: *Das Ende der Demokratie*, (1993) München 1994

Hankel, Wilhelm: *Ist der globale Kapitalverkehr regelbar?*, in: Frankfurter Hefte, 8/1995

Heismann, Günter: *Kollege Roboter speckt ab*, in: Die Woche, 26. 4. 96

Hirsh, Michael: *A Rush for the Exits*, in: Newsweek, 11. 9. 95; S. 33

Hobsbawm, Eric J.: *Industrie und Empire. Britische Wirtschaftsgeschichte seit 1750*. Frankfurt a. M. 1979; *The Age of Revolution*, (1962) New York 1996; *The Age of Capital*, (1975) New York 1996; *The Age of Empire*, (1987) New York 1989; *The Age of Extremes*, (1994) New York 1996

Jenner, Gero: *Principles of Language*, Bern 1993; *Nippon – eine untergehende Sonne?*, Bern 1997; *Die arbeitslose Gesellschaft*, Frankfurt a. M. 1997

Kahn, Herman: *Bald werden sie die ersten sein*, München 1970

Kant, Immanuel: *Zum ewigen Frieden*, Leipzig 1924.

Kennedy, Margrit: *Geld ohne Zinsen und Inflation – Ein Tauschmittel, das jedem dient*, (1991) München 1994

Kennedy, Paul: *Aufstieg und Fall der großen Mächte*, (1987), Frankfurt a. M. 1996; *In Vorbereitung auf das 21. Jahrhundert*, (1993) Frankfurt a. M. 1997

Keynes, John M.: *The General Theory of Employment, Interest, and Money*, (1953) London 1964

Kisch, Egon E.: *Gesammelte Werke*, Berlin 1989

Knoke, William: *Bold New World*, New York 1996

Kurz, Robert: *Der Kollaps der Modernisierung*, Frankfurt a. M. 1994

Kuttner, Robert: *The End of Laissez-Faire*, New York 1994

Loske, Reinhard; Bleischwitz, Raimund: *Zukunftsfähiges Deutschland*, Basel 1996

Lévi-Strauss, Claude: *La pensée sauvage*, Paris 1962

Luttwak, Edward N.: *The Endangered American Dream*, New York 1993

Madrick, Jeffrey: *The End Of Affluence*, New York 1995

Martin, Hans-Peter; Schumann, Harald: *Die Globalisierungsfalle*, Reinbek 1996

Marx, K.; Engels, F.: *Werke*, Gesamtausgabe (MEW)

Mathias, P: *The First Industrial Nation*, London 1966

Meadows, Donella und Dennis; Randers, Jørgen: *Die neuen Grenzen des Wachstums*, (1992) Hamburg 1994

Mumford, Lewis: *The Culture of Cities*, New York 1966

Narr, Wolf-Dieter; Schubert, Alexander: *Weltökonomie. Die Misere der Politik*, Frankfurt a. M. 1994

OECD: *Statistisches Jahrbuch 1995*

Ohmae, Kenichi (Hrsg.): *The Evolving Global Economy*, Boston 1995

Oppolzer, Alfred A.: *Entfremdung und Industriearbeit*, Bonn 1974

Petrella, Riccardo (Die Gruppe von Lissabon): *Grenzen des Wettbewerbs*, (1995) München 1997

Polanyi, Karl: *The Great Transformation*, New York 1944

Randers, Jørgen: *Die neuen Grenzen des Wachstums*, (1992) Hamburg 1994

Reich, Robert: *The Work of Nations*, New York 1992

Ricardo, David: *Grundsätze der Volkswirtschaft und Besteuerung*, Jena 1923

Rifkin, Jeremy: *The End of Work*, New York 1995

Roth, Jürgen: *Absturz. Das Ende unseres Wohlstands*, München 1997

Rürup, Bert: *Wohlfahrtsstaatliche Politik in der globalisierten Informationsgesellschaft*, Bonn 1998

Schumpeter, Joseph A.: *Kapitalismus, Sozialismus und Demokratie*, (1942) Tübingen 1980; *Das Wesen des Geldes*, Göttingen 1970; *Theorie der wirtschaftlichen Entwicklung*, (1934) Berlin 1997

Schwartz, Jim: *Restoring the U.S. Spirit after Years of Bludgeoning*, in: International Management, November 1987

Seitz, Konrad: *Wettlauf ins 21. Jahrhundert*, Berlin 1998

Smith, Adam: *The Wealth of Nations*, (1776) London 1904

Sombart, Werner: *Sozialismus und soziale Bewegung im 19. Jahrhundert*, (1896) Wien 1966

Staute, Jörg: *Das Ende der Unternehmenskultur*, Frankfurt a. M. 1997

Thurow, Lester: *Head to Head*, New York 1992

Tocqueville, Alexis de: *De la Démocratie en Amérique*, (1835) Paris 1963

Townsend, J.: *A Dissertation on the Poor Laws, by a Well-wisher of Mankind*. 1817. Zit. aus Kapital 598 (Ausg. des Marx-Lenin-Instituts, Moskau 1938)

Tucholsky, Kurt: *Gesammelte Werke*, Reinbek 1987

Ulrich, Sigrid: *Maschine statt Mensch*, in: Die Woche, 1. 3. 1996

UNDP (Hrsg.): *Human Development Report 1998*, New York 1998

Weizsäcker, Ulrich v.: *Faktor Vier*. München 1995; *Erdpolitik*. (1989) Leipzig 1994; (Hrsg.) *Grenzen-los*, Berlin 1997

Wolferen, Karel van: *Vom Mythos der Unbesiegbaren*, München 1989

Wittmann, Walter: *Das globale Desaster*, München 1996

Worldwatch Institute Report: *Zur Lage der Welt 1998*, Frankfurt a. M. 1998

Zolo, Danilo: *Die demokratische Fürstenherrschaft*, (1992) Göttingen 1997

Sach- und Personenverzeichnis

Abegglen, James C. 340
Acer 93
Aktienboom 176
Aktiengesellschaft 326
Altvater, Elmar 73; 99; 152; 313; 329; 340
Amakudari 314
Arbeitsschutzrecht 266
Arbeitsteilung 70; 187
Asienkrise 176
Autarkie, ökonomische 95

Bairoch, Paul 78; 313; 316; 340
Bannock, Graham 340
Baring, Arnulf 340
Bentham, Jeremy 260
Bernstein, Jared 320
Beschäftigung, lebenslange 315
Biedenkopf, Kurt 340
Biogenetik 90
Bodenreform 328
Boeing 92
Brasilien 163
Brecher, Jeremy 340
Brown, Lester R. 207; 311; 319
Brown, Michael 340
Bruttosozialprodukt 28; 64; 65; 180; 207; 217; 246; 248; 319
BSP Siehe Bruttosozialprodukt
Buchanan, Pat 334
Bundesbank Siehe Notenbank
Bürokratie 266
Burstein, Daniel 340

Chomsky, Noam 317; 340
Clairmont, Fréderic F. 312

Club of Rome 212
Condliffe, J. B. 340
Conybeare, John A. C. 340
Coote, Belinda 340
Craft, Nicholas 29
Creutz, Helmut 123; 137; 307; 323; 325; 339

Datta, Asit 326; 340
Deflationen 132; 134; 136; 139; 143; 148; 320; 321
Demokratie 267; 271
Deregulierung 23
Dertouzos, M. L. 313
Dienstleistungen 98; 100
Dieren, Wouter van 327; 329; 340
Diskontgeschäfte 298; 337
Ditfurth, Hoimar v. 329; 340
Dohnanyi, Klaus v. 312; 334; 340
Drucker, Peter 340

Eccles, Marriner 126; 320
Eigentum, persönliches Siehe Privateigentum
Einkommen leistungsloses 123
Engels, Friedrich 329; 340
England 39; 98; 149
Entfremdung 206
Erbschaftssteuer 185

Fichte, Johann G. 340
Finanzsektor 100
Fingleton, Eamonn 43; 75; 95; 313; 340
Fini 334
Firmen, mittelständische 244

Fisher, Irving 201; 328
Flassbeck, Heiner 340
Flexibilisierung 112
Forrester, Viviane 341
Freeman, Christopher 341
Friedman, Milton 321; 328; 341

Galbraith, John K. 111; 153; 341
Galtung, Johan 312; 341
Gefahrenstoffe 218
Geld 192
    als Kreditmittel 192
    als Tauschmittel 192
    als Wertaufbewahrungsmittel 192
Geldhortung 137; 138; 178; 192; 200;
    256; 306; 321
Geldsystem 137; 192
Geldumlauf 141; 196; 321
Geldumlaufgeschwindigkeit 135; 196;
    321
Geldvermögen 15; 124; 138
Geldwirtschaft 13; 127; 128; 130; 147;
    162; 250; 253; 254; 256; 300; 307
George, Susan 341
Gesell, Silvio 202; 307
Giralgeld 297; 338
Gleichgewicht
    gestörtes 116; 118
selbstregulierendes 14; 113; 114; 117;
    157; 160; 179; 187; 212; 224
Global 2000 212
Godley, Wynne 313
Goldsmith, Edward 341
Goldsmith, James 341
Gore, Al 240; 241; 329; 330; 341
Greider, William 318; 321; 339; 341
Guéhenno, Jean-Marie 258; 271; 341
Gyosei Shido 314
Gyoseishido 56

Haider, Jörg 334
Handel
    Ersetzungshandel Siehe substituti-
    ver

freier 97; 105
    Inhalte des 316
    klassischer 76
    parasitärer Siehe Produktion, parasi-
    täre
    substitutiver 96
    symbolischer 76
    Verdrängungshandel 76; 94
Handelsüberschuß
    japanischer 45
Hankel, Wilhelm 341
Haußmann, Heinrich 338
Heismann, Günter 341
Henderson, Jeffrey 312
Hirsh, Michael 341
Hobsbawm, Eric 19; 38; 83; 98; 341
Hortung Siehe Geldhortung
Hyundai 93

IBM 330
Importsubstitution 34
Indonesien 32
Inflationen 132; 134; 140; 320; 321; 322
Investitionen
    Auslandsinvestitionen 175
IWF 174

Japan 27; 187; 260; 323; 333; 334; 338
Japan AG 260

Kahn, Herman 330; 341
kaizen 53
Kant 341
Kapitaleinkommen Siehe Einkommen:
    leistungsloses
Kapitalflucht 144; 145
Kapitalkonzentration 15; 126; 152; 157;
    159; 162; 169; 174
Kartellbehörden 117
Kaufkraft
    primäre 38; 101
    sekundäre 38; 101
Kennedy, Margrit 166; 184; 328; 341
Kennedy, Paul 90; 183; 317; 327; 341

Keynes, John M. 147; 323; 328; 341
Kisch, Egon E. 341
Kleinanleger 154
Knappheit, des Kapitals 161
Knappheitsgesetz 161
Knoke, William 312; 329; 341
Kollektivierung, des Eigentums 203
Konjunkturzyklen 237; 239
Konzerne
  japanische 189
  transnationale 28; 45; 73; 92; 93; 226;
  244; 272; 275; 277
Kooperation / Wettbewerb 38; 71; 73;
  331
Kriege
  zur Erbeutung von Menschen 286
  zur Erbeutung von Rohstoffen 286
Krugmann, Paul 315
Kurz, Robert 313; 341
Kuttner, Robert 341

Le Pen 334
Leistungsprinzip 117
Lévi-Strauss, Claude 315; 341
Liberalisierung 23
  des Geldverkehrs 173
Lohnerhöhungen 322
Loske, Reinhard 341
Luttwak, Edward 21; 46; 341

Madrick, Jeffrey 341
Mahnkopf, Birgit 340
MAI 78; 175; 228
Malanowski, Wolfgang 337
Malaysia 28; 32
Malinowski, Bronislaw 76
Markt
  selbstregulierender 116
Marktwirtschaft, soziale 231; 330
Marschall, Birgit 331
Martin, Hans-Peter 312; 341
Marx, Karl 121; 127; 204; 242; 329; 338;
  341
Mathias, P. 342

Mauss. Marcel 315
Meadows
  Dennis 342
  Donella 342
Medien, japanische 262
Menschenhandel 286
Mercosur 336
Mexiko 32; 175
Microsoft 330
Miller. Arthur 124
Mishel, Lawrence 320; 326
MOF (Ministry of Finance) 332
Monopole 44; 96; 333
Motivationsketten, ökonomische 115
Müll 216; 218
Müller-Armack, Alfred 311
Mumford, Lewis 342

Nachhaltigkeit 220
Narr, Wolf-Dieter 342
Neoliberalismus 228
Notenbank 137; 139; 151; 298; 302

Obrigkeitsstaat 266
Ölvorkommen 288
Offenmarktgeschäfte 298
Offenmarktpolitik (der USA) 25; 41
Ohmae, Kenichi 342
Oppolzer, Alfred A. 329; 342

Pantouflage 314
Petrella, Riccardo 83; 342
Pinzler, Petra 315
Polanyi, Karl 342
Privateigentum 204
Privilegien, ökonomische 126
Produktion
  parasitäre 94; 252; 318
Produktion, schlanke 53
Produktionssteigerung 235
Protektionismus 97; 103; 316

Randers 342
Reagan, Ronald 104

Realwirtschaft 13; 254; 256
Reich, Robert 104; 107; 342
Ricardo, David 316; 342
Rifkin, Jeremy 320; 326; 327; 342
Rohstoffe 287
Roth, Jürgen 342
Rückentwicklung, industrielle 252
Rürup, Bert 313; 330; 342

Sakaiya, Taichi 312; 327
Sale, Kirkpatrick 311
Samuelson, Paul 183
Sättigung 238
Schäuble, Wolfgang 323
Scheingeld 301
Schmidt, Helmut 333; 340
Schubert, Alexander 342
Schulden 251
    Außenschuld 153
    Binnenschuld 153
    der privaten Haushalte 154
    der Unternehmen 154
    des Staates 146; 154
Schumacher, Oliver 315
Schumann, Harald 312; 341
Schumpeter, Joseph A. 258; 305; 320;
    331; 339; 342
Schwartz, Jim 342
Seitz, Konrad 23; 80; 313; 342
Shell 330
Shinde, Sonia 329
Sichtguthaben Siehe Giralgeld
Singapur 333
Smith, Adam 113; 260; 342
Solidarität 21; 37; 74; 81
Sombart, Werner 342
Sozialgesetzbuch 266
Spenneberg, Lutz 320
Staatswirtschaften 122
Staute, Jörg 115; 319; 342
Streik
    des Kapitals 250
Stremme, Marcel 340
Subventionen 102

Thatcher 323
Thurow, Lester 342
Tietmeyer, Hans 307; 321
Tobin-Taxe 328
Tocqueville, Alexis de 342
Todai 261
Townsend, J. 342
Tucholsky, Kurt 342

Überkapazitäten 177; 221; 237; 242

Ulrich, Sigrid 342
Unternehmen, mittelständische 318
USA 41; 98

Verantwortung, soziale 205
Verdrängungshandel 175
    japanischer 21
Vermögenssteuern 185
Verschuldungszwang 148
Volksaktien 152
Vorortproduktion 94; 107; 177; 252;
    275

Wachstum 142; 170; 179; 235; 248
Wachstumszwang 251
Weizsäcker, Ernst U. v. 316; 342
Wertpapierpensionsgeschäfte 298; 337
Wettbewerb 73
    innerstaatlicher 81
    ungebändigter 209
    zwischenstaatlicher 81
Wirtschaftseliten 37
Wirtschaftsmodell, neoliberales 316
Wittmann, Walter 342
Wolferen, Karel van 261; 332; 342
Wörgl 328
Worldwatch Institute 319; 329; 330
Wuppertaler Institut 20

Zaibatsu 189
Zinsen 127; 141; 145; 148; 179; 250
Zinseszins 158
Zolo, Danilo 258; 342

Gero Jenner

Die arbeitslose Gesellschaft

Gefährdet die Globalisierung den Wohlstand?

Band 13896

Die Diskussion um die Globalisierung und ihre Folgen (vor allem die Abkoppelung von nationalen Steuerungsmechanismen) hat in den letzten Jahren an Intensität gewonnen. In der stark emotionalisierten Diskussion prallen marktliberale Glaubenssätze und sozialstaatliche Überzeugungen aufeinander. Ohne ideologische Scheuklappen befragt Gero Jenner marktliberale Credos der Deregulierung und sozialpolitische Verteidigungslinien auf ihre soziale und ökonomische Vernunft. Er tut dies in einer beeindruckend klaren Sprache, einer auch für ökonomische Laien verständlichen Argumentation und ohne Scheu vor vermeintlichen Tabus. Er bedient keine Vorurteile, sondern liefert unbequeme Einsichten: Globalisierung ja, aber nicht als Verwirklichung eines ultraliberalen Programms, das zur Gefahr für Demokratie, Frieden und Wohlstand wird. Dem Zerfall der Nationalstaaten in verbissen um Wettbewerbsvorteile konkurrierende Regionen kann nur Einhalt geboten werden durch eine Wirtschafts- und Sozialpolitik, die technologischen mit sozialem Fortschritt verbindet.

Fischer Taschenbuch Verlag

Wirtschaft
Herausgegeben von Bert Rürup

Hermann
Bössenecker
**Geldhäuser im
Zwielicht**
Das Sündenregister
der Banken
Band 13466

Jürgen Borchert
**Renten vor
dem Absturz**
Ist der Sozialstaat
am Ende?
Band 11624

Ralph-Peter
Breuer
**Kursbuch
Steuerberatung**
Band 14141

Wolfgang Büser
Roland Bunzenthal
Norbert Scheele
**Kursbuch
Kranken-
versicherung
und Pflege-
versicherung**
Band 14083

Amitai Etzioni
**Die faire
Gesellschaft**
Jenseits von
Sozialismus und
Kapitalismus
Band 12537
**Die Entdeckung
des Gemeinwesens**
Ansprüche,
Verantwortlich-
keiten und das
Programm des
Kommunitarismus
Band 14087

Christian Fälschle
**Kursbuch
Globus 2000**
Die Kapitalmärkte
von morgen
Band 12838

Peter Fischer
**Die Selbständigen
von morgen**
Unternehmer
oder Tagelöhner?
Band 13469

Jürgen Gaulke
**Kursbuch Alters-
vorsorge 97/98**
Band 13633
**Kursbuch
Baufinanzierung**
Band 13354

Fischer Taschenbuch Verlag

Wirtschaft

Herausgegeben von Bert Rürup

Heribert Meffert
Lexikon der aktuellen Marketing-Begriffe
Band 13468

Joachim Merkl
Kursbuch Steueroasen
Band 12680

Henrik Müller
Kursbuch Euro
Die neue Währung in der Praxis
Band 13482

Martina Niembs
China – Wirtschaftsmacht der Zukunft
Band 13069

Peter Oberender/
Ansgar Hebborn
Wachstumsmarkt Gesundheit
Therapie des Kosteninfarkts
Band 10273

Kenichi Ohmae
Die neue Logik der Weltwirtschaft
Zukunftsstrategien der internationalen Konzerne
Band 12062

Udo Perina
Kursbuch Geld
Hintergründe und Tips für kritische Bankkunden
Band 14085

Robert B. Reich
Die neue Weltwirtschaft
Das Ende der nationalen Ökonomie
Band 12833

Richard Reichel
Markt oder Moral?
Entwicklungspolitik auf die ökonomischen Füße gestellt
Band 11957

Wolfram Reiß
Kursbuch Steuersparmodelle
Band 13636

Jeremy Rifkin
Das Ende der Arbeit und ihre Zukunft
Band 13606

Fischer Taschenbuch Verlag

Wirtschaft

Herausgegeben von Bert Rürup

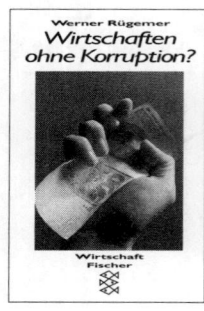  

Werner Rügemer
Wirtschaften ohne Korruption?
Band 13211

Bert Rürup
Fischer Wirtschafts-Lexikon
Unter Mitarbeit von Werner Sesselmeier und Margot Enke
Band 14081

Otto Schily
Flora, Fauna und Finanzen
Über die Wechselbeziehung von Natur und Geld
Band 12981

Karin Schütrumpf
Kursbuch Erben und Schenken
Band 11492

Daniel Sillescu
Per Knopfdruck an die Börse
Band 13695

Roland Stimpel
Kursbuch Bausparen
Goldgrube oder Groschengrab?
Band 14354

Jochen Struwe
Kursbuch Betriebs-wirtschaftslehre
Band 11131

Mechtild Upgang
Finanzratgeber für Frauen
Band 14126

Egon Wachtendorf
Kursbuch Investmentfonds
Band 13467

Rainer Wagner
Die Zukunft des Geldes
Band 13634

Claudia Wehrle/Knud Zilian
Kursbuch Steuern sparen 98/99
Band 14242

Fischer Taschenbuch Verlag

fi 1362 / 5 d